교육을 성찰하다

이달우 · 이병승 · 나현규 · 최현주 · 김우영 · 신교남 · 박태환

박영story

머리말

교육을 학문적으로 다루거나 교육을 실제로 하고 있는 사람들이 늘 마음에 담아 두어야 할 것 중의 하나는 현재 자신이 행하고 있는 교육활동을 성찰해 보는 일일 것이다. 자신이 하고 있는 교육활동이 이론적인 것이건 실제적인 것이건 그것을 반성하고 살펴보는 일은 교육자에게 요구되는 매우 중요한 태도라고 할 수 있다. 그도 그럴 것이 무엇인가를 열심히 연구하고 가르치고 있지만 정작 왜 연구해야 하고 왜 가르쳐야 하는지에 대한 생각이 결여되어 있거나 그것을 소홀하게 여긴다면 그러한 활동은 효과를 거두기 어려울 것이며 때론 위험해질 수도 있기 때문이다.

교육활동에 대한 성찰은 교육이 실현해야 하는 목적을 문제삼을 뿐만 아니라 이루어지고 있는 교육활동의 근거나 이유를 따져 묻는다는 점에서 그것은 엄밀한 의미에서 철학적인 작업이다. 현재의 이러저러한 활동을 교육의 본질에 비추어 반추하는데 관심을 가진다는 점에서 그것은 비판적인 작업이기도 하다. 특히 무엇을 어떻게 가르칠 것인지에만 매몰되어 있을 뿐만 아니라 연구방법론 증후군에 빠져있는 교육계의 현실에서 교육활동 및 교육현상을 교육의 본질에 비추어 비판적으로 음미해 보는 일은 교육에 관심을 가지거나 교육활동에 관여하고 있는 사람들에게 일시적인 작업이 아닌 항구적인 작업이 되어야 한다는 생각이 든다.

이 책은 교육의 본질을 좀더 비판적으로 성찰해 보자는 취지에서 시작되었으며 이제야 결실을 맺게 되었다. 필자들은 지난 5년 전부터 우리의 교육문제 및 교육현상을 좀더 근본적으로 들여다보자는 뜻을 가지고 매월 한 차례씩 모여 격의 없는 토론을 해왔다. 때론 공통의 주제를 가지고 긴 시간 토론을 벌이기도 하였지만 대부분은 자신이 관심을 기울였던 주제에 대해 발표하고 토론을 해왔다. 물론 이 모임에서 발표했던 글들은 대부분 교육 관련 학회지에 게재되었다. 여기에 실린 글들은 그 동안 모임에서 발표하거나 각종 학회지에 게재되었던 글들 중에 교육의 본질을 비판적으로 성찰하는 데 도움이 될 만한 것들을 선별한 것이다.

이 책의 내용은 5부 15장으로 구성되어 있다. 제1부에서는 교육의 개념, 교육이론의 학문적 성격과 구조를 다루었으며, 제2부에서는 교사의 자질, 교사교육의 미래, 그리고 학교개혁의 방향에 대해 다루었다. 제3부에서는 교육에 있어서 자유와 권위의 변증적 관계, 내재적 교육목적으로서 자율성, 그리고 수사학이 가지는 현대 교양교육적 의미와 중요성에 대해 다루었으며, 제4부에서는 실존적 관점에서 바라본 본래성의 의미 및 회복방안, 코메니우스의 저작에 나타난 연결고리의 교육적 의미 그리고 『세계도회』(*Orbis Pictus*)의 감각교육적 의미와 중요성에 대해 다루었다. 제5부에서는 최근에 이르기까지 학계에 영향력이 컸던 일반철학자들의 관점에서 인격, 인성, 죽음이 가지는 교육적 의미, 내용, 방법을 심도 있게 다루었다.

이 책이 나오기까지 도움을 준 여러분에게 감사의 말씀을 드리고자 한다. 우선, 이 책의 출간에 대해 흔쾌히 동의하고 바쁜 와중에도 글을 쓰거나 다듬어서 보내준 분들에게 진심으로 고마움을 표한다. 특히 공주대학교 사범대학 교육학과에서 후학을 기르다 정년을 맞아 2021년 2월말 대학을 떠나시는 이달우 교수님께 감사의 말씀을 드린다. 매월 가졌던 연구모임에서 후학 및 참여자들에게 교육활동과 교육현상을 보다 근원적이고 본질적인 차원에서 반추해 보도록 권고하였을 뿐 아니라 이 책이 출간될 수 있도록 용기를 북돋아 주셨기 때문이다. 교수님께서 그 동안의 시간적 제약과 굴레에서 벗어나 보다 자유롭게 삶을 즐기시고 늘 여여하시길 기원한다. 그리고 어려운 상황에서도 이 책의 출판을 기꺼이 맡아 주신 박영스토리의 안상준 대표님께 감사의 마음을 전한다. 이 분들의 성원과 도움이 없었다면 이 책은 세상에 나오지 못했을 것이다. 아무쪼록 우리의 교육현실을 늘 염려하고 걱정하면서 교육이 본래적인 길로 나아가기를 희망하는 분들에게 이 책이 널리 읽히기를 희망한다. 아울러 교육의 본질 혹은 본연의 모습을 찾기 위해 담론의 장에 뛰어든 분들에게 생각거리를 제공할 수 있는 책이 되기를 바란다.

2021년 1월

편저자 일동

차 례

제1부
교육의 개념과 교육이론

제1장 다시 생각해 보는 교육의 개념 ―――― 3

1. 머리말 ······ 4
2. 사실과 개념 그리고 정의의 역설 ······ 6
3. 피터스의 고백: 정의보다 종합적 윤곽 ······ 9
4. 새로운 정의: 까마귀 모형 ······ 12
5. 맺는 말 ······ 16

제2장 정범모 교사론의 난점 ―――― 19

1. 머리말 ······ 20
2. 『教育과 教育學』에 나타난 교사관 ······ 21
3. 정범모의 기술자적 교사관 ······ 28
4. 방법론 증후군의 문제 ······ 30
5. 맺는 말 ······ 32

제3장 교육이론의 성격과 구조 ―――― 35

1. 머리말 ······ 36
2. 교육이론의 성격 ······ 38
3. 교육이론의 구조 ······ 45
4. 맺는 말 ······ 48

제2부
교사, 교사교육자 그리고 학교개혁

제 4 장 교사의 실질적 권위와 그 정당화 논의 — 53

1. 들어가는 말 …… 54
2. 교사의 실질적 권위 …… 56
3. 실질적 권위의 사용과 정당화 …… 63
4. 나가는 말 …… 70

제 5 장 교사교육자의 연구와 교수의 방향 — 75

1. 서언 …… 76
2. 교사교육자의 철학적 연구 …… 79
3. 교사를 위한 철학적 교수 …… 83
4. 나가며 …… 87

제 6 장 학교개혁론의 현대적 의의 — 93
-존 듀이의 관점을 중심으로

1. 학교와 학교개혁의 문제 …… 94
2. 듀이의 학교문제 진단과 비판 …… 97
3. 듀이의 학교개혁 방안 …… 101
4. 듀이 학교개혁론의 현대적 의의 …… 105

제3부
자유, 자율성 그리고 교양교육

제 7 장 자유와 권위에 대한 듀이의 관점과 그 교육적 의의 ——— 117

1. 자유와 권위에 대한 전통적 관점 ······ 118
2. 자유와 권위의 재개념화 ······ 120
3. 자유와 권위의 관계 ······ 124
4. 교육에서의 자유와 권위 ······ 129
5. 자유와 권위의 조화를 위한 시사 ······ 136

제 8 장 자율성과 인문학 리터러시 ——— 141

1. 서언 ······ 142
2. 자율성 ······ 143
3. 인문교양교육 ······ 149
4. 인문학 리터러시 ······ 157

제 9 장 수사학 논쟁과 그 교양교육적 의의 ——— 175

1. 수사학 교사 이소크라테스 ······ 176
2. 이소크라테스의 수사학 교육 ······ 179
3. 교양교육적 함의 ······ 197
4. 교양인을 위한 수사학 ······ 210

제4부
본래성, 연결고리 그리고 감각교육

제10장 본래성의 의미와 그 교육적 함의 —— 217
-하이데거의 존재론을 중심으로

1. 실존과 본래성 ········ 218
2. 본래성의 의미론적 해석 ········ 220
3. 본래성 회복과 교육 ········ 227
4. 선구적 삶으로의 도약 ········ 234

제11장 코메니우스의 '연결고리' 개념과 그 교육적 시사점 —— 239

1. 전체성과 연결고리 ········ 240
2. 연결고리의 의미 ········ 241
3. 연결고리의 교육적 의미 ········ 251
4. 나가며 ········ 260

제12장 『세계도회』(*Orbis Pictus*)와 감각교육 —— 265

1. 코메니우스와 감각교육 ········ 266
2. 감각교육을 위한 『세계도회』 ········ 273
3. 『세계도회』와 시각-청각-촉각 ········ 280
4. 나가는 말 ········ 286

第5부

인격, 인성 그리고 죽음교육

第13장 과정철학에 비추어 본 인격의 형성과정 ———— 293
-화이트헤드의 관점을 중심으로

1. 서언 …… 294
2. 인격의 형성과정 …… 297
3. 인격의 함양과 인격적 인간상 …… 311
4. 결어 …… 315

第14장 느낌의 과정과 그 인성교육적 함의 ———— 321
-화이트헤드의 철학을 중심으로

1. 서언 …… 322
2. 화이트헤드의 느낌의 과정 …… 325
3. 인성교육에 주는 시사점 …… 341
4. 결론 …… 347

第15장 죽음의 현상학적 의미와 죽음교육 ———— 353
-하이데거의 존재론을 중심으로

1. 죽음에 대한 철학적 논의 …… 354
2. 죽음의 현상학적 의미 …… 357
3. 죽음과 죽음교육 …… 365
4. 금기를 넘어 통찰로 …… 369

찾아보기 …… 373

제1부

교육의 개념과 교육이론

제1장 다시 생각해 보는 교육의 개념

제2장 정범모 교사론의 난점

제3장 교육이론의 성격과 구조

제1장

다시 생각해 보는 교육의 개념*

이달우

1. 머리말
2. 사실과 개념 그리고 정의의 역설
3. 피터스의 고백: 정의보다 종합적 윤곽
4. 새로운 정의: 까마귀 모형
5. 맺는 말

* 이 글은 『교육철학』 제69집 119−136쪽에 게재되었던 "다시 생각해 보는 교육의 개념"을 수정, 보완한 것이다.

1. 머리말

한국에서 교육의 개념에 대한 본격적인 논의가 시작된 것은 1974년에 출판된 정범모의 『教育과 教育學』에서 비롯된 것으로 볼 수 있을 것이다. 이 책에서 정범모는 적극적인 '교육관의 정립'을 시도하고자 하였다. 그에 따르면, "교육관이란 교육의 방향이나 이념에 관한 觀을 말하는 것이 아니라, 교육 그 자체에 관한 觀을 말한다. 즉 하나의 인간적 사회적 현상으로서의 교육을 실천하고 연구하는 데에 기초가 될 수 있는 概念模型을 말한다. 말하자면 교육을 계획·실천하고 분석·연구하는 데에, 교육현상을 의미 있게 걸러 생각할 수 있는 개념의 그물"(鄭範謨, 1974: 2)과 같은 것이라고 하였다.

정범모는 교육의 개념을 '인간행동의 계획적인 변화'라고 정의(定義)하였으며, 이를 주춧돌로 삼아 하나의 개념모형으로서의 교육관의 정립을 시도하였다. 그리하여 이 정의에 따라 교육을 직시하는 교육관이 자리를 잡게 되면, 당시의 피상적이고 모호한 교육관을 극복할 수 있다고 보았던 것이다. 그는 교육의 개념을 조작적으로 규정한 자신의 정의에 대한 확신을 다음과 같이 피력하고 있다.

> "이 규정대로라면 교육은 실로 중대한 뜻을 갖는다. 왜냐하면 이 규정대로라면 교육은 인간행동형, 예컨대 사고력, 창의력, 또는 가치관, 정신자세, 또는 지식, 기술 등을 의도대로 계획에 따라 척척 조성하고 증대하고 矯正하고 한다는 것을 의미하기 때문이다. 규정 그대로의 교육은 거의 마력적인 可恐할 힘일 가능성을 가지고 있다. 이 교육의 규정대로라면, 爲政者가 교육을 輕視할 수 없을 것이고, 교사는 그저 안일하게 그날그날을 보낼 수 없을 것이며, 교육학도는 피상성과 自體懷疑에서 감돌고만 있을 수는 없을 것이다"(鄭範謨, 1974: 5).

정범모가 주장하는 것처럼 교육의 개념에 대한 정의가 확실하게 자리를 잡게 되었다고 해서 교육의 실제가 그 가공(可恐)할 힘에 제압되어 그가 규정하는 대로 될 수 있는 것인가? 꼭 그렇지만은 않다고 본다. 거기에는 두 가지 이유가 있다. 하나는 뒤에서 더 논하겠지만, 개념은 사실을 다 설명할 수 없다는 것이다. 다른 하나는 여전히 피상적이거나 주먹구구식의 교육관이 상존하고 있다는 것이다.

교육이 무엇이라고 생각하는지 물었을 때, '가르치고 배우는 것'이라고 대답하는 사람들이 적지 않다. 아마 이것이 피상적인 교육관의 전형적인 사례 가운데 하나일 것이다. 교육을 평생의 업(業)으로 삼고 있는 교사들 가운데에도 이런 답변을 하는 사람이 적지 않다. 이는 교사들조차 자기가 무엇을 하고 있는지 즉, 교육이 무엇인지 제대로 알지도 못하는 상태에서 교단에 서는 경우가 많다는 것을 반증하는 것이다.

이와 같이 피상적으로 교육의 개념에 대해 정의하는 경우에 드러나게 되는 가장 큰 문제는 '왜 우리가 무엇인가를 가르치고 배워야 하는가?'에 대한 목적 또는 이념적 지향이 결여되었다는 점이다. 어떤 학문이든 그 학문의 세계에서 핵심이 되는 개념들은 그 개념이 궁극적으로 지향하는 목적이 그 개념 자체에 본래적으로 내재되어 있다고 봐야 한다. 정치학은 '정치'라는 용어를 사용해야 하는 어떤 대상에 대한 개념적 정의를 토대로 인간세계에 도움이 되는 일과 관련된 이론이나 실천에 대해 연구하는 학문이다. 마찬가지로 교육학은 '교육'이라는 용어를 사용해야 하는 어떤 대상에 대한 개념적 정의를 토대로 하여 인간세계에 도움이 되는 일을 찾아 연구하는 학문이라고 할 수 있다. 교육을 '가르치고 배우는 일'이라고 상식적으로 정의할 경우, 그것은 왜 배우고 가르치는가의 목적의 지향을 보여주는 것이라기보다 어떤 목적의 실현을 위해 수행해야 할 과정을 드러내는 것에 불과하다. 따라서 이처럼 단순하게 정의하게 되면, 무엇이든지 가르치고 배우기만 하면 다 교육이라고 보게 된다는 난점이 생기게 된다. 물론 목적이나 이념적 지향이 불분명하다는 약점은 일반인들에게만 국한되는 것은 아니다. 전문적인 학자들의 경우에도 그러한 예는 얼마든지 있다. 교육을 '경험의 재구성을 통한 성장'이라고 하는 듀이의 교육관이 비판을 받고 있는 것도 그렇고, '인간행동의 계획적인 변화'라고 정의하는 정범모의 교육관 또한 이러한 비판을 면하기 어렵다고 본다.

정범모는 1974년에 출판한 『敎育과 敎育學』의 서문 첫머리에서 당시 한국의 교육계가 이론과 실천의 양면에 걸쳐 많은 문제를 안고 있다는 것을 지적하였다. 정범모는 이런 문제들이 허술하고 피상적이고 모호하고 불안한 교육관에서 기인된 것으로 판단하였으며, 이러한 교육계의 문제를 해결하기 위해서 교육관의 정립 또는 재정립이 필요하다고 하였다. 그런 학문적 작업의 일환으로 교육을 '인간 행동의 계획적인 변화'로 보자는 조작적(操作的)인 정의를 내리고, 그 정의를 토대로 한 교육학의 학문적 정립을 시도하였다. 아무튼, 정범모가 심혈을 기울여 해결하고자 했던 그러한 학문적 고민은 지금도 여전히 계속되고 있는 것이고, 따라서 교육의 개념에 대한 논의도 끊임없이 이어져야 할 것이다. 다시 말하면, 우리가 현재 '교육'이라는 이름을 걸어놓고 실제적으로 수행하고 있는 일들이 과연 '교육'이라는 이름으로 부를 수 있는 것인지 여부에 대해서 여러 가지 측면으로 고려하고 검토해 봐야 한다는 말이다. 여기서는 정범모를 비롯하여 교육의 개념에 대해 정의를 내리고 있는 대부분의 학자들이 놓치고 있는 점, 특히 개념과 사실의 관계와 그러한 관계에서 나타나는 정의의 한계를 극복하기 위해 새로운 각도에서 교육의 개념에 대해 상정(想定)해 보기로 한다.

2. 사실과 개념 그리고 정의의 역설

교육의 개념과 사실의 관계에 대해 논의하기에 앞서 생각해 볼 것은 과연 교육의 개념은 존재하는 것인가의 문제이다. 결론부터 말한다면, 교육의 개념은 분명히 존재한다. 다만, 우리가 규정하고 있는 교육이라는 개념에 대한 정의가 바로 그 교육이라는 이름으로 불리고 있는 '개념의 실체(實體)'를 다 담을 수 있는 것인지는 확신하기 어렵다는 점이 있다.

이와 같은 어려움이 있다고 하더라도, 교육의 개념은 교육을 학문적으로 연구하는 학자 또는 연구자로서 가장 먼저 그리고 자신의 일이 끝날 때까지 끊임없이 생각해야 하는 필생의 과제라 할 수 있다. 교육이라는 개념의 의미를 제대로 알지도 못한 상태에서 그 일을 이해한다거나 실천할 수는 없기 때문이다. 어떤 학문이든 그 학문의 핵심이 되는 개념의 의미를 구체적으로 밝히고자 할 경우에 흔히 정의(definition)의 방식을 사용한다. 교육학자들 또한 교육의 개념에 대해 규정하기 위해서 이러한 정의의 방식을 사용하고 있다.

정의는 어떤 낱말이나 개념 등의 의미를 구체적으로 밝히는 것으로서 일종의 약속이기 때문에 그 자체만 가지고 진위(眞僞)를 판별할 수는 없다. 따라서 교육에 관한 수많은 정의들 가운데에서 어떤 것이 옳다거나 어떤 것이 그르다고 판정할 수가 없는 것이다. 게다가, 정의를 통해 우리가 '교육'이라는 이름으로 부르고 있는 모종의 활동에 관련된 개념적 실체를 여실하게 드러내는 것 또한 결코 쉬운 일이 아니다.

그러나 교육의 개념을 정의하는 것은 교육의 제 현상을 이해, 연구, 실천하는데 있어서 필수적인 과정이기도 하다. 그렇기 때문에 지금까지 많은 학자들이 부단히 교육의 개념에 대한 정의를 시도하였고, 그만큼 다양한 정의가 존재하게 되었다. 아마 모르긴 해도 교육에 대한 정의를 다 모아 보면, 수십 가지 어쩌면 수백 가지도 넘을 것이다.

사실 우리가 교육이라고 생각하거나 알고 있는 것은 우리가 '교육'이라는 이름을 붙여서 부르고 있는 바로 그 교육의 '개념적 실체' 하나일 뿐이다. 교육의 개념적 실체는 오로지 하나임에도 불구하고 어찌하여 그렇게 많은 정의가 생기게 되었는가? 혹시, 우리가 하나라고 알고 있는 교육의 개념적 실체에 해당하는 것이 실제로는 하나가 아니고 수없이 많다는 말인가?

예를 들어 우리가 즐겨 먹는 사과의 개념에 대해 생각해 보기로 한다. 우리가 사과라는 개념을 사용하고 있지만, 그 개념 속에 포함되는 사과의 종류는 수천 개 이상이라고 한다. 능금, 국광, 홍옥, 황옥, 쓰가루, 후지, 골든 딜리셔스, 조나골드 등 수없이 많다. 상업적으로 많이 통용되는 사과의 종류만 해도 수십 가지는 된다고 한다. 이와 같이 수천 가지의 사과가 존재하는 것은 기후, 식생, 재배 기술이나 육종학적 관점 등에 따라 달라지기 때문이다.

이처럼 수천 가지가 넘는 개별적인 사실이나 현상으로서의 사과들을 하나로 묶어주는 것이 바로 '사과'라는 하나의 개념이다. 우리는 이와 같은 하나의 사과라는 사물의 개념적 실체를 포착하기 위해 정의라는 방식을 사용한다. 사과에 대해 개념적으로 정확하게 알기 위해서 사전을 찾아보기도 한다. 그런데 사과에 대한 사전적 정의 또한 매우 다양하다는 것을 발견하게 된다. 그 정의들을 대략 정리해 보면, 사과는 사과나무의 열매이며, 양끝이 들어간 편구형(偏球形)의 모양을 가졌고, 색깔은 붉고, 맛은 새콤달콤하며, 향미(香味)와 육즙(肉汁)이 풍부한 과일이라고 한다. 이 정의에 따라 사과에 해당하는 과일을 찾아보기로 하자. 양끝이 들어간 편구형의 붉은 과일이 있어서 먹어보았더니 새콤달콤한 맛이 나고 향미와 육즙이 풍부하였다. 그렇다면, 우리는 이런 과일을 다 사과라고 할 수 있는가? 아마 아닐 것이다. 새콤달콤한 다른 과일도 있다. 물론 새콤하지 않은 사과도 있을 수 있다. 사과가 아니지만 붉은 색이 도는 과일도 있다. 사과가 아닌 다른 과일 중에도 향미와 육즙이 풍부한 것도 얼마든지 있을 수 있다.

어떤 학문이든지 개념과 정의를 유력한 도구로 사용하고 있다. 그러나 그 개념과 정의는 그 자체가 목적이 아니다. 개념은 그 학문이 궁극적으로 파악하고자 하는 사실의 세계가 있기 때문에 존재하는 것이다. 결국, 어떤 학문이든지 사실을 능가하는 개념을 추구하는 순간 그 학문의 본질을 벗어나고 마는 셈이 된다. '사실이 개념에 우선한다'는 것을 잊어서는 안 된다. '정의가 개념의 실체를 다 포착할 수 없고, 개념이 사실을 다 담을 수 없다는 것'을 직시해야 한다.

사과는 삼라만상 가운데 한 가지인 구체적인 사물에 불과하다. 그런데도 이처럼 정의와 개념과 사실의 관계가 쉽지 않다는 것을 알 수 있다. 하물며 교육과 같이 추상적인 개념의 경우에는 얼마나 어렵겠는가? 그런데 많은 학자들이 각자가 나름대로 교육을 무엇이라고 정의하고 있으며, 그러한 정의의 소비자라고 할 수 있는 교육현장의 교사들은 그것이 교육의 정수(精髓)인 것처럼 생각하여 진지한 반성(反省) 없이 따르고 있는 실정인데, 이것은 심각한 문제가 아닐 수 없다.

학자들이 사용하는 정의라고 하는 것은 '개념을 이해하는 사고(思考)의 틀'과 같은 것이며, 단지 하나의 학문적 방편으로 고안한 것이기 때문에 이것을 과신(過信)해서는 안 된다. 교육이라고 규정할 수 있는 현상이 일어나고 있는 현장은 개념의 세계가 아니고 사실의 세계이다. 만약에 어느 학교에서 성격 파탄자나 조폭 또는 심리적 부적응을 보이는 사람도 교사의 일을 할 수 있다고 보고, 이들을 교사로 채용하는 일이 실제로 일어났다면 어떻게 되겠는가? 상상조차 할 수 없는 일이다. 개념과 논리의 세계는 사실의 세계를 이해하고 설명하고 조절하고 통제하기 위해서 동원되는 궁여지책 가운데 하나일 뿐이다. 사실의 세계를 효과적으로 이해하고 통제하기 위해서는 개념과 논리의 세계가 필요한 것은 사실이다. 그러나 한 가지 분명히 짚고 넘어가야 할 것은 개념은 사실을 토대로 하는 것이기 때문에 사실의 세계에 배치되는 개념의 세계는 논리적으로는 참이라 하더라도 실제적으로는 참이 되지 않는 경우도 있다는 것을 간과해서는 안 된다.

그렇다면 정의에 대해서 우리는 어떻게 이해해야 되는가? 사실과 개념의 관계를 놓고 볼 때, 사실의 세계를 완벽하게 포괄할 수 있는 개념이나 논리는 없다고 봐야 한다. 결국 충분한 정의는 내릴 수 없다는 것이다. 따라서 어떤 정의이든지 확신해서는 안 된다. 그렇다고 정의를 내리는 일 자체를 포기할 수도 없다. 왜냐하면 우리는 그러한 일을 필요로 하고 있으며 또 실제로 하고 있기도 하다. 그렇기 때문에 그러한 사실이나 현상을 최대한 묶을 수 있는 개념에 대한 정의가 필요한 것이다. 많은 학자들이 정의라는 방법을 사용하여 사실을 묶어서 이해할 수 있는 개념의 실체를 충분하게 구현할 수 없다는 것을 알면서도 그 불완전한 정의를 내리는 일을 멈추지 못하는 것이다. 이것이 바로 개념과 사실의 관계에서 필연적으로 만나게 되는 '정의의 역설(paradox)'인 것이다.

3. 피터스의 고백: 정의보다 종합적 윤곽

피터스(R. S. Peters)는 『倫理學과 敎育』의 1장에서 개념분석의 방법을 사용하여 규범적, 인지적, 과정적 측면으로 구분한 세 가지 교육의 개념적 기준(criteria)을 제시하고 있다(Peters, 1981: 5-39). 같은 책의 2장에서는 교육의 개념을 "교육은 그 개념 안에 붙박인(built into) 세 가지 기준을 모두 충족시키는 방향으로, 가치 있는 활동 또는 사고와 행동의 양식으로 사람들을 입문시키는 성년식과 같은 것(Education as Initiation)"으로 정의(describe)하고 있다(Peters, 1981: 55).

우선 궁금한 것은 피터스가 교육의 개념(concept)을 분석한다고 하면서도, 실제에 있어서는 개념이라는 말 대신에 '기준'(criteria)이라는 용어를 선택하였던 이유는 무엇일까 하는 점이다.

피터스에 따르면, 정의(justice) 또는 지식(knowledge)과 같이 일반적인 용어들(general terms)은 당초에 명백하게 제한된 체계 속에서 주어진 기능을 수행하도록 인간이 의식적으로 제정한 것이 아니고, 여러 가지 다른 문맥 속에서 사용되어 오는 동안에 그 나름의 생존환경을 거치면서 형성된 것이다. 그리스어의 원인(aitia)이나 이성(logos)과 같은 말도 마찬가지다. 이런 말들을 정밀하게 정의하는 것은 '사랑(love)'의 개념을 꼭 집어서 표현하기가 어려운 것처럼 어렵다는 것이다. 교육이라는 개념도 이와 마찬가지라서 교육이라는 용어의 용도 가운데에는 정밀한 정의로 포괄되지 않는 그런 용도가 있는 것이 사실이라는 것이다. 그렇다고 해서 교육이라는 말의 핵심적인 어의(語義)에 부합하는 사용기준이 전혀 없다는 것은 아니다. 용어의 사용기준을 공식화하는 일은 바로 그 용어의 여러 가지 용도를 함께 묶는, 다시 말하면 그 용어의 의미가 무엇인가를 명백하게 제시하려는 노력이라고 볼 수 있다는 것이다 (Peters, 1981: 13－14).

정의(正義), 지식, 원인, 이성, 사랑, 교육과 같이 정밀한 정의(定義)로 포괄되지 않는 용도를 가지고 있는 일반적인 용어들은 꼭 집어서 개념화하기 어렵다고 보았기 때문에 '기준'이라는 느슨한 용어를 사용한 것이다. 빈틈없이 꼭 맞는 개념의 분석을 추구하는 피터스로서도 어쩔 수 없었던 것이다. 이홍우는 피터스가 교육의 개념을 탐색하면서 사용한 '기준'(criteria)이란 용어를 '사용기준'이라고 번역하면서 '교육의 개념'과 같은 의미로 이해하고 있다(Peters, 1981: 14). 아무튼 피터스가 교육의 개념을 규정하기 위해 '기준'이라는 느슨한 방법을 구사한 것은 일종의 소거법(消去法)과 같은 것이 아닌가 한다. 기준에 비추어 '교육인 것'과 '교육이 아닌 것'을 구별하고, 교육이 아닌 것을 하나씩 제거해 나간다면, 마지막에는 교육인 것만 남을 것이다. 그러나 이 방법 또한 그가 사용하였던 '기준'의 정밀성을 어떻게 보장할 것인가의 문제는 여전히 남는다.

다음은 피터스가 교육의 개념을 정의할 때, '교육은 성년식이다(education is initiation)'라는 단정적(斷定的)인 표현을 쓰지 않고, '교육은 성년식과 같은 것이다 (education as initiation)'와 같이 비유법을 써서 규정하게 된 이유는 무엇일까 하는 점이다. 이 점에 대해서『倫理學과 教育』2장(성년식으로서의 교육)의 서론 부분을 보면, 교육의 개념에 관한 피터스의 견해에 대해 어느 정도 짐작할 수 있을 것이다.

> "1장에서는 교육의 '정의(definition)'를 제시하려고 시도하지도 않았거니와 그 세 가지 기준을 종합하여 교육의 의미를 전체적으로 밝히려고도 하지 않았다. (중략) 그 기준 가운데 한 가지만 강조하는 것이 아니라 세 가지를 모두 다 고려하면서 교육에 관하여 보다 일반적인 설명을 할 수 있을 것이다. 이러한 설명을 할 수 있다면 그 설명은 '정의'라기보다는 '종합적 윤곽(synthetic sketch)이라고 보는 편이 좋을 것이다"(Peters, 1981: 44).

이로 미루어 볼 때, 피터스 역시 '정의의 역설'을 감지(感知)하고 있었다는 것을 알 수 있다. 피터스도 교육의 개념에 대한 명료한 정의가 어렵다는 것을 알고 있었으며, 그렇기 때문에 명료한 개념의 정의를 시도하지도 않았다는 것을 고백하고 있는 셈이다. 실제로 피터스는 교육의 개념을 정의하면서 궁여지책으로 정의(definition)라는 단어를 사용하는 대신에 '종합적 윤곽'(synthetic sketch)이란 용어를 선택하였던 것이다. 종합적 윤곽(綜合的 輪廓)이란 용어에 사용된 'synthetic'이란 단어의 의미는 '다 모은다'는 종합의 의미를 가지고 있다. 특히 미술 분야에서 쉽게 알 수 있듯이 'sketch'란 단어는 '다 그리지 않는다'는 의미를 가지고 있다. 명료한 의미의 탐색과 분석을 생명으로 하는 분석철학자인 피터스가 어떻게 '다 모으되, 다 그리지 않는다(synthetic sketch)'와 같이 전형적으로 모순(irony)이 되는 용어를 쓸 수밖에 없게 된 것일까? 이는 그만큼 교육이라는 용어의 개념적 정의가 어렵다는 사실을 보여주는 것이다. 동시에 개념적 정의가 제아무리 어렵다고 하더라도 그 개념적 정의를 시도하지 않을 수 없는, 마치 시지프스의 신화를 닮은 것 같은 '정의의 역설'을 잘 보여주는 것이기도 하다.

그렇기 때문에 피터스는 앞에서 살펴본 바와 같이 교육의 개념을 정의한다는 의미의 'define'이라는 단어를 사용하지 않았다. 그 대신에 묘사한다, 기술한다, 표현한다는 의미로 쓰이는 'describe'라는 단어를 선택하였던 것이다(Peters, 1966: 55). 그의 대표적 저술이라 할 수 있는 『倫理學과 敎育』(*Ethics & Education*)에서 2장의 제목을 '교육은 성년식이다(education is initiation)'라고 하지 않고, '교육은 성년식과 같은 것이다(education as initiation)'라고 한 것도 같은 맥락에서 이해할 수 있다. 'is'는 딱 잘라 판단하거나 단정하여 다른 변수의 개입을 배제한다는 의미를 가지고 있다. 반면에 'as'는 모든 변수를 다 반영하지 못하는 상태에서 확신하지 못한다는 의미를 내포하고 있기 때문이다.

'다 모으되(synthetic), 다 그리지 않는다(sketch)'는 의미를 내포하고 있는 종합적 윤곽이란 말도 그렇다. 교육의 개념을 명료하게 잡아내기가 어렵기 때문에 할 수 없이 이처럼 느슨한 용어를 선택했던 것이다. 그렇다면 과연 피터스가 제시한 세 가지 기준만 가지고 교육의 개념을 온전히 포착할 수 있는 종합적 윤곽이라고 말해도 되는가 하는 의문이 생기지 않을 수 없다. 다양한 모습으로 나타나고 있는 교육의 현상이나 사실을 단 몇 개의 기준으로 충분히 묶어낸다는 것은 결코 쉬운 일이 아니다. 바로 이런 점 때문에 피터스도 개념이란 말을 쓰지 못하고 종합적 윤곽이란 용어를 선택할 수밖에 없었던 것이다.

세 가지 기준이라고 하지만, 실제에 있어서는 인지적 기준의 비중이 거의 대부분을 차지한다고 보아야 한다. 규범적 기준이나 과정적 기준은 어떻게 보면, 인지적 기준을 만족시키거나 수식하는 조건에 불과한 것으로 볼 수도 있기 때문이다. 그러나 교육은 학습자의 지적 능력이나 의식의 변화만으로 설명될 수 없는 일이다. 그 변화의 대상이 되는 지력(知力)이나 의식(意識)이 최후의 도착점으로 삼아야 할 것은 학습자의 행동과 생활이 나타나는 삶의 현장이 되어야 한다. 물론 모든 교육의 현상과 사실에 일대일로 대응하는 기준을 마련하는 것은 거의 불가능하고, 또한 꼭 그렇게 할 필요가 있는지는 확신하지 못한다. 그러나 적어도 우리는 교육의 실천적 측면(practical aspects of education)이나 기준(criteria of education)과 같은 것에 대해서 고려하지 않을 수 없다. 이와 같이 교육이라는 일이 반드시 갖추어야 할 기준들을 어느 정도 포괄할 수 있을 때, 최소한 종합적 윤곽이라 명명(命名)할 수 있을 것이다. 또 그렇게 되어야만 교육의 개념이 가지는 학문적 설득력 또한 제고될 것이다. 교육의 개념에 대한 명료한 분석과 파악을 시도하였던 피터스의 학문적 기여는 높이 평가할 수 있지만, 동시에 그 자신도 고백했던 것처럼 교육의 개념에 대한 명료한 파악은 미완(未完)의 숙제로 남은 셈이다.

4. 새로운 정의: 까마귀 모형

개념과 사실의 관계를 주로 논의한 2장에서 검토한 바와 같이 교육의 개념을 명료하게 붙잡아 내기는 거의 불가능에 가깝다고 할 수 있다. 그렇다고 해서 정의를 내리는 일을 포기할 수도 없는 것이 바로 '정의(定義)의 역설(逆說)'이라고 하였다. 충분한 정의가 거의 불가능에 가깝다는 것을 알면서도 어떻게든 교육의 개념에 대한 정의를 내려야 한다면, 최대한 오류를 줄이는 방향으로 생각을 해봐야 할 것이다.

이와 같이 정의의 역설을 염두에 두고 교육의 개념을 정의하는 문제에 대해 생각해 보았을 때, 피터스의 '종합적 윤곽'이라는 착상은 그 자체로서 교육의 개념적 정의가 지난(至難)하다는 것을 말해 주는 것이다. 그러나 동시에 교육의 개념에 대한 정의를 시도할 경우 종합적 윤곽이라는 기본적 관점을 전제로 한다면, 교육현상이나 사실을 왜곡시키는 오류를 줄일 수 있다는 이점이 있다고 본다. 하지만, 피터스가 시도하였던 교육의 개념에 대한 정의는 그 개념적 기준의 정밀성을 보장하기 어렵다는 문제가 있다는 것도 감안해야 한다. 바로 그 기준을 설정하는 또 다른 기준에 관련된 문제가 여전히 남게 되기 때문이다. 완벽한 정의를 어렵게 하는 정의의 역설을 감안한다면, 교육의 개념적 실체를 다 담지는 못한다고 하더라도 그 실체에 보다 근접한 개념 정의의 방식을 생각해 보는 것도 필요하다. 단순하고 투박한 방법이기는 하지만, '까마귀 모형'으로 정의하는 것도 생각해 볼 수 있다.

이달우는 "여러 학자들의 정의를 집약하여 교육은 '인간의 의식과 행동의 성장과 변화를 통한 사회화 과정(過程)'이라고 규정하고, 이러한 일련의 과정을 거쳐 인간은 소아(小我) 즉, '작은 나'의 좁은 울타리를 넘어 대아(大我) 즉, '큰 나'의 넓은 세상으로 삶의 지평을 확장시켜 나가는 것"을 교육의 역할이라고 인식하고 있다(이명기 외, 2011: 18－19). 이 정의는 정범모의 조작적 정의에서 교육적 행위의 주요 대상이 되었던 행동을 포함하고 있으며, 피터스(R. S. Peters)가 중시하였던 의식과 사고도 포함되어 있다. 의식과 사고를 포함시킴으로써 정범모의 조작적 정의에서 과소평가되었던 정신적 측면까지 고려할 수 있게 된다. 성장과 변화는 누가 어떻게 교육을 정의하는 경우에도 부정하기 어려운 것이다. 교육의 개념을 정의하면서 정범모가 변화를 핵심으로 삼은 것이나 듀이(J. Dewey)가 경험의 계속적인 재구성이나 성장을 말한 것도 이와 같은 맥락에 따른 것이다. 다만, 이 경우에 교육의 목표지향이 명확하지 않다는 문제는 어떻게 하든 보완되어야 한다. 그런 점에서 교육을 아동의 사회화라고 보았던 뒤르케임(E. Durkheim)의 관점을 받아들인다면 도움이 될 것이다. 피아제의 인지발달이론에서 주목되는 탈중심화(decenterion)에서 유추할 수 있듯이 교육은 개인적 존재를 사회적 존재로 바꾸어 주는 일이기 때문이다.

'인간의 의식과 행동의 성장과 변화를 통한 사회화 과정'이라는 이달우의 교육의 개념에 대한 정의는 이와 같이 교육의 개념에 대한 대표적인 정의들이 핵심으로 삼고 있는 내용들을 거의 포괄하고 있다고 볼 수 있다. 이밖에도 기타 교육의 가치적 측면이나 기능적으로 정의하는 사람들의 수단적 가치뿐만 아니라 상식적인 수준의 교육관까지 다 포괄하고 있다고 한다(이명기 외, 2011: 18－19). 이달우는 교육의 개념에 대한 이러한 방식의 정의를 여러 새들의 깃털을 모았던 까마귀에 관한 이솝의 우화에 비유하여 '까마귀 모형'이라고 명명(命名)하였다. 아무튼 이와 같은 정의의 방식은 교육에 대한 다양한 관점들을 최대한 참작하고 포괄함으로써 교육의 개념적 실체를 구체화하는데 보다 근접할 수 있다는 점에서 시사(示唆)하는 바가 있다고 본다.

물론 교육의 개념을 몇 개의 단어를 사용하여 간단명료하게 정의하는 것은 불가능에 가깝다. 그렇기 때문에 피터스도 이 점에 대하여 '오랜 인류의 역사를 통해 사회적 맥락 속에서 형성된 일반적 용어'인 교육의 개념은 조작적으로 정의될 수 있는 것이 아니라고 했던 것이다. 교육이라는 개념이 일반적인 용어로 자리를 잡게 되는 과정에서 그 일에 관련되어 나타나고 있는 사회문화적 맥락의 다양성을 보면 더욱 그러하다.

이달우가 교육의 개념을 까마귀 모형으로 정의할 때에 가장 핵심이 되는 용어는 사회화이다. 이 정의에서 검토하였던 교육이라는 일과 관련된 다양한 사회문화적 맥락은 [그림 1-1]과 같다.

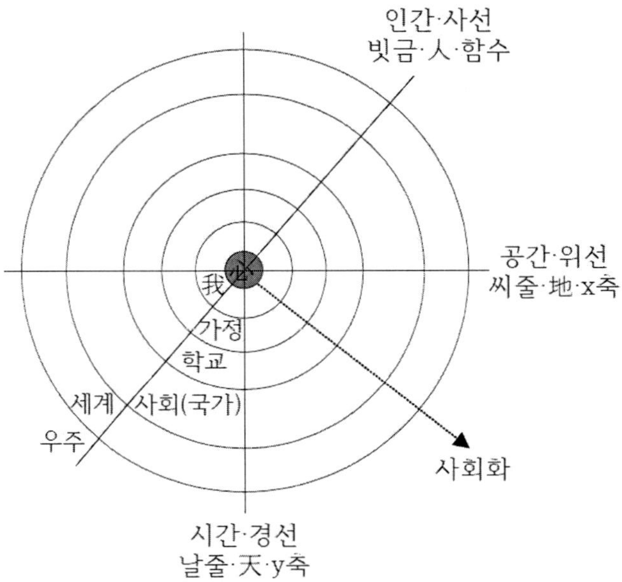

[그림 1-1] 교육의 사회문화적 맥락

[그림 1-1]이 나타내고 있는 사회화의 의미는 한 인간의 중심이 되는 마음(心)의 세계로부터 우주적 차원에 이르기까지 인간의 의식과 행동의 범위가 확장되어 나간다는 것이다. 그림에서 보는 것처럼, 한 개인이 자기중심성에서 벗어나 사회적 존재로 성장, 발달해 나가기 위해서 거쳐야 할 과정에는 여러 동심원(同心圓)들이 연속

하여 층위(層位)를 이루고 있다. [그림 1-1]에 있어서 교육이란 서로 층위를 이루고 있는 동심원(同心圓)의 안에서부터 밖으로 향하는 원심력(遠心力)을 배양하는 것으로 이해될 수 있다. 이런 과정을 우리는 대개 사회화라고 한다.

조금 더 구체적으로 말한다면, 교육이란 '시간'과 '공간'을 씨줄과 날줄로 삼아 문화라고 하는 옷감을 짜는 인간의 활동에 관련되는 것으로, 인간의 의식(정신 또는 마음)을 토대로 하여 '지식(앎)'과 '생활(삶)'이 교직(交織)되는 과정이라고 할 수 있다. 또는 '작은 나(小我)'를 벗어나 '큰 나(大我)'의 세계로 나아가는 사회화의 과정이라고도 할 수 있다.

[그림 1-1]에서 경선(經線)은 과거·현재·미래 등 시간(時間)의 3차원을 나타내고 있다. 위선(緯線)은 다양한 인간활동이 전개되는 공간(空間)의 범위를 나타내고 있다. 동심원(同心圓)은 사물의 연장(Extension) 또는 존재의 범위를 나타내는 것이다.

경선과 위선의 교점(交點)에는 삼라만상의 중심이 되는 나와, 그 나의 중심이 되는 마음이 자리를 잡고 있다. 이 교점은 바로 '지금 여기(Here and Now)'를 가리키는 것이며, 시간 차원에서는 현재(Now)이고, 공간 차원에서는 여기(Here) 또는 중간(中間)에 해당되는 것이다. 모든 인간활동은 이 교점으로부터 사방팔방으로 전개되어 나가게 된다. 그렇기 때문에 '지금 여기'에 있는 우리에게 필요한 것은 안으로는 격치성정(格致誠正)의 공부이고, 밖으로는 수제치평(修齊治平)의 공부라고 할 수 있다.

왼쪽 아래(3사분면)에서부터 오른쪽 위(1사분면)로 빗겨 그은 사선(斜線)은 세계 또는 사회 속에서 일어나는 다양한 인간의식의 행로(行路)가 경선과 위선의 함수관계에 따라 좌우된다는 것을 보여주고 있다. 이러한 인간의 활동을 통해 정치, 경제, 교육, 예술 등 다양한 인간사회의 문화가 형성되는 것이다.

교점에서 오른쪽 아래(2사분면)로 빗겨 그은 점선(點線)은 '나'로 상징되는 자기중심적 세계의 범위를 넘어 '너'로 상징되는 타자(他者)를 배려하는 것과 나아가 '우리'라는 공동체 또는 사회 속으로 확장되어 나가는 교육적 작용으로서의 사회화를 나타내는 것이다.

5. 맺는 말

현재로서 내릴 수 있는 결론은 지금 우리가 수행하고 있는 교육이라는 일이 그 개념의 실체에 어느 정도 부합하는가 여부는 알 수 없지만, 적어도 그 일을 하고 있는 동안에는 그 일에서 우리가 찾고자 하는 그 일의 '개념의 실체'에 해당되는 것이 있다는 것만은 확실하다고 본다. 다만 그것을 어떻게 언어 내지 언어를 사용한 정의 또는 개념이라는 그릇에 담을 것인가의 문제는 앞으로도 지속적으로 검토해야 할 과제로 남는다는 것이다.

정의의 역설에도 불구하고 우리는 교육의 개념에 대한 정의를 시도해야 한다. 동시에 그러한 정의가 사실과 그 사실의 추상(抽象)인 개념의 본질이나 실체를 왜곡하게 되는 교각살우(矯角殺牛)의 우(愚)를 범하지 않으려는 노력이 필요하다.

이와 관련하여 이홍우가 그의 저서인 『教育의 概念』에서 군맹평상(群盲評象)의 고사(故事)에 비유하여 교육의 개념체계에 대해 논의한 내용은 매우 시사적이다(李烘雨, 1991: 130－136).[1] 그는 맹인(盲人) 몇 사람이 코끼리를 더듬어 보고 평가하는 것을 부분과 전체의 논리로 바꾸어 논하면서, "우리 각자가 '개인으로서' 지각하는 것은 '전체(全體)'의 한 '부분(部分)'으로서 지극히 부분적이고 피상적인 것에 불과하다는 것, 그러나 그것은 전체(全體)와 '본질에 있어서는' 조금도 다르지 않다는 것을 말해주려고 했을 것"이라고 해석하고 있다.

이 해석 자체에 대해서도 동의하기 어려울 뿐만 아니라, '교육의 개념을 정의하기 위해 우리가 사용하는 개념체계(概念體系)는 그 성격상 교육의 전체(全體)를 파악하기 어렵다'는 그의 주장과도 논리적인 모순을 드러내게 된다는 문제가 있다. 물론 그는 '교육의 전체(全體)는 우리가 사용하는 각각의 개념체계(概念體系)에 의해 그 개념체계가 다루는 측면이나 양상에 의해 우리에게 파악되는 것'이라고 보기는 하였다. 그러나 이 또한 앞의 해석에서 그가 말한 대로 '부분(部分)이 전체(全體)와 본질에 있어서는 조금도 다르지 않다'는 것과는 배치되는 것이다.

또한 그는 『教育의 概念』에서 정범모의 공학적 개념과 피터스의 성년식 개념이

---

1) 아래에서도 여러 차례에 걸쳐 『教育의 概念』에 나오는 '장님과 코끼리'라는 항목에 있는 내용을 참고, 인용하였음을 밝힌다.

나 뒤르케임의 사회화 개념 등을 교육의 개념에 대한 대표적인 정의로 보고 연구하였으며, 이들 세 사람이 교육의 개념을 정의한 것에 대해 '빛나는 성과'라고 높이 평가하고 있다. 그러면서 교육을 정의하려고 하는 사람들에게 '여러 개념체계(概念體系)들을 뒤범벅으로 만들어 자신이 파악하고자 하는 교육의 양상(樣相)이 정확하게 무엇인지 알 수 없도록 하지 말 것'을 권고하고 있다. 오히려 자신이 선택한 개념체계에 애착을 가지고 그 개념체계 속에서 일관된 견해를 제시하려고 노력해야 한다는 점을 강조하고 있다.

한편으로는 각각의 정의에 들어 있는 개념체계를 모두 '종합'하면 그만큼 교육의 전체(全體)에 더 가까운 정의를 얻을 수 있을 것이라는 상식적인 수준에서의 요구에 대해서도 언급하였다. 그러나 그 종합의 방식에 대한 의문과 함께 그러한 종합이 오히려 각각의 개념체계가 가지고 있는 날카로운 문제의식을 무디게 할 것이라는 우려를 표명하고 있다. 앞에서 거론했던 까마귀 모형의 방법으로 교육의 개념을 정의하려는 것이야 말로 바로 이홍우가 우려하는 상식적인 수준에서의 요구와 같은 정의의 방식을 추구하는 것이다. 이 점에서 까마귀 모형의 정의는 이홍우가 지적하는 종합의 방식에 대한 의문과 문제의식의 둔화라는 우려에 대해 귀를 기울여야 할 것이다.

그러나 각각의 독자적인 개념체계가 가지는 날카로운 문제의식이라는 장점을 인정한다고 하더라도 서론 부분에 인용된 정범모의 주장에서 보는 바와 같이 그 독자적인 개념체계에 대한 과신(過信) 또한 경계하지 않을 수 없다. 왜냐하면 '정의가 개념의 실체를 다 포착할 수 없고, 개념이 사실을 다 담을 수 없다는 것'을 잊어서는 안 되기 때문이다. 우리가 교육의 개념을 정의하고자 할 때에는 언제나 '사실과 개념의 관계'에서 비롯되는 '정의의 역설'에서부터 생각을 풀어나가는 순서를 밟아야 한다.

참고문헌

李達雨(2012). "정범모 교사론의 난점". 한국교육철학회. **교육철학**. 제47집. 75－90.

李敦熙 編譯(1992). **죤 듀이 교육론**. 서울: 서울大學校出版部.

이명기 외(2011). **교육학개론**. 서울: 학지사.

李烘雨(1991). **教育의 槪念**. 서울: 文音社.

鄭範謨(1974). **教育과 教育學**. 서울: 培英社.

한국교육철학회 편(2017). **교육과 지식**. 서울: 학지사.

홍은숙(2007). **교육의 개념**. 서울: 교육과학사.

Cuypers, S. E. and Martin, C.(2017). *R. S. Peters*. Bloomsbury Publishing Plc. U.K. 이병승 옮김. **피터스의 교육사상**. 서울: 서광사.

Dewey, J.(1916). *Democracy and Education*. New York: The Macmillan Company. 李烘雨 譯(1987). **民主主義와 教育**. 서울 : 教育科學社.

Dewey, J.(1916). *Democracy and Education*. New York : The Macmillan Company.

Durkheim, E.(1956). *Education and Sociology*. Free Press. 李鍾珏 譯(1981). **教育과 社會學**. 서울: 培英社.

Peters, R. S.(1981). *Ethics and Education*. London: George Allen & Unwin Ltd. 李烘雨 譯. **倫理學과 教育**. 서울: 教育科學社.

Peters, R. S.(1966). *Ethics and Education*. London: George Allen & Unwin Ltd.

제2장

정범모 교사론의 난점*

이달우

1. 머리말
2. 『教育과 教育學』에 나타난 교사관
3. 정범모의 기술자적 교사관
4. 방법론 증후군의 문제
5. 맺는 말

* 이 글은 『교육철학』 제47집 8호 75−90쪽에 게재되었던 “정범모 교사론의 난점”을 수정, 보완한 것이다.

1. 머리말

교사와 학생 그리고 내용을 일러 교육의 3요소라고 한다. '교육'이라는 개념으로 정의(定義)되는 일에 있어서, 내용 없는 수업이나 학생 없는 학습이 불가능한 것처럼 교사 없는 교육은 있을 수 없다는 의미이다. 물론 잠재적 교육과정과 같은 경우에는 수업을 제공하는 교사의 의도와 무관하게 학생들의 학습이 일어날 수 있다고 보기도 한다.

그러나 그 경우에도 엄밀하게 따져 본다면, 가르치는 존재가 없는 것은 아니다. 예를 들어, 학생 스스로 교사가 없는 상태에서 무엇인가를 터득하게 되었다고 가정해 보자. 그 경우에도 그 학생이 학교나 교실에서 만나는 교사 이외의 다른 어떤 존재를 연상(聯想)하고 있었다면, 바로 그 존재가 교사의 역할을 한 셈이기 때문이다. 그런 연상조차 없었다면, 그 경우에는 바로 그 학생 자신이 스스로 교사의 역할을 하고 있는 셈이다. 자연현상을 보고 새로운 느낌을 갖게 되거나 새로운 의식 또는 행동을 보이게 되는 경우도 있을 수 있다. 이 경우에도 바로 그 자연현상이 교사의 역할을 한 셈이라고 보아야 한다.

그렇기 때문에 교사가 없는 상태에서 교육이라고 불리는 현상이 일어난다고 볼 수는 없다. 다시 말하면, 교육에 있어서 학습자와 교육내용이 필수적인 요소인 것처럼 교사 또한 필수불가결한 요소라는 말이다. 흔히 '교육의 질(質)은 교사의 질(質)을 넘어설 수가 없다'고 한다. 그만큼 교육에 있어서 교사의 역할이 차지하는 비중이 결코 양보할 수 없는 지분을 가지고 있다는 의미일 것이다.

학습자를 어떻게 보는가에 따라서 다양한 학습이론이 생겨났으며, 교육내용을 어떻게 보는가에 따라서 다양한 수업이론이 제기되고 있다. 마찬가지로 교사를 어떻게 보는가에 따라서 다양한 교육이론과 교육적 실천이 가능하게 된다. 이처럼 학습자, 교육내용, 교사를 어떻게 보는가에 따라서 학습이론, 수업이론, 교육이론 등이 규정되기도 하지만, 역으로 학습, 수업, 교육의 개념을 어떻게 보는가에 따라서 역시 학습자, 교육내용, 교사의 역할을 보는 관점도 다양한 모습으로 나타나게 마련이다.

이제 교육이 진행되는 과정에서 교사가 차지하고 있는 지분(持分)이 필수적이라는 전제하에서 교사를 어떻게 보고 있는지 또는 어떻게 보아야 하는지의 문제에 대해 논해 보고자 한다. 교사론에 대한 일반적인 논의는 초점이 흩어질 수 있으므로, 그 범위를 좁혀 주로 정범모의 교사론을 중심으로 하여 논하기로 한다.

정범모의 『教育과 教育學』은 한국 현대교육 또는 교육학의 학문적 정착과 성장에 있어서 상징적인 의미를 가지는 저술로 평가되고 있다. 이 책이 나온 지 45년이나 되었다. 정범모의 『教育과 教育學』 이후 한국의 교육학은 빠른 속도로 학문적 성장을 이루었다. 이제는 적어도 양적(量的)인 측면에 있어서는 상당한 학문적 성과를 갖게 되었다고 할 수 있다. 한국교육학회의 회원 수만 보더라도 다른 학문분야의 학회와는 비교하는 것이 새삼스러울 정도로 많은 회원을 자랑하고 있다.

한국 교육학의 초창기에 기여한 정범모의 영향이나 업적은 지대하다. 그렇기 때문에 오늘날 한국 교육학의 학문적 성숙이 그가 일깨운 관심사로부터 시작되었다고 해도 무방할 것이다. 1960년대 이후의 한국의 교육학은 그렇게 성장해 왔다. 특히 영미(英美)의 영향을 입은 교육학적 연구는 정범모의 영향 하에서 성장한 것이라 해도 결코 과장이 아니라고 평할 정도이다(이돈희, 1994: 13). 그러나 질적(質的)인 측면에 대해 생각해 보면, 한국의 교육학은 그 이론이나 실제에 있어서 아직도 제 궤도에 오르지 못한 상태라고 본다. 지금까지 교육에 관한 수없이 많은 이론과 주장이 제시되고 실시되어 왔지만, 입시정책을 비롯하여 수없이 많은 사례들 가운데 시행착오를 겪지 않거나 졸속으로 끝나지 않은 것을 찾기가 어렵다는 사실이 이를 반증하고 있는 것이다.

이제 한국의 교육학계가 그동안 이룩한 양적인 성장에 필적(匹敵)하는 질적인 내실을 다지는 계기가 있어야 한다. 그러기 위해서는 지금까지 축적된 교육과 교육학의 학문적 성과에 대한 비판적 성찰이 절실하게 요청된다. 정범모의 교사론에 대한 비판적 논의를 시작하는 이 글이 한국 교육학계의 자기성찰이나 교육학의 학문적 정착과 발전에 조금이나마 도움이 되기를 바란다.

2. 『教育과 教育學』에 나타난 교사관

정범모가 『教育과 教育學』의 서문을 쓴 것은 1968년의 일이다. 그는 서문에서

1960년대 무렵의 당시 한국 교육계의 상황을 진단하고, 이 책을 쓰게 된 동기에 대해 밝히고 있다. 정범모는 광복 이후 20여 년이 지난 당시 한국의 교육(학)계가 아직도 피상적인 교육관에 머물고 있다고 보았다. 그는 이러한 진단을 바탕으로 하여 모호하고 피상적인 교육관을 극복할 수 있는 명료하고 본격적인 교육관[1]의 정립(定立) 또는 재정립(再定立)에 대한 필요성을 절실하게 피력하고 있다. 이러한 관점에서 그는 교육의 개념을 '인간 행동의 계획적인 변화'라고 규정하였다. 인간행동의 계획적인 변화라는 교육의 개념을 중심으로 하여 교육의 계획을 세우고 실천하는 일이나 분석하고 연구하는 과정에서 교육현상을 의미 있게 걸러 생각할 수 있는 '개념의 그물'(概念網)의 설계를 시도하였다는 것이다(鄭範謨, 1974: 2).

정범모는 교육에 관한 규범(規範)과 사실(事實)을 엄밀하게 구별해야 하며, 그렇게 함으로써 교육학도 심리학, 사회학, 정치학 등과 더불어 어엿한 사회과학으로 성립할 수 있다고 보았다(鄭範謨, 1974: 3). 그는 교육학을 사회과학으로 규정하고자 하였다. 이때 그가 가장 염려했던 것은 가치와 규범이 중요하다고 해서 그러한 초과학적인 개념들을 교육학 안으로 마구 끌어들이게 되는 경우이다. 그렇게 되면 사회과학으로서의 교육학의 학문적 정체성이 흔들리게 된다고 보았기 때문이다.

정범모는 이와 같이 교육학을 사회과학으로 규정하고 들어가지만, 교육활동 그 자체가 가치지향적(價値指向的)이라는 점에서 교육학의 가치지향적 측면을 완전히 거부하지는 못하고 있다. 교육에 관계되는 규범적·이념적·철학적 문제에 관한 학문적 영역의 존립 가능성을 부인하지 않았으며(鄭範謨, 1974: 3), 별도로 교육에 관한 규범적인 문제를 다루는 교육철학 내지 교육사상이라는 영역을 제안하기도 하였다(鄭範謨, 1974: 243-244).

사실, 교육학의 학문적 성격을 규정하는데 관련된 가치 또는 규범과 사실을 어떻게 볼 것인가 하는 문제는 그리 간단한 일이 아니다. 아무튼 이 문제에 대한 논의는 일단 다음 기회로 미루고, 여기서는 『敎育과 敎育學』을 중심으로 하여 정범모가 교사에 대해 어떻게 인식하고 있는지 그의 교사론(敎師論)에 대해 살펴보기로 한다.

---

1) 이 교육관의 의미에 대해 정범모는 다음과 같이 부언(附言)하고 있다. "敎育觀이란 敎育의 方向이나 理念에 관한 觀을 말하는 것이 아니라, 敎育 그 자체에 관한 觀을 말한다. 즉 하나의 人間的 社會的 現象으로서의 敎育을 實踐하고 硏究하는 데에 기초가 될 수 있는 槪念模型을 말한다"(정범모, 1974: 2).

(1) 공학적 예술가로서의 교사

정범모는 『教育과 教育學』의 서문에서 교육, 교육학, 교육자 등의 개념에 대해 엄밀하게 구별할 수 있어야 사회과학으로서의 교육학이 제 자리를 찾을 수 있다고 말한다. 이러한 주장과 관련된 그의 입장을 밝힌 구절을 길지만 그대로 인용한다. 여기에 교육과 교사를 보는 정범모의 관점이 여실하게 나타나고 있기 때문이다.

> "예컨대, 教育學을 알면 직통으로 教育을 잘 할 수 있어야 하는 것으로 생각한다든지, 教育者的인 人格을 가져야 教育을 할 수 있다고 생각하는 混同은 지양되어야 한다. 더 말할 나위 없이 孔子는 教育學을 연구 안 했으나, 훌륭한 教育者다. (중략) 이른바 通俗的인 의미에서의 人格이 없어도 소매치기 대장은 소매치기를 가르치는 教育者가 될 수 있다. (중략) 教育學者가 반드시 좋은 教育者는 아니다. 좋은 教育者라야 教育學者가 될 수 있는 것도 아니다. 유명한 죤 듀이의 講義方法은 유명하게 무미건조했다고 한다.
>
> 물론 실제에서 教育과 教育學과 教育者의 關係는 밀접하다. (중략) 그래서 教育學이 教育實踐에 도움이 되기를 바란다. 狀況을 분석하려는 概念網의 見地에서 볼 때 세 가지는 우선 명확히 區別되어야 한다. 극단의 경우, 하나가 엉망이라도 다른 것은 그럭저럭 지탱할 수 있다. 教育이 엉망이라도 教育學은 진행될 수 있으며, 教育學이 엉망이라도 教育이 지탱될 수 있는 길이 있다. 教育者가 聖者나 學者가 아니라도 教育해 갈 수 있는 길이 있다.
>
> 나의 생각으로는, 하나의 알찬 工學的 藝術로서의 教育 計劃과 實踐이 나오기가 어렵고, 하나의 아름다운 學問으로서의 教育學의 成長이 지지부진하며, 하나의 힘찬 工學的 藝術家로서의 教育者의 出現이 어려운 것은, 그 큰 原因의 하나가 바로 이 三者의 混同에 있다고 본다"(鄭範謨, 1974: 2-3).

이 인용문의 끝부분을 보면, 정범모가 교사를 공학적 예술가로 보고 있음을 확인할 수 있다. 그가 교육계획과 실천을 공학적 예술로 보고 있는 한, 교사를 공학적 예술가로 보게 되는 것은 너무도 당연한 논리적 귀결이다. 이 문제는 교육의 개념을 어떻게 보는가의 문제와도 직결된다. 교육학을 과학이나 공학으로 보는가, 아니면 실제적 삶의 세계와 관련되는 실천학으로 보는가의 여부에 따라 전혀 다른 교사상(教師像)을 상정(想定)할 수 있게 된다. 또한 이와 반대로 교사를 어떠한 존재로 인식하는가의 여부에 따라 어떠한 교육의 개념을 따르고 있는지도 알 수 있기 때문이다.

교육학을 공학(工學)으로 보게 되면, 투입과 산출의 과정을 통해 제품을 생산해 내는 것과 같이 가치중립적이거나 가치배제적인 관점에서 교육의 현상을 이해하게 된다.[2] 그렇기 때문에 '교육자적인 인격을 가져야 교육을 할 수 있다'는 것과 같은 상식적 수준의 생각에 대해서, 그것이 교육의 개념에 대한 혼동(混同)에서 비롯된 것이라고 비판할 수 있었던 것이다.

사실 정범모가 말하고 있는 '교육자적인 인격'이란 말 자체가 가지는 의미는 '교육자가 되기 위해서는 인격을 갖추어야 한다'는 것과 다를 바 없다. 다시 말하면, 교육자적인 인격을 가져야 교육을 할 수 있다는 생각을 비판하고 있는 정범모 자신도 모르는 사이에 교육자는 인격이 있어야 한다는 생각을 하고 있다는 것이다. 그렇다면 누군가 '교육자적인 인격을 가져야 교육을 할 수 있다'고 생각하는 사람이 있을 경우, 그 사람이 교육의 개념을 혼동을 하고 있는 것이 아니다. 오히려 그 사람의 생각에 대해 개념의 혼동이라고 비판하는 정범모 자신이 교육의 개념에 대해 혼동하고 있는 것일 뿐이다.

교육학을 공학과 같은 것으로 이해하였던 정범모의 입장에서는 '소매치기 대장도 소매치기를 가르치는 교육자가 될 수 있다'고 말할 수 있으며, 실제로 서슴없이 그런 말을 하였다. 그러나 정범모가 말하고 있는 이 정도의 논리는 굳이 피터스(R. S. Peters)가 말하는 규범적 준거(準據)의 내용까지 빌릴 필요도 없다. 누구라도 잘못된 논리임을 쉽게 간파(看破)할 수 있다. 소매치기가 교육자가 되거나 소매치기가 교육내용이 되어서는 안 된다는 것을 모를 사람은 아무도 없기 때문이다.

'교육자가 성자나 학자가 아니라도 교육해 갈 수 있는 길이 있다'고 말할 수도 있다. 물론 그렇다. 모든 교육자가 다 성자(聖者)나 학자(學者)일 수는 없을 것이다. 평범한 사람도 교육자가 되어 교육의 현장에 종사할 수 있다. 정범모가 주장하고 있는 교육의 개념에 대한 정의를 그대로 반영하여 생각해 보자. 인간의 행동을 계획적으로 변화시킬 수 있다면, 그 자체로 소기의 목적을 달성한 것이다. 따라서 그 교육

---

2) 이점에 대해 이돈희는 정범모의 정의에서는 가치문제는 교육현상의 과학적 설명체제를 위하여 잠시 유보된 것일 뿐이라고 조심스럽게 이해하고 있다. 그러면서도 이돈희는 정범모가 과학적 설명과 가치론적 문제에 대한 관심의 균형을 취하고 있을 뿐, 두 측면을 통합하는 이론적 체제와 논의를 전개하지는 않고 있다는 것을 지적하고 있다(이돈희, 1994: 16).

자가 어떤 사람이든 그런 것은 문제가 되지 않는다는 말이다. 그러나 교육이라는 일은 이와 같이 공학적이고 기계적인 논리로만 설명되는 단순한 일이 아니다. 교육은 보다 다양한 현상으로 나타나며, 그 현상을 개념화한 이론이나 학문 또한 다의적(多義的)인 해석과 접근이 필요하다는 점을 잊어서는 안 된다. 또한 만약에 우리가 이와 같은 그의 말을 긍정한다고 하더라도, 교육자가 성자나 학자라면 더 좋지 않겠는가? 교육은 현재보다 나은 미래를 지향하는 가치지향적인 사업인 만큼 사표(師表)와 같은 모범을 보여주는 것은 그 자체로 교육적인 내용이나 역할을 할 수 있기 때문이다.

정범모는 교육의 개념을 '인간 행동의 계획적인 변화'라고 가치중립적으로 규정하였다. 따라서 교육과 교육학을 공학과 같은 것으로 보고 있는 것이다. 단순하게 이와 같이 공학적 수준에서 정립된 교육의 개념이나 논리의 측면에서만 본다면, '교육자적 인격'이나 '소매치기' 그리고 성자 또는 학자와 관련하여 교육자를 논하는 위와 같은 세 가지 견해가 가능하게 되는 것이다. 교육학을 공학으로 보았기 때문에 교사는 좋게 말해서 공학적 예술가이고, 부정적으로 말한다면 기술자라고 해도 아무 무리가 없다. 정범모는 자신이 주장하는 교육의 개념에 대한 규정대로 실제에 적용하게 되면, 그러한 교육은 마력적(魔力的)인 가공(可恐)할 힘을 발휘할 것이라고 확신하고 있다(정범모, 2000: 5). 그가 교육의 개념을 자신의 주장과 같이 규정하여 실제에 적용하였을 경우의 '가공할 위험성'에 대해서도 검토하였는지 여부를 확인할 수 있는 명확한 근거나 자료를 보지는 못하였다. 다만 분명한 것은 정범모와 같이 교육의 개념을 규정했을 경우에 야기(惹起)되는 여러 가지 문제점 등에 대해 학문적 연구와 성찰이 있어야 한다는 것이다. 이러한 비판적 성찰이 계속되어야 양적으로 팽창한 한국 교육학의 성장을 수정하고 보완하여 질적인 수준의 향상을 기할 수 있을 것이라고 본다.

(2) 실사구시적 관점에서의 비판

그러나 교육이라는 현상이 일어나고 있는 현장은 개념의 세계가 아니고 사실의 세계이다. 만약에 어느 학교에서 성격 파탄자나 조직폭력배(組織暴力輩) 또는 심리적 부적응을 보이는 사람도 교사의 일을 할 수 있다고 보고, 이들을 교사로 채용하는 일이 실제로 일어났다면 어떻게 되겠는가? 상상조차 할 수 없는 일이다. 개념과 논리의 세계는 사실의 세계를 이해하고 설명하고 조절하고 통제하기 위해서 동원되는 궁여지책(窮餘之策) 중의 하나일 뿐이다. 사실의 세계를 효과적으로 이해하고 통제하기 위해서는 개념과 논리의 세계가 필요한 것은 사실이다. 그러나 한 가지 분명히 짚고 넘어가야 할 것은 개념은 사실을 토대로 하는 것이기 때문에 사실의 세계에 배치되는 개념의 세계는 논리적으로는 참이라 하더라도 실제적으로는 참이 되지 않는 경우도 있다는 점이다. 정범모의 교육관이나 교사론은 개념과 사실의 세계에 대한 적실(的實)한 이해가 결여되었다는 점에서 비판적으로 재고(再考)되어야 한다.

물론 정범모도 교육은 관념적인 작업이 아닌 실천적인 작업이라고도 한다. 그가 구축하고자 했던 사회과학으로서의 교육의 개념모형은 구체적이고 실제적인 사실의 세계를 토대로 한 인간의 과학적 가이해성(可理解性)을 전제로 하고 있다(鄭範謨, 1974: 53－54). 그러나 앞의 예문을 보면, 그가 개념(또는 관념)의 세계와 사실의 세계 사이에서 혼동을 겪고 있었던 것이 아닌가 한다. 사실의 세계에서는 교육학이 실천적인 작업임을 인식하고 있었지만, 개념의 세계에 들어간 뒤에는 교육학을 사회과학으로 규정하려는 개념모형의 덫에 걸려 사실의 세계를 제대로 인식하지 못하게 되고 만 것이다.

인용문 중에 '교육이 엉망이라도 교육학은 진행될 수 있으며, 교육학이 엉망이라도 교육이 지탱될 수 있는 길이 있다'고 하는 말이 있다. 교육학은 이론이고 교육현상은 실제이다. 무질서한 교육현상에 질서를 부여하는 것이 이론의 작용이라고 한다면, 교육이 엉망이라도 교육학은 진행될 수 있다는 말은 논리적으로 성립될 수 있다. 그러나 역(逆)으로 교육학이 엉망이라도 교육이 지탱될 수 있는 길이 있다는 말은 전혀 성립이 불가능한 말이다. 무질서한 이론이 실제의 세계에 질서를 제공할 수는 없는 일이기 때문이다. 이때의 교육학은 그가 말한 대로 '엉망'일 뿐이다. 결코 복잡다단한 교육현상의 세계에 질서를 제공할 수 있는 논리적 체계로서의 교육학이 될 수 없다. 정범모가 정립하고자 추구하였던 이러한 방식의 교육(학)을 이해하는 개념모형에 따르면, 자칫 사실의 세계와 유리(流離)된 교육관이나 교사론이 나올 수 있다는 점을 배제(排除)할 수 없다.

이점에 대해서는 교육의 이론과 실제를 부분과 전체의 논리에 비추어 이해할 수도 있다. 교육의 이론은 교육이라는 작용을 설명하는 부분적인 것이고, 교육의 실제는 교육이라는 작용이 일어나는 실제적 상황 전체에 관련되는 것이다. 어떤 의미에서 교육이론은 교육이라는 현상이 발생하는 실제적 상황을 이해하고 설명하기 위해 고안된 부분적이고 제한된 견해에 지나지 않는다. 따라서 어떤 교육이론이든 교육의 실제적 상황을 최대한으로 기술하고 설명하고 예언하고 통제할 수 있도록 노력해야 한다. 그렇기 때문에 교육이론의 과학적 정확성을 자랑하는 것만이 능사(能事)가 아니다. 과학적 이론의 한계를 인식하고 오류를 줄여 나가는 실사구시적 접근이 필요한 것이다.

김태오는 '윤리적 가치'(正德)와 '실용적 가치'를 포괄하는 실사구시(實事求是) 이념의 학문적 가치에 주목하고 있다. 그는 우리의 교육이론과 현실이 교육적 가치지향에 있어서 윤리성과 실용성의 불균형과 본말(本末)의 전도(顚倒)현상이 심각한 수준에 이르렀다는 것을 당면 과제로 지적하였다. 이러한 관점에서 그는 실사구시의 이념이 이와 같은 우리 교육의 당면 과제를 비판적으로 검토, 극복하는 준거로서의 역할을 기대하고 있다(김태오, 2003: 4).

필자도 이러한 견해에 전적으로 동의한다. '실제 사물에 나아가 올바른 가치 또는 진리를 추구한다'는 실사구시의 정신이 온전히 구현되려면, '실제 사물에 나아가는' 실사(實事)와 '올바른 가치나 진리를 추구하는' 구시(求是)가 조화를 이루어야 한다. 실사에만 그치고 구시를 못하거나, 구시만을 강조하여 실사를 외면하게 되면, 학문의 전체성이 무너지게 마련이다.

교육의 궁극적인 귀착점은 인간의 삶의 현장인 생활의 세계이다. 생활의 세계에 대한 이해를 위해서는 경험과학적 접근이 유용한 것은 부정할 수 없다. 그러나 복잡다양한 인간의 삶의 테두리 속에는 과학적 이해를 넘어서는 규범과 가치는 물론 신비와 초월의 세계도 포함되어 있다. 그렇기 때문에 인간의 삶이 이루어지는 생활의 세계에 대한 적실한 이해를 위해서는 실사구시라는 포괄적이고 종합적인 안목이나 연구태도가 요청되는 것이다. 여기에서 말하는 실사구시적 관점은 '사실의 세계에 관련되는 교육의 현상'과 '개념의 세계를 다루는 교육학이나 이론'이 배타적 관계가 아닌 상호보완적 관계에 있어야 한다는 것을 전제로 하여 접근한다는 의미이다.

이에 반하여 정범모는 교육학을 과학적인 학문으로 정착시키고자 하는 관점만을 추구하다 보니 이론과 실제 또는 부분과 전체의 논리에 혼선을 빚게 된 것이다. 교육학은 교육이라는 사실적 근거를 바탕으로 하여 구성된 법칙이나 이론의 세계인데, 이론은 실제가 아니기 때문에 오히려 실제에서 무엇보다 유력, 유용하다고 한 말을 보면(鄭範謨, 1974: 246−247), 그가 사실과 개념, 실제와 이론의 세계 사이에서 겪었던 혼동의 정도를 충분히 가늠할 수 있다.

3. 정범모의 기술자적 교사관

한국교육학회 2007년 춘계학술대회의 기조강연에서 정범모는 '교육력(教育力)'이라는 주제로 기조강연을 하였다. 이 강연에서 그는 모든 교육경영, 교육개선, 교육혁신 등에 있어서 교사가 최종적인 관건이 된다고 전제한 뒤에 주로 교사의 교육력에 초점을 맞추어 논하였다(정범모, 2007: 13).

교사가 제 자리에 바로 서게 되면 상당한 교육력을 발휘할 수 있을 것이며, 그런 교사를 '교육의 장인(匠人)'이라고 보고 있다. 일반적인 장인의 특성에 비추어 교사도 자신의 일을 그렇게 한다면 장인 즉 교육의 장인이라고 부를 수 있다는 것이다. 정범모는 장인의 특성으로 꿈과 슬기와 정열을 들고 있다. 이 세 가지 조건을 갖춘 사람 즉, 자기 일에 관한 남다른 애착과 사명감, 남다른 식견과 기량, 남다른 표준과 윤리를 지닌 사람이라면, 그가 무슨 일을 하는 사람이든 장인이라 부를 수 있다는 것이다(정범모, 2007: 14).

일반적으로 장인은 물건을 손으로 만드는 사람 즉, 수공업자를 뜻하거나 예술작품을 만드는 사람을 비유적으로 지칭할 때 사용되는 말이다. 그런 일을 하는 사람들이 자신의 일에 전념하여 철저를 기하게 되면 장인정신이 투철한 사람이라고도 한다. 장인은 특정한 기술이나 예술 분야에 전심전력(全心全力)하여 정통하게 된 사람을 지칭하는 말인데, 우리말로 전문가를 뜻하는 '장이'도 같은 의미라고 할 수 있다.

정범모는 교사가 왜 장인인가에 대한 논의는 생략한 채 단도직입적으로 교사를 교육의 장인이라고 한다. 장인은 기술자가 도달할 수 있는 최고봉을 뜻하는 것이므로 『教育과 教育學』에서 교사를 공학적 예술가로 본 것과 같은 맥락이며, 따라서 굳이 교사를 장인으로 보는 이유에 대해 설명할 필요가 없는 것이다.

정범모가 언제부터 교사를 장인으로 보게 되었는가에 대한 확실한 근거를 알지는 못한다. 그는 2004년에 공주대학교 사범대학 교육학과의 학과창설 50주년을 축하하는 자리에 참석하여 "국력·국격과 교육"이라는 주제로 강연을 했다. 이때에도 심한 병폐를 지니고 있는 한국교육의 체질을 개선하기 위한 세 가지 해법을 제시하였다. 세 가지 해법 중 하나가 바로 교사에 대한 호소였다. 교사가 교육에 관한 사명감, 식견, 전문윤리를 간직한 장인적인 교사로 자처할 것을 호소한다는 것이다(정범모, 2004: 73－76).

정범모가 교사를 장인으로 본 시점이 언제인가는 그리 중요한 문제가 아니다. 굳이 따지자면, 그는 1968년부터 2007년에 이르기까지 40여 년에 걸쳐 줄곧 변함없이 교사를 기술자로 보아왔던 것이다. 교사를 지칭하는 용어를 공학적 예술가, 장인적 교사, 교육의 장인으로 조금씩 바꾸기는 하였지만, 근본적으로 그는 교사를 기술자로 보았다는 점에 차이는 없다.

교사가 장인이든 아니든 정범모가 제시하고 있는 장인적 교사의 일반적 특성을 갖춘 교사라면 좋은 교사임에는 틀림없다. 그러나 제대로 된 교사관이 어떤 것인지에 대한 논의는 일단 보류하더라도, 교사를 장인으로 보는 기술자적 교사관이 가지는 치명적인 맹점(盲點)이 있다는 것도 사실이다.

> “장인적인 도공은 일상생활의 다른 일에서는 좀 흐느적거리고 ‘적당히’ 지내는 경우는 있어도, 명기를 빚어내려는 일에만은 한 치의 흐느적거림도 ‘적당히’도 얼버무림도 없다. (중략) 일상생활의 다른 일에서는 게으르고 예의도 없고 좀 나쁜 짓도 할망정, 그릇 빚는 일에만은 추호의 게으름도 거짓도 속임수도 ‘눈 감기’도 없이 스스로에게 엄하다”(정범모, 2007: 14).

정범모는 위에 든 예화(例話)가 도공(陶工)을 대상으로 한 것이지만, 어떤 경우의 장인에게도 다 같으며 교육의 장인에게도 똑같다고 한다. 그러나 위의 인용문에서 ‘도공’에 ‘교사’를 대입하고 ‘명기(名器)를 빚어내는 일’에 ‘수업’을 대입해서 읽어보면, 이러한 논리로 교육과 교사를 보는 것이 그야말로 비교육적이라는 사실을 누구라도 쉽게 간파할 수 있다. 이러한 비교육적인 교육관이나 교사관이 가능하게 된 원인은 무엇이며, 그 해법은 무엇인가? 그것은 방법론 증후군(Methodology Syndrome)의 문제와 관련해서 생각해 볼 수 있다.

4. 방법론 증후군의 문제

앞에서 교육자를 공학적 예술가로 보는 정범모의 교사관 또는 교육관에 대해 개념의 세계와 사실의 세계를 혼동해서는 안 된다는 실사구시적 관점에서 비판적으로 논의하였다. 그는 교육(학)의 개념을 정의하는 과정에서 개념의 세계와 사실의 세계 사이에 혼동을 겪었기 때문에 교사를 인격과 도덕의 세계를 도외시하는 기술자로 파악하는 기술자적 교사관을 말하게 된 것이다. 정범모의 기술자적 교사관은 교육을 '인간 행동의 계획적인 변화'라고 정의하는 그의 방법론을 중시하는 교육관에서 비롯된 것이다.

이홍우는 '의도적 변화' 또는 '계획적 변화'에 주목하여 정범모의 교육의 개념을 '공학적 개념'[3]으로 부르고 있는데, 교육에 관한 '공학적 관점'은 교육의 '방법'과 밀접하게 관련되고 있다는 점을 지적하고 있다(李烘雨, 1991: 34). 교육의 공학적 개념은 그 뿌리가 깊으며, 오랫동안 인류가 '교육방법'에 관심을 가져왔다는 점에서 교육에 공학적 측면이 있다는 증거라고 한다. 교육방법이란 인간 행동의 계획적인 변화를 도모하기 위한 것이며, 교육방법의 역사가 바로 교육의 개념을 공학적 관점에서 파악해 온 자취를 보여주는 것이라고 보았다(李烘雨, 1991: 53).

'인간 행동의 계획적인 변화'라는 정의에서는 교육의 목적론적 지향이 명시적(明示的)으로 드러나지 않고 있다. 사실 정범모는 교육목적에 관한 논의가 과학적 교육이론의 성립에 장애가 될 것을 우려하였다. 그래서 교육목적 이론이란 교육에 관한 이념적·철학적·가치관적인 고찰을 의미하는 것이 아니고, 도리어 그것을 배제한 과학적인 이론이라는 것이다. 교육이론에 관한 한, 교육의 이념이나 향방의 결정은 주어지는 것이며, 그것은 과학적인 교육이론 외에 속하는 규범적, 표의(表意)·표정적(表情的)인 진술에 의한 사고가 결정해 주는 것이라 한다(鄭範謨, 1974: 262). '인간 행

3) 이홍우는 이때의 '공학'이라는 것은 좁은 의미에서의 공학만이 아니라 농학, 의학 등을 포괄적으로 지칭하는 것이며, 이들 여러 분야에 걸쳐서 구안, 시행되는 '기술' 그 자체를 가리키는 것이 아니라 기술을 구안하고 시행하는 데에 관련되는 '사고방식'을 가리키는 것으로 보고 있다. 다른 용어로 말하자면, 여기서 공학이라는 것은 '하드웨어'를 뜻하는 것이 아니라 '소프트웨어'를 뜻하는 것이며, '교육공학'과 관련되는 개념으로 오해하지 않기를 주문하고 있다(李烘雨, 1991: 33).

동의 계획적인 변화'라는 정범모의 교육의 정의가 교육의 '방법'과 밀접하게 관련될 수밖에 없는 이유가 여기에 있다.

이홍우는 목적론적 지향이 배제된 정범모의 교육의 정의에 '바람직한'이라는 목적지향적인 말을 덧붙여 '바람직한 인간 행동의 계획적인 변화'로 해야 한다는 일부 학자들의 견해에 대해서도 언급하였다. 그리고 그들이 '教育은 게릴라건 聖者건 간에 의도하는 바를 달성하는 데에 유효하고 강력해야 한다'는 말에 나타나 있는 정범모 교수의 이론적 통증(痛症)을 공유하지 못하고 있다고 에둘러 반박하였다(李烘雨, 1991: 59-60).

물론 교육 또는 교육학에 관심을 가지고 있는 사람이라면, 누구나 정범모 교수의 통증을 공유하지 못할 사람은 없다고 본다. 그러나 이홍우 자신이 지적했던 것처럼 교육의 경우에는 교육이라는 일을 시작하기 전에 목적이 주어져 있는 것이 아니다. 오히려 교육 활동 그 자체가 교육의 목적을 정립해 나가는 일이라 할 수 있다(李烘雨, 1991: 58). 이처럼 교육 활동 자체가 교육의 목적이나 가치지향을 내포하고 있는 것이라면, 목적지향이 생략된 교육을 받았거나 받아야 할 수요자인 학생이나 학부형 나아가 사회가 느끼게 되는 일반적이고 실제적인 통증에 대해서는 어떻게 변명할 것인지 궁금하다.

우리 교육학계에서 수 없이 생산, 발표되고 있는 연구물들을 보면 거의 천편일률적이라 할 만큼 방법론에 치우치거나 방법론의 방법론에 매달리는 것이 많다. 방법론 증후군(methodology syndrome)이라 해도 과언이 아니라는 생각이다. 방법론 증후군(症候群)의 원인은 교육(학)의 개념을 과학적으로 보는 데서 비롯되는 것이다. 교육을 과학적으로 보려고 하기 때문에 '무의도적인 교육'을 교육의 개념에서 배제하게 된다(鄭範謨, 1974: 25). 과학적으로 통제할 수 없기 때문이다. 그러나 '무의도적인 교육'도 그것을 '학습'이라 부르든 아니면 다른 무엇으로 이름을 지어 부르든 '교육'이라는 개념의 영역에 속하는 것이다. 그것을 관찰, 측정, 통제하기가 어렵다고 해서 엄연히 사실의 세계에 존재하는 것을 개념의 세계에서 삭제하는 것은 그 이론의 망라성(網羅性)[4]을 약화시키는 것이다.

4) 정범모는 과학적 이론이 갖추어야 할 조건으로 自閉性(closure)과 網羅性(completeness)을 들고, '깨끗한' 이론이나 과학은 자폐성과 망라성이 크고, 엉성한 이론이나 과학은 이것이 작다고 한다. 자폐성은 한 이론 내에 있는 개념들의 근거사실들이 일정한 시공 내에서 서로

2007년의 교육학회 춘계 학술대회 기조강연에서 정범모는 교육은 철학이고, 과학이고, 동시에 예술이라고 믿는다고 했다(정범모, 2007: 13). 이 말만 가지고는 그가 교육학을 과학으로 보려는 입장에서 후퇴했다는 것인지, 아니면 교육학을 보는 관점에 혼동을 느끼고 있는 것인지 명확하지가 않다. 같은 강연에서 교사를 교육의 장인으로 강조한 것을 보면, 여전히 그가 교육(학)을 과학적 입장에서 보고 있다는 것이 분명하기 때문이다. 그러나 이 말을 액면 그대로 받아들이면, 교육(학)은 그가 1968년에 교육학의 학문적 처지를 염려해서 했던 말 그대로 "미치광이 道學者의 무슨 '宇宙太極論' 따위 이름으로 神秘와 幼稚와 알쏭달쏭과 飛躍과 常套와 詭辯을 뒤범벅한 學問 以前의 學問(?)"(鄭範謨, 1974: 4)으로 되고 말 것이다.

사실 교육학은 과학도 아니고, 철학도 아니고 예술도 아니다. 교육학은 교육학일 뿐이다. 흔히 교직을 성직으로 보기도 하고, 전문직으로 보기도 하고, 노동직으로 보기도 한다. 그러나 교직 역시 성직도 아니고, 전문직도 아니고, 노동직도 아니다. 교직은 교직일 뿐이다. 이것이 교육, 교육학, 교직에 대하여 사실과 실제의 세계를 있는 그대로 인식하여 교육에 관한 개념과 이론을 구성하는 실사구시적 접근이다. 교육에 대한 이러한 실사구시적인 접근이 정착될 때, 교육(학)을 방법론적으로 인식하는 방법론 증후군을 불식(拂拭)할 수 있을 것이다.

5. 맺는 말

이상에서 교사를 공학적 예술가, 장인적 교사, 교육의 장인 등으로 보는 정범모의 교육자관에 대해 논해 보았다. 정범모의 기술자적 교사관은 교육(학)을 과학적으로 구축하려는 교육관 즉, 교육을 '인간 행동의 계획적인 변화'라고 정의하는 그의 방법론을 중시하는 교육관에서 비롯된 것임을 확인할 수 있었다. 이와 같은 정범모의 기술자적 교육자관의 문제점을 극복하기 위해서는 교육(학)이나 교사를 그 자체로서 이해하고 접근하는 교육(학)에 대한 실사구시적 태도가 필요하다는 생각을 갖

들끼리만 상호작용하며 그 이론 밖에 있는 것들과는 상관 안 하는 정도를 말하는 것이고, 망라성이란 그것들이 이론 속에 포함되느냐 안 되느냐가 사실상 중요한 차이를 초래하는 그런 요인들이 망라되어 있는 정도를 말하는 것이다(鄭範謨, 1974: 236).

게 되었다.

사실 어느 학문이든 예술이든 나름대로 목적도 있고 방법도 있는 것이다. 목적이든 방법이든 어느 한쪽으로 편향되었을 때 문제가 발생하게 마련이다. 방법론 증후군을 극복하는 슬기를 생각해야 하는 것이다. 목적이 없는 방법은 바쁘기만 하고, 방법이 없는 목적은 비현실적이기 마련이다. 이점에서 정범모의 교육관에 대하여 과학적 설명과 가치론적 문제에 대한 관심의 균형을 취하고 있을 뿐, 두 측면을 통합하는 이론적 체제와 논의를 전개하지 않고 있다고 한 이돈희의 비판이 설득력을 가진다고 하겠다.

교육(학)에 관심을 두고 있는 어느 누구도 마찬가지이겠지만, 정범모도 누누이 강조하고 있는 것처럼 교육의 정도(正道)는 인간의 자아실현이나 인간다운 인간을 양성하고자 하는 교육을 지향해야 한다. 교육은 궁극적으로 '지식인'이나 '기술자'를 양성하는 것이 아니라, '인간다운 삶'을 영위할 수 있는 능력을 갖춘 사람 즉, '교육받은 사람'을 지향해야 한다.

교사도 인간이고 학생도 인간이며, 양자의 상호작용을 매개하는 교육내용도 인간의 삶의 축적으로 형성된 인류문화의 유산(遺産)이다. 교사는 삶에 도움이 되는 지식이나 기술을 효과적인 방법으로 전수(傳授)하는 단순한 기술자가 아니다. 교사는 학생의 삶에 필요한 지식이나 기술을 그 자신의 삶 속에 용해(溶解)한 뒤에 그것을 다시 자신의 생활을 통해 번역하고 인출(引出)하여 학생들에게 전인격적(全人格的)으로 보여주는 존재이다. 그렇기 때문에 교사의 삶과 분리된 교육내용은 그 의의가 반감되고 말 것이며, 교육내용이 교사의 삶 속에 살아있어야 그 가치가 위력을 발휘하게 된다. 다시 말하면, 교사를 '살아있는 교육과정(living curriculum)'으로 보는 것이 교육을 전인격적인 변화가 아닌 지식과 기술의 진보만으로 이해하게 되는 '기술자적 교육자관'을 극복하는 길이 된다는 말이다. 교사 자체를 교육과정 또는 살아있는 교육과정으로 보는 문제에 대해서는 또 다른 연구가 있어야 하겠지만, 적어도 지금까지의 논의를 통하여 확인한 바와 같이 '인격이 없어도 교육자가 될 수 있다'고 보게 되는 정범모의 교사관이나 교육관이 재고(再考)되어야 한다는 점에 대해서는 변함이 없다고 본다.

참고문헌

김태오(2003). **실사구시 교육철학**. 서울: 교육과학사.

李達雨(2001). "五倫模型의 敎育觀". 국립7개대학공동논문집간행위원회. 人文學論叢. 공주대학교 인문사회과학연구원. 489－502.

이돈희(1994). "敎育學의 使命 : 鄭範謨 敎授의 觀點". 李星珍(編). **鄭範謨 敎育論**. 서울: 나남출판. 13－30.

이명기 외(2011). **교육학개론**. 서울: 학지사.

李星珍(編)(1994). **鄭範謨 敎育論**. 서울: 나남출판.

李烘雨(1991). **敎育의 槪念**. 서울: 文音社.

鄭範謨(1974). **敎育과 敎育學**. 서울: 培英社.

鄭範謨(2000). **敎育과 敎育學**. 서울: 培英社.

정범모(2007). "교육력". 한국교육학회. **한국의 교육력, 이대로 좋은가**. 2007 한국교육학회 춘계 학술대회 논문집. 13－17.

정범모(2004). "國力·國格과 敎育". 공주사범대학 교육학과. **公州大學校 師範大學 敎育學科 50年 略史**. 65－77.

정범모(1997). **인간의 자아실현**. 서울: 나남출판.

정범모(2001). **창의력이란 －그 실체와 육성－**. 서울: 교육과학사.

Peters. R. S.(1966). *Ethics & Education*. 李烘雨(譯)(1981). **倫理學과 敎育**. 서울: 敎育科學社.

Peters. R. S.(1966). *Ethics & Education*. London : George Allen & Unwin Ltd.

제3장

교육이론의 성격과 구조*

이달우

1. 머리말
2. 교육이론의 성격
3. 교육이론의 구조
4. 맺는 말

* 이 글은 『교육연구』 제7집 81-91쪽에 게재되었던 "교육이론의 성격과 구조"를 수정, 보완한 것이다.

1. 머리말

하나의 독립된 학문으로서 교육학은 다른 학문에 비해 그 학문적 역사가 일천(日淺)한 편이다. 그 결과 교육학의 학문적 성격이나 방법론 등에 대해 연구하는 학자들 사이에서도 완전한 의견의 일치를 보는 것이 쉽지 않다. 아직도 교육학 또는 교육이론의 학문적 성격에 관한 논쟁의 여지는 여전히 남아있다고 할 수 있다. 이러한 사실은 바로 교육학이 하나의 독립된 학문으로서 학문적 미숙성(未熟性)에 놓여 있음을 반증하는 것이기도 하다.

교육학이 이와 같은 학문적 미숙성을 탈피하고 더욱 성장, 발전해 나가기 위해서는 진지한 연구와 토론 등을 통해 그 학문적 성격을 규명하려는 노력이 계속돼야 한다. 국외(國外)의 경우를 보면, 허스트(P. H. Hirst)는 교육이론을 실제적(實際的) 활동을 어떻게 해야 하는가를 말해주는 원리(原理)를 정립하고 정당화(正當化)하는 '실제적 이론'으로 규정하고자 하였다. 한편 오코너(D. J. O'Connor)는 이론 일반(一般)의 전형적인 모형은 '과학이론(科學理論)'이며, 교육이론도 이러한 과학이론의 기준에 비추어 봐야 한다고 주장하였다. 양자(兩者) 사이의 '교육이론 논쟁'은 학계에 널리 알려진 사실이며, 이러한 학문적 논쟁을 통해서 교육학이 더욱 발전해 나갈 수 있었다고 본다. 국내에서도 교육학 또는 교육이론을 경험과학적(經驗科學的)으로 접근하려는 입장과 경험과학적 접근의 한계를 지적하는 입장이 서로 대립하여 논쟁을 벌이기도 하였다.

학문은 사실과 현상의 세계를 파악하고 대처하기 위해 개념과 이론으로 체계화한 것이다. 따라서 사실과 현상의 세계를 체계적으로 파악할 수만 있다면, 그것이 과학적 이론인가 또는 실제적 이론인가의 여부에 관계없이 나름대로 그 학문적 가치를 인정할 수 있다. 다만, 학문의 대상이 되는 사실과 현상의 세계가 개념과 논리의 세계처럼 간단명료하게 포착되지 않는다는 점을 고려해야 한다. 교육의 현상(現象)만 해도 그렇다. 학교에서 교사가 학생을 만나 상호작용을 하는 장면을 생각해 보자. 교사가 수업을 진행하기 위해서는 모종의 가설이나 이론적 입장을 가지고 교실에서 발생하는 다양한 현상에 대해 이해하거나 해결방안을 제시하려고 한다. 그러나 대개의 경우 그 교사가 예상하고 있는 가설이나 논리에 따라 일사불란(一絲不亂)하게 처리되지 않는다는 사실에 직면하게 된다. 사회적 현상으로 나타나는 어떤 개인의 작은 행위라고 하더라도, 거기에는 여러 가지 복잡한 원인과 과정과 결과가 작용하고 나타나게 마련이다. 다시 말해서 우리 앞에 있는 하나의 사실로서의 교육의 현상은 본질적으로 애매모호한 다의적(多義的)인 상태로 존재한다. 그런 다의적인 현상을 파악하고 이해하기 위해 개념과 논리적 체계를 구사(驅使)하는 것이 학문의 본질이다. 이와 같은 현상의 복합성에 따라 어떤 경우에는 과학적 이론이 적합할 수도 있고, 어떤 경우에는 실제적 이론이 적합할 수도 있다. 그렇기 때문에 교육학 또는 교육이론은 과학적 이론의 입장에서도 접근할 수 있으며, 실제적 이론의 측면에서도 접근할 수도 있다. 어떻게 보면 이 두 입장을 경우에 따라서 상호보완적이라고 보는 것이 교육학의 학문적 성장을 위해 더 바람직하다고 볼 수도 있다.

넬러(George F. Kneller)에 의하면 '이론'이란 말은 두 가지 핵심적인 의미를 가지고 있다. 하나는 물리학에서 말하는 '중력(重力)의 이론'과 같은 경우에 적용되는 것이다. 그것은 관찰이나 실험에 의해 검증된 가설이나 가설의 체계를 의미한다. 다른 하나는 체계적 사고(思考)나 일련의 일관된 사상(思想)을 나타내는 의미로 사용될 수 있다는 것이다. 첫 번째 의미의 이론에 있어서는 교육은 좀더 발전이 되어야 하겠지만, 두 번째 의미의 이론에 있어서는 교육은 상당한 성과를 거두었다고 한다(Kneller, 1971: 41). 이는 대체로 교육이론을 과학적 이론과 실제적 이론의 측면에서 구분한 것이며, 체계적 사고나 사상으로서의 교육이론보다는 과학적 이론으로서의 교육이론에 보다 관심을 가져야 한다는 점을 말한 것이다. 그러나 그렇다고 해서 체계적 사고나 사상으로서의 교육이론을 과소평가할 수는 없다. 오히려 다양한 교육현상에 있어서는 과학적 접근만으로는 부족한 경우도 적지 않다. 특히 플라톤(Platon)이나 루소(J. J. Rousseau), 공자(孔子), 맹자(孟子), 퇴계(退溪), 율곡(栗谷)과 같은 과거의 위대한 철인(哲人)이나 사상가들이 전개하였던 교육이론에 대해 연구할 경우에는 과학적 이론보다 실제적 이론의 측면에서 접근하는 것이 더 효과적일 수 있다.

이 글에서는 교육학 또는 교육이론의 학문적 성격을 어떻게 규정할 것인가 하는 문제를 두고 논쟁을 벌였던 몇몇 학자들의 주장에 대해 검토하고자 한다. 이러한 과정을 통해 교육이론의 학문적 성격이나 구조를 경험과학적 또는 과학적 이론의 관점에서 보는 것과 달리 실제적 이론(practical theory)의 관점에서 접근할 경우의 이론적 가능성에 대해 살펴보기 위한 것이다. 교육이론을 실제적 이론으로 볼 수 있는가 여부는 과거의 위대한 사상가들이 전개하였던 전통적 교육이론에 대해 학문적으로 접근할 수 있는 통로의 확보 문제와 직결되기 때문이다.

2. 교육이론의 성격

교육학의 학문적 성격에 대한 국내에서의 논쟁은 주로 연구방법론을 중심으로 전개되었다. 정범모는 "교육학은 교육사상(敎育事象)에 관한 여러 개념, 법칙, 이론들을 포함하는 과학이며, 교육사상(敎育事象)이 한 경험사실(經驗事實)의 세계인 한, 교육학은 경험적 과학을 구성한다. 따라서 교육학은 교육사상(敎育事象)을 기술(記述)하고, 설명하고, 예언하려는 것이 그 기능"(鄭範謨, 1974: 241–242)이라고 하여 교육학을 하나의 경험과학으로 규정하고 있다. 또한 그는 "교육에 관한 규범적인 문제는 교육철학 내지 교육사상(敎育思想)이라고 명명(命名)하는 영역에 넣는 것이 더 적당할 것"(Ibid.: 243–244)이라고 하였다. 이처럼 정범모는 교육학을 규범적 요소를 제외한 경험과학적인 학문으로 정립하고자 하였던 것이다. 물론 이와 같은 규범적 요소나 정표적(情表的) 문장은 과학으로 정립되는 것을 희망하는 교육학에서 배제(排除)되는 것일 뿐이다. 교육의 영역에서조차 그 자리가 없다는 것은 아니다. 왜냐하면 인간사회의 여러 사상(事象)은 정표적(情表的)·표의적(表意的)인 측면을 가지고 있으며, 정표적 문장으로 진술되는 경우도 적지 않다. 이는 교육사상(敎育事象)에 있어서도 마찬가지이며, 교육에서 문학적·철학적·가치관적인 면은 있으며 또 있어야 한다. 그러나 과학으로서 교육학에서 이러한 정표적 문장을 배제하려는 것은, 만일 그렇게 된다면 "교육학은 과학이기를 멈추고, 따라서 교육사상(敎育事象)을 기술, 설명, 예언하는 힘도 없는 그야말로 공리공론(空理空論)이 될 것"(鄭範謨, 1974: 242)이라는 점 때문이다.

이와 같이 교육학의 학문적 성격을 경험과학적 측면에서 파악하고자 하는 주장에 대해 주로 교육철학에 종사하는 학자들이 반론(反論)을 제기하였다. 이규호는 자연과학적인 사고방식에 근거하여 엄밀한 과학성(科學性)을 지향하면서 경험적 연구를 강조하는 경험과학적 교육학의 한계에 대해 다음과 같이 지적하고 있다.

> "인간의 삶에 있어서 가장 본질적인 현상들은 결코 실험이나 통계를 통해서 파악될 수 없다. 인간의 인격의 핵심을 건드리는 모든 문제들은 결코 실험될 수 없으며, 인간 존재의 무의식층에 근거한 정서(情緖)나 의지(意志)에 관한 현상은 그것을 분별할 수 있는 기준이 불분명하기 때문에 통계를 낼 수도 없는 것이다. 그런데 교육학에 있어서는 바로 이러한 현상들이 본질적인 문제를 형성하고 있다. (중략) 인간이 생물학적으로 동물에 속함은 사실이지만, 인간은 오랜 문화의 역사를 통해서 인격의 세계를 건설했다. 이 인격의 세계는 자연의 세계와는 본질·차원을 달리한다. 교육학이나 심리학이 인간을 자연적인 존재로만 취급한다면 그것은 인간을 바로 이해하는데 실패하고 말 것이다"(李奎浩, 1974: 101-102).

이규호에 의하면, 교육학이 제1차 세계대전 이후 철학으로부터 분리되어 자립적인 성격의 독립된 학문으로 발전하기 시작하면서 교육학은 그 학문적 자주성(自主性)을 확보하기 위해 철학과의 관계를 반발적인 대립으로 몰고 갔다. 이때부터 교육학은 경험적인 사실(事實)을 연구하는 경험과학으로서 철학에 대한 의존과 간섭을 배제하고 주로 심리학의 도움을 받으며 발전해 왔다. 그리하여 교육학 자체 안에 이러한 경험적 방향과는 다른 방향, 즉 철학과 밀접하게 관련되는 또 하나의 방향과의 숙명적 분열을 가져오게 된 것이다. 그러나 이러한 교육학의 학문적 역사에 대한 관찰만으로는 교육학의 학문적 성격이 문제로 제기되는 이유에 대해 충분하게 설명할 수 없다. 오히려 그것은 교육학의 본질적인 특수성에 근거해서 해명되어져야 한다. 교육학의 본질적인 특수성은 "교육학은 사실의 분석에 그치지 않고 동시에 무엇이 옳고 무엇이 그릇되었는가를 분별할 수 있는 규범을 얻어야 한다"(李奎浩, 1974: 94)는 점에서 비롯되는 것이다. 이 점에서 교육학은 경험과학과는 근본적으로 다를 수밖에 없다. 그렇기 때문에 자연과학과는 구별되는 정신과학적(精神科學的) 방법론을 따르는 해석학적(解釋學的) 접근이 요청된다는 것이다.

물론 이처럼 경험과학적 교육학의 한계를 지적하고 반론을 제기했다고 해서 교육학에 대한 경험과학적 접근 자체를 부정하는 것은 아니다. 오히려 경험과학적 연구와 해석학적 연구가 상호 긴장관계를 유지하면서 내적으로 깊이 의존해야 비로소 학문적 분열을 극복하고 교육학이 하나의 통일적이고 포괄적인 학문적 체계를 이룰 수 있다고 보았던 것이다(李奎浩, 1974: 102－103).

이와 같이 가치나 규범적 요소를 배제하고 경험과학적 방법론을 토대로 하여 교육학을 구축하려는 입장과 경험과학적 접근의 한계를 지적하고 여타의 철학적 접근과 경험과학적 접근이 상호 긴장관계를 유지해 나가야 통일적이고 포괄적인 교육학의 학문적 체계를 이룰 수 있다는 입장이 서로 대립하고 있다는 사실 자체가 바로 교육학의 학문적 입지(立地)나 성격의 규정이 어렵다는 것을 시사(示唆)하는 것이기도 하다. 장상호는 이러한 교육학의 양대조류(兩大潮流)를 교육실천학과 교육과학으로 구분하고, 더 이상 불필요한 패권논쟁(霸權論爭)에 에너지를 낭비하지 말고 협동적 분가(分家)를 할 것을 제언(提言)하기도 하였다(張相浩, 1983: 374).

이러한 국내에서의 교육학의 학문적 성격에 대한 논쟁은 이에 앞서서 영국의 오코너와 허스트 사이에 있었던 교육이론 논쟁의 재판(再版)이라고 할 수 있다. 오코너는 교육이론의 의미와 성격을 규명하기 위해서 먼저 이론이라는 말이 일반적으로 사용되는 방식에 대해 살펴야 한다고 주장하고, 그 방식에 대해 아래와 같이 네 가지로 구분하고 있다.

> "(1) 어떤 경우에는 이론이란 말이 -철학에서처럼- '서로 관련을 맺고 있는 지식의 체계'라는 의미로 사용된다. 철학자들이 '지식의 이론' 혹은 '가치의 이론'이라고 말할 경우, 이론이란 말은 이러한 의미로 사용되고 있는 것이다. (2) 이론이란 말은 실제적인 활동과는 거의 관계가 없거나 전혀 관계가 없는 고도로 조직적이며 통합적인 개념의 구조를 지칭하는 말로 사용될 수 있다. 예컨대, 수학자들은 '수의 이론' 혹은 '군 이론(group theory)'에 관해서 논의한다. (3) 우리는 일상 언어에서 이론과 실제를 구분할 경우가 있다. 이때 이론이란 말은 여러 가지 행동을 통제하거나 지시할 수 있는 교훈이나 규칙을 가리키는 말로 사용된다. (중략) 이런 이론은 ① 비교적 간단한 것이며, ② 체계적인 것이 아니다. 그것은 여러 가지의 경험을 통해서 얻은 결과들을 모아놓은 것에 불과할지도 모른다. 우리는 이런 의미에서 교육의 이론과 실제를 구별하고 있는지도 모른다. (4) 기술적인 의미의 '이론'이란 말이 있다. (중략) 이 의미는 '이론'이라는 말의 사용이나 가치를 평가할 수 있는 기준을 제시해 줄 수 있다. (중략) 이러한 의미의 이론에 대한 모형이나 예들은 자연과학(특히 고도로 발전되어 있는 물리학이나 천문학 같은 과학)에서 찾아볼 수 있다. (중략) 이론이란 말은 ⓐ 관찰에 의해 증명된 가설이나 ⓑ 논리적으로 서로 관련이 있는 일련의 확증된 가설들을 가리키는 말로 사용되고 있다"(O'Connor, 1982: 92-94).

오코너는 여기에서 이론이라는 말의 표준적 의미를 자연과학의 이론에서 찾고 있는 것이다. 오코너는 이론은 '관찰에 의해 확정된 가설들이 논리적으로 서로 관련성을 가지면서 하나의 집합체를 형성하고 있는 것'(O'Connor, 1983: 287)이라고 정의(定義)하였다. 그리고 만약에 교육이론이 이러한 기준을 만족시킨다면 진정으로 일종의 과학적 이론일지도 모르는 것이라 하였다. 오코너는 더 나아가 교육이론은 이러한 기준을 만족시키는 과학적 이론이 되어야 한다고 주장하였다. 그러나 기존의 대규모 교육이론 가운데 그 어떤 것도 이러한 준거를 현재로서는 만족시키지 못하고 있다는 점 또한 분명하다고 보았다. 그렇기 때문에, "교육적인 맥락에서 사용되고 있는 이론이란 말은 일반적으로 의례적인 경칭(courtesy title)에 불과하다"(O'Connor, 1982: 131)는 것이다. 즉 오코너는 과학이론을 이론 일반의 전형적인 모형으로 보고자 하였다. 반면에 여러 가지 행동을 통제하거나 지시할 수 있는 교훈이나 규칙을 가리키는 말로 사용되는 이론이라는 의미에 관련된 교육이론은 엄밀한 의미에서의 이론이라고 보기 어렵다고 하였던 것이다.

앞에서 오코너가 이론의 여러 가지 의미를 구별한 것을 참고하여 살펴보면, 교육이론이란 말에는 매우 다른 두 가지 의미가 있다는 것을 알 수 있다. 하나는 오코너가 바라는 바와 같이 교육적 판단이 기초를 두고 있는 과학적 지식의 체계를 가리키는 것으로 사용될 수 있다. 그러나 다른 한편으로는 교육이론이란 말은 또한 교육실제를 위한 합리적 체계를 구축하는 일 전체를 가리키는 것으로도 사용될 수 있다. 이 두 번째 의미에서의 교육이론은 과학적 의미에서의 교육이론뿐만 아니라 그 밖의 다른 형식의 지식과 신념까지 그 내용으로 하며 실제적 원리를 제시하는 하나의 이론 영역을 나타낸다(Hirst, 1983, 262). 허스트에 의하면, 이 두 가지 가운데 어느 한 가지만이 그 의미가 올바른 것이라고 말할 수는 없다. 보다 중요한 것은 이 두 가지 이론이 종류에 있어서 근본적으로 다르다는 것을 인정해야 한다는 점이다. 오코너는 넓은 의미에서의 교육이론의 개념을 좁은 의미의 과학적 개념으로 환원(reduction)시키려고 하는 것일 뿐이다.

그러나 합리적 교육실제는 그러한 넓은 의미의 교육이론을 기초로 하고 있으며, 단순히 과학적 연구에만 기초를 두고 있는 것이 아니다. 오코너가 교육이론을 규정하는 입장은 이론의 내용과 논리적 형식이라는 두 가지 측면에서 잘못된 것이다. 내용에 관해서 말하자면, 넓은 의미의 교육이론은 필연적으로 과학뿐만 아니라 그 이외의 지식도 원용(援用)하지 않을 수 없다. 그 이론은 예컨대 역사적·철학적·도덕적 이해도 그 내용으로 한다. 특히 형이상학의 진위(眞僞) 판별의 문제와 도덕적 가치의 정당화 문제에 관하여 어떤 입장을 취하든 간에 형이상학과 도덕적 판단은 교육의 원리를 정립하는데 실제로 사용되고 있다는 점을 간과(看過)해서는 안 된다. 형식에 관해 말하자면, 넓은 의미에서의 교육이론은 단순히 과학적 모형에 따른 설명을 창출해 내는 일만을 하는 것이 아니라, 실제적 활동을 어떻게 해야 하는가에 관한 합리적으로 타당한 원리를 고찰해 내는 일을 한다는 점도 염두에 두어야 한다. 결국 과학이론과 교육이론은 '어떻게 되어 있는가?'에 관한 판단 즉 이론적 판단과 '어떻게 해야 하는가?'에 관한 판단 즉 실제적 판단이 논리적으로 다르듯이 논리적으로 서로 다르다고 볼 수 있다(Hirst, 1983, 262–263).

또한 오코너는 '감당하기 어려운 까다로운 논리적 문제를 면할 수 있기 때문에'(O'Connor, 1983: 294) 교육이론을 순수한 경험적 요소만으로 성립하는 과학적 이론으로 보고자 하였다. 이때 오코너가 감당하기 어려운 까다로운 논리적 문제라고 생각한 것은 교육이론에 가치 개념을 포함하는 데서 발생할 수 있는 문제를 염두에 두고 있었기 때문이다. 물론 허스트와 오코너 두 사람 모두 교육의 과정(過程)은 어떤 목적 혹은 가치의 실현을 전제로 하는 과정이기 때문에 가치판단이 불가피하게 요청된다는 점에서는 동일한 입장을 취하고 있다. 그러나 가치판단은 사실판단(事實判斷)에서 타당하게 추리되지 않으며, 가치판단의 기준에 관한 철학적 논쟁은 그 해결의 전망을 매우 어렵게 하고 있는 것도 사실이다. 그리하여 오코너는 가치판단의 객관적 기준이 밝혀지지 않는 한 교육이론에 그것을 포함시키는 것은 이론 자체의 논리적 통일성을 방해할 뿐이고, 가치판단의 기준을 제외한다고 해서 교육이론이 크게 불합리한 것일 수도 없으므로 가치문제를 교육이론에서 제외할 것을 주장하였던 것이다.

그러나 위에서 언급한 것처럼, '감당하기 어려운 까다로운 논리적 문제를 면할 수 있기 때문에' 교육이론을 과학적 이론의 관점에서 보고자 했던 오코너의 말을 미루어 본다면, 사실 그 자신도 가치개념을 포함하는 교육이론 자체를 부정한 것은 아니었다. 가치개념을 포함하여 교육이론을 구성하는 것이 감당하기 어려운 문제를 야기하기 때문에 피하려고 했던 것이다. 어떻게 보면, 교육이론의 성립을 위해 쉽고 편한 길을 선택했을 뿐이다. 결국 오코너는 교육현상의 다의적 측면을 간과한 대가로 경험적인 요소만으로 성립되는 과학적인 교육이론의 함정에 빠져버리고 만 셈이다. 과학적인 교육이론은 이론 자체의 엄밀성은 보장될지 모르지만, 그 이론이 설명하고자 하는 다의적인 교육현상을 외면함으로써 제한된 이론에 그치고 말 것이다.

그러나 허스트는 실제로 가치철학적 연구의 취약성 즉, 가치판단의 기준이 현재의 객관적 인식의 내용이 되지 못하고 있다는 점 때문에 교육이론에서 가치판단의 문제를 제외할 이유는 되지 않는다고 보았다(李敦熙, 1983: 339). 그는 가치판단의 문제를 교육이론 속에 포함시키고자 하였던 것이다(O'Connor, 1983: 295).

요컨대 오코너는 교육이론을 교육의 실제적 행위를 이끌거나 통제하는 규칙이나 지침의 체계로 보는 것은 이론의 표준적 의미에 비추어 볼 때, 과학적 이론과는 달리 근거가 불확실한 열등(劣等)한 이론에 불과한 것이라고 보았다. 그의 입장에서는 교육이론에 가치 요소를 포함시키는 것은 불필요하고 위험스러우며, 오히려 까다로운 논리적 문제를 야기(惹起)할 수 있기 때문에 제외하려고 하였다. 이론의 명료성과 순수성을 확보하려는 오코너의 학문적 충정(衷情)을 이해하지 못하는 것은 아니다. 그러나 그 어떠한 교육학이나 교육이론이라고 하더라도 가치의 세계를 떠나서는 학문적 존립의 가치를 잃게 된다는 점도 잊어서는 안 된다. 오코너가 교육이론을 가치판단의 문제를 제외한 과학적 이론으로 구축하려고 했던 것은 '까다로운 논리적 문제를 피하기 위한' 편의상의 시도였다는 그의 말을 인정한다고 하더라도, 그 자체로서 교육이론의 학문적 가치를 반감(半減)시키는 것에 불과하다는 점 또한 주목해야 한다.

이 점에서 오코너보다 허스트의 견해가 보다 설득력을 갖게 된다. 허스트는 교육이론을 과학적 이론의 표준이라는 좁은 범위에 국한하여 규정하는 것을 반대하였다. 오히려, 형이상학적 진위 판별의 문제나 도덕적 가치의 정당화 문제와 같은 것까지도 포함하는 넓은 의미에서 파악하고자 하였다. 그리하여 교육이론은 실제적 활동을 어떻게 해야 하는가를 말해 주는 원리를 정립하고 정당화하는 실제적 이론으로 규정하고자 했던 것이다(Hirst, 1983: 278).

무어(T. W. Moore)는 실제적 이론으로서의 교육이론은 과학이론에 비해 질(質)이 떨어지는 열등한 이론이 아니며, 단지 서로 종류가 다른 이론일 뿐이라고 보았다(Moore, 1974: 8). 따라서 과학이론의 기준에 비추어 교육이론이 하나의 이론으로 성립될 수 없다고 부정하는 견해는 받아들일 수 없다고 하였다. 이론의 의미를 합리적인 설명과 예측을 위한 도구로 본다면, 다시 말해서 가정된 신념을 기초로 하여 무슨 일이 일어났고, 일어나고 있으며, 또 일어날 것인가를 설명하는 것으로 파악한다면, 이론의 적절한 의미는 '과학적 이론'이라고 보는 것이 무난할 지도 모른다(Moore, 1974: 4). 과학이론은 세계 속에서 일어나고 있는 현상에 대하여 보편적인 설명을 제시하려고 한다. 세계 속에서 일어나고 있는 현상들 사이에는 경험으로 식별할 수 있는 모종의 통일성(uniformities)이 있다고 전제한다. 과학자는 명확하지 않은 세계 속에서 어떤 통일성의 존재를 확립하고자 하며, 하나의 통일성과 다른 통일성과의 관련을 지어보려고 한다. 이러한 방법으로 과학자는 무슨 일이 일어났는가를 설명하고 또 예측할 수도 있다. 과학이론에 있어서는 이론이 이미 밝혀진 사실과 일치해야 하며, 이론이 제공하는 설명은 정확한 것이어야 한다는 점이 중요하다. 과학자는 그의 이론을 확립하기 위해서 경험적 세계에서 증거를 찾으며, 그 증거를 찾는 과정에는 체계적인 관찰과 실험이 포함된다는 것이다(Moore, 1974: 4-5).

이러한 과학적 이론의 기준에 비추어 보았을 때, 공자와 맹자, 퇴계와 율곡 등을 비롯하여 플라톤이나 아리스토텔레스, 루소와 프뢰벨(Friedrich Froebel) 등 동서양의 역사에 빛을 발하고 있는 과거의 위대한 사상가들이 전개하였던 교육적 예지와 사상들은 교육이론으로서 받아들이기 어렵게 된다. 왜냐하면 이들의 이론에 있어서는 아동의 발달이나 학습방법 또는 학습방법의 효과 등에 관한 체계적인 관찰과 실험을 시도한 경우는 거의 없었기 때문이다. 단지 그들은 교육과 관련된 이념이나 목적을 비롯하여 방법론 등에 관련된 모종의 가정(假定)과 이러한 가설을 기초로 한 권고(勸告)를 제시하고 있을 뿐이다. 그리고 그들이 제시하고 있는 대부분의 가정들은 과학적 연구에 의해 확증될 수 있는 성질의 것이 아니기 때문이다(Moore, 1974: 6).

그러나 과학이론은 설명적 이론이며, 교육이론은 실제적 이론으로서 두 이론은 분명히 구별된다. 예를 들면, 맬더스(Thomas Robert Malthus)가 인구 증가는 식량의 공급을 능가하는 경향이 있으며, 양자(兩者)의 균형은 질병과 기근(饑饉)에 의해 자연적으로 유지된다고 주장하였다. 이때 그는 하나의 과학적 이론을 제시하고 있는 셈이다. 그러나 그가 조혼(早婚)의 반대 또는 빈민구제사업 등에 도움을 주기 위한 기초로서 그의 이론을 이용하고자 한다면, 그는 과학이 아닌 다른 어떤 일 즉,

행정가와 그 밖의 사람들에게 실제적인 충고(忠告)를 하고 있는 셈이다. 과학이론은 근본적으로 기술적(記述的)이고 설명적인데 반하여 교육이론은 세계가 어떻게 되어 있는가를 설명하려는 것이 아니다. 허스트가 주장한 것과 같이 교육이론의 주된 기능은 교육의 실제를 안내하는 것으로 처방적(處方的)이고 권고적(勸告的)이다. 과학이론은 우리에게 어떤 상황에 대해 기술(記述)하거나 설명해 주려고 애쓰는 반면에 교육이론은 도덕, 의학 또는 정치학 등과 같이 우리에게 무엇을 어떻게 해야 하는가를 알려주는 실제적 이론인 것이다. 따라서 교육이론이 과학이론이 가지고 있는 기능을 발휘할 수 없다고 해서 이론이 아니라고 할 수는 없는 것이다(Moore, 1974: 7).

그러나 실제적 이론으로서의 교육이론이 과학이론과 서로 종류가 다른 이론으로서 그 이론적 타당성을 인정받았다고 하더라도, 적어도 과학이론과의 밀접한 관계를 유지해야 한다는 점을 간과해서는 안 된다. 과거의 위대한 교육사상가들의 교육적 사유를 교육이론으로 받아들이는 것을 반대하는 것도 사실은 그들이 처방(處方)의 기초로서 채택하였던 가정들이 과학적인 근거를 가지고 있지 못하였다는 점 때문인 것이다. 결국 실제적 이론이 하나의 이론으로 타당성을 인정받으려면, 그 결론은 확립된 기존의 과학적 진리와 일치해야 하며, 경험적으로 가능한 것이어야 한다. 그러므로 일반적인 실제적 이론 즉, 교육의 일반이론의 구조(framework) 안에서 보았을 때, 과학적 이론이 기여할 수 있는 여지는 적지 않다고 할 수 있다. 과학적 이론은 권고를 위한 현실적(realistic) 기초로서 요청되는 경험적 지식을 제공함으로써 실제적 이론에 공헌하게 될 것이다(Moore, 1974: 9).

3. 교육이론의 구조

무어는 교육이론의 성격을 과학이론과는 다르게 보고 있다. 교육의 실제를 안내하는 처방적이고 권고적인 실제적 이론으로 규정하였다. 이러한 교육이론이 무엇을 포함하고 있는지에 대해 알아보기 위해 그 형식적 구조에 대해 검토하고 있다. 무어에 의하면, 제일성(齊一性, uniformity)이나 인과율(因果律) 등의 기본가정을 전제로 하는 과학이론은 다음과 같은 구조를 가지고 있다(Moore, 1974: 15).

(1) 최초의 가설 H	/	모든 P는 Q이다.
(2) H로부터 연역(演繹): H면 D이다.	/	어떤 조건에 있어서, 만약 모든 P가 Q라면, R은 그 경우가 될 것이다
(3) D의 검증	/	특정한 조건 아래에서, R이 그 경우가 아니라는 사실이 발견되지 않았다.
(4) 결론: H는 잠정적으로 성립되었다.	/	모든 P는 Q이다.

이와 같은 과학이론의 구조는 종전까지 과학적 방법으로 알려진 귀납주의(歸納主義, Inductivism)에 대치하고자 하였던 포퍼(Karl Popper)의 새로운 견해인 반증주의적(反證主義的) 사고방식에 따른 것이다. 기술적(記述的) 또는 설명적 이론으로서의 과학이론은 경험의 세계가 어떻게 되어 있느냐에 따라 그 이론이 지지(支持)되기도 하고 부정되기도 한다. 그러나 실제적 이론은 경험의 세계에 비추어 긍정되거나 부정되지 않으며, 이를 타당화하기 위해서는 그 결론들이 실제로 행할 가치가 있는 것임을 보여주어야 한다(Moore, 1974: 17).

이와 같이 과학이론과 실제적 이론은 서로 판이하게 다르다. 실제적 이론에 있어서도 자연의 제일성(齊一性)이나 인과율의 가정은 물론이고, '사람은 자기가 세운 목적을 달성하기 위하여 필요한 것은 무엇이든지 할 수 있다'는 가정을 전제로 하여 이론이 구성된다. 실제적 이론을 구성하고자 하는 사람은 과학자와는 다른 방식으로 일을 한다. 즉, 어떤 가능한 현상이 '어떠하다'라고 생각하는 것이 아니라, 어떤 가능한 현상이 '어떠해야 한다'거나 '어떤 바람직한 결과를 가져와야 한다'는 것으로부터 시작해야 한다. 실제적 이론은 목적이나 목표로부터 시작해야 한다. 그리고 주어진 조건 아래에서 바람직한 결과를 가져올 수 있는 가장 좋은 방법이 무엇인지를 확인해야 한다. 그 이론은 달성하고자 하는 목적을 제시하거나, 목적을 실현하기 위한 방법으로서의 다양한 수단들을 권고하는 과정 속에서 모습을 드러내게 된다. 실제적 이론은 주로 여러 가지 논거(論據, reasons)에 의해 지지되는 일련의 권고들로 구성되는 것이다. 이러한 실제적 이론의 구조는 다음과 같이 간단한 형식으로 제시할 수 있다(Moore, 1974: 16-17).

(1) P는 하나의 목적으로서 바람직하다.

(2) 어떠한 경우에 있어서, Q가 P를 달성하는 가장 효과적인 방법이다.

(3) 그러므로 Q와 관련된 것은 무엇이든지 실시하라.

이러한 실제적 이론의 형식적 구조를 가지고 있는 교육의 일반이론[1]에 있어서는 어떤 교육목적이 바람직하다고 인정되면, 그 교육목적을 달성하기 위한 일련의 절차들이 권고된다. 이러한 교육이론은 다음과 같은 세 가지의 가정으로 구성된다(Moore, 1974: 17－20).

첫째, 결과(end) 또는 결과들(ends)에 대한 가정이 있다. 교육은 바람직한 것이라고 생각되는 어떤 결과들을 실현하기 위한 사회적 제도(social device)이며, 그러한 결과들을 체계화한 것이 바로 우리가 흔히 교육의 목적(aims)이라고 하는 것으로 표현된다. 그리하여 어떤 교육의 일반이론도 이러한 가치의 가정을 포함하게 될 것이다. 역사적으로 교육이론가들은 교육목적에 관한 서로 다른 가정들로부터 출발하였으며, 이것이 대개는 한 이론과 다른 이론의 차이점을 결정하였던 것이다. 둘째, 교육 받아야 할 사람들, 일반적으로 아동이나 학생들의 본성에 관련된 가정이 있다. 셋째, 어떠한 교육의 일반이론이든지 그 속에는 지식의 본질과 그 지식을 가르치는데 적절하다고 생각되는 방법들에 관한 가정들이 있다.

이와 같이 실제적 이론으로서의 교육이론의 구조는 1) 목적의 바람직함, 2) 아동이나 학생의 인간적 본성, 3) 교육내용이라 할 수 있는 지식의 본질, 4) 그 지식을 가르치는데 적절한 교육방법 등에 대한 가정을 포함하고 있으며, 실제적 권고는 바로 이러한 가정에 그 기초를 두고 있는 것이다.

---

1) 무어는 교육이론을 일반이론(一般理論, general theory)과 제한이론(制限理論, limited theory)으로 구분하고 있다. 제한이론은 주로 가르치는 것(pedagogical kind)과 관련된 처방 즉, 가장 효과적인 교수법에 관한 처방과 같은 것이 포함된다. 이러한 것으로는 교수기술(敎授技術), 동기유발 방법, 흥미증진 방법, 수업질서를 유지하는 방법 등에 관한 권고 등 수 많은 제한이론이 있을 수 있다. 일반이론은 단순히 효과적인 교수(敎授)를 위한 조건에 관한 권고가 아니라 어떤 유형의 인간을 배출할 것인가를 비롯하여 경우에 따라서는 어떤 유형의 사회를 창출(創出)할 것인가에 관한 권고를 포함하는 것이다.

4. 맺는 말

필자 또한 이 글을 통해서 교육이론에 대하여 실제적 이론의 관점에서 접근해야 한다고 보고, 그 성격과 구조를 파악하고자 하였다. 왜냐하면 플라톤이나 루소, 퇴계, 율곡 등의 사상가들이 제시하고 있는 전통적 교육이론들이 가지고 있는 학문적 가치를 포기할 수 없기 때문이다. 과거의 위대한 사상가들은 대개의 경우 그들의 교육적 이론을 전개하는 과정에서 체계적인 관찰이나 실험을 시도한 경우가 거의 없었다. 다만 그들 나름대로 구상한 일련의 가정을 기초로 해서 여러 가지로 권고를 하고 있을 뿐이다. 그러나 이와 같은 그들의 가정들은 과학적 연구에 의해 확증될 수 있는 것이 아니다. 그렇기 때문에 과학적 이론의 기준에서 보면, 교육이론으로 받아들일 수 없게 된다. 따라서 이와 같은 전통적 교육이론들을 과학적 이론의 기준에 맞지 않는다고 해서 무시하게 될 가능성이 있다. 하지만 그렇게 될 경우 학문적 손실이 너무 크다는 점을 생각해야 한다. 이미 본론에서 논의한 바와 같이 실제적 이론의 이론적 가능성이 인정된다면, 과거의 위대한 사상가들의 교육적 예지와 사유를 오늘날의 교육현장에서 참조하거나 적용하는 길이 열리게 되는 것이다.

교육이론의 성격에 관하여 국내의 경우에서는 경험과학적 접근을 지지하는 입장과 경험과학적 접근의 한계를 비판하는 입장 사이에 치열한 논쟁이 있었다. 외국의 경우에도 허스트와 오코너 사이에 있었던 교육이론 논쟁 또한 널리 알려진 것이다. 그러나 교육이론의 성격을 과학이론이든 아니면 실제적 이론이든 어느 하나의 입장을 고수하여 규정하는 것은 곤란하다고 생각한다. 과학이론은 우리에게 어떤 상황을 기술, 설명해 주려고 하는 설명적 이론으로서 강점이 있으며, 실제적 이론으로서의 교육이론은 도덕, 의학 또는 정치학 등과 같이 우리에게 무엇을 어떻게 해야 하는가를 알려줄 수 있는 강점이 있다는 점을 인식해야 한다. 말하자면, 두 이론을 서로 구별되는 것으로 보아야 한다는 것이다. 굳이 어느 쪽을 선택해야 한다면, 이 글에서는 교육이론을 과학이론의 표준에 비추어 규정하고자 했던 오코너보다는 일반이론 내지 실제적 이론으로 보고자 했던 허스트나 무어의 견해를 받아들이는 것이라 할 수 있다.

과학적 이론의 기준에 비추어 보았을 때, 교육이론으로 받아들이기 어려운 과거의 위대한 사상가들의 상상력에 의해 전개된 전통적 교육이론을 이해할 수 있는 대안이 절실하게 요청된다. 이러한 관점에서 무어가 제시하고 있는 실제적 이론의 구조와 가정은 그 학문적 의의가 적지 않다고 본다.

그러나 실제적 이론으로서의 교육이론이 그 이론적 타당성을 인정받았다고 하더라도, 그것이 과학이론을 배척하는 명분을 주는 것이 되어서는 안 된다. 적어도 실제적 이론과 과학적 이론은 상호간에 견제와 공조(共助)를 함께 하는 밀접한 관계를 유지해 나가야 할 것이다. 왜냐하면 실제적 이론이 타당하려면, 그 결론은 확립된 기존의 과학적 진리와 일치해야 하며 경험적으로 가능한 것이어야 하기 때문이다. 물론 이러한 관계는 과학적 이론의 경우에도 마찬가지이다.

참고문헌

李奎浩(1974). "敎育學의 學問的 性格". 李奎浩(編著). **社會科學의 方法論**, 서울: 玄岩社.

李敦熙(1983). "敎育理論의 二元的 性格". 韓國精神文化硏究院(編). **韓國敎育學의 成長과 課題**. 城南: 韓國精神文化硏究院.

張相浩(1983). "敎育科學의 座標". 韓國精神文化硏究院(編). **韓國敎育學의 成長과 課題**. 城南: 韓國精神文化硏究院.

鄭範謨(1974). **敎育과 敎育學**. 서울: 培英社.

Hirst, P. H.(1983). "Educational Theory". 李烘雨(譯). "敎育理論". 李烘雨(外). **敎育學槪論**. 서울: 敎育科學社.

Kneller, G. F.(1971). *Introduction to the Philosophy of Education*. New York: John Wiley & Sons.

Moore T. W.(1974). *Educational Theory : An Introduction*. London : Routledge & Kegan Paul.

O'Connor, D. J.(1982). "*An Introduction to the Philosophy of Education*". 成箕山(譯). **敎育哲學**. 서울: 集文堂.

O'Connor D. J.(1983). "The Nature and Scope of Educational Theory". 李敦熙(譯). "敎育理論의 性格과 課題". 李烘雨(外). **敎育學槪論**. 서울: 敎育科學社.

제2부

교사, 교사교육자 그리고 학교개혁

제4장 교사의 실질적 권위와 그 정당화 논의

제5장 교사교육자의 연구와 교수의 방향

제6장 학교개혁론의 현대적 의의
–존 듀이의 관점을 중심으로

제4장

교사의 실질적 권위와 그 정당화 논의*

이병승

1. 들어가는 말
2. 교사의 실질적 권위
3. 실질적 권위의 사용과 정당화
4. 나가는 말

* 이 글은 『교육연구』 제25집 1－18쪽에 게재되었던 “교사의 실질적 권위와 그 정당화 논의”를 수정, 보완한 것이다.

1. 들어가는 말

영국의 교육철학자 리이드는 훌륭한 교사(good teacher)가 갖추어야 할 자질로서 권위(權威: authority)를 제시한 바 있다(Reid, 1962: 154－156). 최근 베너 역시 권위를 교사가 애써 획득해야 중요한 자질임을 강조한 바 있다(Banner, 2003: 55). 물론 이러한 그들의 주장은 논쟁을 불러일으킬 수도 있을 것이다. 왜냐하면 교육을 바라보는 관점의 차이에 따라 교사와 학생 간의 권위관계를 옹호할 수도 있고 비판할 수도 있기 때문이다. 그러나 일반적으로 동·서양 어느 사회를 막론하고 가르치는 교사에게 권위가 있어야 한다는 주장에 무게가 실려 왔다. 또 학자들 사이에서도 권위의 개념을 다르게 해석하거나 다양하게 분류[1]하고 있기는 하지만 학교교육 자체가 부분적으로 통제를 필요로 하는 사태라는 점을 감안할 때 교사의 교육적 권위 행사는 불가피하며 때론 필요한 것으로 인식되고 있다.[2]

최근까지 교육학 분야에서 이루어진 교사의 권위에 대한 연구들은 교사들이 대체로 형식적 권위(形式的 權威; formal authority)와 실질적 권위(實質的 權威; actual authority)를 가지고 있는 것으로 기술하고 있다(Peters, 1966: 252－264; 신차균, 1990: 63; 강준모, 1985: 30－31; 신득렬, 1997: 471－481).[3] 여기서 형식적 권위란 주로 제도나

1) 물론 학자들에 의해 분류된 권위의 개념은 다양하다. 예컨대 Weber는 권위를 합리적·법적 권위, 전통적 권위, 카리스마적 권위로, Peters는 권위를 직위상의 권위와 전문적 권위로, Bochenski는 권위를 지적 권위와 규범적 권위로 구분하였다. 또 Jouvenel은 권위를 자연적 권위, 제도적 권위, 제재적 권위로 분류했으며, De George는 권위의 형태를 실행적 권위와 비실행적 권위로 분류하였다. 또 Raz는 권위를 정당한 권위와 사실상의 권위 또는 이론적 권위와 실천적 권위로 나누었으며, Ladenson은 권위를 명령적 권위와 존경권위로 분류하였다. 또 최근에 Hurd는 권위를 영감적 권위, 영향력있는 권위, 실천적 권위, 이론적 권위로 분류했다(신득렬, 1997: 133－143 참고).

2) 교사와 학생의 권위관계를 비판적으로 바라보았던 듀이(J. Dewey)와 니일(A. S. Neill) 조차 교사에게 권위가 부분적으로 혹은 잠정적으로 필요하다는 점을 인정하였다. 즉 듀이는 'Authority and Social Change'에서 교사의 권위가 학생의 자유를 신장시킬 것이라고 주장한 바 있으며(Dewey, *The Later Work*, Vol. 11, 1987: 131), *Experience and Education*에서도 교실 안에서 교사의 권위 사용이 필요하다는 점을 강조한 바 있다(Dewey, *The Later Work*, Vol. 13, 1988: 33). 또 니일은 섬머힐(Summerhill) 학교를 운영하면서 권위관계를 부정하기보다는 가식적인 권위관계나 강압적인 권위관계를 배격하고 부드럽고 공동체적인 권위를 수립하고자 노력하였다(신득렬, 1997: 464－465).

법이 부여한 것으로서 직위상(職位上)의 권위 혹은 권리상(權利上)의 권위를 가리키는 것이며, 실질적 권위란 전문지식에 관련된 것으로서 주로 교과목과 교육방법에 대해 가지는 사실상의 권위이다. 일반적으로 교사는 법이 정하는 정규과정을 이수하고 임용고사에 합격하게 되면 누구나 직위상의 권위를 가지게 된다. 하지만 이러한 형식적 권위를 갖추었다고 해서 우리는 그를 곧바로 훌륭한 교사(good teacher)라고 부르지는 않는다. 그도 그럴 것이 직위상의 권위를 가진 교사들 중에는 교사답지 못하거나 교사로서의 자질이 부족한 사람들이 얼마든지 존재하기 때문이다. 따라서 직위상의 권위를 가졌다는 것은 다만 그가 학교에서 가르칠 수 있는 최소한의 법적 조건 혹은 자격을 갖추었다는 것을 보여줄 뿐이다.

이 경우 우리는 교사를 교사답게 만드는 자질(quality)이 무엇인가를 묻게 된다. 그것은 바로 그의 실질적 권위 혹은 사실상의 권위라고 봐야 할 것이다. 왜냐하면 교사로서의 '훌륭함'(goodness) 혹은 '탁월성'(excellence)은 그가 비로소 수업현장에서 담당 교과목에 담긴 지식에 어느 정도 정통했는가 하는 인지능력, 그것을 얼마나 잘 가르치는가 하는 교수능력, 그리고 수업 상황에서 학생을 얼마나 잘 통제해 가는가 하는 통솔력 및 지도력에 의해 결정된다고 말할 수 있기 때문이다.

이러한 관점에서 교사의 권위에 대한 논의는 교사가 가지게 되는 형식적 권위 혹은 권리상의 수준에서가 아니라 실질적 권위의 수준에서 이루어져야 할 필요가 있을 것이다. 국내에서 이루어진 기존의 연구들은 주로 교사의 권위가 지니는 의미 및 의의를 밝히거나 교사에게 왜 권위가 필요한지의 이유를 밝히는데 논의의 초점이 맞추어졌으며, 교사 권위의 붕괴 원인 및 그 회복 방안을 제시하는데 초점이 맞추어졌다. 하지만 이러한 연구들은 교사의 실질적 권위가 교사의 '훌륭함' 혹은 '탁월성'을 결정하는 중요한 자질이라는 점을 충분히 밝히지 못하였으며, 학교 현장에서 그러한 실질적 권위가 어떻게 사용되어야 하는지에 대해서도 충분한 논의를 이끌어내지 못했다는 생각이 든다.

따라서 이 글에서는 우선 교사를 교사답게 하는 것이 실질적 권위라는 점을 밝

3) 물론 권위를 형식적 권위와 실질적 권위로 구분하는 것에 대해 이의를 제기하는 학자들도 있다. 예컨대, 넬러(G. F. Kneller)의 경우, 피터스가 구분한 형식적 권위와 실질적 권위는 추상적인 수준에서는 구분될 수 있으나 교육과 같은 구체적인 상황에서는 그 차이점이 뚜렷하지 않다고 주장한다(Kneller, 1984: 9).

히고 이것이 훌륭한 교사와 그렇지 못한 교사를 구별하는 중요한 근거가 된다는 점을 정당화하려고 한다. 다음으로 교사가 실질적인 권위를 행사해 가기 위해서는 어떠한 노력을 기울여야 하는지를 탐색해 보고자 한다. 이 글은 권위의 실추로 교사다움을 지키기가 더욱 힘들어지고 있는 우리 한국의 학교사회 속에서 여전히 훌륭한 교사란 누구인지를 찾으려고 노력하는 사람들에게 희망의 빛을 줄 수 있을 것이며, 최근 교육계에서 시작된 교원평가의 소용돌이 속에서도 권위 관계를 바르게 정립하고자 하는 교사들에게 용기를 줄 것으로 기대된다.

2. 교사의 실질적 권위

앞서 지적하였듯이, 교사를 훌륭한 교사로 만드는 것은 형식적 권위가 아니라 실질적 권위 혹은 사실상의 권위이다. 클레이프가 지적한 것처럼 실질적 권위 없는 교사에게서 효과적인 수업이나 좋은 수업을 기대하기 어렵다(Cleife, 1976: 134-135). 그렇다면 교사가 학교에서 행사하는 실질적 권위란 무엇인가? 그것은 수업지도와 직결된 교과목의 권위, 교수방법의 권위, 교육목적의 권위, 그리고 학생지도와 관련된 통제적 권위 등이다. 이 장에서는 이들 권위들이 어떤 의미와 의의를 가지는지를 살펴보고자 한다.

(1) 교과목의 권위

교사가 갖추어야 할 중요한 자질들 중 가장 중요한 자질은 수업자질이다. 그가 수업을 잘하기 위해서는 우선 가르치는 일과 직접 관련된 지적 권위(intellectual authority)를 확보해야 한다. 하이트가 지적한 바와 같이 교사가 인성(人性)을 비롯하여 여러 가지 다른 자질들을 가지고 있다고 하더라도 자신이 가르치는 교과의 지식 및 관련 지식에 정통해 있지 않다면 교사로서의 자질을 의심받게 된다(Highet, 1999: 29). 권위의 여러 연구자들이 교사의 지적 권위, 특히 교과목에 대한 권위에 관심을 기울이는 것도 바로 이러한 이유에서이다. 교사가 갖추어야 할 지적 권위의 의미 및 종류가 다양하여 이것을 정확히 규정하기는 어렵지만, 일반적으로 지적 권위란 자신이 담당한 교과에 담긴 지식내용에 정통했을 때 획득할 수 있는 권위, 즉 넬러가 주장한 바 있는 인식적 권위(cognitive authority)라고 할 수 있다(Kneller, 1984: 7). 그렇다면 교과목에 정통했다는 것은 무엇을 의미하는가? 그것은 교과에 담긴 다양한 지식을 소유했다는 것을 의미하는가 아니면 교과를 이루고 있는 이러 저러한 지식들 간의 관계를 바르게 이해했다는 것을 의미하는가?

교과목에 정통했다는 것의 의미를 소박하게 말하자면, 그것은 자신이 가르치는 교재 안에 담긴 지식 내용을 정확하게 인식하고 이해하고 있다는 것만을 뜻하는 것이 아니라 교과를 구성하고 있는 다양한 지식들의 고유한 의미(intrinsic meanings), 논리적 구조(logical structures), 상호관계(mutual relations)를 파악하는 능력이 탁월하다는 것을 의미한다. 이러한 능력은 예비교사훈련 단계에서 획득되기도 하지만 학교에 부임한 후 부단한 자기 교육과 연구를 통하여 획득되기도 한다. 그러나 교사는 담당교과의 내용을 인식하는 능력, 즉 인식적 권위만 가지고 있어서는 안 된다. 왜냐하면 교과지식에 대한 인식능력은 교과내용에 정통했다는 것의 필요조건에 지나지 않기 때문이다. 따라서 교과내용에 정통했다는 것은 교재 혹은 교과내용을 다루는 태도와 분리될 수 없다. 교사의 수업활동이 효과적인 학습을 불러일으키는데 있다는 점에 주목해보면, 교과목과 관련하여 교사가 해야 할 과업은 교과에 담긴 지식을 재구성하고 재조직하는 일이다. 학습자의 인지적·정서적·신체적 발달단계, 이해능력 등을 고려하여 교과지식을 적절하게 분류, 조직, 재구성하는 능력은 오랜 경륜과 노력을 필요로 한다.

그러나 교사가 담당교과목에 대한 권위를 가지고 있다는 것은 교과지식에 대한 정확한 인식능력 및 이해, 조직 및 재구성 능력 이상의 것을 소유했다는 것을 의미한다. 즉 그것은 교과지식을 단순한 사실 이상으로 끌어 올리는 인지적 안목(cognitive perspective)[4)]을 가지고 있어야 한다는 것을 의미한다. 피터스(R. S. Peters)의 말을 빌리자면, 권위가 있는 교사가 되기 위해서는 단지 많이 알기만 해서는 안 된다. 교과

4) 여기서 인지적 안목이란 피터스가 '교육받은 사람'과 '훈련받은 사람'을 구별하는 기준으로 제시한 개념이기도 하지만 '교육받은 교사'와 '훈련받은 교사'를 구별하는 기준으로 사용될 수도 있는 개념이기도 하다. 이러한 입장은 다음과 같은 주장 속에 잘 드러나 있다. "가르치는 사람은 다른 모든 것을 제쳐놓고 수학만 집중적으로 가르칠 수 있다. 그러나 이 경우에도 우리는 그를 '교육받은 사람'이라고 할 수 없다. 그것은 가르치는 사람이나 배우는 사람에게 인지적 안목이 결여되어 있기 때문이다(Peters, 1966: 40 참고).

지식을 사실(fact) 이상의 것으로 끌어올려 학습자가 인간, 사회, 자연을 폭 넓게 이해할 수 있는 안목을 가지도록 해 주어야 한다. 이러한 교사의 태도는 교과지식을 바라보는 가치관 및 인생관과 분리될 수 없다. 즉 교과 안에 담긴 지식의 가치를 소중하게 여기는 태도, 그것에 헌신하려는 태도와 분리될 수 없는 것이다. 경우에 따라서 교사는 자신이 가르치는 교과의 지식을 소중하게 여기지 않으면서 가르칠 수 있다. 혹은 교재의 내용을 비판적인 관점에서 설명할 수도 있다. 그러나 교사가 보여주는 이러한 태도는 학생들에게 교과에 대한 혹은 교과교사에 대한 부정적인 인식을 가져다 줄 가능성이 높다. 교사는 교재를 가르치는 것 이외에도 교재에 가치를 부여하고 권위를 부여하는 태도를 가져야 한다. 리이드가 강조한 바 있듯이, 교재란 교사의 정신, 즉 그의 지력, 의지, 인격을 반영하고 있기 때문이다(Reid, 1962: 152).

특정 교과목을 소중하게 여기고 헌신하는 교사는 자연히 자기가 가르치는 교과지식의 가치를 정당화(正當化; justification)하는데 관심을 가지게 된다. 흔히 정당화란 어떤 활동에 대해 합리적인 이유(rational reasoning)를 제시하는 행위를 말하는데, 교사도 자신이 가르치는 교과목에 대해 합리적인 이유를 제시할 수 있어야 한다. 예컨대 그는 왜 국어교과가 가치가 있는지에 대해 충분하고도 설득력 있는 설명을 할 수 있어야 한다. 이렇게 할 수 있을 때 비로소 교사는 교과에 대한 권위를 확보했다고 할 수 있을 것이다. 그러나 실제로 많은 교사들이 이러한 정당화 작업에 취약하며 때로는 이러한 작업을 소홀하게 생각하고 있다.

(2) 교수방법의 권위

교사의 지적 권위는 교재의 내용을 가르치는 방법, 절차와 관련이 깊을 뿐 아니라 학습과정과도 관련이 깊다. 교사는 교과내용의 권위자이기도 해야 하지만 가르치는 방법 및 절차에 대해서도 권위를 가지고 있어야 한다. 특정 교과목에 대해 아무리 해박한 지식을 소유하고 있고 그것에 대한 이해능력이 뛰어나고 또 그러한 지식들을 조직하는 능력이 아무리 탁월하다고 하더라도 그것들을 효과적으로 전달하지 못한다면 교사의 지적 권위는 당장 도전을 받게 될 것이다. 교사가 교수방법에 대해 권위를 가진다는 것은 무엇을 의미하는가? 그것은 그저 주어진 교과의 지식을 잘 전달한다는 것을 뜻하는가, 아니면 기존의 방법과는 다른 기발한 아이디어를 가지고 교과

내용을 전달할 수 있는 능력이 있다는 것인가? 아니면 소위 과학적인 절차에 따라 내용을 전달할 수 있는 능력이 있다는 것을 의미하는가? 그것은, 소박하게 말하면 지식을 전달하는 방법(method), 기술(technique), 기법(skill)이 탁월하다는 것을 의미한다. 즉 일종의 방법적 탁월성(methodological excellence)을 소유하거나 발휘할 수 있는 능력을 가지고 있다는 것을 의미한다. 그렇다면 방법적 탁월성을 가지고 있다는 것은 구체적으로 무엇을 의미하는가?

우선, 그것은 교과목상의 지식을 합리적인 단계 및 과학적인 절차에 따라 가르칠 수 있는 능력을 가졌다는 것을 의미한다. 즉 가르쳐야 할 교과내용을 구조화하고 계열화하고 계통화하여 그것을 효과적으로 전달하는 능력을 가졌다는 것을 의미한다. 교단에 선 모든 교사가 이러한 능력을 가지고 있는 것은 아니다. 전달방법에 정통하지 못한 미숙한 교사는 교재 안에 담긴 풍부한 지적 자산을 효과적으로 전달하는데 실패하는 경우가 많다. 적어도 주어진 지식을 구조화하여 전달하는 능력은 타고나기 보다는 후천적으로 획득된다고 봐야 한다. 말하자면 교사교육기관에서의 한정된 교육이나 훈련만 받아서는 이러한 능력을 가지기 어렵다. 이러한 능력은 교단에서의 오랜 경륜과 노력을 통해 획득된다.

다음으로, 교수방법상의 탁월성을 가지고 있다는 것은 교재 안에 담긴 지식을 교수상황 및 학습자의 수준에 맞게 전달하는 능력이 뛰어나다는 것을 의미한다. 전달할 교재내용에 대한 구성능력과 조직능력이 아무리 뛰어나다고 할지라도 교수학습 상황에 대한 예리한 통찰과 학습자의 지적 수준에 대한 폭넓은 이해가 부족하면 교재의 내용을 효과적으로 전달할 수 없다. 교수 상황에 대한 교사의 통찰력과 이해력은 수업의 효과를 극대화할 수 있는 조건일 뿐만 아니라 수업방법을 다양화할 수 있는 기반이 된다. 결국 방법상의 탁월성을 가지고 있다는 것은 전달하고자 하는 내용을 학습상황에 맞게 적용함으로써 학습의 결과를 극대화할 수 있는 융통성, 개방성, 창의성을 가지고 있다는 것을 의미한다.

끝으로, 교수방법상의 탁월성을 가지고 있다는 것은 교과목 안에 담긴 지식을 도덕적으로 온당하고 합당한 방법으로 전달하는 능력을 가졌다는 것을 의미한다. 소위 교수방법의 도덕성(morality of teaching method)을 구사할 수 있는 능력을 가지고 있다는 것을 의미한다. 일찍이 피터스가 교육의 개념을 명료화하면서 강조했듯이, 교수방법의 도덕성이란 교사가 교과지식을 가르칠 때 비도덕적이고 야만적인 방법을 사용해서는 안 된다는 교육절차상의 원리를 말하는 것이다(Peters, 1966: 42). 교사가 교수방법의 도덕성을 가지고 있어야 한다는 말 속에는 다음 두 가지 의미가 담겨 있다고 할 수 있다. 하나는 과학적인 교수만이 좋은 교육방법은 아니라는 것이요, 다른 하나는 학생의 의식과 자발성을 해치는 전달방법, 예컨대 교화, 세뇌, 조건화 등은 교수방법으로 적절하지 않다는 것이다. 오늘날 일선 학교에서 교수와 관련해 생겨난 문제들 중 상당수는 교사들이 이러한 교수윤리 혹은 교수의 도덕성을 소홀히 하거나 무시했기 때문에 야기된 것이다. 오늘날까지도 교수의 도덕성을 소홀히 하거나 무시한 결과 많은 교사들이 권위주의적인 교사(authoritarian teacher)의 길을 걸어가고 있다.

(3) 교육목적의 권위

교과목의 권위와 교수방법의 권위를 가졌다고 해서 그를 곧바로 훌륭한 교사라고 할 수는 없다. 왜냐하면 이러한 권위들은 교사의 자질 혹은 훌륭함(excellence)을 결정하는 필요조건일 수는 있으나 충분조건은 아니기 때문이다. 그렇다면 그에게 어떤 권위가 더 필요한 것인가? 그것은 바로 여러 연구자들이 지적한 바와 같이 교육목적의 권위(authority in educational aims)이다(Reid, 1962: 155; 이병승 외, 2001: 273; 신득렬, 2003: 430).

일반적으로 일선학교에는 교과목에 대한 해박한 지식과 기발한 교수법을 구사하면서 학생들을 잘 가르치는 교사들이 얼마든지 있다. 이들 중에는 이미 교수내용의 전문성과 방법의 탁월성을 획득함으로써 소위 '수업명사'(授業名師) 혹은 '수업달인'(授業達人)이라는 명예를 누린 사람들도 있다. 그러나 교육이 지향하는 본래적인 목적이 무엇이냐를 염두에 두면서 그들이 보여주는 교육활동을 찬찬히 들여다보면 과연 그들에게 훌륭한 교사라는 칭호를 붙여줄 수 있을 것인가 하는 의문을 가지게 된다. 말하자면 그들이 아무리 교과목에 대한 전문성과 교수방법의 탁월성을 지녔다고 하더라도 그들의 활동이 본래 실현하고자 하는 교육목적과 거리가 있거나 일탈한 것이라면 그들이 보여주는 전문성과 탁월성은 훌륭한 교사로서의 자질을 만족시켰다고 보기 어렵다. 이러한 맥락에서 교육목적의 권위는 교과목의 권위와 교수방법의 권위와 더불어 교사의 훌륭함을 결정하는 또 다른 중요한 자질이라고 할 수 있을 것이다.

그렇다면 교육목적의 권위를 가진다는 것은 구체적으로 무엇을 의미하는가? 이것은 여러 가지 답을 요구하는 질문이다. 이것은 첫째, 실현해야 할 좋은 교육목적을 설정하는 능력이 뛰어나다는 것을 의미할 수도 있다. 하지만 교육목적을 설정하는 일은 교육정책 입안과정에 참여한 전문가들의 소관업무라는 점에서 극소수의 교사들을 제외하고는 교육목적의 전문성을 발휘할 수 있는 기회가 제한되어 있다. 따라서 이 경우 교사가 교육목적의 권위를 가져야 한다는 말은 수업현장에서 달성해야 할 하위의 교육목표 혹은 단원목표를 설정, 기술하는 능력이 뛰어나다는 의미로 이해해야 할 것이다.

둘째, 교사가 교육목적의 권위를 가지고 있다는 것은 실현해야 할 교육목적이 무엇인지를 명확하게 인식하고 해석하고 설명하는 능력이 뛰어나다는 것을 의미한다. 교사는 국가가 설정한 교육이념, 지역교육청이 제시한 교육목적, 학교가 명시한 교육목적, 교과단원이 요구하는 수업목표를 명확하게 인식하고 있어야 한다. 아울러 이러한 교육목적 및 목표를 해석하고 설명하는 능력도 갖추고 있어야 한다. 예컨대, 수업사태에서 수학을 공부하는 목적이 무엇인지, 혹은 국사를 공부하는 목적이 무엇인지에 대해 합당한 설명을 하지 못한다면 그의 지적 권위, 특히 교과목의 권위가 흔들리게 될 것이며 그렇게 될 경우 좋은 수업지도를 해 가기 어려울 것이다.

셋째, 교사가 교육목적의 권위를 가지고 있다는 것은 가르치는 내용과 방법이 본래 실현하고자 하는 교육목적에 부합하는가를 연계지우고 평가하면서 이를 차시 수업에 반영하는 능력이 뛰어나다는 것을 의미한다. 수업의 내용과 방법을 본래 설정한 교육목적 혹은 목표에 비추어보지 않고는 수업의 질을 제고할 수 없다. 소위 수업 피드백(feedback)은 교육목적 혹은 목표에 대한 철지한 자기 담금질을 전제로 하지 않고는 효력을 발휘할 수 없다. 말하자면 교육목적의 권위 혹은 전문성을 가지고 있다는 것은 수업에 대한 반성과 반추(reflection) 능력이 그만큼 뛰어나다는 것을 의미한다.

넷째, 교사가 교육목적의 권위를 가지고 있다는 것은 교사가 사회와 기업의 요구, 그리고 학부모의 압력에 굴하지 않으면서 교육목적에 따라 본래적인 교수 활동을 전개해 가는 능력이 탁월하다는 것을 의미한다. 말하자면 여러 가지 외압에도 불구하고 교사로서의 정체성을 잃지 않고 본래적인 길을 걸어가는 능력이 뛰어나다는 것을 의미한다. 그러나 이러한 능력은 특정한 기간에 길러질 수 없을 뿐 아니라 특정 교과에 대한 해박한 지식과 그러한 지식을 전달하는 방법의 탁월성을 소유하고 있다고 해서 길러질 수 있는 것도 아니다. 이러한 능력은 자신의 교육 활동 혹은 교수 활동이 궁극적으로 실현하고자 하는 목적에 어느 정도 기여하였는가에 대해 끊임없이 질문을 던지면서 그 답을 찾으려는 과정에서 길러지는 능력이다. 이러한 점에서 교육목적의 권위 혹은 전문성을 가진다는 것은 필연적으로 교육을 철학적인 관점에서 조망하는 일과 분리되지 않는다. 교육적인 사태에서 실현하고자 하는 목적의 의미를 명료하게 하는 일, 그것의 가치를 정당화하는 일, 자신의 교수 활동을 교육목적에 비추어 반추하는 일 등은 오랜 기간의 철학적 훈련을 통해 길러질 수 있는 능력들이다.

(4) 생활지도의 권위

교사는 교과를 가르치는 일 이외에도 수행해야 할 일들이 무수히 많다. 학교 안에서 이루어지는 생활지도는 교육의 본질적인 활동은 아닐지라도 교과지도를 위해 매우 중요한 교육 활동임에 틀림없다(Hamlyn, 1990: 241). 교과지도와 생활지도는 독립적인 활동이 아니라 상보적 관계에 있다고 말하는 것이 적절한 표현일 것이다. 그도 그럴 것이 생활지도가 제대로 이루어지지 않고는 교과지도가 효율적으로 이루어질 수 없으며, 이와 반대로 교과지도가 제대로 이루어지지 않고는 학생생활의 바람직한 변화를 기대할 수 없기 때문이다. 하지만 우선순위를 보다 면밀히 따져 말하자면 생활지도가 교과지도에 우선하거나 병행해야 한다. 왜냐하면 생활지도가 제대로 이루어지지 않고는 효과적인 교과지도를 기대할 수 없기 때문이다. 이러한 맥락에서 교사가 지적 권위 즉, 교과목, 교수방법, 교육목적의 권위를 가져야 하지만 동시에 지도적 권위(directive authority) 혹은 통제적 권위(control authority)도 가져야 한다는 주장이 설득력을 가지게 된다.

일찍이 피터스는 "통제에 관한 문제를 논하지 않는 한 교육에 관한 논의, 그리고 교육내용과 교육방법의 정당화에 관한 논의는 한낱 공상에 불과하다"(Peters, 1966: 237)고 적은 바 있는데, 이것은 바로 학교에서 교사의 지도적 권위가 가지는 우선성과 중요성을 천명한 것이라고 할 수 있다. 또한 알렌 역시 "교사가 지적 권위를 가져야 한다는 주장은 당연한 것이다. 그는 또한 지도적 권위도 가져야 한다. 설득의 합리적 수단뿐만 아니라 명령과 요구도 해야 한다”(Allen, 1987: 21–22)고 주장한 바 있는데, 이 또한 통제적 권위의 필요성을 강조한 말이라고 할 수 있다.

교사는 기본적으로 학습지도 및 생활지도 상황에서 다양한 형태의 통제를 통해 교육목적을 실현해 가는 사람이다. 교사에 의해 이루어지는 통제는 가벼운 훈계나 간섭으로부터 보다 강력한 지시와 명령에 이르기까지 다양하다. 그러나 교사에 의해 이루어지는 지시와 명령은 경찰관의 그것과는 성격이 다르다. 경찰관의 지시와 명령은 질서를 유지하거나 범법행위를 강력하게 제지 혹은 처벌함으로써 시민의 안전과 안녕을 지키는데 목적이 있지만 교사의 그것은 단순히 학생의 악의적인 행동을 제지하거나 처벌하려는데 목적이 있는 것이 아니다. 최병태(2008: 403–404)가 지적한 바 있듯이, 교사의 지시와 명령은 단지 질서유지나 통제만을 위한 것이 아니라 학생의 학습과 성장을 위한 것이다. 마치 의사가 환자에게 특정한 약을 복용하라고 지시하는 것과 유사하다. 이러한 의사의 지시와 명령은 환자의 건강을 회복시키는 데 목적을 두고 있다는 점에서 당연한 것으로 받아들여진다.

이러한 점에 비추어 볼 때 학교 안에서 이루어지는 교사의 지시와 명령이 모두 비교육적인 것이라고만 볼 수 없다. 문제는 교사가 행하는 지시와 명령이 교육적인 목적이 아닌 학생을 지배하거나 굴복시키기 위해 사용될 경우 생겨난다. 종종 학교 안에서 교사들은 자신의 가치와 신념을 관철시키거나 학생을 지배하기 위한 수단으로 지시와 명령을 하는 경우가 있다. 이 경우 교사에 의해 사용되는 지도적 권위 혹은 통제적 권위는 정당성을 갖기 어렵게 된다. 교육사태에서 이루어지는 지시와 명령이 교과지도를 효율적으로 행하기 위한 의도에서 이루어지지 않았거나, 학생의 지적 성장과 도덕적 발달을 위한 방안으로 사용되지 않는 한 그것은 하나의 권력(power) 혹은 권위주의(authoritarianism)로 전락할 수밖에 없다. 따라서 교사는 지도적 혹은 통제적 권위를 소유하는 것이 중요한 것이 아니라 그러한 권위를 어떤 의도와 목적으로 사용할 것인가를 늘 숙고해야 한다.

3. 실질적 권위의 사용과 정당화

앞장에서 교사의 실질적 권위 혹은 사실상의 권위 네 가지 형태를 소개하고 그

의미와 중요성을 밝혔다. 그러나 앞서 언급한 바와 같이 교사의 권위 문제와 관련하여 보다 심각하게 논의해야 할 것은 실질적 권위의 의미나 종류가 아니라 그러한 권위를 어떻게 사용해야 할 것이며, 또 왜 사용해야 하는가 하는 문제이다. 그도 그럴 것이 교사가 지적 권위와 통제적 권위를 가지고 있다고 하더라도 그 권위를 올바르게 사용하지 않거나 권위 사용의 합당한 근거를 제대로 설명하지 못한다면 그의 교사로서의 자질을 의심받게 될 것이기 때문이다. 따라서 이 장에서는 교사가 실질적 권위를 어떻게 사용하고 정당화할 것인가에 대해 논의하고자 한다.

(1) 실질적 권위의 올바른 사용

실질적 권위가 '훌륭한 교사'의 자질을 결정하는 중요한 요인이라고 할 때, 이것은 단순히 교사가 그러한 권위를 소유했느냐 아니면 소유하지 못했느냐를 두고 하는 말이 아니라 그것을 바르게 사용했는가 아니면 사용하지 못했는가를 두고 하는 말이다. 실질적인 권위를 소유하고 있다는 것은 단지 그러한 권위를 행사할 자격 혹은 능력을 갖추었다는 것을 의미한다. 그러나 엄격히 말해서 자격이나 능력을 갖추었다는 것이 권위자가 되기 위한 필요조건은 될지언정 충분조건은 될 수 없다. 아렌트(H. Arendt)의 지적처럼, 교사의 자격과 교사의 권위는 동일한 것이 아니다(Nyberg and Farber, 1986: 13). 즉 교원자격증을 획득했다는 것은 단지 교단에서 가르칠 수 있는 자격 혹은 능력을 가지게 되었다는 것을 의미할 뿐이다. 교사로서의 권위는 자격에 의해 검증되는 것이 아니라 부임을 받은 후 그의 실천적 행동을 통해 검증된다. 스미스가 이 점에 대해 적절히 지적한 바 있듯이, 행동의 합리성은 그가 차지하는 공식적인 지위와는 논리적으로 별개의 것이다. 그의 발언, 의사결정, 행동이 실제로 적절한 이유와 근거에 기초한 것인지, 그의 권위가 정당화될 수 있는 것인지는 전자(행동의 합리성)에 관련된 것이다(Smith, 1985: 42). 교사의 합리적인 태도 역시 그가 소유한 직위상의 지위에서 나오는 것이 아니라 권위를 실제로 사용하는 과정에서 나오는 것이다.

이러한 점에서 교사는 자신의 권위 사용이 학생의 사고와 행동에 심대한 영향을 미친다는 점을 충분히 인식하고 권위를 실제로 사용해야 할 경우 신중을 다해야 한다. 그렇다면 교사가 권위를 바르게 사용하기 위해서 어떤 태도를 가져야 하는가?

첫째, 교사가 권위를 사용해야 할 경우 그가 가장 경계해야 할 것은 바로 권위의 남용(濫用)과 오용(誤用)이다. 권위의 남용과 오용은 필연적으로 권위주의를 낳게 마련이다. 권위의 여러 연구자들이 지적한 바 있듯이, 권위주의는 권위와는 달리 추종자에게 일방적인 복종과 희생을 요구하는 행동양식이다. 드 조오지는 "권위주의란 권위의 남용이다. 권위주의 안에서 권위자는 추종자를 희생시켜 자신의 이익을 추구한다"(De George, 1985: 56)고 지적하였으며, 와트는 "권위주의자는 괴롭히는 사람이며 자기 자신을 쉽게 학대한다. 그는 순응, 경직, 의존, 불관용, 그리고 잔인성을 가지고 있으며, 미신, 의심, 권력지향 그리고 상상력이 없는 사람이다"(Watt, 1982: 20)라고 적은 바 있다. 교육계와 학교에도 이러한 성향을 가진 권위주의적인 사람들이 얼마든지 존재한다.

둘째, 교사가 권위를 사용함에 있어서 경계해야 할 것은 자신의 권위를 절대화하는 태도이다. 많은 교사들이 자신의 지적 권위와 통제적 권위를 절대시하는 경향이 있다. 자신이 소중하게 여기는 지식, 가치, 규범, 세계관을 절대화하여 그것을 학생에게 강요하거나 그것들을 강제로 주입하려고 한다. 그러나 교사의 권위란 어디까지나 잠정적(暫定的; tentative)인 것으로 시간과 공간의 제약을 받는다. 따라서 시간이 흐름에 따라 혹은 문화적 상황이 달라짐에 따라 권위의 관계는 변화한다. 교사가 행사하는 지적 혹은 통제적 권위라는 것은 학생들이 지적으로 성장함에 따라 자연히 소멸되거나 약화될 수밖에 없다. 결국 교사가 권위를 사용하는 궁극적인 목적은 권위의 소멸이다. 이점에 대해 피터스는 다음과 같이 적은 바 있다. "어른의 권위는 다음 세대가 권위 없이 살아가는 법을 배우는데 필요하다. 이것은 권위의 행사가 합리적이고 과업 지향적이어야만 일어나는 것이다. 왜냐하면 젊은이들은 전통적인 지위의 비합리적인 표현에 당연히 항거할 것이기 때문이다. 요컨대, 교사와 학부모들은 권위주의자가 됨이 없이 권위를 가지는 법을 배우지 않으면 안 된다"(Peters, 1966: 265). 따라서 교사가 권위를 행사함에 있어 그것이 잠정적인 속성을 갖는다는 인식을 가지는 것은 매우 중요한 일이다. 왜냐하면 이러한 인식은 권위의 남용과 오용에서 벗어날 수 있는 중요한 기반이 되기 때문이다.

셋째, 교사가 권위를 사용함에 있어서 유념해야 할 것은 학생을 추종자로 만들어서는 안 된다는 점이다. 권위주의적인 교사에게서 나타나는 일반적인 성향 중의 하나는 사적 관계를 중시하면서 학생을 제자나 추종자로 만들려고 한다는 점이다.

교육 분야에서 권위의 올바른 사용은 학생을 비판정신이 마비된 추종자를 만들어내는 것이 아니라 스스로 생각하고, 판단하고, 결정하고 행동한 후 책임을 다할 줄 아는 지적이고 도덕적인 주체로 길러내는 것이다. 즉 교사의 본래적인 사명은 학생이 교사의 간섭이나 권위 없이도 삶을 독립적이고 자율적으로 꾸려나갈 수 있도록 이끌어주는 일이며, 나아가 역설적이기는 하지만 교사의 능력과 탁월성을 능가하도록 조력하는 일이다. 함린이 적절히 지적한 바 있듯이, "교사의 가장 큰 보람은 그저 교사와 비슷비슷하기만 한 것이 아니라 교사를 앞질러 가는 학생들이 나오게 하는 것이다"(Hamlyn, 1990: 257－58). 청출어람(靑出於藍)이야 말로 교사가 권위를 사용해야 할 가장 정당한 이유를 가장 압축적으로 보여주는 말이라고 할 수 있다. 이러한 점에서 교사는 자신의 한계를 뛰어넘는 학생이 나오는 것을 하나의 보람으로 여길 수 있는 자긍심과 자신의 한계를 인정하는 겸손한 태도도 가져야 한다.

(2) 실질적 권위의 정당화

"교사는 실질적인 권위를 어떻게 사용할 것인가?" 하는 질문과 "교사가 실질적 권위를 사용하는 이유가 무엇인가?"라는 질문은 동일한 것이 아니다. 전자가 권위의 사용방법에 대해 묻는 것이라면 후자는 권위 사용의 이유 혹은 근거를 묻는 것, 즉 정당화를 요구하는 질문이다. 일반적으로 정당화(justification)란 어떤 판단, 결정, 조치에 대해 합리적인 이유(rational reason)나 논리적 근거(logical ground)를 제시하는 작업을 의미한다. 교사의 실질적 권위 사용도 정당화를 요구하는 사안이다. 그러나 권위의 정당화는 아무 때나 제기되는 것이 아니다. 그것은 구체적인 수업사태에서 학생이 교사의 권위 사용에 대해 의문을 제기할 때 생겨난다. 예컨대, 학생이 수업을 진행하고 있는 교사에게 왜 국어교과서 안에 실린 시나 소설을 배워야 하는지, 왜 교사가 설명식 수업이 아닌 토론식 수업을 하는지 또는 왜 두발을 금지하고 학칙을 어긴 학생을 처벌하는지 등을 묻는 사태에서 정당화의 문제가 수면위로 떠오르게 된다. 만약 교사가 이런 질문들에 대하여 합리적인 이유를 제시하는 일을 회피하거나 게을리 하는 것은 스스로 권위자임을 포기하는 것이다. 또한 이러한 질문들을 의도적으로 무시하는 것은 그 스스로 권위주의적인 교사라는 점을 시인하는 것이 된다. 물론 경험이 일천하고 지적 수준이 낮은 학생들에게 합리적인 이유를 설명해 주고 내적인 승인(inner recognition) 혹은 자발적인 복종을 이끌어 내는 일은 결코 쉬운 일이 아니다. 하지만 교육사태에서 권위관계에 대한 정당화를 시도하는 일은 불가피한 일이다. 교사는 이러한 정당화 작업을 통해 부분적으로 권위의 남용과 오용에서 벗어날 수 있으며 권위주의의 함정으로부터 빠져나올 수 있기 때문이다.

이러한 점에서 교사는 합리적인 절차에 따라 권위를 행사하는 일도 중요하지만 왜 그러한 권위 행사가 학생들에게 소중하고 중요한지에 대해서도 충분한 설명을 해 줄 필요가 있다. 결국 교사 권위사용의 정당화는 교사가 권위를 사용하는 목적이 학생의 언행을 통제하거나 제재함으로써 심리적인 안정이나 쾌락을 얻으려는 것이 아니라 교사가 궁극적으로 실현하고자 하는 과업, 즉 학습자의 지적 성장과 도덕적 자율성을 확장하기 위한 것이라는 점을 밝히는 교육적 작업이라고 할 수 있다.

이러한 정당화 작업은 지금까지 주로 학자들에 의해 이루어져 왔다. 그러나 실질적 권위의 정당화 작업은 현장에서 가르치고 있는 교사들에게 더 화급하고 중요한 작업이다. 지금까지의 정당화 논의가 이론적인 차원에서 이루어졌다면 이제는 실제적인 차원에서 이루어져야 한다. 그 어느 시대보다도 합리적인 이유와 논리적인 근거를 문제 삼는 오늘날의 교육사태의 정황에 비추어볼 때 권위의 정당화 능력은 훌륭한 교사가 갖춰야 할 중요한 자질들 중의 하나라고 할 수 있다. 그렇다면 현장의 교사들은 자신들의 권위 사용을 어떻게 정당화해 가야 하는가? 여러 가지 정당화 방안이 있을 수 있지만 여기서는 권위 연구자들의 견해를 바탕으로 교사들이 교육현장에서 실제로 시도할 수 있는 정당화 방안을 제시하고자 한다.

첫째, 교사들은 자신들의 권위 사용이 교사와 학생 간의 지적 불평등에서 비롯되었다는 점을 설명할 필요가 있다. 실제로 교사와 학생은 법적으로는 평등할지 모르나 나이, 경험, 지식에 있어서 불평등하다. 여기서 불평등하다는 말은 인격의 불평등이 아니라 능력의 불평등을 의미한다. 교육이 이러한 불평등한 관계 속에서 시작된다고 할 때 교육은 분명히 민주적일 수 없다는 주장이나(O'Hear, 1991: 5), 그러한 활동을 해 가는 대표적인 장소로서 학교와 대학 역시 민주적이라고 할 수 없다는 주장 역시 어느 정도 설득력을 가진다고 봐야 한다(Halsey, 1977: 220). 학생은 나이, 경험, 지식이 부족하여 올바른 판단을 내릴 수 없거니와 자신의 행동에 대해서도 책임을 지기 어려운 존재이다. 물론 이러한 주장에 대해 극단적인 평등주의자들의 반론이 있을 수 있겠지만 이미 오랜 기간동안 다양하고 풍부한 경험을 하면서 전문적 권위를 갖춘 교사가 미숙한 학생을 가르치고 지도하고 간섭하는 것은 당연한 일인지도 모른다. 왜냐하면 지적으로 유능하고 탁월한 사람이 그렇지 못한 사람들을 이끌고 인도하는 것은 가치있는 일이며 개인과 공동체의 발전에 도움을 줄 수 있기 때문이다. 교사는 이러한 근거들 즉 교사와 학생은 지적으로 불평등하며 의사를 결정하는 과정에 있어서도 유능함에 차이가 있다는 점을 검증해 보임으로써 자신의 실질적인 권위를 정당화할 수 있어야 한다.

둘째, 교사들은 자신들의 실질적인 권위가 학생에게 하나의 교육적 모델이라는 점을 보여 주어야 한다. 여러 교육학자들이 밝힌 바 있듯이, 학생들은 발달단계 초기뿐만 아니라 상당한 학습기간 동안 모방(模倣)을 통해 지식, 기능, 정서, 덕성, 태도, 행동 등을 배우며 심지어 가치관, 인생관, 삶의 스타일 등을 배운다. 이러한 학습의 동인은 교사가 보여주는 인성적 매력 때문이기도 하지만 그가 가진 권위에 대한 존중에서 비롯되는 것이다. 이미 폴라니가 지적한 바 있듯이, “본보기를 보고 배운다는 것은 권위에 복종하고 있다는 것을 의미한다”(Polanyi, 1958: 53). 교사에게 지적이고 인간적인 매력이 없다면 어떻게 그것을 모방하려고 하겠는가? 이러한 점에서 교사들은 자신이 하나의 좋은 교육적 모델이 되어야 한다는 점을 인식하고 이것을 언사로서가 아니라 행동으로 보여주어야 한다. 가치있는 지식이 무엇인지를 가르치려면 교사가 스스로 가치있는 것이 무엇인지를 찾고 헌신하는 모습을 보여주어야 한다. 이 점에 대해 오크쇼트가 한 말은 매우 인상적이다. 즉 “지적인 덕들은 진실로 덕 자체를 위해 배려하고 자랑삼아 그것들을 언급하지 않는 교사에 의해서만 전달될 수 있다. 외침이 아닌 들오리의 비상이 다른 오리들이 자신을 따라 하늘 높이 날아오르도록 할 수 있을 뿐이다”(Oakeshott, 1989: 62). 물론 교사가 실제로 모범을 보인다고 해서 학생 모두가 모방할 것이라고 장담할 수는 없는 일이지만 이러한 행동에 의한 모범을 보이지 않으면서 학생들이 지적으로 성장하고 도덕적으로 성숙해 갈 것이라고 기대하는 것은 이상한 일이 아닐 수 없다.

셋째, 교사들은 자신들의 실질적 권위가 학생 자신의 자율성 발달에 도움이 된다는 점을 설명해 주어야 한다. 어느 사회를 막론하고 학교 학생들은 흔히 교사의 권위 행사가 자신들의 자유로운 행동을 제약하고 나아가 인권을 침해한다고 생각하는 경향이 강하다. 그리하여 자유를 전면에 내세우는 자유주의적 교육론자들과 낭만주의적 교육론자들은 학생의 자율성을 발달시키기 위해 간섭과 통제를 최소화해야 한다고 주장하지만, 어린이들은 처음에 외부에서 부과된 규칙에 따라 행동하다가 성장과 더불어 스스로 참여하고 결정하고 책임을 지는 방법을 배우게 된다. 권위관계의 가치를 지지하는 사람들은 교육의 과정을 일종의 자율성을 획득해 가는 긴 타율의 과정으로 이해한다. 그들은 학생들이 이러한 타율의 과정을 통과하지 않고는 자율성을 획득하기 어렵다고 본다. 예컨대, 교사의 간섭, 통제, 그리고 제재가 이루어지는 시기, 즉 교육받는 시기에 각종 삶의 원리들과 규칙들을 배우고 내면화하지 않고는 자율적인 사람이 될 수 없다고 주장한다. 이 점에 대해 피터스는 다음과 같이 적고 있다. 즉 "아이들이 나이가 먹어감에 따라 외적 통제의 필요성도 줄어들게 된다. 자기 훈육이 외적으로 부과된 훈육을 대신하게 된다. 규제들이 내면화되는 것이다. 그러나 규제들이 외부에서 먼저 부과되지 않는다면 이러한 일이 일어날 수 없을 것이다. 왜냐하면 정신의 내부 구조는 공적 전통과 제도라는 외부구조를 반영하기 때문이다. 내적인 양심의 소리는 부모와 교사의 외적 소리를 반향한다"(Peters, 1966: 265).

피터스는 지적·도덕적·정서적 발달이 타율성에서 자율성으로 향한다는 점을 분명히 하고 있다. 학생들은 시간이 흐름에 따라 외부의 간섭이나 통제를 받지 않고도 스스로 판단하고 결정하고 행동하고 책임을 지는 자율적인 능력을 가지게 된다. 이 경우 교사의 권위는 최소화되어야 한다. 이 점은 교사의 권위가 가지는 역설적인 측면이기는 하지만 이것이 바로 권위를 행사해온 교사의 운명이기도 하다. 이러한 점에서 교사는 권위의 행사목적이 궁극적으로는 자율성의 획득에 있으며 따라서 자신이 행사하는 권위가 잠정적인 것이며 결국은 폐기되어야 한다는 점을 인식할 필요가 있다. 다음과 같은 도니와 켈리의 권고는 매우 인상적이다. "교사의 권위는 잠정적인 것에 지나지 않는다는 점을 알아야 한다. 왜냐하면 성공적인 교사라면 권위가 완전히 사라질 때까지 점진적으로 부식할 것이다. 확실히 대학 교수들은 그들의 학생들이 자기들의 수준에까지 올라오고 때로는 자기보다 앞서는 것을 보게 되는데 이것은 모든 성공적인 교수들이 갖는 경험이다. 우리들의 주장이 옳다면 교사의 권위에 대한 가장 미묘한 것은 권위는 그 자체 안에 자기를 파괴하는 씨를 포함해야 한다는 것이다"(Downey and Kelly, 1975: 110). 교육의 후기 단계에서 조차 교사에게 도전하는 학생이 나오지 않는다거나 교사가 한말 가운데 잘못을 찾아내는 경험을 하지 못한다면 교사는 잘못 가르치고 있다고 생각해야 한다. 이러한 점에서 교사들은 언제나 잠정적인 권위자로 남아있는 존재들이다(Hirst and Peters, 1970: 124).

4. 나가는 말

오늘날 많은 교사들이 훌륭한 교사가 되기를 희망한다. 그러나 훌륭한 교사가 되는 일은 결코 쉬운 일이 아니다. 왜냐하면 훌륭한 교사가 되는 데는 여러 가지 능력과 자질이 요구되기 때문이다. 이미 앞 장에서 밝힌 바 있듯이 훌륭한 교사가 되기 위해서는 권위를 갖추고 있어야 하며 그 권위를 바르게 사용하고 정당화할 수 있어야 한다.

교사의 권위는 일반적으로 형식적 권위와 실질적 권위로 구분되기도 하고 직위상의 권위와 전문지식의 권위로 구분되기도 한다. 형식적인 권위와 직위상의 권위는 교사교육기관에서 일정한 교육과정을 이수하고 교사자격증을 취득하거나 임용고사에 합격하여 발령을 받게 되면 획득하게 되는 합법적 권위를 의미한다. 반면에 실질적 권위는 교사가 학교 현장에서 학생을 가르치고 지도하고 통제하는 과정에서 나타나는 권위로서 보다 직접적이고 실제적인 성격을 띠고 있다. 따라서 교사의 자질과 능력이란 직위상의 권위의 소유 여부에 의해 결정되는 것이 아니라 실질적인 권위의 사용 여부에 의해 결정된다.

교사가 사용하는 실질적 권위란 크게 지적 권위와 통제적 권위로 구분된다. 전자는 가르치는 일과 직접 관련된 것으로서 교과목의 권위, 교수방법의 권위, 교육목적의 권위가 여기에 속하고, 후자는 주로 생활지도 및 인성지도에 관련된 지도적 권위가 여기에 속한다. 이 두 가지 권위는 어느 것이 우선한다고 할 수 없으며 그런 점에서 상호 의존적 관계를 가지고 있다고 보는 것이 옳을 것이다. 왜냐하면 지적 권위가 발휘되지 않고는 교수-학습 활동이 불가능해지며, 반대로 통제적 권위가 발휘되지 않고는 교사의 직위와 지위가 흔들릴 수 있기 때문이다.

훌륭한 교사가 되는 데에는 실질적 권위 즉 지도적 권위와 통제적 권위의 소유만으로는 부족하다. 교사는 그에게 주어진 이런 저런 형태의 권위를 바르게 사용할 수 있어야 한다. 권위 사용에 있어 가장 중요한 문제는 권위주의의 유혹에 빠지지 않으면서 어떻게 본래적인 길을 걸어가는가 하는 점이다. 권위주의의 유혹에 빠지지 않기 위해서는 권위와 관련된 통제방법들에 대한 깊은 이해가 있어야 하며, 권위를 잠정적인 것으로 다루는 태도가 필요하다. 나아가 권위의 역설 즉 권위 사용의 가장 큰 목적은 권위의 소멸이라는 의미에서 학습자를 대하는 개방적이고 겸손한 태도가 필요하다. 아울러 교사는 자신의 권위행사에 대한 합당한 이유의 제시, 즉 정당화 작업에도 소홀해서는 안 된다. 정당화 작업은 교사 본인이 권위의 남용과 오용에서 벗어날 수 있도록 해 주는 합리적 논의의 장치이며, 학습자의 내적 승인과 자발적인 복종을 이끌어낼 수 있는 교육적인 방안이라는 점에서 중요한 의의를 가진다.

결론적으로 교사에게는 권위의 소유가 중요한 것이 아니라 그것의 올바른 사용과 정당화가 중요하다. 특히 가르치는 학습현장에서 실질적 권위의 올바른 사용과 정당화가 더 중요하다. 이러한 능력 혹은 자질은 훌륭한 교사와 그렇지 못한 교사를 구별해주는 보편적 기준이 될 수 있을 것이다. 특히 교사로서의 정체성을 회복하려는 사람들에게 이러한 자질은 자기평가의 중요한 잣대로 받아들여질 수 있을 것이다.

참고문헌

강준모(1985). "교육에 있어서의 권위". **학생지도연구**. 제12집. 23-46.
신득렬(1997). **권위, 자율 그리고 교육**. 대구: 계명대학교 출판부.
신득렬(2003). **현대교육철학**. 서울: 학지사.
신차균(1991). "교육과 교사의 권위". **교육논총**. 제10집. 57-76.
이병승·우영효(2001). **테마로 읽는 교육학**. 서울: 양서원.
최병태(2008). "교사의 권위: 지적 권위와 직위상의 권위를 중심으로". **인문학연구**. 제35권 2호. 385-410.

Banner, J. M.(2003), *The Elements of Teaching*. 이창신 옮김. **훌륭한 교사는 이렇게 가르친다**. 서울: 풀빛.
Cleife, D. H.(1976). 'Authority', in edited. by D. L. Lloyd(1976). *Philosophy and the Teacher*. London: Routledge & Kegan Paul.
De George, R. T.(1985). *The Nature and Limits of Authority*. Lawrence, KS: University Press of Kansas.
Dewey, J.(1987). 'Authority and Social Change', Edited by J. A. Boydston. *John Dewey: The Later Works*, Vol. 11, Edwardsville and Carbondale: Illinois University Press.
Dewey, J.(1988). Experience and Education, Edited by J. A. Boydston. *John Dewey: The Later Works*, Vol. 13, Edwardsville and Carbondale: Illinois University Press.
Downey, M. E. and Kelley, A. V.(1975). *Theory and Practice of Education: An Introduction*. London: Harper & Row.
Halsey, A.(1977). "Authority, Bureaucracy, and the Education Debate." *Oxford Review of Education*, vol. 3, no. 3.
Hamlyn, D. W.(1990), *Experience and the Growth of Understanding*. 이홍우 역. **경험과 이해의 성장**. 서울: 교육과학사.
Highet, G.(2009), *Art of Teaching*, 김홍옥 역. **가르침의 예술**. 서울: 아침이슬.
Hirst, P. H. and Peters, R. S.(1970). *The Logic of Education*. New York: Humanities Press.
Kneller, G. F.(1984). *Movements of Thought in Modern Education*. New York: John Wiley

& Sons.

Nash, P.(1966). *Authority and Freedom in Education: An Introduction to the Philosophy of Education*. New York: John Wiley and Sons.

Nyberg, D. and Farber, P.(1986). "Authority in Education". *Teachers College Record*. vol. 88, no. 1.

Oakeshott, M.(1989). *The Voice of Liberal Learning: Michael Oakeshott on Education*. Timothy Fuller, ed. New Haven: Yale University Press.

O'Hear, H.(1991). *Education and Democracy*. London: The Claridg Press.

Peters, R. S.(1966). *Ethics and Education*. London: George Allen & Unwin.

Polanyi, M.(1958). *Personal Knowledge: Towards a Post-Critical Philosophy*. London: Routledge & Kegan Paul.

Reid, L. A.(1962). *Philosophy and Education*: An Introduction. London: Heinemann.

Watt, E. D.(1982). *Authority*. London: Croom Helm.

제5장

교사교육자의 연구와 교수의 방향*

이병승

1. 서언
2. 교사교육자의 철학적 연구
3. 교사를 위한 철학적 교수
4. 나가며

* 이 글은 『교육사상연구』 제19집 101－117쪽에 게재되었던 “교사교육자의 철학적 연구와 교수”를 수정, 보완한 것이다.

1. 서언

우리는 교사에 관한 논의를 할 때마다 “교육의 질이 교사의 질을 넘지 못한다”라는 말을 자주 인용하곤 한다. 이 말은 교사의 자질이 한 나라의 교육의 질을 결정짓는 중요한 척도가 된다는 점을 환기시켜 준다는 점에서 나름대로 의미 깊은 교육적 진실을 담고 있다. 그렇다면 한 나라의 교사의 자질(資質)을 좌우하는 것은 무엇인가? 그것은 바로 교사교육 혹은 교원교육의 질이다. 나아가 이러한 교사교육의 질을 결정하는 것은 다름 아닌 교사교육자[1)]의 자질이다. 이러한 점에서 교사를 양성해내는 교육기관의 교사교육자들이 이 나라의 교육의 질을 좌우하고 교육의 성패를 좌우한다고 말해도 결코 지나친 표현은 아닐 것이다.

교사교육자의 자질이 교육의 질을 결정한다는 주장이 나름대로 설득력이 있는 것이라면 우리 사회에서 생겨나는 교육적인 현안 문제들의 뿌리를 찾아가보면 결국 교사교육자들의 자질과 직접 혹은 간접으로 연루되어 있다는 점을 이해하게 된다. 아주 소박하게 말하면, 오늘날 일선 학교 교사들이 보여주는 여러 가지 교육적 혹은 비교육적 행위들은 교사교육자들의 교수(teaching)의 산물이라고 보아야 한다. 왜냐하면 학교 현장의 교사들은 대학의 교사교육자들로부터 배우고 경험한대로 아이들을 가르치고 지도하고 있기 때문이다.

교사교육자의 제일의 사명은 훌륭한 교사(good teacher)를 길러내는 일이다. 그렇다면 그는 그러한 교사를 길러내기 위해 과연 어떤 자질과 태도를 갖추어야 하는가? 그는 무엇보다 교사를 이해하기 위한 한 방법으로 교사의 현실에 대한 연구와 더불어 이상적인 교사의 모습에 대한 연구를 본격적으로 감행해야 한다. 이러한 연구가 있고 나서야 비로소 교사교육이 본래 지향하는 이상적인 교사 혹은 훌륭한 교사를 길러내기 위한 교수내용과 교수방법을 개발할 수 있을 것이다. 교사교육에 있

---

1) 여기서 교사교육자(educator of teachers, teachers educator)란 일반적으로 각종 교사교육기관들, 즉 교육대학교, 사범대학, 교원연수원 등에서 교사를 양성하거나 재교육시키기 위하여 모종의 이론적 연구와 실천적 교수활동을 전개하고 있는 교수(professor)와 강사(lecturer) 모두를 가리킨다.

어서 '교사에 관한 연구'(research about teacher)[2]와 '교사를 위한 교수'(teaching for teacher)[3]는 교사교육의 질을 결정하는 중요한 요인으로서 교사교육의 성패를 좌우하는 것들이다. 이 경우 우리는 '교사에 관한 연구'와 '교사를 위한 교수'가 조화를 이룰 때 이상적인 교사교육이 이루어질 수 있을 것이라고 생각해 볼 수 있다. 즉 이 두 가지가 조화를 이룰 때 교사교육의 시너지 효과가 나타날 것이라는 생각을 해 볼 수 있을 것이다. 또 우리는 교사연구와 교수가 조화를 이루지 못하게 되면 절름발이 교사교육이 이루어질 가능성이 있음을 직감할 수 있을 것이다. 요컨대, '교사에 대한 연구'와 '교사를 위한 교수'가 조화를 이룰 때 교사교육의 질이 확보될 수 있다는 것이다.

그러나 안타깝게도 오늘날 교사교육자들의 연구와 교수는 조화를 이루기보다는 불균형 상태에 놓여 있는 듯하다. 우선, 어떤 교사교육자들은 교사양성을 위한 교수 활동에만 집착한 나머지 교사에 대한 연구를 비교적 소홀하게 여기는 경우가 있다. 이들은 교사에 대한 연구 없이도 교사교육을 해 가는데 아무런 문제가 없다고 생각한다. 하지만 교사의 존재, 교사의 이상, 교사의 현실을 철저하게 연구함이 없이 어떻게 좋은 교사교육을 계획하고 실천할 수 있을 것인가? 다음으로, 어떤 교사교육자들은 교사에 대한 체계적인 연구가 필요하다는 점을 인정하면서도 과학적 연구의 성과만 가지고도 교사양성을 위한 교수내용 및 방법을 계발하는데 별 어려움이 없다고 생각한다. 실제로 교사교육에 대한 많은 연구들이 이루어져 왔지만 그 연구들은 대체로 경험적이고 실증적인 방법에 바탕을 둔 것들이다. 이렇다보니 이러한 연구결과만을 신뢰하는 교사교육자들은 가르치는 방법(teaching methods)과 기법(skills)에만 관심을 기울이게 되었고, 결국 교사의 실존적 아픔과 고통을 제대로 읽어내지 못하는 한계를 드러내고 말았다. 이러한 교사교육자들은 가르치는데 능숙한 '방법의 교사' 혹은 '기교의 교사'를 길러내는데 성공했을지 모르겠으나 정작 우리 교육현실을

2) '교사에 관한 연구'란 흔히 '교사를 위한 연구'(research for teacher)나 '교사에 의한 연구'(research by teacher)를 포함하는 넓은 의미로 쓰일 수 있지만 여기서는 교사교육자가 교사다운 교사를 길러내기 위해 의도적이고 체계적으로 행하는 연구라는 의미가 강하게 함의되어 있다는 점에서 그것은 '교사에 의한 연구'라는 말보다 '교사를 위한 연구'라는 말에 더 가깝다고 할 수 있다.

3) '교사를 위한 교수'란 대학의 교사교육자가 교사다운 교사를 길러내기 위해 행하는 의도적이고, 체계적이며, 조직적인 가르침을 말하는 것으로서 일선 중·고등학교 교사들에 의해 이루어지는 가르침, 즉 '교사에 의한 교수'(teaching by teacher)와는 구별된다.

냉철하게 들여다보고 그 해법을 교육이념 및 교육원리에 비추어 찾아보려는 '목적의 교사'[4]를 길러내는 데는 성공했다고 할 수는 없을 것이다. 즉 그들은 가르치는데 '유능한 교사'(efficient teacher)를 길러내는데 성공했을지 모르나 철학을 가진 '훌륭한 교사'를 길러내는데 성공했다고 할 수는 없다.[5]

여러 연구들이 지적하고 있듯이, 이제 교사교육의 패러다임이 크게 변화하고 있다(윤기옥, 1993; 허운나, 1997; 김병찬, 2000; 유현숙, 2002, 조난심, 2004; Schubert, 1989; Zeichner, 1983). 이러한 변화 속에서도 교사교육자들은 '목적의 교사' 혹은 '훌륭한 교사'를 양성하기 위해 자신들의 연구방법과 교수방법을 끊임없이 반추해 가는 노력을 기울여야 한다. 교사교육을 담당한 그들에게 다음과 같은 두 가지 태도가 요청된다. 하나는 그들이 '교사에 대한 연구'와 '교사를 위한 교수'를 어떻게 조화시킬 것인가 하는 것이며, 다른 하나는 그들이 교사에 대한 과학적 연구와 교수를 넘어서 그것들을 어떻게 철학화(哲學化; philosophizing)할 것이냐 하는 것이다.

이 글은 이러한 요청에 대한 답을 찾기 위한 한 방안으로 사범대학이나 교육대학에서 교사다운 교사를 양성해 내기 위해 노력하는 교사교육자들이 교사에 관한 과학적 연구 및 교수를 넘어 철학적 연구와 철학적 교수를 보다 강화하고 이것들을 변증적으로 조화시켜 나가야 한다는 점을 밝히고 정당화하려는데 목적을 두었다. 이 연구는 교사교육자의 철학적 연구 및 철학적 교수의 태도가 현장 교사들의 자질을 결정하고 나아가 이 나라 교육의 성패를 좌우할 수 있다는 교육적 인식을 일깨우는데 도움을 줄 것으로 기대된다.

---

4) 조용기·최석민(2003: 158)은 교사가 교육의 전문가이기는 하지만 그가 '목적의 전문가'라는 점에서 '방법의 전문가'인 의사나 법률가와 엄격하게 구별되어야 한다고 주장한다.

5) '유능한 교사'와 '훌륭한 교사'를 구별하는 일이 쉬운 것은 아니지만 이 두 가지 형태의 교사는 개념적으로 구별되어야 할 뿐만 아니라 실제적으로도 구별되어야 한다. 언어적으로 볼 때 '유능하다'는 말은 가치중립어인데 비해 '훌륭하다'는 말은 가치어의 자격을 가지고 있다. 따라서 유능한 교사라는 말 속에는 그가 반드시 가치 있는 일에 헌신하지 않을 수도 있다는 개념적 의미가 담겨져 있다. 실제로 특정한 영역에서 탁월한 능력을 발휘하는 교사가 반드시 훌륭한 삶을 살지 않는 경우를 우리는 얼마든지 목격할 수 있다. 또 이 두 형태의 교사는 논리적으로 필연적인 관계를 가지는 것도 아니다. 왜냐하면 유능한 교사가 '반드시' 훌륭한 교사가 되는 것은 아니기 때문이다. 유능하다는 것은 훌륭하다는 것의 충분조건이 아니라 필요조건에 지나지 않는다. 따라서 훌륭한 교사는 유능한 교사에게서 발견할 수 없는 다른 여러 가지 능력들, 예컨대 지적 덕과 도덕적 덕들을 소유하고 있을 뿐만 아니라 이것들을 실천한다는 점에서 이 둘은 구별되어야 한다.

2. 교사교육자의 철학적 연구

대학의 많은 교사교육자들은 교사를 이해하기 위한 한 방안으로 교사에 대한 과학적 연구 즉, 경험 과학적이고 행동과학적인 연구를 해 왔다. 이들의 연구는 '존재하는 교사'의 모습을 정확히 기술하고 설명하는데 기여하였다. 하지만 선행하는 연구들이 밝히고 있듯이, 이들의 연구는 '존재해야 할 교사'의 모습을 충분하게 드러내지도, 해명하지도 못하였다는 점에서 나름대로 약점을 안고 있다. 이러한 점에서 훌륭한 교사를 기르려는 교사교육자는 과학적 연구의 성과에만 지나치게 의존해서는 안 된다. 이 장에서는 교사에 대한 과학적 연구가 안고 있는 약점을 지적하고 교사에 대한 철학적 연구의 필요성 및 당위성을 밝혀보고자 한다.

(1) 교사에 대한 과학적 연구의 반성

지금까지 교육학 분야에서 교사에 관한 연구는 크게 두 가지 관점에서 이루어져 왔는데, 그 중 하나는 교사에 관한 과학적 연구(scientific research)요, 다른 하나는 교사에 관한 철학적 연구(philosophical research)이다. 전자는 주로 '현존하는 교사'에 관한 사실적 연구로서 현장에서 가르치고 있는 교사의 생생한 모습을 정확하게 기술하는 데 목적을 두고 있다. 반면에 후자는 주로 '존재해야 할 교사' 즉 이상적인 교사란 누구인지를 규범적으로 밝히는 데 목적을 두고 있다.

일반적으로 교사에 관한 과학적 연구란 교사를 과학적인 방법으로 이해하려는 하나의 접근법이라고 할 수 있을 것이다. 이러한 접근법은 교사를 체계적이고 조직적으로 이해하려고 한다는 점에서 교사를 상식적인 차원에서 이해하는 노력과는 구별되어야 한다. 흔히 상식(common sense)이란 특정한 사회 구성원들이 함께 공유하는 신념의 산물이라고 할 수 있는데, 이러한 수준에서 교사를 이해하려고 할 경우 교사의 본래적인 모습을 밝히기 어렵거니와 그러한 노력 또한 신뢰성과 타당성을 확보하기 힘들 것이다. 교사에 대한 상식적인 접근은 시·공간의 제약을 많이 받는다는 점에서 객관성과 보편성을 가지기 어려울 뿐만 아니라 전문성도 가지기 어렵다. 왜냐하면 이것은 어디까지나 사람들이 교사에 대해 가지는 단순한 의견(opinion)이요 견해(view point)에 지나지 않기 때문이다.

이러한 맥락에서 교사교육을 담당한 교사교육자들은 교사에 대한 과학적 연구를 끊임없이 시도해왔다. 특히 교육학 분야에서 이루어진 교육과학자들의 교사에 관한 연구들은 대체로 경험적이고 실증적이며 행동과학적인 성격이 강했다. 일반적으로 과학적인 연구란 존재하는 사실(fact)이나 현상의 법칙을 발견하고, 발견된 결과를 정확히 기술(description)하며, 나아가 연구결과를 토대로 미래를 예측하려는데 관심을 가진다. 교육과학자들도 이러한 연구방법을 동원하여 존재하는 교사의 모습을 탐구해왔다. 이들은 학교에서 가르치고 있는 교사의 존재양식 및 행동양식을 관찰, 측정하여 이를 수치화함으로써 교사 행동의 일반적인 경향성을 파악하는 데 관심을 기울여왔다. 이러한 연구들은 교사를 체계적으로 이해하거나 교사론을 수립하고자 하는 교사교육자에게 큰 도움을 줄 수 있다. 왜냐하면 사실에 기초한 지식과 정보는 교사교육의 목적을 설정하거나 교사교육의 내용을 선정, 조직하거나 교사교육 방법론을 개발하는 데 여러모로 도움을 주기 때문이다.

그러나 문제는 교사에 대한 과학적 연구가 교사연구의 충분조건이 아니라 필요조건에 지나지 않는다는 점이다. 교사에 대한 과학적 연구는 존재하는 교사의 신분, 위치, 역할을 '사실적으로' 밝혀주기는 하지만 존재해야 할 교사를 '당위(當爲)적으로' 제시해 주지는 못한다. 과학적 연구는 교사의 외현적인 행동을 수치화하고 수량화하여 기술하는 데 관심을 가지기 때문에 자연히 교사에 대한 이해가 표피적이고 피상적인 수준에 머무는 약점을 가지게 되었다. 말하자면 그것은 교사의 내면세계를 깊이 있게 읽어내지 못할 뿐만 아니라 가르침의 과정에서 고뇌하는 교사의 실존적 아픔을 밝혀내지 못하는 한계를 가지게 되었다. 따라서 훌륭한 교사를 기르려는 교사교육자는 과학적 연구가 지니는 한계를 정확히 인식하고 그것을 극복하기 위한 시도를 감행해야 할 필요가 있다.

(2) 교사에 관한 철학적 연구

교사교육자는 교사의 세계를 보다 깊고 넓게 이해하기 위한 한 방법으로 교사를 철학적으로 연구할 필요가 있다. 그렇다면 교사를 철학적으로 연구한다는 것은 무엇을 의미하며 그것은 교사를 과학적으로 연구하는 일과 어떻게 구별되는가? 교사를 철학적으로 연구한다는 것은 크게 두 가지 의미를 가지는데 하나는 교사의 이상(ideal)을 규범적으로 다룬다는 것이며, 다른 하나는 교사의 현실(reality)을 비판적으로 다룬다는 것이다.

교사의 이상을 규범적으로 연구한다는 것은 교사란 단지 '어떤 존재인가'를 밝히기보다는 '어떤 존재이어야만 하는가'를 밝혀 보려는 것이다. 동시에 그것은 '교사란 무엇을 하고 있는가'를 단지 기술하려는 것이 아니라 '교사는 무엇을 해야만 하는가'를 당위적으로 규정(規定)하려는 것이다. 이러한 관점에서 교사를 연구해 온 사람들은 이상적인 교사의 모습, 자질, 역할을 끊임없이 물어왔으며 이것에 대한 답을 찾으려고 하였다.

그러나 문제는 교사에 관한 기존의 규범적 연구들 대부분이 특정 시대의 교육사상, 사상가, 철학자의 문헌(文獻) 안에서 이상적인 교사의 모습을 발견하고 그것이 지니는 교육적 의미를 되새겨 보는 일에 지나친 관심과 정열을 쏟아 부었다는 점이다. 물론 특정한 교육사상가가 제시한 이상적인 교사의 모습을 발굴하고 그것의 역사성을 밝히는 일도 중요하다. 왜냐하면 그러한 연구는 오늘날 교사들이 따라야 할 이상적 모델이 무엇인지를 보여주기도 하고 때로는 현장 교사들의 모습을 비춰보는 평가의 척도로서 기여할 수 있기 때문이다.

하지만 문헌 안에서 이상적인 교사의 모습을 찾으려는 시도는 이 시대가 요구하는 이상적인 교사상을 수립하는데 부분적으로 도움을 줄 수 있을 뿐이다. 최근 여러 연구들이 지적하고 있듯이(김민남, 1995; 한명희, 1995; 최정실, 1998; 양은주, 2005), 우리가 찾고자 하는 교사의 이상은 과거의 문헌들 안에 존재하는 것이 아니라 바로 지금의 교육현장 안에 존재하는 것이다. 이 말은 교육현장이 바로 교사의 이상을 논의하기 위한 철학적 근거요 토대가 된다는 것을 의미한다. 나아가 이것은 교육 현장에 대한 치열한 연구 없이 이루어진 교사론 혹은 교사에 관한 규범적 연구란 설득력과 호소력을 가지기 어렵다는 것을 의미한다.

이러한 점에서 교사교육을 담당한 교사교육자들은 교사현실에 대한 보다 심원한 철학적 탐색을 시도해야 할 필요가 있다. 교사현실에 대한 철학적 연구는 지금 학교 현장에서 활동하고 있는 교사의 행태를 계량적으로 분석하고 기술하려는 경험과학적 혹은 행동과학적 연구를 넘어서 교사가 안고 있는 문제들을 근본적으로 따져보려는데 목적을 둔다. 따라서 이러한 연구는 교사문제의 이면에 숨겨진 교육적 진실을 드러내고 밝혀 보려고 한다는 점에서 현상학적인 접근과 맥을 같이 한다. 현상학(現象學)은 기본적으로 현상 너머에 있는 근원을 탐구하는 학문이요 과학적 탐구의 방법과 결과를 근본적으로 따져보려는 과학비판의 철학이다. 교사교육자는 이러한 현상학적 방법을 활용하여 과학적으로 밝힐 수 없는 교사의 현실을 분석하고 해명해 갈 수 있을 것이다. 또 이러한 연구는 교육본질에 비추어 교사의 삶을 담금질하고 반성하도록 한다는 점에서 비판교육론자들의 접근법과 유사하다. 비판교육론자들이 교사들에게 주는 강력한 메시지 중의 하나는 보다 거시적인 관점에서 교사 스스로가 자신이 처한 현실을 비판적으로 바라보도록 했다는 점이다. 말하자면 교사에게 왜 자기연구(self-study)가 그토록 중요한지의 근거와 논리를 제시해 주었다는 점이다. 이러한 교사의 자기연구는 교사집단에 대한 양적인 연구(quantitative study)가 가진 한계들을 넘어서 질적 연구(qualitative study)의 가능성을 열어주었다는 점에서 큰 의의를 가지고 있다.

하지만 교사현실에 대한 철학적 연구 즉, 현상학적 연구와 비판적인 연구가 교사연구의 질을 높여준다는 점에서 의미 있는 접근이 될 수 있겠지만 정작 대학에서 교사교육을 담당하고 있는 교사교육자들은 교사의 현실을 직접적 혹은 실천적으로 연구할 수 있는 기회가 제한되어 있다(Taylor, 2006: 204). 하지만 교사교육자는 비록 제한된 방법이기는 하지만 다음 두 가지 철학적 접근을 시도할 수 있을 것이다. 하나는 교사에 의해 이루어진 현장연구들을 적극적으로 분석하고 검토하는 일이다. 매년 교사들에 의해 수많은 실천적인 연구 및 사례보고들이 이루어지고 있다. 이것들을 분석해보면 교사들의 관심, 요구, 희망, 때로는 교사의 아픔과 절망을 읽어낼 수 있을 것이다. 그러나 이러한 접근법은 어디까지나 연구가 간접적으로 혹은 관찰자적 입장에서 이루어진다는 점에서 연구의 생동감과 실제성을 확보하기가 어려울 것이다. 다른 하나는 현장 교사와 직접 만나 면대면 연구를 시도하는 것이다. 이러한 시도는 제한적이기는 하지만 교사의 실존적 삶을 직접 체감하고 체험할 수 있는 계기가 될 수 있으며, 교사의 정신세계를 보다 깊이 이해할 수 있는 계기가 될 수 있을 것이다. 따라서 교사교육자는 교사의 실존적 삶을 이해할 수 있는 통로를 마련할 필요가 있으며 최근 활발하게 논의되고 있는 탐구공동체(research community) 혹은 논의 공동체(discussion community)를 조직, 운영함으로써 현장교사들의 생생한 목소리를 경청할 필요가 있다(김민남, 1995; 양은주, 2003). 탐구공동체는 교사교육자들이 교사현실을 보다 구체적으로 이해하도록 해주는 지적 통로가 될 뿐만 아니라 교사교육 논의의 거점이 될 수 있을 것이다.

3. 교사를 위한 철학적 교수

교사교육자는 훌륭한 교사를 길러내기 위해 교사에 관한 철학적 연구를 수행해야 하기도 하지만 철학적 교수(philosophical teaching)도 수행해 가야 한다. 교사에 관한 철학적 연구가 아무리 중요하다고 할지라도 그것이 교수활동과 실제로 연결되지 않는다면 그것은 그 의의와 가치를 가지기 어려울 것이다. 오늘날까지 사범대학과 교육대학에서 교사교육을 담당하고 있는 교사교육자들은 교수방법을 과학화하는데 기여해왔으며 이러한 과학화를 통해 교사교육의 질을 제고할 수 있다고 믿고 있다. 즉 과학적 교수가 교사교육의 수준을 향상시킬 것이라고 믿고 있으며 실제로 그렇게 하고 있다. 그러나 과학적 교수가 교사교육의 질을 제고하는데 부분적으로 도움을 주기는 하겠지만 충분하다고 할 수는 없다. 왜냐하면 과학적 교수방법이 좋은 교사교육을 반드시 보장해 주는 것은 아니기 때문이다. 따라서 교사교육자는 과학적 교수를 넘어 철학적 교수를 수행할 필요가 있다. 그렇다면 교사를 위한 철학적 교수란 무엇이며 그러한 교수는 구체적으로 어떻게 이루어질 수 있는 것인가?

(1) 교사를 위한 과학적 교수의 반성

교사교육의 목적은 훌륭한 교사 혹은 교사다운 교사를 길러내는 것이다. 그렇다면 교사교육자는 그러한 교사를 어떻게 길러낼 수 있는가? 오늘날 교사교육을 담당하고 있는 많은 교사교육자들은 과학적인 방법으로 그러한 교사를 길러낼 수 있다고 믿고 있다. 그리하여 많은 이들이 교수방법을 과학화하고자 노력하고 있으며 실제로 큰 성과를 올리고 있다. 이러한 노력의 결과 장차 교사가 될 사람들은 교육사태를 과학적으로 바라보고 해결할 수 있는 안목을 가지게 되었으며 교실을 효율적으로 운영할 수 있는 능력 그리고 수업을 조직적으로 수행해 갈 수 있는 능력을 가지게 되었다.

과학적 교수는 크게 두 가지 목적을 가지는데 하나는 일반적인 것이고 다른 하나는 특수한 것이다. 우선, 과학적 교수의 일반적인 목적은 과학적으로 훈련받은 교사를 기르려는 것으로, 장차 교사가 될 사람들에게 교육사태를 과학적으로 바라보고 해결할 수 있는 능력을 가지도록 하는 것이다. 물론 과학적 교수의 목적은 특정한 과학 교과목을 가르치는 교사를 길러내는 것을 목표로 하는 소위 과학교과 교수와는 구별되는 것이다. 이러한 과학적 교수의 목적에 따라 훈련받은 교사는 장차 교육사태를 임의적(任意的)으로 혹은 자의적(恣意的)으로 다루기보다는 조직적으로 혹은 체계적으로 다룰 수 있을 것이다. 다음으로, 과학적 교수의 특수한 목적은 수업현장에 뛰어든 교사가 그 수업과정을 과학적으로 계획, 운영, 조직, 평가할 수 있는 능력을 가지도록 하는 것이다. 과학적인 교수의 목적에 따라 교육받은 교사는 자신의 교수-학습과정을 보다 효과적으로 운영함으로써 수업 본래의 목적을 실현해 갈 수 있을 것이다.

이러한 과학적 교수가 가지는 장점 중의 하나는 교사를 '교수방법의 전문가' 혹은 '교수방법의 권위자'로 만들 수 있다는 점이다. 그러나 문제는 교수방법과 교수기술의 전문가를 길러내는 것이 과연 교사교육의 본래적 목적에 부합하느냐 하는 것이다. 즉 교사교육은 본래 훌륭한 교사를 길러내는 것을 목적으로 하고 있는데, 과연 과학적 교수가 그러한 교사를 길러내는 방법으로서 충분한가 하는 점을 따져 봐야 할 것이다. 과학적 교수는 기껏해야 잘 가르치는 교사 즉 효율적인 교사(efficient teacher)를 길러내는 방법일지는 몰라도 훌륭한 교사를 길러내는 방법으로서는 충분하지 않다. 그렇다면 어떤 교사 교수방법이 더 논의되어야 하는가?

(2) 교사를 위한 철학적 교수

교사교육자들은 예비교사들에게 과학적으로 교육사태를 바라보고 그것을 해결할 수 있는 능력, 과학적인 절차에 따라 수업을 잘 하는 수업수행 능력을 갖추도록 가르치기도 해야 하지만 왜 가르쳐야 하는가를 심각하게 묻고 이것에 대한 답을 비판적으로 찾으려는 능력을 갖추도록 가르쳐야 한다. 말하자면 교사교육자는 가르치는 방법 및 기술을 갖춘 유능한 교사를 길러내는 과학적 교수법의 개발에도 관심을 기울여야 하지만, 좀더 근본적으로는 철학적으로 생각하고 판단하고 반성하며 비판할 줄 아는 교사를 길러 내려는 철학적 교수법의 개발에도 관심을 기울여야 한다.

철학적 교수의 목적은 일차적으로 철학이 있는 교사 혹은 철학을 가진 교사(teacher with philosophy)를 길러내는 것이다. 그렇다면 철학이 있는 교사는 어떤 교사이며, 또 그러한 교사를 어떻게 길러내야 하는가? 영국의 철학자 리이드(L. A. Reid)는 "철학이 있는 교사와 철학이 없는 교사를 구분하는 것이 다소 어려운 일이긴 하지만, 철학이 있는 교사는 개별적이고 분석적이며, 그리고 정직하고 사려 깊은 사람이다"(Archambault, ed., 1972: 36)라고 쓴 바 있다. 물론 이러한 리이드의 말은 애매모호해서 분석을 요한다. 왜냐하면 그가 말하는 '철학을 가진 교사'란 철학적 지식을 많이 소유한 사람을 가리키는지 아니면 사물을 철학적으로 다루는 방법을 가지고 있는 사람을 가리키는지가 분명하지 않기 때문이다. 만약 그것이 후자의 의미로 쓰인 것이라면 철학이 있는 교사란 단지 철학적 텍스트 안에 담긴 지식의 덩어리를 소유하기보다는 교육과 관련된 일들을 철학적으로 다룰 줄 아는 사람일 것이다. '철학'이 아닌 '철학함'(philosophieren)을 해 가야 한다고 역설했던 칸트(I. Kant)의 말을 빌려 말하자면, 그는 교육철학에 관한 지식을 가진 교사가 아니라 '교육을 철학하는 교사'라고 할 수 있을 것이다. 이러한 점에서 '교육을 철학하는 교사'는 대학원에서 교육철학을 전공한 결과 그 분야의 해박한 지식을 가지게 된 교사와 구별되며, 교과목으로서 철학을 가르치는 교사와도 구별된다. '교육을 철학하는 일'은 특정한 교사에게만 해당하는 것이 아니라 교육문제를 심각하게 논의하고 그 해법을 찾으려는 교사들 모두에게 요구되는 일반적인 태도라고 할 수 있다.

이처럼 철학적 교수의 목적이 '교육을 철학하는 교사'를 길러내는 것이라고 할 때 교사교육자는 과연 그를 어떻게 길러나가야 하는가? 솔티스(J. F. Soltis, 1982: 232-235)는 "교사를 위한 교육철학"이란 제하의 글을 발표한 바 있는데, 이 글 안에 담긴 그의 주장은 교사교육을 담당한 교사교육자에게 중요한 메시지를 던져 준다. 그의 주장을 소개하면 다음과 같다.

첫째, 교사교육자는 예비교사들이 비판적이고 반성적이며 합리적인 사고를 할 수 있도록 훈련시켜야 한다. 이러한 훈련을 받은 교사들이 교육현장에서 아이들을 비판적·반성적·합리적으로 사고하도록 가르칠 수 있다.

둘째, 교사교육자는 예비교사들에게 장차 교육현장에서 가르치는 지식이 결국 철학적인 문제 즉, 지식의 성격, 지식의 구조, 지식획득의 방법, 가치 등과 밀접하게 결부되어 있다는 점을 인식시켜야 한다.

셋째, 교사교육자는 예비교사들이 위대한 사상가들로부터 지혜를 발견하고 음미하도록 적절히 안내해야 하며, 교육 분야에서 사용되는 애매한 개념들의 의미를 명료화하도록 훈련시켜야 한다.

넷째, 교사교육자는 예비교사에게 교수활동(teaching)이 도덕적으로 중요한 과업이라는 점을 인식시켜야 한다.

이러한 솔티스의 주장들은 충분하지는 않지만 부분적으로는 철학적 교수의 지침이 될 수 있을 것이다. 그의 주장에 의하면, 예비교사를 철학적으로 가르친다는 것은 (i) 교육문제에 대해 끊임없이 비판적, 반성적으로 사고하도록 하는 것이며, (ii) 수업 내용이 철학적인 혹은 도덕적인 문제와 밀접히 관련되어 있다는 것을 인식시켜주는 것이며, (iii) 수업 장면에서 애매한 개념들을 명료화하는 능력을 가지도록 해주는 일이다. 그러나 이러한 교수방법들이 철학적 교수방법으로서 어느 정도 설득력이 있는 것이기는 하겠지만 충분한 것이라고는 말하기 어려울 것이다. 왜냐하면 철학적 교수를 수행해 가는 교사교육자에게는 또 다른 교수능력이 요구되기 때문이다.

예비교사를 철학적으로 가르치려는 교사교육자는 철학적 교수의 원리들(principles of teaching)을 가지고 있어야 한다. 피터스(Peters, 1966: 85)는 교육철학을 가르칠 때 지켜야 할 세 가지 원리들을 제안하였는데 이러한 원리들은 철학적 교수의 일반적 원리로서 이해될 수 있을 것이다. 즉 교육철학의 교수는 (i) 실제적인 문제들과 교육받는 사람들의 흥미에 적합해야 하며, (ii) 다른 학문들과의 연계 가능성이 있어야 하며, (iii) 철학 그 자체의 근본적인 문제들로 안내해야 한다는 것이다. 이러한 피터스의 제안들은 앞서 소개한 솔티스의 제안과 크게 다를 바가 없지만, 교사교육의 질을 한 차원 높이려는 교사교육자들에게 중요한 철학적 교수지침이 될 수 있을 것이다.

교사교육자는 이상과 같은 철학적 교수의 지침과 원리들을 지키는 것 이외에도 또 다른 능력을 가지고 있어야 한다. 그는 철학하는 교사를 기르기 위해 스스로 철학하는 모습을 보여줘야 한다. 즉 그는 예비교사들에게 교육을 철학적으로 다루어가는 사람임을 보여주어야 한다. 교사가 되려는 사람들보다 교육 활동에 먼저 입문(入門)한 사람으로서 '교육을 철학해 가는 방법' 즉 사변적, 분석적, 비판적인 활동을 통해 교육문제 및 교육현상을 다루는 방법을 보여주어야 한다. 모범(模範)을 보이는 것이야 말로 훌륭한 교수방법 중의 하나이기 때문이다.

교사교육을 담당한 교사교육자는 교사와 마찬가지로 가치 있는 것을 배려하고 진리에 헌신하는 태도를 가져야 한다. 이런 맥락에서 영국의 철학자 리이드(L. A. Reid)의 다음과 같은 주장은 인상적이다.

> 헌신적이지 않은 교사는 교사가 될 자격이 없다. 본래적인 교사는 자신의 직업에 대해 관심을 가지고 있다. 그는 교직을 배려한다. 이것은 교사들을 가르치는 철학교수에게도 똑같이 적용된다. 그는 교육과 교사교육에 관심을 가지며 교사들에게 오랜 반성을 거쳐 믿게 된 교육적 가치를 전달함으로써 이 관심을 실천한다. 그는 그들에게 주입시키지 않는다 … 그는 무관심한 중립성을 가장하지 않는다. 때때로 그는 학생들에게 영향을 주기 위하여 그 자신의 참된 신념과 희망을 표현한다. 이것은 무비판적으로 권위를 믿게 하기 위해서가 아니라 동정적이고 비판적으로 신념과 희망을 고찰하도록 하기 위해서이다. 때로 그는 그가 할 수 있는 한 학생들을 고무시킬 의무를 가진다(Reid, 1962: 37).

교사다운 교사를 길러내려는 교사교육자에게는 철학적 교수의 원칙을 지키려는 노력과 함께 진리에 헌신하는 태도, 가치 있는 것을 탐구하고 전달하려는 정열, 예비교사를 독립적인 인격체로 바라보려는 인간존중의 태도, 민주적인 절차에 따라 의사를 결정하려는 민주적 신념 등 다양한 능력과 자질들이 요구된다. 이러한 능력과 자질은 지적 탁월성과 도덕적 탁월성을 추구하는 과정 가운데서 획득될 수 있는 것들로서 철학적 탐구의 소산물이라고 할 수 있다. 이러한 것들은 과학적 탐구를 통해서는 얻어낼 수 있는 것이 아니다.

4. 나가며

앞 장들에서 필자는 교사교육자는 교사교육의 질을 높이기 위해 '교사에 관한 과학적 연구'를 넘어 '철학적 연구'를 수행해야 하며 동시에 '교사를 위한 과학적 교수'를 넘어 '철학적 교수'를 함께 감행해 가야 한다는 점을 밝히고자 하였다. 이 결어부에서는 교사교육자가 성격이 서로 다른 두 가지의 교사연구방법과 두 가지의 교수방법들을 각각 혹은 서로 조화시키는 일이 얼마나 중요한가 하는 점을 설명한 후 글을 맺으려고 한다.

첫째, 교사교육자는 교사교육의 질을 높이기 위하여 교사에 관한 과학적 연구와 철학적 연구를 조화롭게 수행해 나가야 한다. 교사에 대한 연구가 어느 쪽이 되었건 어느 한쪽으로 편향되게 되면 그러한 연구는 교사의 현실과 이상을 왜곡할 위험성이 있다. 과학적인 연구는 교사의 현실을 경험적이고 실증적으로 밝혀냄으로써 교사에 관련된 사실적 정보와 지식을 제공해 줄 수 있지만 존재해야 할 이상적인 모습의 교사를 충분하게 밝혀줄 수 있는 것은 아니다. 마찬가지로 교사의 이상에 대한 철학적 연구가 존재해야 할 이상적인 교사의 모습을 당위적으로 밝혀주기는 하지만 그것이 교사에 관한 과학적 연구의 결과들을 참조하지 않는 한 그러한 연구는 추상적이고 공허한 것이 될 가능성이 높다. 따라서 훌륭한 교사를 길러내려는 교사교육자는 교사현실과 교사이상에 대해서 남다른 관심을 가져야 하며 이 둘을 연결짓는 가교를 놓는데 민감해야 한다. 그는 교사교육이론가와 끊임없이 대화를 나누어야 하며 동시에 현장 교사와도 자주 만나야 한다. 귀를 열고 양쪽의 입장을 경청하는 일이 고통스러운 일이긴 하지만 그것은 훌륭한 교사를 기르려는 교사교육자에게는 필요하고도 가치 있는 일이다.

둘째, 교사교육자는 훌륭한 교사를 길러내기 위해 과학적 교수와 철학적 교수를 조화시켜 나가야 한다. 주로 과학적 교수란 교사가 학교 현장에서 과학적인 마인드를 가지고 교육사태를 바라보도록 하려는데 목적이 있음에도 불구하고 자칫 잘못하여 그것이 단순히 교과지식을 가르치는 방법이나 기교만을 터득하게 해주는 방향으로 기울 가능성이 있다. 분명하게 말하지만 교사교육의 목적은 방법의 교사 혹은 기교의 교사를 길러내는 것이 아니다. 철학적 교수는 바로 이러한 난점과 약점을 극복하게 해 준다는 점에서 큰 가치를 가지고 있다. 하지만 교사를 위한 철학적 교수 역시 과학적 교수의 도움을 받지 않는 한 그 교수는 하나의 공허한 외침이요 메아리가 될 가능성이 높다. 좀 역설적으로 들리겠지만 과학적 교수방법은 철학적으로 담금질되어야 하고 철학적 교수방법은 과학적으로 검증되어야 한다. 훌륭한 교사교육자는 철학적으로 사색하면서 과학적으로 가르치는 교사를 길러내기 위해 고뇌해야 한다. 이것은 교사교육자의 운명이기도 하지만 동시에 사명이기도 하다.

셋째, 훌륭한 교사를 길러내려는 교사교육자는 교사교육 논의의 거점이 되는 곳이 대학이 아니라 바로 교사들이 가르치고 있는 학교 현장이라는 점을 인식해야 한다. 그가 교사에 관한 연구를 하건 아니면 교사를 위한 교수방법을 개발하건 교사교육 논의의 장은 어디까지나 학교 현장이요 교실이라는 점을 염두에 두어야 한다. 이러한 점을 도외시하는 한 설득력 있는 교사교육이론이 수립될 수 없으며 교사에 관한 연구와 교수는 무기력한 것이 될 가능성이 높다. 따라서 대학의 교사교육자는 현장에서 뛰고 있는 교사들의 숨소리를 듣기 위해 귀를 기울어야 하고 그들의 소리 없는 외침을 경청하기 위해 귀를 모아야 한다. 최근에 대학의 교사교육자들이 각종 논의 공동체 및 탐구공동체를 통해 현장 교사들의 모습을 진지하게 이해하려고 노력하고 있는데, 이것은 교사교육의 발전 및 질 제고를 위해 참으로 다행스러운 일이다.

참고문헌

김민남(1995). "교사교육론의 철학". **한국교사교육**. 11. 1－32.

김병찬(2000). "교사교육에 대한 구성주의적 접근". **교육행정학연구**. 18(4). 275 －304.

양은주(2003). "연구자로서의 교사개념과 대안적 교실 실천." **한국교사교육**. 20(2). 203－221.

양은주(2005). "교육철학의 '교사' 연구 동향과 과제". **교육철학**. 33. 63－81.

유현숙(2002). "교사교육에 대한 새로운 요구와 방향." **한국교원교육연구**. 19(3). 127－145.

윤기옥(1993). "교사교육의 패러다임". **인천교육대학교 논문집**. 27(2). 87－125.

조난심(2004). "교육철학의 정체성과 학교교육". **교육철학**. 31. 169－ 184.

조용기·최석민(2003). "교사교육과 교육철학의 성격". **교육철학**. 24. 157－169.

최정실(1998). "포스트모던 시대의 교사교육에 대한 인식론적 접근". **교육철학**. 20. 85－100.

한명희(1995). "현대교사론의 한계극복의 과제". **교육과정연구**. 13. 191－200.

허운나(1997). "정보화 교육과 새로운 교육패러다임." **교육정보연구**. 27. 서울: 교육정보사, 42－56.

Archambault, A. D., ed.(1972). *Philosophical Analysis and Education*. N. Y.: Humanities Press.

Peters, R. S.(1966). "The Philosophy of Education." J. W. Tibble, ed. *The Study of Education*. London: Routledge and Kegan Paul.

Reid, L. A.(1962). *Philosophy and Education: An Introduction*. London: Heinemann.

Reid, L. A.(1972). "Philosophy and the Theory and Practice of Education." in edited by A. D. Archambault(1972). *Philosophical Analysis and Education*. N. Y.: Humanities Press, 17－37.

Schubert, W. H.(1989). "Reconceptualizing and the Matter of Paradigm." *Journal of Teacher Education*. 40(1), 27－32.

Soltis, J. F.(1982). "Recent Trends in Philosophy of Education." **한국철학회**·한국교육학회·한국 존 듀우이 연구회 편. **존 듀우이와 프래그마티즘**. 서울: 삼일당, 232－235.

Taylor, W.(2006). "The Educator of Teachers in England." D. Hartley and M. Whitehead, eds.(2006). *Teacher Education: Major Themes in Education*. vol. 2, London and New

York: Routledge, 194−207.

Zeichner, K.(1983). "Alternative Paradigms of Teacher Education." *Journal of Teacher Education*. 34(3), 3−9.

제6장

학교개혁론의 현대적 의의 -존 듀이의 관점을 중심으로*

최현주

1. 학교와 학교개혁의 문제
2. 듀이의 학교문제 진단과 비판
3. 듀이의 학교개혁 방안
4. 듀이 학교개혁론의 현대적 의의

* 이 글은 『교육철학』 제57집 151－176쪽에 게재되었던 “존 듀이 학교개혁론의 현대적 의의”를 수정, 보완한 것이다.

1. 학교와 학교개혁의 문제

학교의 역사가 곧 교육의 역사라고 해도 지나친 표현은 아닐 것이다. 그도 그럴 것이 학교는 가르치고 배우는 일이 시작된 이래 교육을 가장 중요하고도 본질적인 과업으로 여겨왔기 때문이다. 원시 시대에는 학교라는 특정 교육기관 없이 비형식적으로 교육이 이루어져 왔으나, 국가 체제가 발달함에 따라 교육은 학교라는 기관을 통해 형식화·제도화·조직화되어 왔다. 특히, 근대 이후 학교는 특정 계층만이 아닌 일반 대중의 교육기회를 보장하기 위해 점차적으로 확장되었고, 이는 지속적으로 형식화·체계화·제도화되면서 인간교육의 역사를 고스란히 품어 왔다.

그럼에도 불구하고, 현대에 이르러 학교의 기능과 필요성에 대한 부정적인 인식이 점차 확산되어 가고 있다. 어느 시점부터인가 학교가 학력과 입시, 취업, 혹은 사회적 성취를 위해 거쳐야 하는 곳으로 인식되고 있다(정준교, 2001: 134). 이처럼 학교가 교육의 본질적 목적을 수행하기 보다는 경쟁과 선발을 주요 목적으로 하게 됨에 따라 경쟁과 선발에서 낙오되는 학습자들은 자연히 학교 부적응, 학교 거부(school refusal), 학교 공포(school phobia) 등을 경험하게 되었으며, 급기야 학교 중퇴로 이어지고 있다. 더욱이, 이러한 문제는 비단 학습자들에게만 국한된 것이 아니라, 교사들에게도 고통을 안겨주고 있다. 교사들은 "교사를 하면 할수록 갈등이 해결되기 보다는 점점 어렵게 느껴진다"고 진술하고 있으며, 학교라는 조직 자체에 절망하고 교직을 떠나고 싶어하는 교사들이 있다(김정원, 2002: 294-295). 이제 이러한 현상들은 학교폭력, 교권추락 등의 문제를 넘어 '교실붕괴', 혹은 '학교붕괴'의 문제로 표면화되고 있으며, 급기야는 학교제도 자체의 붕괴를 걱정해야 하는 안타까운 현실에 직면하게 되었다.[1)]

그렇다면 오늘날 학교의 존재 이유와 기능 상실에 대한 회의가 점점 커져 가는 까닭은 무엇인가? 지금까지 그 원인을 찾고 해결방안을 제시하고자 하는 여러 연구

---

1) 김정원(2002: 271-273)에 따르면, '학교 붕괴'라는 용어가 처음 사용되기 시작한 것은 1998년 이후이며, 학교의 사회적 효용성 상실, 청소년 문화와 학교문화간의 충돌, 체벌 금지 등의 교육개혁 정책들을 그 원인으로 분석하고 있다.

들(김정원, 2002; 김호권 외 편, 2000; 이인규, 2002; 윤철경, 이인규, 박창남, 1999; 최보문, 2000 등)은 대체로 현대 학교붕괴의 원인을 세계화·정보화 시대의 변화에 학교가 적응하지 못하고 있다는 점, 그러한 변화에 따른 학교 지식의 유용성이 더 이상 지속되지 못하고 있다는 점, 소비사회에서 학습자들의 개인주의의 경향이 획일적인 국가교육을 받아들이기 어렵다는 점에서 찾고 있으며, 또한 학교가 획일적이고 강압적인 통제 방식을 여전히 유지하고 있다는 점, 입시 위주, 지식 위주의 교육체제를 고수하고 있다는 점 등에서 찾고 있다(최보문, 2000: 975－976). 이러한 맥락에서 프레이리(P. Freire, 1921～1997), 일리치(I. Illich, 1926～2002), 코졸(J. Kozol, 1936～), 홀트(J. Holt, 1923～) 등이 탈학교론 혹은 학교교육 무용론(無用論)을 내세운 것이 벌써 40년 전의 일이긴 하지만 오늘날 우리 학교교육은 이들의 비판 이후 크게 개선된 바가 없어 보인다는 점에서 안타까움을 느낄 수밖에 없다.[2)]

물론 최근까지 학교가 안고 있는 문제를 해결하기 위한 노력이 없었던 것은 아니다. 그러나 학교의 제반 문제들을 해결하기 위하여 국가나 정부 차원에서 시도했던 다양한 교육개혁에도 불구하고, 그러한 시도들이 학교의 문제를 해결하기 보다는 오히려 어렵게 만드는 계기를 제공했다는 비판이 일고 있다(정기섭, 2001: 250). 예컨대, 정혜영(1999: 24)은 그동안 수행된 학교에 대한 연구들이 방법적이고 교수법적인 관점에서의 개혁 문제에만 초점을 맞추어 왔다고 지적하면서 이제 학교에 대한 총체적이고 본질적인 이해, 즉 독일의 '학교교육학(Schulpädagogik)'의 개념이 요청된다는 점을 밝힌바 있다. 또한 정기섭(2001)은 학교교육 실천에 대한 교육학적 관점에서의 반성 없이 산발적으로 교육개혁이 이루어지고 있음에 문제가 있음을 지적하면서 학

---

2) 프레이리(P. Freire, 1921～1997)는 교육에서의 교사와 학습자의 관계를 억압자와 피억압자로 구분하고, 교사가 가지고 있는 지식을 학생들에게 일방적으로 주입하는 전통교육을 은행저금식 교육으로 설명하였다. 이에 따라 학생은 교사가 설명하는 내용을 기계적으로 암기하는 학습을 수행한다고 비판하였다(Freire 저, 남경태 역, 2009: 53－110 참조). 또한, 코졸(J. Kozol, 1936～)은 그의 저서 『교사로 산다는 것』(*On Being a Teacher*, 1991)에서 교사는 '불복종 교육', '국기에 대한 맹세의 철회' 등을 통해 전통적인 교육에 항거하고 학생들에게 자유로운 사고와 비판력을 길러주어야 한다고 강조함으로써, 교육에 있어서 매우 급진적인 입장을 취하고 있다(Kozol 저, 김명신 역, 2011). 그런가하면, 일리치(I. Illich)는 그의 저서 『탈학교사회』(*Deschooling Society*)를 통해 제도화된 학교의 경직성과 강제성이 인간을 노예로 만든다고 보고, 학교제도의 폐지를 주장하고 있다. 뿐만 아니라, 존 홀트(J. Holt) 역시 학교를 인간이 만든 발명품 중 "가장 위험하고 권위적인 발명품"이라고 칭하며 아예 없애버려야 한다고 주장하고 있다.

교교육학의 과제로서 체계적인 학교론을 수립할 필요가 있음을 강조하였다.

이처럼 학교론의 필요성이 높아져 가고 있는 가운데, 4차 산업혁명으로 인한 현대 사회의 급격한 변화와 그에 따른 학습 패러다임의 변화, 그리고 인간 수명 연장에 따른 평생교육의 대두 등으로 인해 발생하는 학교의 존재 위기는 학교론 연구의 필요성을 증가시키고 있다. 뿐만 아니라 2019년 전 세계를 팬더믹(pandemic)으로 몰고 간 코로나 사태 이후 갑작스럽게 변화한 학교교육 방식, 즉 비대면 학습, 온라인 수업 등은 학습자들 간의 학습 격차를 심화시키고, 돌봄의 문제, 교사의 역할 등에 있어서 다양한 문제들을 양산하고 있다는 측면에서 앞으로 학교론 연구는 더욱 더 절실한 시점이다.

따라서 본 연구에서는 급격한 변화와 위기 속에서도 인간의 삶에 비추어 왜곡되지 않는 학교의 개혁 방향은 무엇인지를 밝힘으로써 학습자의 삶을 중심으로 하는 학교교육론의 확립에 도움을 줄 만한 이론적 기초를 마련하는데 목적을 두고 있다. 이를 위하여 본 연구는 급변하는 사회의 흐름 속에서 학교교육이 나아가야 할 방향을 제시하였던 존 듀이(J. Dewey, 1859~1952)의 학교개혁론이 함의한 현대적 의의를 탐색해 보고자 한다.

듀이는 100여 년 전 산업혁명 이후에 도래한 사회적 변화에 대응하여 전통적인 교육방식이 변화하는 사회에 적합하지 못함을 비판하고 교수자보다는 학습자인 아동을 중심으로 새로운 실험적 방법을 통해 교육을 개혁하고자 노력했었다는 점에서 그의 학교론은 급격한 사회변화와 교육의 위기를 맞고 있는 오늘날 우리의 학교교육 현실에 시사하는 바가 클 것이며 장차 추진하고자 하는 학교교육 개혁 방향에 새로운 지침을 제공해 줄 수 있을 것으로 보인다.

지금까지 선행 연구들을 살펴볼 때 듀이의 학교론에 관한 연구들은 주로 그의 실험학교에 관한 연구들(박영만, 1990, 1993, 1994, 1995; 안경인, 1999; 이승은, 2010, 2011; 이홍렬, 2007; 정수경, 1986; 진미숙, 2010; Baker, 1965; Mayhew & Edwards, 1936 등)에 한정되어 있었다는 점에서 듀이의 학교론을 보다 종합적이고 총체적으로 다루었다고 말하기 어렵다. 물론 듀이의 학교론을 본격적으로 다룬 연구들(김정금, 1992; 황금중, 2014)이 있기는 하나 이들 연구 역시 듀이의 학교론을 심층적으로 조명했다고 하기에는 미흡한 점들이 있다. 뿐만 아니라, 이들 연구들은 듀이 학교론과 우리 학교교육이 처한 현실을 비교 탐구하지 못함으로써 오늘날 한국의 학교교육 개혁에 주는 시사점을 제시하는 데에 비교적 소홀한 점이 있었다.

따라서 이 글에서는 그 당시 학교의 교육적 상황에 대한 진단을 통해 새로운 교육적 대안을 제시했던 듀이의 학교개혁론이 가지는 의의를 탐색하고, 그로부터 오늘날 우리 학교 사회가 직면한 문제들을 적극적으로 검토해 보고자 한다. 특히, 전통적인 교육적 상황에 대한 예리한 분석을 통해 학교개혁의 실마리를 찾았던 듀이의 노력이 급변하는 사회 속에서 여전히 주입식 교육, 교수자 중심의 수업의 틀에서 벗어나지 못하고 있는 우리의 학교교육 현실에 주는 시사점을 밝혀 보고자 한다.

2. 듀이의 학교문제 진단과 비판

주지하다시피 듀이는 급변하는 사회 변화 속에서 초등학교(elementary school), 중등학교(secondary school)의 교육적 상황에 대한 진단을 통해 새로운 교육적 대안을 제시하고자 한 학교교육 개혁가였다. 이 장에서는 그의 학교개혁론을 제시하기 전에 먼저 그가 당시 초등학교와 중등학교의 교육적 상황을 어떻게 진단하고 평가하였는지를 살펴보고자 한다.

(1) 초등학교의 상황

듀이는 그 당시 교육적 상황을 "나의 교육 신조"(My Pedagogic Creed, 1897), 『학교와 사회』(*The School and Society, 1899*), "교육적 상황"(The Educational Situation, 1901), 『아동과 교육과정』(*The Child and The Curriculum, 1902*) 등에서 날카롭게 진단하였다. 먼저, 듀이는 교육내용의 측면에 있어서 '상징화'(象徵化)를 전통적인 교육적 상황에서의 중요한 문제로 지적하였다. 듀이에 의하면, 전통교육은 문명으로부터 오는 지적인 삶의 상징을 대표하면서 오랫동안 그러한 상징에 적합한 교육목표와 교육내용을 개발해 왔다(Dewey, 1899: 266).[3] 그러나 이처럼 아동의 외부(문명의 결과)로

3) 듀이는 학교가 사용하는 방법과 교육과정 중 많은 부분은 특정한 상징을 학습하고 구사할 수 있는 능력을 매우 중시했던 시대(중세)로부터 물려받은 것이라고 설명하였다. 당시에는 그것들이 학습에 대한 유일한 접근법으로 제시되었으며, 대부분이 통제를 이상(ideal)으로

부터 주어진 상징은 아동이 이전에 행했던 활동과 관련이 없는 무의미하거나 단순한 기호에 불과한 것으로 아동의 동기를 유발하지 못할 뿐만 아니라, 상징화의 과정에서 가장 중요한 논리적 가치들이 떨어져 나감으로써 오히려 아동이 직접 사고하고 조직해 가는 논리적 능력을 발달시키지 못하는 문제를 가져오게 된다는 것이다(Dewey, 1902: 286－287).

다음으로, 이와 같은 교육내용의 상징화는 수업과 행정의 실제적인 도식으로 작용함으로써 교육체제 및 교육방법의 측면에 있어서의 '기계화'(機械化)의 문제로 이어진다. 듀이에 따르면, 상징화된 교육자료를 다루는 학교교육은 그러한 상징적 자료를 전달하기 위한 실제적 편의를 위하여 일련의 등급을 마련하고, 학습과정을 만들기도 하고 폐기하도록 하는가 하면, 교사에게 수업의 기계적 업무를 부과하거나 혹은 승진의 계기를 마련하는 업무체계를 마련함으로써 점차 기계화 되었다(Dewey, 1901: 267). 특히, 듀이는 그 당시 초등학교의 학급당 학생수가 60여 명에 달함에 따라 아이들은 개별적으로 다루어지기 보다는 집단적으로 다루어졌으며, 교사의 업무 또한 획일화됨에 따라 학교를 구성하는 여러 요소들도 자연히 기계화되는 일이 일어나고 있다고 진단하였다(Dewey, 1901: 269－270). 그리고 이처럼 기계화된 교육체제 속에서 교사의 업무가 단조로운 강의의 이행으로 이어질 수밖에 없고, 아이들의 성장에 필요한 본질적 가치와 적용, 그리고 그것에 대한 생생한 관심을 가지기 어렵게 되어 결국 교육 본질에서 거리가 있는 부수적인 것만을 다루는 결과를 초래하였다는 점을 지적하였다(Dewey, 1901: 272).

결국 듀이는 학교체제 및 교육방법에 있어서의 기계화의 문제가 교육과정의 '분절화'(分節化)를 낳게 되었다고 보았다. 듀이는 교사가 교육에 대한 자신의 철학 없이 부수적인 것들에 매몰되어 전체적인 관점을 잃어버린다면, 이것은 교육이 아니라 설명서식의 훈련일 뿐이라고 꼬집었다. 이것이 바로 듀이가 진단한 그 당시 초등학교의 교육적 상황이었다(Dewey, 1901: 274). 듀이는 학교체제는 물론 교육과정의 분절적 특성에 반대하면서 생동감 넘치는 통합의 중요성을 누누이 강조하였다. 그는 초등학교에서 습관적으로 기계적인 훈련으로 이어오던 3R's와 같은 교육과정의 고립과 분절이 종합적이고 총체적인 교육적 조처를 단편적인 것으로 만들어 버렸으며 급기

여겼다고 하면서 이제는 학교의 필연적인 변화가 필요함을 역설하였다(Dewey, 1899: 17－19).

야는 아동 삶과의 연결을 막아버리는 결과를 낳았다고 지적하였다(Dewey, 1901: 265). 따라서 듀이는 교육내용의 조직이란 어디까지나 교육의 과정(過程)과 교육재료의 통합적 관점에서, 그리고 그것을 전체적인 관점에서 이루어져야 하는 것으로 보았다(Dewey, 1901: 280). 듀이는 이러한 단절과 분절이 아이들이 학교를 다니는 동안이나 혹은 학교를 떠난 후에도 그들의 삶에 낭비를 초래하는 원인이 된다고 보았다(Dewey, 1899: 39－56).

이상과 같이 듀이는 초등학교에서 이 같은 세 가지 폐해가 아동의 삶과 관련하여 중요한 낭비를 초래할 뿐만 아니라 아동의 경험과 활동의 기회를 빼앗고, 나아가 사고와 정신의 계발을 어렵게 만든다고 비판하였다. 결국 듀이는 그 당시 초등학교의 상황이 교육적이라고 볼 수 없는 상황이었음을 날카롭게 지적하고 있다. 즉 초등학교가 아동이 자신의 경험에 대한 사고를 조직하고 계발할 수 있는 직접적인 활동 대신에 기계적이고 분절적인 상징만을 익히는 장소로 전락하고 있음을 안타깝게 여겼던 것이다.

(2) 중등학교의 상황

앞서 살펴본 바와 같이 듀이가 초등학교의 교육적 상황을 개인의 경험과 정신 계발과 관련하여 진단하였다면, 중등학교의 상황에 대해서는 그 보다 넓은 개념인 사회적 삶과의 관계에서 진단하였다. 중등학교의 교육적 상황과 관련하여 듀이는 "교육적 상황"(The Educational Situation, 1901)라는 글에서 다음과 같은 다섯 가지 대주제로 된 교수요목을 소개하고, 그에 관한 쟁점을 논하였다. 즉 첫째, 중등학교의 연계 문제, 둘째, 중등교육이 삶을 위한 준비인가, 아니면 대학 진학을 위한 준비인가와 관련된 문제, 셋째, 개인에 대한 교육의 문제, 넷째, 중등교육과 사회적 측면과의 관련 문제, 다섯째, 교육과정의 문제 등을 다루었다. 듀이는 이 다섯 가지 주제를 중심으로 중등학교의 교육적 상황을 진단하고 그에 대한 개혁 방안을 논하였다. 이 장에서는 듀이가 통찰한 중등학교의 교육적 상황과 개혁의 방안을 구체적으로 검토해 보고자 한다. 먼저, 듀이는 학교제도의 역사적 발달과정을 고찰하는 가운데 학교의 고립상황에 대해 다음과 같이 서술했다.

> 학교는 어떤 다른 기관들과 비교될 만한 그 자체의 존엄성, 독립성을 가지고 있다. 그것은 2,500년간의 학교제도 발달에 있어서 필연적으로 어떤 고립의 대가로 얻게 된 특성이다. 오로지 이러한 고립을 통해서만 학교는 가정, 정부, 교회 등에 흡수되는 것으로부터 해방되어져 왔다. 그러한 분리는 학교가 노동의 진정한 분배를 실현하고, 또 그렇게 함으로써 학교에 요구되는 가장 효과적인 서비스를 수행할 수 있도록 하기 위해 필수적인 것이었다. 그러나 장점 못지 않게 단점도 있다 …(중략)… 지난 2세기 동안에 많은 사고와 에너지를 가정생활이나 교회, 상업, 또는 정치적 기관들과의 상호작용을 보장하는데 전념하기 보다는 학교 자체 내에서 하나의 효과적인 메커니즘으로 학교체제를 형성하는데 전념해왔다는 것은 의심할 여지가 없다(Dewey, 1901: 286).

위와 같은 듀이의 관점은 오랜 시간 형성되어온 학교의 고립적 상황을 잘 드러내 준다. 듀이가 학교의 고립적 상황을 온전히 부정적으로 생각한 것은 아니지만, 그보다는 연계와 상호작용을 통한 전체적인 연합과 완성을 더욱 중요하게 보았다. 이러한 이유로 듀이는 중등학교의 교육적 상황과 관련하여 다른 사회적 기관들과의 고립 문제를 진지하게 다루었다. 특히, 듀이는 초등학교와의 관계, 혹은 대학과의 관계에 있어서 중등학교의 상황을 보다 더 심각하게 다루었다.

듀이는 역사적으로 초등학교가 지적·도덕적 발달에 있어서의 평등을 위한 민주주의적 요구로 형성되어 왔다고 믿었다. 그러나 고등학교는 초등학교와 같이 민주적 욕구의 실현을 위해서도 형성되어 왔지만 한편으로는 그와는 다른 기원, 즉 어떤 특정 계층의 소유로서의 귀족적 이상(理想)을 실현하기 위해 형성되어온 것으로서 과거의 지혜와 이성을 보존하고 전수하는 것을 더 큰 목적으로 삼아왔다고 보았다. 따라서 중등학교는 인간 삶에 있어서의 어떤 적응을 위한 책임감을 더 가지게 되는 한편, 그와 동시에 초등학교와 대학의 중간에서 혼란스러운 상황을 겪고 있다고 보았다(Dewey, 1901: 287–288). 이러한 중등 교육의 상황을 예의 주시하면서 듀이는 중등교육이 대학 진학을 위한 준비를 해야 하는가, 아니면 보다 포괄적인 측면에서 삶을 위한 준비를 해야 하는가에 대해 고민하였다(Dewey, 1901: 291). 그 결과 듀이는 후자의 입장을 지지하였다. 즉, 듀이의 생각은 중등교육은 대학을 위한 준비로서가 아니라 인간 삶 전체를 위한 준비가 되어야 한다는 것이다. 이는 중등교육이 대학을 위한 준비로서의 교육과정이 될 경우 그것은 삶의 맥락으로부터 단절되기 쉬우며, 이로 인해 개인 삶의 진정한 의미를 찾기 어려워진다고 판단했기 때문이다(Dewey, 1901: 295-296). 따라서 듀이는 참된 삶을 위해서는 중등학교의 교육이 인간의 전체적인 삶, 즉 사회적 삶 안에서 분절된 각 영역들과의 관계를 전체적으로 조직함으로써 하나의 원호(圓弧)를 완성해야 할 것을 제안하였다(Ibid, 295). 이를 실현하기 위하여 듀이는 학교가 여러 사회 기관들과의 적절한 상호작용이 이루어지도록 해야 한다고 보았다(Dewey, 1901: 287). 따라서 그는 중등학교의 교육적 상황을 상업기술이나 수공 혹은 심미적 측면 등의 학습의 장과 연계해야 할 것을 주장하였으며, 학교밖 사회적 상황과의 연계도 확장해야 한다고 강조하였다. 이렇게 될 경우, 중등교육은 개인을 인간 삶의 더 넓은 국면으로 안내하게 되고, 개인의 능력을 다양한 영역과 접촉시킴으로써 더 큰 발달을 꾀할 수 있을 것이라고 믿었다.

이상과 같이 듀이는 중등학교의 교육적 상황을 진단한 결과 그 당시 중등교육이 인간의 삶과 사회적 적응에 초점을 맞추기보다는 대학 진학을 목적으로 하는 소위 고정되고 분절된 교육과정을 운영함으로써 정작 중요한 개인의 삶과 그가 살아가야 할 사회적 관계와의 유기적이고 종합적인 관계망 형성에 실패하고 있음을 비판하였다.

3. 듀이의 학교개혁 방안

이 장에서는 듀이의 교육적 상황에 대한 비판적 진단을 바탕으로 하여 초·중등학교가 어떤 이념을 지향해 가야 할 것이며, 어떤 방향으로 나아가야 할 것인지에 대해 논의한 그의 제안을 간략히 살펴보고자 한다. 특히 듀이가 교육과정을 연속성과 상호작용의 관점에서 바라보았다는 점에 비추어 이상적인 초등학교와 중등학교의 모습을 다음 몇 가지 측면에서 살펴보고자 한다.

(1) 경험의 재구성과 정신 성장의 터전

듀이는 학교교육에 있어서 상징(象徵)으로서의 교육내용을 실제 활동인 경험으로 바꿔야 한다고 힘주어 강조하였다. 듀이에게 있어 경험이란, 개인의 주체적인 활동이며, 구체적인 일[4]을 의미한다. 듀이는 이러한 경험이나 일의 예시로 수공, 예술, 과학 등을 들었고, 그런 일들이 갖는 본질적인 교육적 의미를 새롭게 해석하고자 하였다. 그것은 바로 삶에 근본적으로 필요한 것으로 아동의 지적인 본성, 즉 무엇인가를 구성하려고 하는 힘을 만족시킨다는 것과, 그 일을 통해 공동체적 삶을 배우게 되며, 더 나아가 효과적인 자아와 사회인으로 성장하게 될 수 있다는 것이다(Dewey, 1899: 19-20). 또한 듀이는 일이나 일의 결실을 위한 활동을 통해 자기 훈육이 이루어지며, 때로는 결정적인 순간에 직관(直觀)이 생겨난다고 보았으며, 동시에 노동력의 분화, 수행해야 할 활동에 대한 책임, 이끄는 사람과 따르는 사람의 조화, 상호 협동과 경쟁 등의 사회적 정신을 길러줄 수 있다고 생각하였다(Dewey, 1899: 10). 따라서 듀이는 새로운 학교에서는 '상징'이 아닌, 다양한 지적 재료로서의 '경험'을 통해 사회의 구성원들을 교육해야 할 필요가 있다고 보았다.[5] 이처럼 듀이는 학교가 경험과 일을 통해 개인의 정신적인 활동을 자극하고 성장시킬 수 있는 곳으로 개혁되기를 기대하였다.

(2) 민주적인 삶을 위한 학습 공간

듀이는 자신이 활동했던 그 당시 학교 상황에 대한 진단으로부터 기존 학교들이 민주적인 삶을 반영하지 못하고 있다는 점을 강하게 비판하였다. 즉 그는 학교가 하나의 기계처럼 체계화되어 왔다는 점, 학습자인 아동보다는 교사의 통제를 위주로 이루어지고 있다는 점, 교육 내용이나 과정이 관료적 결정에 의해 이루어지고 있다는 점, 교육과정이 사람을 중심으로 구성되기 보다는 특수한 분야를 중심으로 분절화되어 있다는 점, 학습자를 개인으로 보기 보다는 하나의 집단으로 보고 있다는 점 등 비민주적인 요소들로 가득 차 있다고 지적하였다. 듀이는 이와 같은 학교의 비민

---

4) 듀이가 말하는 일(occupation)이란 상업 공장에서의 일(work)과 구분된다. 듀이는 상업 공장에서의 일은 생산물의 경제적 가치를 얻기 위한 것으로 교육적 결과보다는 우연적이고 의존적이며 효율적인 것을 중시했으나, 교육에서의 일은 경제적인 것으로부터 자유로운 것이며 사회적인 힘과 통찰력을 기르기 위한 것이라고 구분하여 교육에서의 일의 개념을 명확히 하였다(Dewey, 1899: 12-13).

5) 듀이가 경험을 강조했다고 해서 교재 없는 활동을 강조했던 것은 아니며, 교사의 관찰과 탐구로 철저히 조직된 활동과 경험의 기회를 제공할 것을 주장하였다.

주적 상황을 비판하면서 학교가 민주적 삶의 공간으로 새롭게 거듭나야 할 것을 강조하였다.

듀이에 의하면, 학교란 단순히 강의 내용을 듣고 지식을 축적하는 곳이 아니라 살아있는 진정한 공동체적 삶을 영위하게 해 주는 장소이다. 학교는 단지 미래의 생활을 준비하는 곳이 아니며, 현재 아동의 삶과 관계를 맺고 생활을 통해 배우는 초보적인 사회이다(Dewey, 1899: 12). 따라서 학교는 더 큰 사회의 삶을 반영하는 일을 배우는 장소가 되어야 한다. 말하자면 학교는 예술, 역사, 과학의 정신은 물론이요, 풍부한 사회봉사 정신을 배우는 사회적 공간이 되어야 한다(Dewey, 1899: 19-20).

듀이는 민주적인 학교와 진보적인 학교의 공통된 정신을 뚜렷하게 부각시켰다.[6] 즉 개별적인 역량과 흥미 및 경험에 대한 존중, 충분한 자유와, 형식에 얽매이지 않는 분위기, 스스로 수행하는 학습에의 존중, 학습의 촉매제로서 활동을 존중하는 것, 그리고 인간적 차원에서의 사회적인 만남과 의사소통, 협력에 대한 믿음 등을 강조하였다(Dewey, 1928: 258-259). 그리하여 그는 이러한 학교가 교육 본래의 목적을 실현하는데 크게 기여할 것이며, 미래 사회로 나아가야 할 학습자들의 공동체적 삶을 보장해 줄 것이라는 믿음을 강하게 천명하고 있다. 이러한 의미에서 듀이는 학교란 단지 지식을 전수하는 곳이 아니라 학습자들이 민주적 삶을 배우고 익히는 중요한 공간이라는 점을 거듭 강조하고 있다.

(3) 사회개혁의 센터

듀이는 기존의 학교가 아동의 삶과 단절(斷絶)되어 있음을 강하게 비판하였다(Dewey, 1899: 46-56). 특히, 학교의 사회적 고립은 아동들로 하여금 졸업 후의 사회적 삶을 당황스럽게 만든다고 하여 이를 '교육적 낭비'라고 부른 바 있다. 듀이는 이러한 교육적 낭비를 막기 위해서는 학교가 사회적 상황과 단절되지 않고 상호

---

6) 듀이에 의하면 민주주의란 사회 성원이 공유하는 공동 관심사의 수가 많고 다양하다는 것과 그 다양한 관심사에 대한 상호 인정이 통제 방법으로 더 중요시 여겨지는 것이다. 또한 여러 사회집단 사이의 보다 자유로운 상호작용이 있고, 그러한 상호작용으로 빚어지는 새로운 사태에 그 집단의 사회적 습관이 끊임없이 적응하게 되는 것이다. 따라서 민주주의는 단순히 정치의 형태만이 아니라, 보다 근본적으로는 공동생활의 형식이요, 경험을 전달하고 공유하는 방식이라는 것이다(Dewey, 1916: 92-93).

연계되는 관계 속에서 교육이 이루어지도록 해야 한다고 주장하였다(Dewey, 1899: 57-58).

특히, 듀이는 그 당시 산업혁명으로 인해 사회적 상황이 급변하고 있음을 직시하면서 이러한 변화는 필연적으로 삶의 변화를 가져올 것이라 보았고, 이에 적응하기 위해서는 학교가 변화해야 한다고 보았다(Dewey, 1899: 19-20). 즉, 학교에서의 교육이 아동이 살아가야 할 사회적 환경과 실제적으로 연관이 되도록 활용되어야 한다는 것이다. 그에 의하면, 전통적인 학교체제는 사회적 질서에 고정되어 있었다. 그 단적인 예로, 학교에서 어떤 문제가 주어졌을 때 학생들이 그 문제에 대한 활동과 탐구를 통해 답을 발견하는 것 대신에 교재나 교사에 의해 맞는 답이 주어진다는 사례를 들었다. 듀이는 이러한 교육이 정확한 사회적 관점이나 의식 없이 짧은 시간 안에 주어지는 허위 정보에 빠르게 순응하는 태도를 길러줄 뿐이라고 혹평하였다(Dewey, 1934: 159). 이어서 듀이는 학생들이 살아갈 세상은 그렇게 단순하게 답을 얻을 수 있는 세상이 아니며, 때로는 해답을 찾기 힘들 정도로 복잡한 문제에 부딪치는 경우가 있음을 일깨웠다. 따라서 학생들로 하여금 문제를 정확하게 해결할 수 있도록 하기 위해서는 사회 변화의 사실에 대한 이해와 그 변화를 만들어내는 원인에 대한 통찰에 기초를 두고 교육이 이루어져야 한다고 보았다(Dewey, 1934: 162).

따라서 그의 개혁안에 따르면, 학교를 중심으로 개인의 삶을 풍부하게 하고 성장시킬 수 있는 모든 사회적 기관(예를 들어, 도서관, 은행, 관공서, 마켓, 시장 등)들이 모두 교육의 장소가 될 수 있으며, 그러한 사회적 장소와의 연계 활동들은 아동의 경험을 성장시키는 계기가 될 수 있다는 점에서 넓은 의미의 학교라고 할 수 있다. 따라서 듀이는 기존 학교의 개념을 일정한 장소에 붙박혀 있는 하나의 건물로서 인식하기보다는 사회를 포함하는 전체적인 삶의 공간으로 바라보았다. 말하자면 학교란 사회와 동떨어져 교수-학습만이 이루어지는 단절된 공간이 아니라, 사회적 상황들과 연계를 이루어 유기적으로 조합됨으로써 삶의 방식을 배워 나갈 수 있는 공간이 되어야 한다는 것이다.

더 나아가, 듀이는 학교가 사회 변화에 순응만 해 갈 것이 아니라, 사회와 긴밀하게 연계되어 사회의 변화를 주도해 나가는 주체로서 사회개혁 센터의 역할을 해야 한다고 주장하였다. 듀이는 각 개인이 학교에서의 교육을 통해 사회적 의식을 공유하는 과정이 있어야만 사회의 개혁이 가능하다고 보았으며, 교육이야 말로 사회개혁 및 사회진보의 근본적인 방법이라고 믿었다(Dewey, 1897: 93). 이처럼 듀이는 학교와 개인 간의 사회적 삶이 단절되지 않고 유기적으로 통합되어질 때 아동의 사회적 역량이 성장하고 또한 그 삶에 깊이와 풍부함을 안겨 줄 수 있을 것이라 믿었으며, 이러한 학교교육을 통해 공동체의 삶을 개선해 나갈 수 있을 것이라고 굳게 믿었다.

이상과 같이 학교에 대한 듀이의 개혁 방안은 전통적인 학교가 직면한 상황에 대한 예리한 통찰을 바탕으로 이루어진 것이라고 할 수 있다. 즉 인간 삶의 총체성을 가로막는 교육과정의 분절화 문제, 비민주적인 학교 운영, 배움을 사회적 삶과 연계시켜 주지 못하는 학교의 무능함에 대한 날카로운 비판으로부터 비롯되었다고 할 수 있다.

4. 듀이 학교개혁론의 현대적 의의

이 절에서는 앞서 살펴본 듀이의 교육적 상황에 대한 진단과 개혁방안이 오늘날 우리 한국의 학교교육 개혁에 어느 정도 유효한지를 논의해 보고자 한다. 이를 위해 먼저 우리 한국 학교교육의 현실을 간단히 개관한 후, 듀이의 학교교육 개혁 방안이 주는 시사점을 제시해 볼 것이다.

(1) 한국 학교교육의 현실

해방 이후 우리 한국은 공교육을 확대하기 위해 지속적인 노력을 해왔으며, 중등교육의 보편화를 위해 꾸준한 투자를 해왔다. 이러한 과정에서 교육이 사회계층 이동의 통로로 작용하게 되어 학교교육이 계층 이동에 긍정적인 영향을 끼쳐왔다. 그러나 최근에 이르러서는 학교교육이 가진 문제점이 드러나고 그 폐해가 점차 심해지면서 이에 대한 비판도 만만치 않게 제기되고 있다. 특히, 1990년대 후반부터는 학교를 근본적으로 개혁해야 한다는 목소리가 점점 더 커지고 있다. 이에 학교 비판의 논리를 몇 가지 소개하면 다음과 같다.

첫째, 학교교육이 입시 위주의 교육으로 소수의 우수 학생들만이 주목의 대상이 되고 나머지 학생들은 등한시됨으로써 학부모와 학생들로부터 크게 호응을 받지 못하고 있다는 비판이다(신득렬, 2002: 101; 최보문, 2000: 975－976 등).

둘째, 우리의 학교교육은 19세기 말 근대식 교육제도의 도입 이후 현재까지 대량 생산 이데올로기가 학교의 경쟁체제 이론에 그대로 반영되어 왔다는 점이다. 이러한 비판에 따르면, 교사, 교육행정가, 학생, 학부모, 교육시설, 교육 내용과 방법, 교육제도, 학교 건물 등 학교를 구성하는 모든 교육 상황들이 마치 산업사회의 생산 모델처럼 기능해왔다는 것이다(김인회, 1995: 1－2).

셋째, 학교가 변화에 대해 매우 보수적이며, 외부의 요구에 대해서 본능적인 거부감을 드러내는 구조적 속성을 지니고 있는 집단이라는 점, 그리고 사회의 변화 속도를 민감하게 느끼지 못하고 그저 가르치는 것만이 교육적이라는 것에 몰두하고 있다는 점에 대한 비판적 시각이다(김정일·김진한, 1996: 2).

넷째, 교육과정을 구성하는 데 있어서도 학생의 삶이 반영되도록 조직하기 보다는 관료적인 절차에 의해서만 구성되어 왔기 때문에 학생의 미래 삶에 필요한 역량을 길러주는 데 적합한 교육과정을 제대로 구성하지 못하였다는 비판을 받고 있기도 하다(곽병선, 2003: 2－4).

이상과 같은 학교교육에 대한 비판들로부터 우리 학교교육이 입시 위주의 기계적인 교육을 시행해옴으로써 보수적이고 비민주적인 교육 상황을 초래하고 있음을 알 수 있다. 이러한 학교의 제 문제들을 해결하기 위하여 우리 정부는 그동안 학교개혁을 위한 다각도의 노력을 기울여 왔던 것이 사실이다. 1974년 고교평준화 정책, 1997년 열린교육 정책, 문민정부의 '5·31 교육개혁안' 등으로부터 최근의 '창의인성학교', '창의적 체험활동' 실시, '자유학기제' 등 수많은 교육정책을 통해 학교를 개혁하기 위해 노력해 왔으며 지금도 학교개혁에 박차를 가하고 있다. 그러나 기존의 학교가 갖고 있었던 입시문제와 정부 주도의 개혁을 여전히 끌어안고 감으로써 개혁에 대한 실효성에 있어서 많은 우려와 문제들만 양산한 채 학교를 개혁하는 데는 성공하지 못하고 있다. 이러한 상황에서 2019년 발생한 코로나 사태는 학교를 더 위급한 상황으로 내몰고 말았다. 코로나 사태로 모든 학교에 비대면 방식의 온라인 교육이 갑작스럽게 실시됨으로써 학교개혁은 방향을 잃었다. 결과적으로 우리 학교교육의 이러한 문제들을 해결하기 위해서는 학교에 대한 총체적인 탐색이 필요한 시점이다.

(2) 듀이 학교개혁론의 의의

지금까지 살펴본 바와 같이 오늘날 우리 한국의 학교교육은 듀이가 그토록 개혁하고자 하였던 그 당시 미국의 학교교육의 상황과 많이 닮아 있다. 듀이 탄생 100여 년이 지난 지금, 우리 한국 교육현장의 상황도 그리 밝지 않다. 왜냐하면, 듀이가 그토록 신랄하게 비판하였던 획일적이고 기계적인 학교교육과 그로 인한 학교의 위기 등이 크게 다를 바 없기 때문이다. 더구나 오늘날의 학교는 듀이 생존 당시의 학교에 비해 더 큰 변화와 위기를 겪고 있다. 4차 산업을 기반으로 하는 디지털 혁명은 미래를 예측하기 어려울 정도로 우리의 삶을 변화시키고 있고, 그러한 변화들은 그 변화를 따라잡지 못하는 현 교육제도를 위협하고 있다. 또한 새로운 전염병의 출현은 학교의 존재 이유마저 위협하고 있다. 이러한 상황에서 전통적인 지식 전달, 입시 중심의 학교교육은 더 이상 변화되는 미래 사회에 적응하기 어려울 것이다.

이러한 점에서 앞서 살펴본 듀이의 학교개혁론은 비록 미국의 교육 현실에 대한 개혁안이라고 할지라도, 몇 가지 측면에서 우리의 학교교육 개혁에 중요한 시사를 줄 것으로 보인다. 물론 미국의 교육적 상황과 비교하여 우리의 교육적 상황은 상이한 측면이 있는 것도 사실이다. 예를 들어, 사회적 보장 시스템의 부재, 상대평가 위주의 입시 교육, 입시 결과에 따른 취업 문제 및 임금의 격차, 교육의 지나친 관료화 등은 미국에 비해 더욱 불리한 우리의 교육 여건이라 할 수 있다. 이러한 우리 교육의 문제를 해결하기 위해서는 교육제도의 변화, 사회의 인식 변화 등이 마땅히 선결되어야 할 것이나, 더욱 중요한 것은 변화의 흐름 속에서 학교교육이 수행해야 할 본질적인 기능이 무엇이며 그 기능을 수행하기 위해 필요한 학교 내부적인 변화는 어떤 것인지를 탐구하고 인식하는 일이 선행되어야 할 것으로 보인다. 이러한 맥락에서 듀이의 학교개혁안으로부터 얻을 수 있는 시사점을 제시하면 다음과 같다.

첫째, 우리는 앞서 살펴본 듀이의 학교개혁론으로부터 학교의 본질적인 기능이 학습자의 정신적인 활동을 자극하고 성장시키는 일에 있음을 알 수 있었다. 따라서 학교는 피상적인 상징의 암기를 위한 교육의 장소가 되기보다는 새로운 세대의 학습자들이 살아가는 데 필요한 풍부한 경험을 할 수 있는 장소로 변화되어야 할 것이며, 이로부터 무뎌진 사고와 정신 능력을 살려냄과 동시에 그로인해 개인 삶을 풍요롭게 할 수 있는 성장의 장(場)이 되어야 할 것이다.

한국의 학교교육이 기존과 같이 대학 입학을 위한 시험과 경쟁에만 치중하게 되면 학습자들은 일방적으로 선정된 내용을 암기 위주의 획일적인 방법으로 학습하게 되므로 정작 개인이 살아가야 할 미래의 삶에 필요한 지식이 무엇이고, 어떻게 습득하는가, 또는 왜 그것을 습득해야 하는가 등에 대하여 자신의 삶과 관련지을 수 있는 기회를 부여하는 데에는 실패하고 말 것이다. 또한, 학교교육체제가 하나의 거대한 경쟁적 체제로 작동하게 됨으로써 교육의 과정에서 그들의 경험을 공유하고 성장시키며, 경험으로부터 사고할 수 있는 정신적 능력을 소외시키게 될 것이다. 안타깝게도 우리의 학교는 대학 입시 준비를 위한 주입식 교육에 열중하느라 강압적인 학생 통제에만 주의를 기울여 왔을 뿐, 학생들의 교육적 경험과 경험의 과정에서 생겨나는 생생한 사고나 대화, 또는 탐구적 정신의 함양 등에는 주의를 기울여오지 못했다. 이처럼 맹목적인 암기와 지식의 축적은 교육의 본질적인 기능을 훼손하고 인간의 삶을 황폐화시키는 해악을 가져올 수 있다.

현재 한국은 물론 전 세계의 사회는 큰 위기와 변화에 직면하고 있다. 기술과 과학, 산업의 혁명적 발달로 기존의 교육패러다임은 새로운 학습 패러다임으로의 대전환을 예고하고 있고, 또한 코로나 사태 이후 확산되는 언택트, 비대면, 온라인 등의 문화는 전통적인 학교교육을 더욱 큰 위기로 몰고 있다. 이러한 시기일수록 학교는 학교가 수행해야 할 본질적 목적을 찾아 수행할 수 있어야 한다.

따라서 오늘날과 같은 변화와 위기의 시기에 학교는 에듀테크 기술을 활용하여 온라인 수업을 보다 활성화 하는 일도 중요하지만 그보다는 학교가 가지고 수행해야 할 보다 본질적인 역할 즉, 학습자의 정신을 길러줄 수 있는 활동들을 새롭게 조직하고 운영하기 위해 노력해야 할 것이다.

둘째, 학교는 보다 민주적인 삶의 공간으로 거듭나야 한다. 지금까지 우리의 학교교육은 학습자의 삶보다는 학업 성취라는 교육의 결과에만 치중되어 학습자에 대한 통제와 획일적인 교수-학습과정만을 고수해 왔고, 정작 교육의 과정을 통해 이루어내야 할 합리적인 대화와 협력, 배려, 이해 등의 민주적 태도의 함양 등은 등한시 해 온 것이 사실이다. 또한 교육과정의 운영에 있어서도 개인의 삶에 필요한 요소를 면밀히 반영하지 못하고 고정되고 획일적인 교육과정을 시행해옴으로써 다양한 개개인들에게 동일한 결과를 기대하거나, 혹은 동일한 결과에 도달하지 못하는 개인을 비정상으로 간주하는 등의 비민주적인 교육결과에 묵시적으로 동의해 왔다. 이러한 이유로 고정적인 교육과정에 잘 적응하지 못하는 학습자는 학교 적응에 심각한 문제가 초래되어 결국 열등한 학생으로 낙인찍히거나 급기야 학교교육에서 배제되는 상황에 이르게 된다.

이와 같이 획일적인 교육과정을 중심으로 하는 통제식 수업 방식은 오히려 교실 수업을 비민주적으로 만들고 그로인해 학교 폭력이나 학교 이탈, 혹은 교사의 권위 실추 등의 결과를 가져오는 근본적인 원인이 되기도 한다. 뿐만 아니라, 학교교육이 이러한 비민주적인 방식을 고수하는 것은 앞으로 사회인으로 살아나가야 할 학습자들에게 공동체적인 삶과 미덕에 대한 가치를 방관하게 하는 것이며, 더 나아가 미래의 사회를 주도해 나갈 청소년들에게 마땅히 해야 할 교육의 의무와 책임을 다하지 못하는 결과를 초래하게 될 것이다. 따라서 학교교육이 기존의 획일적이고 통제적인 교육 방식에서 벗어나 학습자의 사고와 각 개인의 가치를 존중하고 민주적인 삶을 배우는 공간이 되어야 하며, 그렇게 함으로써 학교의 진정한 권위를 찾을 수 있어야 할 것이다.

셋째, 학교는 사회를 바람직한 방향으로 변화시켜 나갈 수 있는 능동적인 기관으로서 역할을 해야 할 것이다. 지금까지 우리의 학교는 교육과정에 의해 짜여진 교재를 중심으로 그것의 전달과 전수에 심혈을 기울여 왔다. 학습방법을 개발하고, 학습자들의 심리를 고려하는 등 효과적인 교재 내용의 전달에 모든 총력을 기울여 온 셈이다. 그러나 이러한 교재 전달 중심의 수업은 학습의 과정이 현재나 미래로 가기보다는 과거에 치중되기 쉬우므로 학생들의 현재의 삶과 단절되기 쉬우며, 더욱이 사회적 상황들과 단절됨으로 인해 자신이나 타인이 살아가고 있는 삶의 문제들을 직시하거나 변화시킬 수 있는 안목을 형성하기 어렵게 된다. 이러한 맥락에서 듀이는 전달 중심의 수업을 비판하면서, 교육은 학교를 나온 사람들, 즉 교육받은 사람들로 하여금 모든 사람들이 살아가는 삶의 상황들을 변화시키는 힘에 대해 의식하도록 만들 수 있어야 한다고 하였다(Dewey, 1934: 164－165).

따라서 학교는 사회와 단절된 소극적 기관으로서의 개념에서 벗어나 사회의 변화를 수용하고, 더 나아가 개인이 속한 사회의 문제를 공유하도록 함으로써 공동체적 삶을 이끌어 갈 수 있는 적극적이고 능동적인 힘을 발휘해야 할 것이다. 더욱이 최근의 코로나 사태 이후 우리 사회는 한편으로는 언텍트(untact)－비대면 사회로 변화하고 있으나 다른 한편으로는 그 어느 때보다도 인류 공동의 삶의 문제를 해결하기 위한 '연대'의 문제가 절실한 시점이다. 따라서 이제 학교는 사회와의 관계에서 긴밀한 연대의 방식으로 보다 유연하고 탄력적으로 기능함으로써 학습자 개인의 삶은 물론 사회 공동체의 삶을 풍요롭게 하는 데에도 적극 기여해야 할 것이다.

학교가 사회적 상황과 통합되어야 한다는 듀이의 이론에 대하여 오크쇼트(M. Oakeshott, 1972: 75-76)는 "학교와 사회의 경계를 허물어 버림으로써 교육을 사회화로 대치하려는 것"이라고 비판하였으나 이러한 비판은 학교의 기능에 대한 사회적 맥락을 배제하고 생각했거나, 혹은 듀이의 학교론에 대한 이해의 부족에서 나온 것으로 보인다. 듀이는 "학교는 근본적으로 사회 기관"(Dewey, 1897: 86), "학교는 축소된 공동체 또는 배아적(embryonic) 사회"(Dewey, 1899: 10)라고 하여 학교의 사회적 기능을 분명히 했고, 사회 속에서의 학교교육의 기능과 방향을 밝히기 위해 노력했던 것이다. 실제로 급변하는 현대 사회에서는 학교와 사회 간의 보다 깊은 상호작용과 연계가 더욱 더 요청받고 있다.

이상에서 살펴본 바와 같이, 듀이 당시 사회적 변화와 혼란 속에 있었던 학교교육에 대한 그의 개혁안은 현대 우리 한국의 학교개혁에 주는 시사점이 적지 않다. 현대사회가 직면하고 있는 변화의 소용돌이 속에서 학교교육이 학습자의 경험을 성장시키고, 사회 변화에 유연하게 대응해 갈 수 있도록 하며, 또한 공동체적 삶을 구성할 수 있도록 도와야 한다는 듀이의 주장은 여전히 호소력이 있는 것으로 보인다. 결과적으로, 19세기 변화하는 사회 속에서의 전통교육에 대한 듀이의 비판과 학교개혁안은 100여 년이 지난 오늘날에도 여전히 유효한 것으로 보이며, 그로부터 우리 학교교육개혁에 대한 중요한 시사를 얻을 수 있을 것으로 보인다.

참고문헌

김인회(1995). "한국의 학교: 실상과 개혁". **교육학연구**. 33(4), 1－20.

김정금(1992). "John Dewey 학교론". **교육철학**. 10, 39－54.

김정일·김진한(1996). "교육개혁에 의한 학교의 변화와 산업교육과의 연계 방안". **한국체육대학교 논문집**. 19, 1－19.

김정원(2002). "학교는 붕괴하고 있는가: 학교의 일상을 통해 본 학교 붕괴의 실체". **교육학연구**. 40(3), 271－298.

김호권외(2000). **학교가 무너지면 미래는 없다**. 서울: 교육과학사.

곽병선(2003). "제 7차 초중등학교 교육과정에 대한 비판적 회고와 발전전망". **교육과학연구**. 33(2), 1－19.

박영만(1990). "존 듀이의 실험학교에 있어서의 교사능력모형에 관한 연구". **인천교육대학교 논문집**. 24(1), 257－273.

박영만(1993). "John Dewey 실험학교의 역사적 고찰". **인천교육대학교 논문집**. 27(2), 237－271.

박영만(1994). "듀이스쿨과 듀이의 생애". **인천교육대학교 논문집**, 28(1), 357－383.

박영만(1995). "듀이 실험학교의 교육과정 연구". **인천교육대학교 논문집**. 29(1), 151－182.

신득렬(2002). "학교 교육의 철학". **교육철학**. 22, 99－115.

이승은(2010). "듀이 실험학교의 과학적 기초 분석". **초등교육연구**. 23(4), 307－330.

이승은(2011). "듀이 실험학교의 도덕 교육적 함의". **도덕교육연구**. 23(2), 165－187.

이인규(2002). "학교붕괴 담론에 비추어 본 학교 혁신의 방향". **한국교육연구**. 8(1), 137－186.

이홍렬(2007). "듀이 실험학교에서의 사회과 교육－성격과 교육과정을 중심으로－". **사회과교육연구**. 14(4), 27－45.

안경수(2013). "교육적 이상과 학교교육 실제의 괴리에 대한 비판적 고찰: 현직 교사의 관점에서". **교육철학**. 50, 243－266.

안경인(1999). **듀이 '실험학교'의 실제와 교육이론을 통해 제시된 대안적 교사상에 관한 연구**. 이화여자대학교 대학원 석사학위 논문.

양은주(2003). "미국의 진보주의 교육운동: 교육의 인간화·과학화·민주화를 위한 실험". 연

세교육연구. 16(1), 25－48.
윤정일(2001). “현 교육상황의 진단과 전망”. **지역사회**. 2001(2), 10－18.
윤철경 · 이인규 · 박창남(1999). **학교 붕괴 실태 및 대책 연구**(연구보고서 99－R 33). 교육부.
정기섭(2001). “학교개혁과 학교교육학의 과제”. **교육학연구**. 39(1), 249－266.
정수경(1986). “J. Dewey 실험학교 교육내용에 관한 연구: 4－5세 아동을 중심으로”. **부산여자전문대학논문집**. 8, 161－186.
정준교(2001). “학교문화유형, 학교조직몰입 및 학교중퇴의도의 관계: 고등학생들의 인식을 중심으로”. **연세경영연구**. 38(1), 133－168.
정혜영(1999). “‘학교교육학(Schulpädagogik)’의 학문적 성격과 의미”. **교육의 이론과 실천**. 4(2), 23－40.
진미숙(2010). “실험학교와 교사: 듀이의 재해석”. **초등교육연구**. 23(4), 409－426.
황금중(2014). “학교교육의 본질에 대한 두 시선: 주희(朱熹)와 듀이(J. Dewey)의 학교론”. **교육철학연구**. 36(3), 175－201.

Baker, M. C.(1965). *Foundations of John Dewey's Educational Theory*. Atherton Press.
Cohen, D. K.(1998). “Dewey's Problem”. *The Elementary School Journal*. 98(5). The University of Chicago Press. 427－446.
Dewey, J.(1897). “My Pedagogic Creed”. Edited by Jo Ann Boydston(1972). *John Dewey: The Early Works*. Vol. 5, Carbondale and Edwardsville: Southern Illinois University Press.
Dewey, J.(1899). *The School and Society*. Edited by Jo Ann Boydston(1976). John Dewey: *The Middle Works*. Vol. 1, Carbondale and Edwardsville: Southern Illinois University Press.
Dewey, J.(1901). *The Educational Situation*. Edited by Jo Ann Boydston(1976). John Dewey: *The Middle Works*. Vol. 1, Carbondale and Edwardsville: Southern Illinois University Press.
Dewey, J.(1902). *The Child and The Curriculum*. Edited by Jo Ann Boydston(1976). John Dewey: *The Middle Works*. Vol. 2, Carbondale and Edwardsville: Southern Illinois University Press.
Dewey, J.(1916). *Democracy and Education*. Edited by Jo Ann Boydston(1980). John Dewey: *The Middle Works*. Vol. 10, Carbondale and Edwardsville: Southern Illinois University Press.
Dewey, J.(1928). *Progess Education and the Science of Education*. Edited by Jo Ann

Boydston(1984). John Dewey: *The Later Works*. Vol. 3, Carbondale and Edwardsville: Southern Illinois University Press.

Dewey, J.(1934). "Education for a Changing Social Order" Edited by Jo Ann Boydston (1986). John Dewey: *The Later Works*. Vol. 9 Carbondale and Edswardsville: Southern Illinois University Press.

Mayhew, K. C. & Edwards. A. C.(1936). *The Dewey School: The Laboratory School of the University of Chicago*. Appleton－Century.

Oakeshott, M.(1972). "Education: the Engagement and its Frustration." in T. Fullered. (1989). *The Voice of Liberal Education*. 63－94.

제3부

자유, 자율성 그리고 교양교육

제7장 자유와 권위에 대한 듀이의 관점과 그 교육적 의의

제8장 자율성과 인문학 리터러시

제9장 수사학 논쟁과 그 교양교육적 의의

제7장

자유와 권위에 대한 듀이의 관점과 그 교육적 의의*

최현주

1. 자유와 권위에 대한 전통적 관점
2. 자유와 권위의 재개념화
3. 자유와 권위의 관계
4. 교육에서의 자유와 권위
5. 자유와 권위의 조화를 위한 시사

* 이 글은 『교육철학』 제48집 365-392쪽에 게재되었던 "자유와 권위에 대한 듀이의 관점과 그 교육적 의의"를 수정, 보완한 것이다.

1. 자유와 권위에 대한 전통적 관점

오늘날 학생의 자유와 교사의 권위 문제에 관심을 가지거나 이것을 주제로 논쟁하는 사람들이 가지는 지극히 상식적인 견해들 중의 하나는 학생의 자유와 교사의 교권 중 어느 하나가 지나치게 강조되어서는 안 된다는 것이며, 나아가 어떤 방식으로든지 이 둘이 조화를 이루어야 한다고 주장하고 있다는 것이다. 하지만 아쉽게도 이들은 자유와 권위가 어떻게 조화를 이루어야 하는지에 대해서는 구체적인 논의를 보여주지 못하고 있다. 이러한 가운데 교육 현장에서는 교사의 권위와 학생의 자유를 지키기 위한 법적·제도적 장치들이 각각 마련되고 있는 실정이다. 그렇다면, 교육에 있어서 자유와 권위의 관계는 어떠해야 하는가? 학생의 자유와 교사의 권위를 조화시킬 수 있는 방법은 전혀 없는 것인가? 교사의 권위 실추를 가져오지 않으면서 학생의 자유를 확장시킬 수 있는 방법은 무엇인가? 이러한 질문에 대한 해답을 찾기 위해서는 자유와 권위의 관계에 대한 기존의 관점이나 논의들을 비판적으로 검토해 보는 작업이 먼저 이루어져야 할 것으로 보인다.

전통적으로, 자유와 권위의 관계를 서로 다르게 바라보는 두 가지의 관점이 상존해왔다. 교육에 있어서 지금까지 역사적으로 전개되어온 자유와 권위의 관계를 살펴보면, 대체로 개인의 다양성이나 자유보다는 권위의 우위성을 강조했던 관점이 있었는가 하면, 반대로 권위보다는 개인 자유의 우위성을 강조했던 관점도 있었다. 고대로부터 오늘에 이르기까지 교육의 역사는 이러한 관점들의 가정과 논리를 보다 사실적으로 보여주고 있다.

먼저, 전통교육에서는 개인적 가치보다는 사회적 가치나 종교적 가치 등을 전수하는 일에 관심을 기울여 왔다. 고대로부터 근대에 이르기까지 많은 사상가들은 인간의 가치를 이성과 영혼에서 찾고자 하였으며, 어떤 절대적이고 보편적인 가치가 존재한다고 믿었다. 이에 절대적인 기준인 이성과 도덕으로부터 벗어나는 것은 악덕으로 간주하여 타파해야 할 것들로 바라보았다. 이와 같이 전통적인 교육의 이상은 보편적이고 절대적인 진리를 전달하고자 하는 데에 목적을 두고 있었으므로 개인의 자유보다는 성인(成人)이 제시하는 보편적 가치에 권위를 부여할 수밖에 없었다. 이후에도 고대 철학자들이 내세운 이성과 덕성 우위의 교육적 이상은 중세시대 신(神)에 대한 절대적 신앙관으로 이어졌으며, 근대에 이르러서는 경험적 진리에 권위를 부여하는 흐름으로 전개되어 왔다.

이에 반해 자유의 가치에 우위를 두는 낭만주의 혹은 자유주의 교육학자들은 전통주의적 권위가 가져온 폐해에 주목하면서 권위가 학생의 참된 자유를 억압하고 본래적 성장과 발전을 저해하는 요인이므로 이를 최소화하거나 최대한의 자유를 부여하는 것이 바람직하다고 주장하였다. 이들은 권위가 학습자를 통제하는 기제로 작용해왔음을 부각시키면서 학습자 개인의 다양성과 자유를 보장하는 일이 무엇보다 중요하다고 주장하였다. 따라서 이들은 자유를 방해하는 억압이나 통제 또는 권위를 자유의 적(敵)으로 간주하였으며, 따라서 가능하면 학습상황에서 권위적인 요소들을 제거해야 한다고 주장하였다.

이와 같이 자유와 권위의 관계를 서로 각각 다르게 이해해 온 두 가지 역사적 전통이나 관점에서 발견되는 심각한 문제점은 자유와 권위의 개념 중 어느 하나에만 교육적 가치와 의의를 부여한 나머지 다른 한쪽은 소홀하게 생각하거나 경시하였다는 점이다. 현대에 이르러서도 우리 교육계 안에는 이와 같은 자유 우위론과 권위 우위론이 여전히 대립, 갈등하고 있다. 즉 자유와 권위 중 어느 하나만의 가치를 부여한 나머지 다른 쪽의 가치를 인정하지 않으려는 그릇된 이원론(二元論)이 상존하고 있는 것이다. 우리 교육계에서 생겨난 대다수의 문제들은 이러한 이원론적인 관점과 결코 무관하지 않은 것으로 보인다. 따라서 자유와 권위에 대한 이러한 이원론을 어떻게 극복할 것인가 하는 점은 최근 우리나라 학교교육 문화를 염려하는 사람들에게 중요한 과제가 아닐 수 없다.

이러한 맥락에서 필자는 일찍이 학교교육이 안고 있는 자유와 권위에 대한 이론원의 한계를 비판하고 이들의 관계를 통합적인 관점에서 이해했던 존 듀이(John Dewey: 1859~1952)의 주장을 통해 이를 극복하기 위한 대안을 찾아보고자 한다. 이를 위해 먼저, 2절에서 자유와 권위에 대한 전통적인 관점을 비판하고 이를 재개념화(再概念化)하고자 했던 듀이의 노력을 살펴볼 것이다. 이어서 3절에서는 자유와 권위의 관계를 대립적 관점이 아닌 변증적인 관점에서 해석한 듀이의 시도를 조명해 볼 것이다. 그리고 4절에서는 2절과 3절에서 살펴본 듀이의 관점을 바탕으로 하여 교육에서 자유와 권위의 관계가 어떤 관계여야 하는지, 그리고 어떻게 조화를 이룰 수 있는지를 밝혀 낼 것이다. 끝으로, 5절에서는 교육에서 자유와 권위의 조화를 위해 어떤 노력이 필요한지 알아보기 위하여 자유와 권위에 대한 듀이의 통합적 관점과 변증적 해석이 가지는 교육적 의의 및 시사점을 제시할 것이다.

2. 자유와 권위의 재개념화

교육에 있어서 전통적인 관점들이 가진 가장 큰 난점은 자유와 권위를 서로 상반되고 독립적인 개념으로 파악한 나머지 이 둘의 유기적이고 상호 의존적인 관계를 간과하였다는 점이다. 따라서 이 장에서는 전통적인 자유와 권위 개념을 비판하고, 두 개념을 재개념화함으로써 자유와 권위에 대한 새로운 해석의 가능성을 제시한 듀이의 주장을 살펴보고자 한다.

(1) 자유: 변화의 추동력(推動力)

자유의 개념은 시대에 따라 다양하게 변화되어 왔다. 우선, 고대 그리스와 로마에서는 토론의 자유, 거주의 자유, 재산권 보장 등 개인적 자유가 널리 인정은 되었으나, 국가에 개인이 속해 있고 개인이 곧 국가였으므로 개인적 자유의 개념이 특별히 존재하지는 않았었다(나용식, 1984: 22). 그러나 로마제국이 붕괴된 이후 다원화된 지배계급에게 대항하기 위한 개인의 자유개념이 비로소 출현하게 되었으며, 중세 이후 근대 유럽의 자유 개념은 산업사회에서의 자유로운 교환과 거래를 보장하고 사유재산을 보호하기 위한 권리로서의 자유권 개념으로 발달하게 되었다. 그 이후, 자유 개념은 자연권 이외의 좀더 복잡한 의미로 분화·확대되면서 발전되어 왔다. 특히, 근대 유럽 이후 자유는 매우 다양하게 논의되었으나 크게 소극적 측면과 적극적 측면이라는 두 축으로 구분되어졌다.

먼저, 루소(J. J. Rousseau)는 자기보존을 위한 자기애(自己愛)로부터의 원초적이고 본래적인 자유를 소극적 자유로, 법과 제도 등에 의해 제한을 받음으로써 누리는 사회 상태에서의 실질적 자유를 적극적 자유로 설명하였다(서영현 외, 2004: 130– 132). 또한 벌린(I. Berlin)은 '개인 또는 사람들의 집단이 다른 사람들의 간섭

없이 행동할 수 있는 것'을 소극적 자유로, '어떤 사람으로 하여금 이것이 되도록 결정할 수 있는 것'을 적극적 자유로 보았다(신득렬, 1997: 219－221). 그런가 하면, 홉스(T. Hobbes)는 자유의 순수한 개념을 '자유의지에 의한 자유'로 보고 이는 '외부의 방해 없이 마음속에 일어나는 자유의지에 따라 행동을 하는 것'이라고 하여 자유를 소극적 의미로 규정하기도 하였다(D. V. Mill, 1995: 444－445). 이처럼 학자에 따라 자유는 외부로부터의 간섭의 부재로 이해되기도 했고, 외부의 간섭 없이 스스로 가치 있는 것을 선택, 결정할 수 있는 행동이나 자유의지를 행사하는 힘으로 이해되기도 했다.

그러나 듀이는 자유의 개념을 이들과는 다르게 이해하였다. 전통적 관점들과는 달리 듀이에게 있어 자유는, 외적인 행동의 통제나 외부의 제한을 없애는 것으로부터 얻어지는 신체나 행동의 자유를 의미하는 것이 아니다. 그에 따르면, "그 동안의 외적 제한을 없애는 것과 같은 그런 자유는 그것이 가지고 있는 긍정적 측면을 배제한 채 자유를 이해하려는 것이며, 이것은 실제적 자유를 설명하지 못하는 이름뿐인 형이상학적 자유에 지나지 않는다."(Dewey, 1922: 209－210). 이런 의미의 자유란 자유 그 자체의 진정한 목적을 가지기보다는 하나의 수단에 불과하다는 것이다. 이러한 이유로 듀이는 이름뿐인, 혹은 현실과는 거리가 먼 자유가 아니라, 실제적 환경이나 혹은 구체적 상황 속에 작용하는 자유의 의미를 밝히고자 하였으며, 나아가 그는 자유의 개념을 새롭게 재정립하고자 하였다.

듀이에 의하면, 자유는 다음 세 가지 특징을 가진다. 첫째는 자유란 선천적으로 타고나는 것이 아니라는 것이다. 사회심리학 저서로 불리는 『인간성과 행위』(*Human Nature and Conduct*)에서 듀이는 자유와 인간성이 밀접한 관계를 가진다는 점을 밝힌 바 있다. 그에 따르면, 인간은 본래 타고나는 원초적인 '충동'(impulse)[1]을 가지고 있다. 그러나 충동은 스스로를 억제할 힘이 없으므로 나아갈 방향을 알지 못한다. 따라서 그것은 환경을 살피고 탐구할 수 있는 지성(知性; intelligence)의 힘을 필요로 한다. 이러한 지성의 힘을 통해 다듬어지고 정제되고 방향이 주어진 힘을 듀이는 자유

1) 충동이란, 원시적이면서도 그러나 치밀하지 못한, 방향이 없는 어떤 것을 의미한다. 듀이는 '충동'의 의미를 '본능'(instinct)과 동의어로 사용하였으나, 본능이라는 것이 일반적으로 정확히 조직되고 적응된 것이라고 여겨지는 개념임에 비하여 충동은 조직되거나 적응되지 않은 어떤 원초적 의미임을 구별하고자 하였다(Dewey, 1922: 75).

라고 본다. 말하자면 자유란 지성에 의해 다듬어진 충동의 긍정적 힘이라고 할 수 있다. 따라서 충동이 없이는 자유도 형성될 수 없거니와 작용할 수도 없는 일이다.

듀이가 말하는 자유의 두 번째 특징은 변화의 추동력(推動力)이라는 점이다. 지성에 의해 다듬어지고 통제된 힘으로서의 자유가 없이는 그 어떤 개인이나 사회도 변화와 발전을 기대할 수 없다는 것이 듀이의 생각이다. 그는 고전적인 자유론자들이 말하는 '간섭과 제재가 없는 상태'로서의 자유가 아니라 인간이 직면하는 상황을 변화시키려는 강한 동인(動因)으로서의 자유를 내세운다. 따라서 듀이에게, 이러한 자유가 작동하지 않고는 개인의 성장과 발전을 기대할 수 없다.

듀이가 말하는 자유의 세 번째 특징은 그것이 절대적인 속성을 가진 것이 아니라는 것이다. 즉 자유는 한번 획득하면 그만인 고정 불변하는 인간 속성이 아니라, 상황의 변화에 따라 성장, 발전해 가는 가변적이고 능동적인 능력이라는 점이다. 이 같은 자유의 능력은 인간성 안에 존재하는 습관 및 지성과 상호작용을 해 가는 동안 부단히 성장, 발전해 간다. 흔히 반성적 사고로 불리는 지성의 간섭과 조력으로 더 큰 힘을 발휘하게 되는 것이다. 이러한 의미에서 듀이는 지성에 의해 이루어지는 자유, 즉 지성적 자유의 중요성을 강조하였다. 이 점에 있어서 듀이는 "개인의 주체적인 반성과 판단을 통해 내적(內的) 통제를 가능하게 하는 지성적 자유는 사회적 환경과의 끊임없는 상호작용을 이루어가며 낡은 습관이나 제도에 새로운 변화를 촉발시키는 긍정적 요인으로 작용하게 되는 것이다"라고 주장한 바 있다(Dewey, 1936: 65–68).

이와 같이 듀이가 말하는 자유란 사회의 전통과 관습 속에서 '변화와 발전을 이끌어 내는 동인'으로 작용하게 된다. 듀이는 이것이야말로 자유의 진정한 목적이 될 수 있다고 보았다. 결국, 듀이는 자유를 '외부의 통제가 없는 상태'라는 소극적인 개념으로 사용하기보다는 '변화를 일으키는 추동력'이라는 적극적인 개념으로 해석하고 있다.

(2) 권위: 변화를 위한 지원

자유의 개념과 마찬가지로 권위의 개념도 시대에 따라 혹은 사회, 문화적 맥락에 따라 다양하게 논의되어져 왔다. 그 동안 역사적으로 전개되어온 권위의 개념을 간단하게 개관한 후 듀이의 권위 개념을 소개해 보고자 한다.

우선, 고대 그리스에서는 통치를 위한 특수한 자질들을 인간의 기능과 지식으로부터 도출해 내려하는 경향이 있었으므로 '권위'라는 말을 직접 사용하지는 않았다. 권위의 기원에 대하여 신득렬(1997: 15)은 로마제국에 와서 원로원의 권한을 표기하기 위하여 사용하기 시작했다고 보았고, 박병준(2010: 20)과 최성환(2005: 12) 등은 고대의 논리학과 수사학의 전통으로부터 출발한다고 보기도 한다. 그 시작이야 어찌되었건 간에, 전통적으로 이해되어온 권위의 개념을 살펴보면, 우선 권위를 권력의 개념과 구분하지 못하였으며, 또 권위를 '명령'이나 '통제' 등의 의미로 사용하기도 하였다. 이는 이미 베버(M. Weber)가 주장한 바 있듯이, 권위라는 것은 합리적 근거보다는 역사적 근거에 기초한 것으로서 주로 관습이나 전통적 규칙에 의해 형성된 것이다. 이처럼 '권력' 혹은 '명령이나 통제'로서의 권위 개념은 복종, 규칙(원칙), 순종 등을 동반하는 것으로서 사회통제의 기능을 그 핵심으로 하는 사회·정치적 개념이다.

그러나 듀이는 이러한 전통적인 권위 개념에 반대하였다. 듀이는 그 동안의 권위가 인간 본성이나 사회와 분리된 초자연적인 것, 즉 인간 외적인 것으로 인식되어 왔으며 또한 변화를 유도하려는 자유를 억압하고 통제하는 것으로 공격받아 왔다고 지적했다(Dewey, 1936: 134). 듀이에 따르면, 이러한 전통적 권위의 개념은 자유를 억압하고 통제하는 외부적 수단으로 해석되어 왔다(M. Gordon, 1998: 241). 따라서 그는 권위를 전통적 관점들과는 다른 시각에서 해석할 수 있는 틀을 제공하고자 하였다. 그가 말하는 새로운 권위의 근원은 그러한 오래된 과거의 외부적 개념으로부터 찾아질 수 있는 것이 아니라, 개인 내부로부터 시작되는 것이요, 현재와 미래를 향한 진보적 이상 위에서 찾아질 수 있는 것이다.

듀이는 전통과 사회적 관습이 개인의 삶과 통합되어질 때 비로소 권위가 힘을 갖게 된다는 점을 부인하지 않았다. 다만 그는 이러한 권위가 행사되는 과정에서 부정적인 영향을 끼치게 된 점에 주목하면서 권위 행사의 폐해에 대해 다음과 같이 요약하고 있다. 즉 한번 생성된 권위는 오랫동안 개인의 삶은 물론 사회 전 분야에 강하게 스며들어 기존의 것을 고수하려는 강력한 습관의 힘으로 작용해 왔다. 그런데 이러한 권위를 작용시키는 힘이 너무 강하여 개인들에게 너무나 깊고 큰 영향을 끼쳐왔기 때문에 개인들은 그것이 외부적인 것인지, 또는 억압적인 것인지 조차도 느끼지 못한 채 그 힘을 행사해 왔다. 이러한 이유로 듀이는 전통적인 권위가 그 힘을 받아들이는 개인들로 하여금 억압적이고 부정적인 것으로 이해되게 되었다고 지적한다(Dewey, 1936: 134).

이러한 맥락에서 듀이는 전통적 권위 개념의 재개념화를 시도하였다. 특히 그는 자유와 관련하여 권위를 새롭게 해석하고자 하였다. 즉 권위란 일방적이고, 폭압적이며, 개인 외적으로 작용하는 억압의 의미와는 달리, 개인의 내적인 자유로운 사고와 탐구를 바탕으로 조직된 '지성체'(collective intelligence)[2]에 의해 만들어지는 힘이다. 다시 말해서, 권위는 다양한 개인의 자유로운 사고과정을 통해 평가하고, 판단하며, 재조직하는 지성에 의해 만들어지는 것으로서 결코 자유를 배제하고는 성립될 수 없는 개념인 것이다. 이렇듯, 듀이가 말하는 권위는 개인의 자유를 억압하고, 변화에 반대하는 외부적 통제로서가 아니라, 개인 내부로부터의 자유를 수용하고 그것을 통해 오랫동안 고수해왔던 습관을 새롭게 조직화함으로써 변화를 창조할 수 있도록 후원하는 진보적인 의미를 가지는 개념이다. 듀이에 의해 새롭게 재개념화된 권위는 내적인 변화의 에너지인 자유를 통하여 개인이 가지고 있던 고착적인 습관의 힘을 변형하고, 그러한 변형의 결과로 새롭게 조직된 힘으로서 자유의 방향을 지시해 주는 안내자이다. 결국, 듀이가 말하는 자유가 변화를 불러일으키는 힘이라면, 권위는 변화를 저지하거나 대립하는 것이 아니라 오히려 '변화에 방향을 부여하고 지원을 해주는 후원(後援)'의 의미를 가지고 있다(Dewey, 1936: 131-136).

3. 자유와 권위의 관계

앞 장에서 살펴본 바와 같이, 듀이는 자유와 권위의 개념을 재개념화하면서 두 개념을 새롭게 해석하고자 하였다. 그렇다면 그는 자유와 권위의 관계를 어떤 관점에서 이해하고 있는가? 이 둘의 관계를 대립적 혹은 갈등적인 관점에서 바라보고 있

2) 듀이가 사용한 'collective intelligence'는 흔히 '집합적 지성' 혹은 '전체적 지성'으로 번역되기도 하나, 듀이가 제시하는 권위 개념에 비추어볼 때, 이것은 단순한 집합의 의미를 넘어 여러 개인들의 의견을 모으고 수렴함으로써 사회적 선(social good)을 이루기 위해 재구성된 '지성체'(知性體)로서의 의미가 강하다.

는가, 아니면 상호 의존적 혹은 보완적인 관점에서 바라보고 있는가? 이 장에서는 이러한 질문에 대한 듀이의 입장을 소개하고자 한다.

(1) 변증적 상호작용

듀이는 보수주의와 자유주의 사상이 인간의 몸과 마음, 이론과 실제, 물리적 기제와 관념적 목적 등을 서로 대립시키는 이원론적 철학을 정립하는 데에 영향을 주었으며, 이러한 철학은 개인의 자유와 권위 사이의 관계를 그릇되게 파악하도록 만들었다고 비판하였다(Dewey, 1916: 300). 따라서 그는 자유와 권위에 대한 기존의 이원론적 관점을 극복하고 자유와 권위를 유기적이고 조직적으로 결합시키기 위해서 이 둘 간의 관계에 대한 새로운 인식이 필요하다고 보았다. 듀이는 "권위와 사회적 변화"(Authority and Social Change, 1936)라는 논문에서 두 개념 간의 관계를 다음과 같이 설명함으로써 이 둘 간의 유기적인 통합 가능성을 시사한 바 있다.

> 참으로 중요한 문제는 권위와 자유의 관계에 대한 것이다. 권위는 개인에게 제공되는 방향과 지원을 수단으로 하는 사회조직의 안정을 의미하며, 개인의 자유는 의도적으로 변화가 일어나도록 하는 힘을 의미한다. 계속적으로 관심을 가져야 할 문제는 권위와 자유, 즉 안정과 변화를 밀접하고 유기적으로 결합시키는 것이다. 권위와 자유의 통합 대신 분리에 의해 해결하려는 생각이 행동으로 옮겨질 때 마다 우리의 노력은 오도되고 방해를 받는다(Dewey, 1936: 131).

듀이에 따르면, 자유와 권위는 인간의 삶과 행동의 전 분야에서 이론적인 것처럼 그렇게 분리되어 작용하는 것이 아니다(Dewey, 1922: 131). 실제적으로 권위 없는 자유는 개인의 자유를 위해 없어서는 안 될 지원과 방향을 박탈하게 되고 또한 반대로 자유 없는 권위는 새로운 변화에 억압적이고 적대적인 경향으로 인해 각각의 한계를 드러내게 된다(Dewey, 1936: 136-137). 따라서 듀이는 자유와 권위의 영역이 각 영역의 경계를 허물고 서로 긴밀하게 효과적으로 통합되어야 하는 것으로 보았다. 듀이는 그의 저서 『자유주의와 사회적 실천』(*Liberalism and Social Action, 1935*)에서도 자유와 권위의 결합과 통합의 필연성을 다음과 같이 역설한 바 있다.

> 우리가 살아가는 세계는 언제나 과거의 축적된 경험에 의지하지만 항상 새로운 세력이 등장하고 새로운 요구들이 발생하며, 그것은 과거 경험에 대한 재구성을 요구한다. 옛것과 새것은 옛 경험의 가치가 새로운 욕구와 목표의 도구가 될 수 있도록 끊임없이 서로 통합되어야 한다 …(중략)… 인간의 삶은 제도적, 도덕적 틀에 묶이게 되어 있다. 그러나 변화는 항상 우리와 함께 있고 오랜 관습과 생각, 욕구, 행위의 옛 방식을 새롭게 할 것을 지속적으로 요구한다. 옛것과 안정, 그리고 새것과 불안정 사이의 효과적 비율은 시대에 따라 다르다 …(중략)… 그러나 그 비율의 크고 작음에 상관없이 조절의 필요성은 항상 존재하고 …(중략)… 조정할 수 있는 유일한 방법은 지성을 사용하는 것이다. 옛것과 새로운 것을 통합에 의해 재구성하는 것이 지성의 본질이다(Dewey, 1935: 36-37).

이와 같이 듀이는 옛것과 새것, 변화와 안정을 통합하고 재구성할 필연성을 제기하면서, 자유와 권위의 변증적 상호작용에 주목하였다. 이러한 듀이의 관점에 따라 자유와 권위의 상호작용 과정을 정리하면 다음과 같다.

먼저, 오래된 전통이나 관습으로부터 형성되어온 권위는 사회와 질서의 안정을 유지하며 개인과 사회의 습관으로 굳어진다(정: 正). 그러나 그러한 습관적 힘이 오랜 기간 지속되어질 경우, 새로운 변화를 요구하는 충동이 일어난다(반: 反). 이러한 충동에 지성이 작용하게 되면 반성적 사고에 의해 충동이 조절됨으로써 외부적인 방해 없이 사고할 수 있는 자유가 성취된다. 이러한 자유는 굳어진 습관을 변형하는 힘으로 작용하며, 변형된 습관은 또 다시 자유와 통합됨으로써 조직된 새로운 지성의 힘, 즉 권위를 갖게 된다(합: 合). 결국 이렇게 조직된 권위를 발판으로 하여 개인의 자유는 그 나아갈 방향을 모색하게 되는 것이다. 이렇듯 듀이는 자유와 권위가 연속적으로 서로에게 영향을 미치며 변증적으로 상호작용함으로써 새로운 공적(公的) 지성을 조직해 가는 것으로 보았으며, 이로부터 문명과 사회의 진보가 이루어져 왔다고 보았다.

이처럼 듀이에게 있어서 권위는 오랜 전통과 관습으로 이어져 오면서 필연적으로 새로운 변화를 요구하는 성향을 만나게 되어 있고, 그에 의해 오래된 습관을 변형함으로써 새로운 발전을 가져오는 것이다. 이것은 권위가 개인의 자유를 외적으로 제한하는 작용을 하는 것이 아니라, 자유의 영역을 잘 살핌으로써 개인의 능력을 실현하는데 방해되는 요소들을 변화시키고, 궁극적으로는 개인의 자유를 성취할 수 있게 해 주는 긍정적인 힘으로 작용함을 보여 준다(M. Gordon, 1998: 252). 이러한 듀이의 주장은 자유와 권위를 이원론적으로 바라보았던 전통적인 관점과는 달리 이 두 가지를 통합적 관점에서 설명하려는 시도였다고 할 수 있다.

이와 같이, 듀이는 자유를 사회진보나 변화를 일으키는 개인 내부적 요소로서의 힘으로 설명하였고, 권위를 그러한 자유로부터 조직되어 다시 변화를 후원해주는 공적 행동지침으로 해석함으로써 자유와 권위, 변화와 안정 간의 상호 유기적이고 변증적인 관계를 밝히고자 하였다. 따라서 듀이는 사회의 진보를 위해서는 이러한 자유와 권위의 변증적 상호작용의 원리를 바탕으로 하는 "조직화된 지성적 권위에 따르는 자유"와 "변화를 유도하고 활용할 수 있는 권위"가 필요하다고 역설하기도 하였다(Dewey, 1936: 137).

(2) 연속적 상승작용

듀이는 자유와 권위 간 갈등의 원초적 근원이 개인과 사회 제도와의 대립적 관계에 있다기보다는 오히려 개개인 내부의 혁신적 요소와 보수적 요소 사이의 갈등 관계에 있다고 보았다(Dewey, 1936: 133). 따라서 개인의 내부적 요소 간의 조정을 꾀하고 자유와 권위를 효과적으로 통합시키기 위해서는 종전과 같은 강제적인 외부적 힘이 아니라 두 영역을 탐색하고 조정할 수 있는 지성의 힘이 필요하다고 보았다. 그리하여 자유와 권위는 지성을 통해 결합되어야 하며 서로의 영역에 상보적으로 영향을 미치게 된다. 지성[3]을 통한 자유와 권위의 상보적 결합 관계는 다음과 같은 두 단계를 통하여 점진적으로 이루어진다.

첫 번째 단계는 '반성적 사고'로서의 지성에 의해 이루어진다. 이때의 지성은 환경을 관찰하고 탐구함으로써 개인의 충동과 습관을 조정하여 궁극적으로 자유와 권

3) 메이클레이존(A. Meikleijohn, 1942: 128)은 듀이의 지성개념에 대한 혼란성을 지적한 바 있다. 그의 혼란의 이유는 지성의 개인주의적인 측면과 사회적인 측면 사이의 변화에 관한 언급이 없다는 점에 있다. 그러한 그의 비판대로 듀이의 지성개념을 이해하는 데에 혼란이 따르는 것이 사실이다. 그러나 자유와 권위의 결합에 있어서 '지성'의 의미는 두 가지로 이해될 가능성이 있다. 첫 번째로 자유와 권위의 결합과정에 나타나는 촉매로서의 지성(intelligence)은 개인의 반성적 사고(reflection thinking)를 의미하는 것으로, 충동의 영역과 습관의 영역을 관찰하고 탐구하는 기능을 수행함으로써 자유와 권위의 결합을 가능하게 하는 것으로 보이며, 두 번째 지성의 의미는 반성적 사고에 의해 실현된 자유에 기초하여 새롭게 '조직된 지성'(organized intelligence)을 의미하는 것으로, 이것이 바로 듀이가 말하는 사회적이고 공적인 힘을 갖는 지성으로서의 '권위'이다.

위를 결합시키는 데에 관여한다. 듀이에 의하면, 충동은 너무도 제멋대로 환경과 관계하고 있으므로 환경에 대해 아무것도 보고할 수 없으며, 이와 반대로 습관은 너무나 환경에 순응하기만 하기 때문에 그것만으로는 환경을 조사하고 분석할 수 없다(Dewey, 1922: 124). 따라서 이 두 영역의 조화를 위해 지성이 작용하게 된다. 충동과 습관의 각 영역에 지성이 작용하게 되면, 충동은 어두운 미지의 세계였던 습관의 영역을 조명해 내고, 또한 습관은 원래 가지고 있던 내용과 소재를 제공함으로써 혼란된 사태를 형태화시키는 데에 기여한다. 결국, 충동과 습관은 지성에 의해 탐구되고 결합됨으로써 알 수 없었던 자유의 방향을 찾게 되고, 그러한 자유로부터 조직화 되는 새로운 힘을 객관화시킬 수 있게 되는 것이다. 이처럼 자유와 권위의 관계에 있어서 반성적 사고로서의 지성은 '새로운 것을 추구하는 자유'와 '기존의 것을 지키고자 하는 습관' 간의 관계를 조정하고 지도함으로써 자유와 권위의 결합을 가능케 하는 촉매 역할을 해준다.

두 번째 단계는 첫 번째 단계에서 이루어진 지성의 촉매작용으로 인해 조직된 결과적 지성, 즉 '권위'에 의해 이루어진다. 이때의 권위는 개인만이 사유한 것이 아니라, 개개인의 환경과 통합되어진 공적 지식과 이념으로서의 성격을 갖는다.[4] 따라서 두 번째 단계에서의 권위는 보다 객관화되고 공식화되어진 힘을 갖게 되며, 이러한 힘이 개개인의 자유와 통합되어짐으로써 사회의 변화와 안정을 가능하게 해 준다. 이와 같이 듀이는 자유와 권위의 관계를 지성에 의해 개인 내부적 요소를 조정하는 것으로부터 사회의 변화와 안정 간의 재구성을 도모하는데 이르기까지의 연속적인 상승과정으로 설명하였다.

지금까지 살펴본 바와 같이, 듀이는 자유와 권위를 '개인과 사회', 또는 '개인과 제도' 등과 같은 '개인' 대 '개인 외적 요소' 간의 관계로만 보지 않았고, 개인을 구성

4) 민주주의 사회에서의 지성에 대한 듀이의 생각은 다음과 같다. "자유주의는 지성을 개인의 소유이고 권리라고 보는 중대한 오류를 저질렀다. 그러나 지성은 사회적 자산이며 본래 그 기원이 공적이었으므로 구체적인 사회적 협조 속에서 가능해야 한다. 민주주의적 자유주의에서는 자유로운 개인의 생각과 표현의 공적 기능을 수행할 수 있어야 하는데, 이는 사회진보를 위한 공동의 목표를 성취하는데 있어서 지성이 개인에게 소유된 것이 아닌 방식 즉, 공적 타당성이 있는 방식으로 통합되어야 함을 의미한다 …(중략)… 지성은 자연으로부터 개인이 부여받은 우연한 속성이 아니라 개인이 살고 있는 환경으로 통합된 지식, 이념, 목적에 반응하는 개인의 능력이다. 고로 지성은 개인의 소유물이 아닌 사회적 방법으로서의 성격을 갖는 것이다"(Dewey, 1935: 48－51 참조).

하는 요소들 간의 상호작용으로부터 이루어지는 연속적 상승 관계로 설명함으로써 자유와 권위의 조화점을 개개인 내부로 회귀시켰다.[5] 이것은 결국 자유와 권위의 힘이 근본적으로 각 개인의 내부에서 시작됨을 의미하며, 지성을 통해 개인의 내부적 태도를 조절함으로써 그 힘이 사회의 변화와 안정을 꾀할 수 있는 데까지 확장되어 질 수 있다는 듀이의 믿음이다.

4. 교육에서의 자유와 권위

교육 실제에 있어서 자유는 학습자의 권리를 보장한다는 측면에서, 그리고 권위는 미성숙한 아동에게 행동의 원칙과 기준을 제공해 준다는 측면에서 매우 중요한 요소임에 틀림이 없다. 그러나 교육현장에서는 여전히 지나친 권위의 행사로 인해 권위 본래의 의미를 잃는 일들이 빈번하게 일어나고 있으며, 이와는 반대로 지나친 자유의 요구로 참된 자유가 실현되지 못하는, 소위 권위와 자유의 패러독스가 존재하고 있다. 이 절에서는 듀이의 관점에 기초하여 이러한 두 가지 패러독스의 폐해와 난점을 지적한 후 자유와 권위의 조화 가능성에 대해 살펴볼 것이다.

(1) 자유와 권위의 패러독스

가. 권위의 패러독스[6]

전통교육은 대체로 절대적 가치에 따른 관습과 제도 혹은 교과나 교사 등의 권위를 중시하였다. 앞 장에서 논의하였듯이, 전통교육은 보수주의적 관점을 근간으로

---

5) 홍남기(2010: 7)에 의하면, 듀이는 현대사회의 문제를 해결하는 데에 있어서 거시적 관점이 아닌 다소 미시적 관점에서, 즉 체제나 구조적 차원이 아닌 개인 간 상호작용 차원에서 접근하였다. 그는 그 근거로 듀이가 한 주장 즉 "공동의 문제인 공적 문제는 구성원 개개인이 가지는 공동의 관심사이므로, 공중(the public)은 결국 정치적 주체인 개인들에 의해 조직된 것"이라는 주장을 제시하였다.

6) '권위의 패러독스'라는 용어는 권위가 소유논리구조 속에서 그 본의가 일탈 혹은 소외되는 현상을 의미하는 것으로, 이는 권위가 그 한계를 넘어서 오용되거나 남용될 때 권위에 내재되어 있는 자율적 복종이 타율적 복종으로 역전되는 현상을 의미한다(E. S. Fromm., 1976: 36−39을 인용한 이봉철, 2011: 40−41).

개인의 다양성이나 창조성의 발현보다는 옳다고 믿어지는 보편적이고 절대적인 가치들의 전수를 중시하였다. 따라서 이러한 교육은 학생의 자유를 허용하기 보다는 권위, 규율, 그리고 통제를 통해 절대적 가치를 전달하는데 관심을 모아왔다. 이렇듯 보수주의적 관점을 지지하는 교육자들은 학교의 주된 과업이란 학생들에게 보편적이고 절대적인 가치들을 주입하는 것이라는 주장을 당연시하였다. 왜냐하면 이들은 이러한 관점이 학생들의 행동에 나름대로의 엄격한 기준과 원칙을 제시할 수 있고, 일정한 질서를 제공해 주며, 궁극적으로는 자율적이고 합리적인 인간을 양성하는데 필요한 조처라고 판단했기 때문이다. 하지만 이러한 관점은 어떤 특정한 관습이나 도덕을 지나치게 신격화하여 그것에 대한 비판이나 수정을 허용하지 않게 될 경우, 다음과 같은 패러독스를 낳을 가능성이 높다(Dewey, 1922: 58 참조).

첫째, 권위가 지나치게 강조될 경우, 자율성보다는 순응성을 육성할 가능성이 높다는 패러독스이다. 이는 성인의 편의나 간섭 등에 따라 그들이 가르치기를 원하는 것만을 학습하도록 제한함으로써 순응적인 인간을 양성하게 되어 결국 개인의 가소성과 독창성, 독립성 등이 무시되는 결과를 낳게 된다는 것을 의미한다. 이러한 제한은 결과적으로 개인의 권리를 침해할 뿐만 아니라 인간으로 하여금 타인의 습관에 굴복시키고, 무력해지게 하며, 실험정신이나 전문적 사상마저 저버리게 한다(Dewey, 1922: 47). 따라서 오래된 전통이나 권위는 다양성과 변화에 적대적이고, 억압적이며, 폐쇄적인 성질로 인해 결과적으로 또 다른 관습의 절벽이 됨으로써 자율성을 필요로 하는 현실적인 상황들과 오히려 불균형을 이루게 되는 패러독스를 낳을 수 있다.

둘째, 권위를 지나치게 강조하여 '권위주의'(authoritarianism)로 흐르게 될 때 생기는 패러독스이다. 권위는 그 자체에 내재된 힘으로 인해 타인의 자율적 복종을 불러오는 것[7]임에 반해, 권위주의는 강제적인 힘으로 상대방을 복종시키려고 하거나,

---

7) 권위(authority)는 "사회생활의 특정 영역에서 어떤 사람이나 조직이 행사하는 일반적으로 인정된 영향력"을 의미하는 것으로 강제적 억압이나 구속을 전적으로 배제하는, 내부로부터의 자발적이며 자율적인 영향력을 뜻한다(박병준, 2010: 18). 이와 관련하여 도우니(M. E. Downey)와 켈리(A. V. Kelly)는 권위를 "폭력을 사용하지 않고 혹은 이유를 대지 않고 타인들로 하여금 자신에게 복종하도록 하는 능력"이라고 하여 권력이나 권위주의와는 다른 의미로 설명하기도 하였다. 그런가 하면 신득렬(1997: 80)은 '권위주의적'(authoritarian)이라는 말과 '권위적'(authoritative)이라는 말을 대조시켜 설명하기도 하였다. 그에 따르면, 후자는 찬양되어야 할 말이지만 전자는 '무자비한', '거친', '부정한', '거만한', '강제적' 등의 비난의 의미를 포함하고 있다.

혹은 권위를 근간으로 강제적으로 일을 처리하며 사회조직을 운영하려고 할 때 나타나는 그릇된 태도이다(최관경, 2009: 8). 이러한 권위주의는 인간의 자유, 공정성, 이익의 문제 등과 관련하여 개인의 권리를 침해할 수 있으며, 이러한 이유로 사회적 저항이나 일탈이 야기되기도 한다. 이는 인간의 행동에 일정한 기준을 제시하지 못하고 오히려 분열을 초래할 수 있다는 데에 문제가 있다. 그러므로 권위가 인간 행동을 통일시키고 인간 존재를 일치시킬 수 있다는 이론과는 달리, 실제적으로는 오히려 권위에 대한 저항을 '개인적 자유주의'와 같은 논리로 표면화시키며, 인간 행동을 분리시켜 탈 권위를 주도하게 되는 패러독스를 발생시키게 되는 요인이 될 수 있다.

이상과 같이 교육 분야에서 권위의 패러독스가 가져오는 폐해는 결코 적지 않다. 권위에 의한 통제가 지나칠 때 권위는 그것의 내재적 혹은 본래적 의의를 상실한다. 즉 권위주의는 권력 혹은 탈 권위로 전락할 수밖에 없다. 권위주의의 가장 큰 해악은 학습자의 자율성, 능동성, 독립성을 위축시킨다는 점이다. 기존의 전통적인 교육이 간과한 점은 권위의 행사가 가져올 문제점과 폐해에 대해 보다 심각하게 고려해 보지 않았다는 점이다. 결국 지나친 권위의 사용은 교육이 본래 실현하고자 하는 목적을 훼손시킨다.

나. 자유의 패러독스

교육에 있어서 전통적인 관점이 해결하기 힘든 패러독스의 문제를 안고 있듯이, 자유주의적 관점 역시 지나치게 자유만을 강조함으로써 몇 가지 패러독스의 문제를 안고 있다. 자유주의적 관점은 자유의 발전을 방해하는 억압이나 통제 또는 권위 등을 부정적으로 다루어왔다. 또한 이러한 관점에서는 아동이 자기 조절 능력을 스스로 다고나며 이에 따라 자율적으로 선택할 수 있는 힘이 있다고 봄으로써, 아동의 자율은 자유를 통해서 저절로 완성된다고도 보았다. 이러한 이유로 자유주의적 관점에서는 아동을 가르치고, 훈계하고 강제로 복종시키는 대신에 아동 스스로 자유롭게 판단하고 선택할 수 있도록 자유를 확대할 것을 강조한다. 그러나 자유를 무제한적으로 확대하고 개인의 자유로운 선택만을 지나치게 강조할 경우 다음과 같은 자유의 패러독스에 봉착하게 될 가능성이 높다.

우선, 개인의 무제한적 자유가 자유방임의 문제로 이어질 수 있다는 문제점을 지적할 수 있다. 이는 개인이 사회의 전통과 규칙 등으로부터 제한 없이 자유로워짐으로 인해 결국 자유방임의 결과가 생기며, 이러한 자유방임은 방종으로 이어져 또 다른 개인의 자유를 침해하게 된다는 것을 의미한다. 이점에 있어서 포퍼(K. Popper)는 "지나친 자유는 자유를 없앤다"고 하여 '자유의 패러독스'(paradox of freedom)로 설명한 바 있다(R. S. Peters 저, 이홍우 역, 2003: 259). 그런가 하면 듀이는 사회적 제한을 부정한 자유주의는 자유방임이라고 지적하면서 그 한계를 다음과 같이 설명한 바 있다. 그것은 첫째, 개인의 자유를 보장함으로 인해 얻게 되는 경제적 불평등을 정당하게 보는 결과를 가져온다는 것, 둘째, 개인의 자발성, 독립성, 선택과 책임 등의 개인 중심적 덕목을 지나치게 칭송할 뿐 아니라 환경으로서의 사회적 제도를 외부의 제한으로 취급하는 결과를 가져온다는 것 등이다(Dewey 저, 김진희 역, 2011: 45-55 참고). 듀이가 지적하였듯이, 자유방임은 실제로 타인의 자유를 침해할 뿐만 아니라 개인을 둘러싼 환경을 부정함으로써 개인과 사회, 혹은 개인과 타인과의 관계를 적절히 결합시키지 못하는 결과를 초래할 수 있다.

다음으로, 교육에서의 자유주의적 관점이 갖는 두 번째 패러독스는 개인에게 이익이 되게 하기 위해 부여되는 선택의 자유가 오히려 자신의 이익을 해치는 경우가 있다는 것이다. 교육에 있어서 미성숙한 학습자들의 자유로운 선택이 과연 그들의 이익을 위해서 올바른 선택이 될 수 있는가? 이에 대하여 학습자의 선택을 제한하는 것은 '과잉 간섭'이며 학생 인권적 측면에서 교육적 배려가 부족한 것이라고 보는 견해도 있으나(김혜숙, 1999; 이수광, 2000; 유성상, 2011 등), 이에 대한 패러독스의 문제는 다음과 같다.

피터스(R. S. Peters)는 교육에 있어서 경험이 부족한 아동에게 자유로운 실험이나 도구 등을 선택하도록 자유를 주었을 때 아동이 위험한 재료나 도구를 선택하는 경우 그러한 선택의 자유는 정당화 될 수 없다고 보았다(R. S. Peters 저, 이홍우 외 역, 2003: 271). 왜냐하면 진정한 의미의 선택이란, 선택에 필요한 기본 경험들을 어느 정도 가지고 있을 때 즉, 자기 행동의 결과를 현실성 있게 조정할 수 있는 시기가 되었을 때만이 가능한 것이라고 보기 때문이다(R. S. Peters 저, 이홍우 외 역, 2003: 277). 이러한 의미에서 경험이 많지 않은 아동의 선택은 자신의 이익에 해가 될 수 있으므로 이는 진정한 의미의 선택으로 보기 어려우며, 이러한 선택의 개념으로 자율성이 완성된다는 것 또한 불가능한 것이다. 오히려, 피터스는 아동 스스로 선택할 수 있는 자율성을 기르기 위해서는 규칙, 법률, 제도 등의 환경을 통해 자신의 선택에 대한 구체적인 결과를 먼저 제시받을 수 있어야 한다고 주장하였다.

이상과 같이 교육 분야에서 자유의 패러독스가 끼치는 해악은 권위의 패러독스 못지않게 심각하다. 자유의 주장이 지나치게 강할 경우 그러한 주장은 방임주의를 낳을 가능성이 높다. 방임주의적 태도에서 나타나는 가장 큰 특징은 학습자에 대한 불간섭이다. 그러나 지나친 자유는 참된 자유를 해칠 가능성이 높다. 학습자에게 무제한적인 자유를 허용할 경우 타인의 자유를 해치거나 침해하는 일들이 비일비재하게 생겨날 수 있다. 이러한 점에서 자유로운 선택을 보장하기만 하면 저절로 자율성과 독립심이 길러질 것이라고 믿는 자유주의적 관점은 현실적으로 그 한계를 드러내게 된다.

지금까지 자유와 권위에 관련된 두 가지 형태의 패러독스, 즉 순응과 권위주의를 가져오는 권위의 패러독스와 개인의 참된 선택과 공익을 해칠 가능성이 높은 자유의 패러독스에 대해 논의하였다. 이제 문제는 이 두 가지 패러독스가 가져오는 문제점을 어떻게 극복할 것인가 하는 점이다. 이러한 패러독스의 난점을 극복하기 위해서는 모종의 통합적인 관점에서 사태를 바라볼 필요가 있다.

(2) 자유와 권위의 변증적 조화

듀이는 자신의 주저 『민주주의와 교육』(*Democracy and Education, 1916*), 『경험과 교육』(*Experience and Education, 1938*) 등을 통해 전통교육과 진보주의 교육의 맹점을 동시에 비판하면서 새로운 교육의 방향을 밝히고자 하였다. 듀이에 따르면, 전통교육은 기본적으로 위로부터 혹은 외부로부터 부과된 내용을 교육이라고 보는 관점에서 이루어졌다(Dewey, 1916: 75－86; 1938: 5－10). 그러나 이러한 전통교육은 행동의 기준이나 과거의 전통에 의한 지식을 어린 세대에게 일방적으로 습득시켜야 하는 이유로 외부의 통제가 필요하게 되고, 이러한 통제에 따라야 하는 학생들은 순응적이고 수용적이며 복종적인 태도를 취해야만 한다.

그와는 반대로, 진보주의적 관점에서의 교육은 전통이나 성인의 지도 또는 안내 등을 자유를 침해하는 것으로 간주하여 어린 세대들에게는 제거되어야 할 것으로 인식하는데, 이러한 관점에서의 자유는 아이를 제멋대로 키우게 하는 결과로 이어지며, 이는 아이가 직면하게 될 난관을 극복하기 위한 노력과 인내심을 좌절시키고 상황에 대처하는 데에 무력하게 만든다(Dewey, 1938: 21–27). 이와 같이 듀이는 전통적인 교육과 진보주의적 교육이 갖는 결과적 한계를 비판[8]하면서 자유와 권위에 대한 이원론적 관점의 위험성을 다음과 같이 경고하였다.

> 권위의 오래된 형태는 새로운 힘에 대하여 억압적이고 외부적인 것으로 드러났고, 결과적으로 모든 중요한 사회변화에 적대적이다. 또한, 새로운 철학(자유주의)은 누구에게나 개인의 유기체적 자유와 사회적 안정성 둘 다를 위해서 없어서는 안 될 지원과 방향을 개인으로부터 박탈하는 것에 관해서 권위에 관한 바로 그 이론을 매도하는 경향이 있다. 그 결과는 혼란과 갈등, 불확실성이다(Dewey, 1936: 136).

위의 내용을 통해서도 알 수 있듯이, 듀이는 자유와 권위의 관계가 상호 통합되지 못하고 독립적으로 작용할 경우에 대하여 많은 우려를 갖고 있었으며, 이에 대하여 자유와 권위의 바람직한 관계의 원천이 무엇인지를 찾을 필요가 있다고 보았다(Dewey, 1938: 8). 자유와 권위가 실제적으로 분리되어 별개로 작용하게 되면, 결국에는 각 영역이 갖는 한계가 드러나게 된다. 그렇게 되면, 자유는 권위를, 권위는 자유를 서로 방해하는 요소로 인식되어질 수밖에 없다. 즉, '권위에 대한 저항으로서의 자유'와 '자유에 대한 방해요소로서의 권위' 간에 상반적 관계로 인하여 자유와 권위는 서로 양립할 수 없는 평행적 관계에 머무르고 말 것이다. 따라서 교육에서의 자유와 권위의 관계는 이미 듀이가 재개념화한 자유의 의미와 권위의 의미를 적용함으로써 두 개념 간의 변증적 상호작용을 이해해야 할 필요가 있다. 다시 말해서, 자유와

---

8) 진보주의 교육이론 창시자로서 존 듀이가 '흥미중심 교육', '아동중심 교육' 등과 같은 용어를 자주 사용했다는 점에서 그를 자유주의 사상가로 부르는 것이 그렇게 어색해 보이지는 않는다. 그러나 듀이가 자유주의에 많은 영향을 받은 것은 사실이지만 동시에 자유주의, 특히 자유방임주의에 대해 많은 우려와 비판을 해온 점도 중요한 사실이다. 웨스트부르크(R. Westbrook)에 의하면, 듀이는 미국 내 사회자본주의(socialist democracy)를 창조하기 위한 목적으로서의 자유주의를 근본적으로 개혁하려는 시도를 하였었다고 전해진다(M. Gordon, 1998: 246). 이러한 듀이의 자유주의 비판의 핵심은 19세기 부르주아 계층을 위한 자유방임주의에 있었다. 듀이에 의하면, 자유방임주의가 개인의 권리를 보장한다는 명분으로 권위의 원리를 거부함으로써, 보편적인 개인의 자유와 사회 안정을 위해 없어서는 안 될 목표나 지원을 박탈하려는 경향을 갖는다는 것이다(Dewey, 1936: 131–136). 이처럼 듀이는 자유주의의 영향을 받았으면서도 자유주의나 자유방임주의를 비판하고 개혁하고자 하였으며, 자유 못지않게 권위도 비중 있게 다루었다.

권위는 서로 별개로 작용하는 것이 아니라 지성을 통해 서로 영향을 주고받으면서 변증적으로 발달되어 가는 과정을 이해해야 하는 것이다.9)

듀이에 의하면, 과학은 변화의 요소, 발명과 혁명의 요소, 개인의 새로운 창조적 요소들을 억압하는 것에 의해서가 아니라 해방시키는 것에 의해서 만들어져 왔고, 음악이나 미술 역시 이미 가지고 있었던 전통과 관습으로부터 자유로워진 개인에 의해 진보가 시작되어 왔다. 그러나 그러한 새로운 변화와 진보가 있을 때마다 전통과 관습은 그것을 방해해왔다(Dewey, 1936: 142). 이처럼 새로운 것에 대한 방해와 저항은 처음에는 논쟁의 여지를 가지지만 의사소통의 과정을 거친 후에는 오래된 전통과 통합되어 결국 서로 공통되는 결과, 즉 단일한 지성체로 수용되게 된다. 듀이는 이러한 과학과 예술 분야의 예를 통해 자유와 권위가 진보를 위해 결합되어 작용되어 왔음을 보여주었다(M. Gordon, 1998: 242). 이처럼 자유와 권위의 관계에 있어서 자유는 변화와 진보를 일으킬 수 있는 힘으로 작용하고(正), 이에 대한 반대와 저항(反)이 일어나며, 그에 대한 토론, 합의 과정을 거치는 권위(合)는 자유로 인한 새로운 변화를 지원해 주는 것으로 작용한다. 이처럼 자유와 권위의 결합과정은 정－반－합의 변증적 과정을 통해 조화를 이루며, 이때의 새로운 것에 대한 저항과 반대는 자유와 권위의 조화에 반드시 필요한 긍정적 반응으로 받아들여져야 한다. 왜냐하면, 이러한 저항은 새롭게 등장한 이론이나 학설에 반기를 듦으로써 그에 대한 반복적이고 점진적인 검증을 이루어 갈 수 있도록 이끌고, 결국은 검증된 지성을 완성하는 권위를 갖게 되기 때문이다. 이로써 자유와 권위는 씨실과 날실이 엮이어 옷감을 만들어내듯이, 서로에 대한 반대와 저항을 발판으로 하여 결합되기도 하고 조화를 이룰 수 있게 되는 것이다.

이와 같은 듀이의 주장은 교육에서의 자유와 권위의 조화가 어떻게 이루어질 수 있는지에 대한 실마리를 제공해 준다. 교육에 있어서 자유와 권위의 패러독스를 해소하기 위해서는 양자의 관계를 대립적인 것으로 인식하기보다는 지성을 통해 상호 결합되고 변증적으로 조화되어 가는 관계임을 이해해야 할 것이다.

9) 고든(M. Gordon, 1998: 239)은 듀이의 자유와 권위 간의 상호관계를 변증법적이라고 설명하면서, 그로부터 자유와 권위 사이의 분쟁을 해결할 수 있는 가능성이 있음을 발견하였다.

5. 자유와 권위의 조화를 위한 시사

지금까지 교육에서의 자유와 권위의 관계에 대한 이원론적 관점이 갖는 한계를 밝히고, 이러한 한계를 보완하기 위한 방안으로 듀이가 제시한 통합적 관점의 전제와 논리를 살펴보았다. 듀이는 지성의 작용을 통해 자유와 권위의 적극적인 결합이 이루어질 수 있음을 주장함으로써 교육에서의 두 개념 간의 이상적인 관계를 밝히는 데에 기여하였다. 듀이의 이러한 관점은 교육에 있어서 자유와 권위의 관계가 어떠해야 하는가에 몇 가지 중요한 시사를 준다.

첫째, 듀이의 관점은 교육에서의 자유와 권위의 관계가 인간의 본성적인 충동과, 그런 인간의 오랜 전통으로 이루어진 습관과의 실제적 관계로부터 밝혀질 수 있음을 시사한다. 교육은 충동을 가지고 태어나는 인간을 대상으로 하는 것이며, 또한 교육을 둘러싼 환경은 오랜 전통과 습관으로 이루어져 있다. 따라서 충동이란 것은 모든 학습자에게 상존해 있는 것이며, 전통과 습관은 교사의 행동이나 학교의 권위로 나타나게 된다. 결국 교육은 충동을 드러내는 학습자의 자유와 습관으로 이루어진 교사, 학교, 사회의 권위가 공존할 수밖에 없는 상황에서 이루어지게 된다. 이러한 교육상황에서 자유와 권위를 이원화하여 이해하는 것은 충동을 가진 인간을 부정하거나, 아니면 인간의 충동이 오랜 기간을 거치면서 정련되어온 관습을 부정하는 딜레마에 빠지게 되는 것이다. 뿐만 아니라, 둘 중 어느 하나를 부정하는 것은 교육에 있어서 자유와 권위의 패러독스를 발생시키는 근원이 되기도 한다. 따라서 교육에 있어서 자유와 권위의 관계는 듀이의 관점에서와 같이 유기적으로 결합되어 발전해 나가는 실제적 상호 관계에 주목해야만 한다. 다시 말해서, 교육에 있어서 학습자의 충동은 교사나 학교의 권위에 의존하여 발전되어 나가야 하며, 또한 권위는 학습자의 충동으로부터 새로운 변화의 시각을 일깨워야 한다. 특히, 현대사회와 같이 지식과 정보의 변천이 빠른 시대에는 권위는 자유로부터 새로운 변화에 대한 정보를 탐색하여야 하며, 또한 자유는 권위의 내용을 소재로 삼아 실패하는 일이 없도록 나아갈 방향을 정해야 하는 것이다.

둘째, 듀이의 관점은 자유와 권위의 조화가 저절로 이루어지는 것이 아니라 서로의 영역을 탐색하고 조정하기 위한 지성의 힘이 필요하다는 것을 강조했다. 이점에 있어서 교육에서는 지성의 개발이 무엇보다도 중요함을 시사해 준다. 교육에 있어서 자유와 권위는 지성의 힘을 발휘함으로써 상호 발전의 길을 모색해 갈 수 있다. 앞서 살펴본 바와 같이, 자유와 권위는 서로 독립적으로 작용하는 것이 아니며, 혹시 독립적으로 작용한다고 할지라도 실제적으로 어떤 한계가 나타날 수 있음을 지적한 바 있다. 따라서 자유와 권위의 조화를 위해서는 무엇보다도 각 영역에 대하여 관찰하고 탐구하고 판단해 낼 수 있는 지성의 힘이 요청된다. 이처럼 자유와 권위는 지성의 힘으로 서로의 영역을 들여다봄으로써, 전에는 알 수 없었던 다른 영역에 대한 이해와 지평이 넓어질 수 있다. 그리하여 지성은 자유와 권위의 영역을 조화시키고 통합시킴으로써 개인은 물론 사회의 발전을 이끌어 내는 중요한 역할을 하게 될 것이다. 결국, 듀이에게 있어서 지성이란, 단순히 지적 사실을 아는 것이 아니라, 개인과 사회, 또는 개인과 환경 간의 상호작용을 촉진시키는 반성적 사고 능력을 의미하는 것으로서, 개인과 사회를 조화시키고 통합시킬 수 있는 민주주의의 기제이다. 이러한 민주주의 기제로서의 지성은 자유와 권위의 영역을 조절함으로써 한 개인의 의식을 사회의 공적 행동으로까지 확장시켜 나갈 수 있게 도와준다. 따라서 우리는 교육을 통해 자유와 권위의 조화를 가능하게 하는 핵심 요소로서의 지성을 개발해 나가야 할 것이다.

셋째, 듀이의 관점에 의하면, 교육에서의 자유와 권위의 효과적인 조화를 위해서는 교사나 학생 모두가 두 개념 간에 일어나는 정－반－합의 변증적 과정을 수행해 나가야 할 필요가 있다. 듀이에 의하면, 충동은 지성에 의해 재조직되고 개조되는 과정에서 내적인 자제력(self－control)을 갖게 됨으로써 실제로 직면한 상황을 변화시킬 수 있는 힘으로 작용하게 된다(Dewey, 1938: 41－42). 또한 그러한 변화의 힘은 오래된 것에 지향하고 그것에 대한 반성의 과정을 거침으로써 새로운 지성을 조직화할 수 있게 된다. 따라서 자유와 권위의 상충이 일어나는 과정에서 발생하는 반대와 저항을 지성으로 다룸으로써 각 영역의 문제와 한계를 들여다보는 사고의 시간이 절실히 요청된다. 이러한 지성의 힘으로 새로운 변화에 대하여 반대하고 저항하는가 하면, 또한 수용하고 합의하는 정－반－합의 과정을 거치는 것은 자유와 권위의 결합에 있어서 핵심적 열쇠의 역할을 하는 것이다. 그러므로 교육에서는 자유와 권위의 결합과정에 나타나는 반대와 저항을 적대시하기 보다는 긍정적인 과정으로 받아들일 필요가 있다. 그러한 반대와 저항은 새로운 변화 혹은 너무 오래된 것에 대한 반성이며, 검증의 과정이기 때문이다. 이러한 반성과 검증은 더욱 견고하고 객관화된 지성으로서의 권위를 창출할 수 있는 원동력이 될 수 있을 것이다. 이와 같이 교육에서의 자유와 권위의 효과적인 조화는 자유와 권위 중 어느 하나를 강화시키는 데에 있다기보다는 교사와 학생 모두가 두 영역 간에 일어나는 정－반－합의 변증적 과정을 이해하고 수용하는 것에 의해서 가능함을 시사해 준다.

이상에서와 같이, 듀이의 이론이 실천의 문제에 있어서 여러 한계를 갖게 된다는 비판이 있음에도 불구하고(김태길, 1990: 231), 오늘날 우리 교육에 주는 시사는 결코 적지 않다. 특히, 듀이의 이론은 자유와 권위의 관계를 통합적 관점에서 이해하면서 두 개념 간의 상호작용 속에 나타나는 변증적 관계와 상승적 관계의 발달을 강조하였다는 점에 있어서 자유와 권위의 이상적인 관계 정립을 위한 하나의 교육모형을 도출해 내는 이론적 토대로 기여할 수 있을 것으로 보인다.

참고문헌

김태길(1990). 죤 듀이의 사회철학. 서울: 명문당.

김혜숙(1999). 학생의 인권에 관한 연구. 서울: 한국교육개발원.

나용식(1984). "자유권확립의 계보". 법학연구. 6. 21-41.

박병준(2010). "권위에 대한 철학적 인간학적 고찰". 가톨릭철학. 14, 13-43.

서영현 외(2004). "루소교육이론에서의 자연과 자유의 의미". 한국교육사학. 26(2). 121-147.

신득렬(1997). 권위, 자율 그리고 교육. 서울: 계명대학교 출판부.

이봉철(2011). "서구 권위 이론에 내재하는 '권위 패러독스'와 그 해소 모색". 오토피아. 26(2), 33-66.

이수광(2000). 학생인권 신장 방안 연구. 강원대학교대학원 박사학위 논문.

이홍우·조영태 역(2003). 윤리학과 교육. 서울: 교육과학사.

유성상(2011). "학생인권 담론과 주요쟁점 분석". 교육정치학연구. 18(2), 235-257.

존 듀이 저, 홍남기 역(2010). 현대민주주의와 정치 주체의 문제 –존 듀이의 민주주의론–. 서울: 도서출판 씨아이알.

최관경(2009). "21세기 교육에 있어서의 권위와 자유". 교육사상연구. 22(2), 1- 34.

최성환(2005). "철학적 문제로서의 권위". 철학탐구. 17. 5-26.

Dewey, J.(1991). *Liberalism and social action*. 김진희 역(2011). 자유주의와 사회적 실천. 서울: 책세상.

Dewey, J.(1916). *Democracy and Education*. Edited by Jo Ann Boydston(1980). *John Dewey: The Middle Works*. Vol. 9, Carbondale and Edwardsville: Southern Illinois University Press.

Dewey, J.(1922). *Human Nature and Conduct*. Edited by Jo Ann Boydston(1983). *John Dewey: The Middle Works*. Vol. 14, Carbondale and Edwardsville: Southern Illinois University Press.

Dewey, J.(1935). *Liberalism and Social Action*. Edited by Jo Ann Boydston(1987). *John Dewey: The Later Works*. Vol. 11, Carbondale and Edwardsville: Southern Illinois University Press.

Dewey, J.(1936). "Authority and Social Change". Edited by Jo Ann Boydston(1987). *John Dewey: The Later Works*. Vol. 11, Carbondale and Edwardsville: Southern Illinois University Press.

Dewey, J.(1938). *Experience and Education*. Edited by Jo Ann Boydston(1988). *John Dewey: The Later Works*. Vol. 13, Carbondale and Edwardsville: Southern Illinois University Press.

Downey, M. E. & Kelly, A. V.(1975). *Theory and Practice of Education*, London: Harper & Row, Publishers.

Gordon, M.(1998). "John Dewey on Authority: A radical Voice within the Liberal Tradition." *Educational Philosophy and Theory*, 30(3), 239-259.

Maiklejohn, A.(1942). *Education Between Two Worlds*. New York: Harper & Brothers.

Mill, D. V.(1995). "Hobbes's Theorise of Freedom". *The Journal of Politics*. 57(2). 443-459.

제8장

자율성과 인문학 리터러시*

김우영

1. 서언
2. 자율성
3. 인문교양교육
4. 인문학 리터러시

* 이 글은 『중등교육연구』 제61집 4호 901-930쪽에 게재되었던 "인문학적 리터러시의 의미와 교육적 함의"와 『교양교육연구』 제8집 4호 207-242쪽에 게재되었던 "인문교양교육의 관점에서 고찰한 자율성의 개념"을 수정, 보완한 것이다.

1. 서언

자율성은 일반적으로 교육 전체, 특히 자유교육 또는 인문교양교육[1])이 실현하고자 하는 중요한 목표 중 하나다. 인문교양교육을 어떻게 규정하든, 이것은 기본적으로 자유롭게 사고하고 비판하며 반성할 줄 아는 자율적인 인간을 양성하려 한다. 따라서 자유교육 혹은 인문교양교육에 관련된 논의의 밑바탕에는 자율성 육성을 목적으로 한다는 주장을 논리적으로 가정하고 있다는 점에서 이들 교육에 대한 논의 출발점이 자율성 개념으로부터 시작될 수밖에 없다.

자율성 개념 관련 연구들을 살펴볼 때 대체로 자율성 그 자체의 성격을 규명하거나 그것의 교육적 의미를 파악하는데 무게를 두어왔다. 이러한 연구들이 전개한 논의 속으로 좀더 깊이 들어가 보면 자율성 교육에 대한 관점은 크게 다음 두 가지로 구분된다. 즉, 자율성이 제1의 교육적 목표가 되어야 한다는 주장과 이러한 주장을 회의적으로 바라보는 주장이 양립하고 있다. 예컨대, 디어든(Dearden, 1972)과 크리텐든(Crittenden, 1978)은 자율성을 교육의 제1의 목적으로 상정한 데 비해 카이퍼스(Cuypers, 1992)는 자율성을 제1의 교육 목표로 설정하는 것에 대해 비판적이다.

국내에서도 자율성의 개념과 자율성 교육에 관한 연구가 이루어져왔다. 예컨대, 이지헌(1991)은 자율성의 개념을 명료화하려는 시도를 하였고, 신득렬(1994)은 권위에 대한 포괄적인 개념을 다루면서 그 속에서 자율성이 가지는 의미와 중요성을 제시하고자 하였으며, 정호표(1996)는 탈맥락적 관점에서 자율성이 가지는 한계를 지적한 바 있다. 그 밖에도 디어든이나 화이트의 자율성 개념에 대한 비판적 검토도 이루어졌다. 예컨대 이지헌(2000)은 합리성에 기반을 둔 자율성의 개념을 전개한 디어든의 주장이 가진 문제점을 비판적으로 논의한 바 있고, 유재봉(2011)은 화이트의 자유

---

1) 인문교양교육은 여러 가지 용어로 사용되고 있다. 영어의 'liberal education'은 다양한 방식으로 번역되어 사용되고 있으며, 실제로 '자유교육', '인문교육', '자유교양교육', '자유인문교육', '교양교육', '일반교육' 등으로 번역되어 쓰이고 있다(손승남, 『인문교양교육의 원형과 변용』, 교육과학사, 2011, 27쪽). 본 연구에서는 인문교양교육은 자유교육(liberal education)이 추구하는 이념과 목적이 동일하다는 점에서 이 두 용어를 혼용해서 사용하겠다.

교육론이 지닌 실제적 한계를 지적하였으며, 정석환(2008)은 합리적 자율성이 지닌 한계를 극복할 수 있는 대안으로 포스트모더니즘의 관점을 소개한 바 있다.

이상의 연구들은 전반적으로는 자율성이라는 개념을 명료화하고 자율성과 교육과의 관계를 밝히는 데 기여하기는 하였지만 인문교양교육이라는 영역 안에서 자율성이 지니는 의미와 역할, 함양 방법을 충분히 논의하지는 않고 있다. 물론 자율성과 인문교양교육의 관계를 다룬 연구가 없었던 것은 아니다. 예컨대, 주영흠(2000)은 자율성은 합리적 권위를 바탕으로 성립할 수 있는 개념으로 외부적 규율(規律)을 전제로 하고 있으며, 타율적 훈련을 통해 육성된다는 점에서 '호의적인 구속'이 필요하다는 점을 강조한 바 있다. 결국 이 연구는 합리적 권위와 자율성이 양립 가능하다는 점을 정당화하면서 교육을 통한 자율성 함양 가능성을 제시하고 있다는 점에서 교육 분야에 주는 시사가 큰 것처럼 보인다. 하지만 이 연구는 합리적 자율성이 가지는 가치와 의의를 지나치게 강조한 나머지 합리적 자율성이 가지는 한계와 그 극복 방안을 논의하지 못했고, '개인의 선(善)'이 갖는 사회적 성격을 규명해 내는 데는 미약했다는 생각이 든다. 또한 자율성을 함양하기 위해 타율성 훈련이 불가피하다는 주장은 받아들이기 어려운 부분이라고 생각된다.

이에 본고에서는 지금까지 논의된 자율성 개념을 고찰하여 인문교양교육이 자율성 함양의 원천이 될 수 있을 뿐만 아니라, 합리적 자율성을 지나치게 강조할 때 발생할 수 있는 문제점을 극복할 수 있는 대안을 찾아보려 한다. 그리고 구체적 대안으로 인문학 리터러시를 제시하고 그 교육적 함의를 파악하고자 한다.

2. 자율성

(1) 합리적 자율성

'자율성'(autonomy)이라는 말은 그리스어 autonomia에서 유래했다. 원래는 법에 따라 자유롭게 살아가는 시민들의 상태를 나타내던 것이 의미가 확장되었다. 이 말은 자동적인 부분(auto: autos)과 규칙적인 부분(nomy: nomos)의 결합이다. 따라서 자율성을 논의할 때 주목해볼 두 주제는 자동성과 규칙성이다.

자율성을 둘러싼 논의 전개과정을 알아보기 위해서는 영미 철학계에서 자율성 개념 연구를 주도해온 디어든과 크리텐든의 연구를 살펴볼 필요가 있다(김현정, 2001: 1－2). 디어든의 정의에 따르면, '생각과 행동이 스스로의 마음의 움직임에 기초하는 사람이 자율적이다'(Dearen, 1972: 63). 여기서 자율은 자유나 독립성과는 구별된다. 자유는 우리가 원하는 바 또는 하고 싶어 하는 것에 관련된 제한이 없는 상태로 '소극적 개념'이다. 자유는 자율성의 충분조건은 아니지만 필요조건이다. 독립성 역시 자율성과 구분된다. 비록 자율성과 독립성은 긴밀하게 연결되어 있지만, 독립성을 자율성과 동일시할 수 있는가에 대해서는 의문의 여지가 있다. 자율성은 더욱 적극적 규정이 필요하며 그 기준은 이성(reason)이다. 타율적 상태는 자율적 상태와 정반대로, 두 가지 종류가 있다. 생각과 행동이 다른 사람의 지배를 받거나, 다양한 형태의 정신병, 신경증, 생리적 집착과 교란 등 본인 내부에 존재하는 외재적 요소로부터 영향을 받는 경우다.

이상과 같이 디어든은 자율성이 자기 마음의 활동이지만 무질서하지 않으며, 일정한 법칙(nomos)을 따르고 그 기준은 이성에 있다고 주장한다. 그렇다고 이성의 순수한 작용에 의해서만 자율성이 발휘되지 않는다. 또 다른 중요한 기준이 있는데 그것은 우리를 둘러싼 사회 문화다(Dearen, 1972: 67). 이는 자율성의 의미를 구성하는 매우 중요한 요소들이 있음을 시사한다. 자율성을 이루는 '규칙적인 부분'을 강조하기 때문이다. 행동이나 생각에서 주체의 자발적인 활동을 강조하지만, 이성을 기반으로 사회문화적으로 인정된 가치라는 일정한 기준을 충족해야 한다는 규범적 성격 역시 강하다.

크리텐든 역시 객관성과 감정 통제를 자율성의 조건으로 본다. 이상적 자율성은 지적·감정적·도덕적 자율성으로 구분된다. 지적 자율성은 지적 권위에 대한 의심과 검토의 정신을, 도덕적 자율성은 믿는 바의 실천을, 감정적 자율성은 감정을 통제하는 자제력과 관련이 있다(Crittenden, 1978: 105-108).

디어든과 크리텐든이 주장하는 자율성에서 강조점은 합리성에 있다. 이는 외부로부터 주어지는 통제나 간섭을 자신의 마음 활동을 통해 점검하고, 합리적 절차와 태도로 평가하여 수용하려는 태도를 말한다. 이러한 관점은 자율성이 자신이 속한 사회나 문화가 지향하는 가치 속에서 발휘되어야 한다는 차원을 강조하여 자율성의 '근원성'(이지헌, 2000: 80)을 밝혔다는 점에서 의미가 있다. 또 교육이 가치부하적 성격을 지닐 수밖에 없다는 의미에서 시사하는 바가 크다. 그리고 합리적 절차와 태도를 강조함으로써 반성적 태도의 중요성과 과정을 설명하려고 했다는 점도 주목할 만하다.

하지만 이러한 합리적 자율성 논의의 한계점은 다음과 같다. 첫째, 개인의 본래성(authenticity)을 충분히 고려하지 못했다. 이와 관련하여 이지헌은 좋은 삶에 대한 고려가 충분하지 않고, 각 개인의 특수성을 고려하지 않음으로써 개인의 특수한 소망이나 목적을 반영하지 못한 점을 문제점으로 지적한 바 있다(2000: 70-80). 둘째, 자율성을 감정의 통제 상태로 인식하여 인간의 정서적 부분을 충분히 고려하지 않았다.[2)] 따라서 합리적 자율성은 우리 교육이 지향하고자 하는 목표 중 하나인 전인교육의 이상으로 삼기에는 충분하지 않다. 셋째, 객관성을 강조하는 입장은 궁극적으로 타율적 방법을 동원하게 만든다. 교육의 장면에서 특정한 활동이나 선택을 위한 개인의 자유에 어떤 구속도 있어서는 안 된다는 견해는 설득력을 가질 수 없다(주영흠, 2000: 274)는 주장은 수긍할 수도 있겠지만 자율성 함양을 위해 타율성을 수용하는 모순에는 신중한 검토가 필요하다.

(2) 포스트모더니즘적 자율성

합리적 자율성의 문제점을 극복하기 위한 논의 중 하나는 포스트모더니즘의 입장에서 자율성을 고찰하려는 시도이다. 서상문과 장사형(2006)은 디어든의 합리적 자율성 논의가 심신이원론적 자아관을 바탕으로 한 근대성을 탈피하지 못했다고 비판한다. 즉 구체적인 상황 속에서 개인이 원하는 것이 마음과 정신의 준거에 따라 결정되므로 여기서 자율성은 인간의 정신에 기초해서만 발휘된다는 견해임을 지적한다. 이런 비판의 근저에는 자아(自我)란 역사나 문화라는 외부적 영향을 받을 수밖에 없다는 포스트모더니즘적 인식이 깔려있다. 이 입장에 따르면 근대적 합리성이 말하는 자아는 추상적인 자아에 불과하며, 실제로는 역사와 문화가 영향을 끼친 자아만이 존재한다고 인식한다. 순전히 자신만의 판단에 의존하는 절대적 자아는 존재할 수 없다는 뜻이다. 또한 합리성 담론은 민족과 계층, 성적 차이에 의한 다양성을 고려하

2) 이 문제는 안경수, 「교육목적으로서의 자율성과 정서성의 통합에 대한 정당화」, 경북대학교 박사학위논문, 2011. 참고.

지 못하므로 현대의 교육 가치 구성에 걸맞지 않다고 본다.

정석환(2008) 역시 비슷한 차원에서 합리적 자율성이 갖는 문제를 지적하면서, 포스트모더니즘에서의 자율성은 개인의 맥락을 중요시하며 보편성보다는 주변성과 우연성 등을 강조하는 특징을 갖는다고 본다. 그에 따르면 포스트모더니즘이 강조하는 자율성의 핵심 원리는 다양성 존중, 합리적 요인을 제외한 여타 정서, 심리, 태도와 같이 비합리적 요소의 존중, 상황성 원리에 의해 구성되는 과정적 자율성 개념을 지지한다.

이상에서 포스트모더즘이 합리적 자율성을 문제 삼는 핵심은 합리적 자율성이 개인의 맥락을 충분히 고려하지 않으며 이성을 준거로 삼는 데 있다. 개인의 맥락을 무시하고 이원론적 세계관을 바탕으로 한 절대적 진리 상정은 같은 맥락에서 이해할 수 있다. 곧 절대적 진리를 상정하는 한 그에 도달하려 노력해야 하고, 결국 개인이 처한 맥락은 충분히 고려되지 못한다는 지적이다. 하지만 포스트모더니즘의 합리적 자율성 비판은 숙고해 볼 점들이 있다. 우선 합리적 자율성이 절대적 진리만을 상정하는가 하는 점이다. 크리텐든은 도덕적 자율성에 대해 칸트(Kant)의 정언명령을 있는 그대로 실현하는 사람은 실제로 존재할 수 없으므로 진리가 아니라 객관성이 자율성 교육의 목적이라고 주장한다(Crittenden, 1978: 119). 정석환 역시 포스트모던 자율성이 자율성의 객관적 기준을 거부하고 극단적 자율을 허용하는 것은 아니며 다만 합리적 자율성이 절대적 법칙이 되는 경향성을 비판하려 한다고 밝히고 있다(2008: 19–20).[3] 이와 같이 합리적 자율성과 포스트모더니즘 자율성 양쪽 모두 일정한 정도의 객관성을 인정한다.

둘째, 합리적 자율성이 개인의 역사성을 무시하는가 하는 점이다. 디어든은 각 개인은 자신이 사는 문화의 영향을 벗어날 수 없는 존재라고 전제한다. 따라서 합리적 자율성이 합리적이고 추상적이며 심신이원적 자아를 상정한다는 비판은 다소 지나친 느낌이 있다. 합리적 자율성도 개인의 사회적 맥락을 인정하기 때문이다.

셋째, 포스트모더니즘은 합리적 자율성이 소위 남성적 덕은 강조하지만, 여성적

3) 한편 장사형은 포스트모더니즘의 경향성이 근본적으로 도덕교육과 관련해 많은 문제점이 야기될 수 있음을 시사한다. 가장 큰 이유는 사회의 근본 가치에 대한 토대를 해체하는 데서 오는 불합리 때문이다(장사형, 「포스트모더니즘의 도덕교육에의 시사」, 『교육철학』, 23, 2003, 179-195쪽. 참고).

덕, 즉 타인과의 협동, 신뢰, 지속적 인간관계 유지, 정서적 표현, 정서적 민감성 등은 무시한다(Stone, 1990: 279)고 비판한다. 이런 의미에서 포스트모더니즘은 '비합리성'을 지향한다고 주장한다. 하지만 스톤(Stone) 역시 디어든의 자율성 분석 자체가 여성적 덕을 배제했다고 비판하기보다 적극적으로 수용하지 못하고 있다는 점을 강조할 뿐 근원적으로 불가능하다고 보지는 않는다.

이상을 살펴볼 때, 포스트모더니즘의 자율성 논의와 합리적 자율성 논의는 어느 한쪽을 선택해야 하는 대상이 아니라 상호 보완적 관계임을 알게 된다. 다만 포스트모더니즘적 자율성이 상대적으로 간과되어온 개인의 본래성 즉 자율성의 개념 중 자동적인 부분을 강조한다는 점에서 시사적이다.

(3) 강한 자율성과 약한 자율성

합리적 자율성과 포스트모더니즘의 비교를 통해 알 수 있는 자율성의 핵심적 의미는 다음과 같다. 즉 개인은 자신이 살아가는 사회가 지향하는 가치의 영향을 받을 수밖에 없다. 이때 사회가 지향하는 가치는 역사적으로 축적해온 것으로 이른바 남성성과 여성성을 아우른다. 자율적 개인은 자신에게 제시되는 가치를 그대로 수용하기보다 반성과 비판을 통해 평가하고 선택하여 삶에 적용하려고 한다. 이때 자율성의 두 부분 즉 자동적인 부분과 규범적인 부분을 제대로 구현할 수 있다.

자유주의적 관점에서 고찰한 윈치(Winch, 2006)의 자율성 정의는 앞에서 살펴본 관점을 모두 수용하고 있다는 점에서 흥미롭다. 그는 화이트, 롤스(Rawls), 노먼(Norman)의 주장을 근거로 자율성을 다음과 같이 정리한다.

> [⋯] 자율성은 개인이 자기 인생의 진로를 결정할 수 있는 능력을 가리킨다. 이때 진로 결정은 목표를 달성하기 위한 수단뿐만 아니라, 직업, 가정생활, 따르게 될 가치에 이르기까지 목표 자체까지 포괄한다. 이런 의미로 자율성은 필연적으로 자기 이해와 비판적 합리성을 수반하며, 그러한 선택의 결과와 함의에 대한 충분한 지식을 동반한다고 주장한 바 있다. 이는 사회가 가치 있게 여기는 선택이 무엇인가에 대한 지식일 뿐만 아니라 그 선택이 한 개인으로서 자신에게 어떻게 연관되는가에 대한 지식이기도 하다. 다른 사람들이 어떻게 생각하던지 상관하지 않고, 집에서 아이를 키우는 게 내게 올바른 선택인지 아닌지, 그리고 능력,

> 흥미, 그 외 다른 특성을 고려해볼 때 이 선택이 앞으로 내 삶의 과정에서 어떤 의미를 지닐까 하는 질문을 생각해보는 과정도 이에 포함된다. 이 선택은 말하자면 본인에게 맞아야 한다. 내가 받아들이고 충실할 수 있어야 하며, 내가 생각하는 내 자신과 내가 삶에서 바라는 바와 일치하는 선택이어야 한다(Winch, 2006: 96).

윈치는 사회가 지향하는 가치를 존중하면서도 개인의 본래적 욕구에 충실하게 자율성이 발휘되어야 함을 강조한다. 더 나아가 윈치에 의하면, 자유주의적 관점에서 자율성을 해석하는 방식에는 두 가지가 있다. 첫째는 강한 자율성(strong autonomy)으로, 타당성(reasonableness)이 있고, 다른 사람들을 어느 정도 고려한다는 제한사항을 지킨다면 개인은 삶의 진로와 가치에 관련된 어떠한 결정도 마음껏 내릴 수 있다. 둘째, 약한 자율성(weak autonomy)은 개인에게 허용된 의미 있는 선택의 범위가 가치 있음(worthwhileness)이라는 관념으로 제한된다는 태도다(2006: 96−97).

강한 자율성의 특징은 비합리성에 있는 것이 아니라 주류 사회의 안녕과 가치의 관념이 정확히 일치하지 않는다는 데 있다. 반면에 약한 자율성은 사회가 가치 있다고 생각하는 것을 개인들이 지지하고 수용해야 한다는 점을 강조한다. 하지만 그렇다고 개인에게 주어진 선택권이 단 하나라고 제한하는 것은 아니다(2006: 100−101).

강한 자율성과 약한 자율성은 서로 구분되지만, 차이점은 자율성이 적용되는 정도에서 비롯된다. 선택에 있어서 타당한 관념들이 서로 경쟁하고 있다면, 강한 자율주의자는 모든 선택이 동등한 가치를 지닌다고 본다. 반면에 약한 자율주의자는 일부 선택은 옹호하고 일부는 용인하는 데 그친다. 타당하기는 하지만 가치가 없어 보이는 선(good)에 대해 약한 자율주의자는 지지까지는 아니지만 용인하는 태도를 보인다(2006: 102).

윈치의 관점에서 주목할 만한 점들은 다음과 같다. 첫째, 자율성을 합리와 비합리의 대결 도구가 아니라 삶의 통합성에서 조망하여 맥락성을 부여한다. 그는 자율성을 시민적 삶과 잘삶(well−being)의 관점에서 취급하였다. 곧 사회가 지향하는 가치의 체계 안에서 충분한 근거에 의하여 설명 가능한 선택이라면 개인의 본래적 선택이 허용될 수 있다는 점을 분명히 한다. 이로써 자율성이 맥락과 무관한 개념이 아니라 개인의 맥락과 동시에 사회의 맥락이 모두 고려되어야 하는 대상임을 분명히 한다.

둘째, 약한 자율성과 강한 자율성을 연속적 관계로 파악하여 자율성을 교육원리로 삼을 수 있다는 관점을 제공한다. 약한 자율성은 사회가 가치 있다고 여기는 대상이므로 개인에게 적극적으로 권장하고자 하는 바다. 더 나아가 개인이 수용하지 않으려 하면 사회가 개인의 외부에서 영향력을 통해 수용하도록 하려는 상황을 의미할 수 있다. 여기서 교육은 사회적 가치를 전달하려는 과정이라고 생각할 수 있다.

이런 상황을 타율적이라고 말하게 되면 교육이 개인에게 영향을 주고자 하는 모든 과정이 배제되어 자율성과 교육이 양립할 수 없다는 결론을 초래할 수 있다. 하지만 약한 자율성의 관점으로 보면 자율성이 교육과 조화롭게 어울릴 여지를 가질 수 있다. 게다가 약한 자율성과 강한 자율성이 분절되지 않은 연속적 관계를 유지한다고 보기 때문에 궁극적으로 강한 자율성으로 옮겨가는 강력한 논거로 작용할 수 있다. 윈치의 설명은 바로 이런 점에서 자율성을 교육의 영역에서 다룰 때 어떻게 접근할지에 대한 논리적 실마리를 제공한다.

3. 인문교양교육

(1) 문명 참여와 반성적 태도

오우크쇼트(Oakeshott, 1972)는 『교육: 임무와 좌절』(*Education: The engagement and its frustration*)에서 교육은 일종의 참여와 거래로 삶의 연속성이 여기에 달려 있으며, 어떠한 외재적 목적을 지향하지 않는다고 본다. 참여 대상은 다양한 '역사적 언어들'이다. 이를 공유할 때 우리는 인간적 삶에 참여하게 된다. 참여란 일방적 전수과정이 아니고 전통에 참여하고 자신이 그 일부분을 만들어가는 적극적 활동이다. 또 특정한 방식으로 행동하도록 요구받는 것이 아니라 다양한 초대를 통해 이해하고 감탄하고 인정하고 불인정하는 활동이다. 전통에의 참여로서 교육은 단순히 전통을 인정하고 수용하는 과정이 아니라 자유를 갖고 자신을 투영하는 행위로 적극성과 판단을 요구하는 과정이므로 교육과정에 참여하는 인간은 자율적이어야 한다.

피터스(Peters, 1978)는 자유교육(liberal education)이 모호한 개념이라 보고 『자유교육 개념과 그 내용의 애매성』(*Ambiguities in liberal education and the problem of its content*)에서 자유교육의 개념을 본격적으로 분석하였다. 그에 따르면 자유교육은 세 가지로 해석된다. 첫째, 교육이 마음의 발달을 위한 것이라면, 교육은 마땅히 그 자체로 추구되어야 한다. 현실적인 유용성을 목적으로 하는 것은 자유교육이 아니라고 본다. 둘째, 자유교육은 일반 교육(general education)과 다름없다. 이는 전문화된 지식교육에 대한 대응으로 언급되는 것이다. 셋째, 지식의 일방적 전달에 대한 반대와 관련된다는 뜻이다.

여기서 주목하고자 하는 것은 자유교육이 곧 자유인의 육성을 의미한다는 점이다. 피터스는 자유인의 특징은 본래성(本來性: authenticity)과 자율성으로, 이는 무엇인가를 결정할 때 외부적 권위에 의존하지 않는 상태라고 주장한다. 하지만 이러한 자율적 본래성이 절대적으로 개인의 창의력에 의존하여 발생하는 것은 아니다. 판단을 잘하기 위해 다양한 종류의 전반적 지식을 필요로 한다. 이 지식은 주로 시민으로서, 인간으로서의 개인을 잘 파악하기 위해 필요한 지식이다. 다만 자율성의 자유주의적 이상은 독단(獨斷: dogma)에 아무런 생각 없이 순응(順應: conformity)하는 것이 아니라 이를 검증하려는 반성적 태도를 지향한다.

오우크숏트와 피터스의 교육 정의는 교육의 근본 목적이 전문교육과 대비되는 교양교육임을 단적으로 드러낸다. 다만 현실적으로는 '교육' 앞에 범위 또는 성격을 규정하는 교양, 인문교양 같은 말을 추가로 붙이는 관례가 정착되어 있다. 이는 사회에서 수행하는 교육의 의제가 다변화되었음을 반영한 결과다.

(2) 통합적 삶 실현의 목표

화이트헤드는 인문교양교육이 통합적 삶에 기여한다고 주장한다. 김재현(2011)은 화이트헤드의 교양교육론의 특징을 다음 네 가지로 정리한다.

첫째, 화이트헤드는 전문지식/교양의 이분법적 패러다임을 넘어서서 교양이 전문지식을 일반화하고 완성한다는 통합적 패러다임을 제시하고 있다. 둘째, 화이트헤드의 사상은 생명이라는 패러다임으로 교양을 이해하도록 돕는다. 셋째, 화이트헤드의 사상은 교양교육을 상상력과 창조성, 그리고 모험의 패러다임에서 바라볼 수 있게 한다. 넷째, 화이트헤드의 사상은 교양교육을 미학적인 패러다임으로 바라볼 수 있게 한다.

여기서는 전문지식과 교양의 통합, 그리고 미학적 패러다임의 확충에 주목하고자 한다. 화이트헤드는 자신의 저서 『교육의 목적』(*The aims of education and other essays*) 첫머리에 교양에 대해 다음과 같이 서술했다.

> 교양이란 사고력의 활동이며, 아름다움과 인도적 감정에 민감한 감수성이다. 단편적인 지식은 교양과 아무런 관계가 없다. 단지 박식에 그치는 사람은 이 지상에서 가장 쓸모없는 인간이다. 우리는 교양과 특수 영역의 전문 지식을 겸비한 인간을 육성해야 한다(Whitehead, 2004: 37).

화이트헤드에게 있어 교양은 두 가지 차원에서 통합적 삶과 관련이 있다. 첫째, 교양은 단순한 사고력의 활동에 그치지 않는다. 사고력이 교육이나 교양의 한 목적이지만 전부는 아니다. 이는 앞에서 살펴본 피터스의 견해와는 조금 다르다. 피터스의 경우 자유교육의 핵심은 '자유'며, 자유 획득을 위해 '이성' 사용을 강조한다. 그 결과 지식이 상대적으로 중요시되고 감정이 상대적으로 비중이 떨어진다. 하지만 이때 이성을 기반으로 한 사고력이 과연 교육의 진정한 목적이라고 할 수 있는가에 대해 강한 의문이 든다. 인간이 지정의(知情意)를 지닌 존재인 이상 이성과 지성의 함양을 교육의 전부라 할 수는 없기 때문이다.[4] 이런 맥락에서 교양의 범위를 사고력의 활동을 넘어서 아름다움과 인도적 감정에 대한 감수성까지도 포괄하는 폭넓은 것으로 보는 화이트헤드의 의견은 참고할 만하다. 예컨대 문학은 시적 아름다움을 통해 삶을 풍부하게 하고, 논리 이전에 감성을 통해 사회적 문제에 민감하게 만들기도 한다.

둘째, 교양교육과 특수 영역의 전문지식은 통합되어야 한다. 화이트헤드는 교육을 교양과 전문지식의 겸비로 설정하고 그 속에서 교양의 역할을 추구하고자 했다. 전문지식은 거부되어야 할 것이 아니며 교양의 출발점이자 교양에 의해 철학의 깊이와 예술의 높이를 획득하게 되는 것이다(김재현, 2011: 50). 이러한 관점은 외재적 목

4) 예를 들어 최석민은 "교육목적으로서 비판적 사고의 재고찰," 『초등교육연구논총』, 25(2), 2009, 249-260에서 비판적 사고력을 교육의 한 목적으로 삼을 수는 있겠지만, 비판적 사고력이 반드시 교육의 진정한 목적이라는 점을 지적한다.

적을 위해 이루어지는 교육이란 '사회화'(Oakeshott, 1972: 35)에 불과하며, 교육이 겪게 되는 좌절(frustration)이라고 파악한 오우크쇼트와 대비된다. 하지만 오늘날과 같이 교육을 통해 직업을 갖게 되고 사회적 활동을 할 수 있는 여력이 주어지는 상황에서는 인문교양교육을 삶의 통합에 이바지하는 일부분으로 보려는 관점이 타당해 보인다.

(3) 인문교양교육과 자율성

가. 자율성 근거의 원천 제시

인문교양교육은 자율성 함양의 원천이다. 앞에서 살펴보았듯이 자율성은 두 가지 측면 곧 법칙성과 자동성으로 구분될 수 있다. 법칙성은 일정한 기준에 의거 자율성이 발휘되어야 한다는 점을 강조한다. 합리주의적 자율성 모형은 이성과 합리성을, 포스트모더니즘적 관점은 역사성이 근거가 된다는 점은 살펴본 바다. 특히 합리성과 역사성은 사회가 지닌 일정한 가치의 범주를 제시한다는 면에서 두 관점의 자율성 논의가 서로 통한다.

또한 자율성은 개인의 본래성을 강조하는 개념이다. 자율성의 핵심은 자기 판단에 따른 결정이다. 이것이 결여되면 자율성은 성립할 수 없다. 특히 포스트모더니즘적 관점은 개인의 본래성을 강조하려 한다. 이 관점에서 볼 때 역사성을 중시한다는 것은 고정 불변성에 대한 반대를 의미하며, 개인이 처한 구체적 맥락을 중시한다는 의미도 지닌다. 우리가 추구하는 자율성은 합리적 자율성과 포스트모더니즘적 자율성이 지지하는 핵심 개념들이 모두 고려된 자율성이다.

인문교양교육이 자율성의 원천이 되는 이유는 무엇보다 자율성이 지녀야 할 사회적 맥락을 제공하는 데 있다. 우리는 앞에서 (교양)교육이 문명 전통에로의 입문임을 살펴본 바 있다. 문명적 전통은 '인간의 지적 유산' 전체를 말한다. 이는 단순한 지식이 아니라 문명이라는 개념으로 묶을 수 있는 인간의 모든 것을 포괄하는 광범위한 개념이다. 그리고 역사적으로 구성된 결과이지 결코 선험적 원칙에 근거한 추상적 결과물이 아니다. 이것은 사회가 가치 있다고 판단하는 덕목, 가치의 총체를 포함한다. 자율성은 무제한의 자유가 아니라 사회가 지향하는 가치가 허용하는 범위

속에서 이루어지는 개인의 본래적 가치 추구이므로, 자율성을 올바르게 함양하기 위해서는 사회가 지향하는 가치의 목록을 체계적이고 폭넓게 이해하고 있어야 한다는 전제가 필요하다. 이런 점에서 인문교양교육이 자율성의 전제 조건을 충족하는 방편으로 사용될 수 있다.

문명적 전통에로의 '입문'은 단순한 '소개'와 다르다. 그것은 인격적 앎 또는 헌신적 앎 추구를 의미한다(홍은숙, 2007: 154). 오우크쇼트는 이를 참여와 거래로 표현하였다. 헌신, 참여, 거래의 상식적 의미에서 볼 때 이는 일방적 전달이나 주입과 다르다. 학습은 수동적인 자세로 흡수하기를 바라는 것이 아니라 문명 앞에서 자기 나름의 규칙을 세우는 과정을 요구한다. 그리고 인류가 사용한 언어를 공유하여 스스로에 걸맞는 삶의 모습을 추구해야 한다.

입문의 의미가 중요한 이유는 자율성의 또 다른 조건 곧 개인의 본래성 확보와 관련이 있다. 본래성은 외부의 강요나 영향력에 저항하여 자기 판단을 중요시하는 태도를 말한다. 앞에서 살펴본 대로 반성적 태도는 자율성을 구성하는 중요한 요소다.

인문교양교육은 바로 이러한 자율성의 근거가 되는 반성적 태도의 육성에 직접적으로 연관되어 있다. 반성적 태도는 대안의 제시와 밀접하게 관련된다. 자신에게 주어지는 외부적 압력에 대한 막연한 거부가 아니라 그것을 대체할 대안을 제시하는 활동이기 때문이다. 이때 대안은 막연하게 개인의 순수한 창의적 사고에서 비롯되지 않는다. 모든 개인은 자신이 자란 사회의 영향을 받을 수밖에 없으므로, 대안 역시 앞에서 말한 문명적 전통 속에서 찾아질 수밖에 없다.

나. 통합적 삶의 지향 속에서 자율성 완결

합리적 자율성은 인간의 감정을 통제하고 자제하려는 경향을 보인다. 따라서 감정이나 정서와 같이 비이성적 영향력으로부터 자신을 보호하는 일을 자율성의 역할로 여긴다. 다소 극단적인 예일지 모르겠으나, 합리적 관점에서 자율적인 인간은 외부에서 벌어지는 일에 대해 평정심을 보이며 가치판단만 하는 감성이 메마르고 차가운 사람일 수도 있겠다. 포스트모더니즘적 자율성 이론은 합리적 자율성의 이러한 문제를 극복하려 했다. 하지만 그 역시 여성적 덕의 중요성을 강조한다는 원칙적 접근에만 그치고 있어서 실제로 정서적 민감성 등을 어떻게 고양할지에 대한 뚜렷한 대안은 제시하지 못하고 있다.

자율성은 반성적 사고와 판단을 통해 수용한 규범이며 개인의 입법이라는 성격을 지닌다. 하지만 자율성만으로는 정서를 포괄하는 통합적 삶이라는 교육목표에 도달하는 데 한계가 있다. 안경수는 이 문제에 대해 자율성의 한계를 지적하고 자율성을 보완하기 위해 정서성의 통합이 필요하다고 주장한다. 정서성은 감정보다 심연적인 것이며, 사람으로 하여금 여러 가지 감정을 불러일으키도록 만드는, 보다 긴 시간 동안 체험되는 내면적 성향으로 규정할 수 있다. 정서성의 정당화는 세 가지 이유에서 이루어진다. 첫째는 세계 대상에 대한 인간적 접근이다. 교육이 실제 삶을 배경으로 세계에 접근할 수 있게 해주어야 한다는 뜻이다. 둘째는 미학적 측면이다. 통합적 인성을 구성하려면 심미적 경험이 중요하다는 차원에서 그렇다. 셋째는 정서적 민감성이다. 정서적 민감성은 언어적 민감성과 관련되며, 공감의 덕목을 키우는 일과 밀접하게 관련된다(안경수, 2011: 52–64).

우리는 앞에서 교양교육이 정서와 심미적 감수성과 관련이 있음을 화이트헤드의 교양교육론을 통해 고찰했다. 일반적으로 인문교양교육에서 비판적 사고력을 강조하거나 자율성을 강조하는 국면에서 그 구체적 내용으로 철학교육을 떠올리기 쉽다. 하지만 인문교양교육은 철학뿐만 아니라 문학과 예술을 포괄한다.[5] 그러므로 인문교양교육은 필연적으로 미학적·정서적 내용을 포괄하여 이를 접하게 함으로써 삶의 통합성을 꾀하는 목표를 추구한다. 또한 포스트모더니즘이 강조하고자 하는 '여성적 덕'이 실질적으로 발휘될 수 있는 추동력을 제공할 여지를 갖게 된다.

이런 맥락에서 인문교양교육은 자율성의 한계를 극복하는 한 방편이 된다. 자율성 교육이 근원적으로 반성적 사고라는 이성 중심주의적 경향을 보인다고 할 때, 인간의 감정과 정서를 배제하는 문제점이 발생하게 된다. 그래서 자율성만을 강조하는 교육은 인간의 통합적 발전에 이바지하지 못하는 결과를 초래하게 된다. 앞서 언급한 대로 인문교양교육은 자율성의 원천이 되는 사회의 가치로 입문하는 역할을 한다. 그와 동시에 인문교양교육을 이루는 예술적 교과들을 동원하여 반성적 사고 외에 인간성을 고양하는 계기를 마련한다. 이는 단순히 이성과 대비되는 개념으로서

---

5) 인문학을 구성하는 교과목에 대해서는 여러 의견이 존재할 수 있다. 예를 들어 손승남(2011)은 철학, 역사, 문학, 종교를, 카우프만(Kaufmann)은 종교, 철학, 예술, 음악, 문학, 역사를 제시한다. 하지만 중요한 점은 이들 모두 철학뿐만 아니라 문학을 비롯한 예술적 교과들(Kaufmann, W. A., 이은정 옮김, 『인문학의 미래: 왜 인문학을 가르치고 배워야 하는가?』, 동녘, 2001)을 공통적으로 포함하고 있다는 점이다.

감정을 부추긴다는 차원의 역할 수행이 아니다. 역사적으로 인문학 내에서 검증되어 온 인간성의 높은 수준을 경험하게 하여 삶의 통합적 조망 아래 인간성의 모범을 깨닫게 한다. 따라서 인문교양교육은 자율성을 목표의 일부로 삼되, 동시에 자율성의 한계를 뛰어넘어 보다 통합적인 교육목표를 지향한다.

다. 교육원리로서 자율성

자율성에 대한 논의에서 자율성을 길러주기 위해서는 어쩔 수 없이 일정 수준의 타율이 필요하다는 견해가 있기도 하다. 이는 자율성을 절대적 가치로 삼으면, 어떤 형태로든 외부로부터의 강제가 불가능하여 교육 자체가 불가능할 것이라는 논리에 근거한다. 교육이 배우는 사람의 변화를 추구한다면 불가피하게 비자율적인 혹은 타율적인 과정이 필요하리라는 논리의 귀결이다. 하지만 이는 교육 전체를 가르치고 배우는 활동으로 또 자율성을 자유로운 개인의 선택으로 단순화시켜 발생하는 문제다. 맥락을 구체화하여 인문교양교육의 차원에서 생각해보면 자율성은 교육의 원리로 적용되어야 한다. 인문교양교육의 핵심 지향점 중 하나는 반성적 태도이며, 반성적 태도를 함양하기 위해 비반성적 방법을 동원한다면 모순이기 때문이다.

타율적 교육을 거쳐 자율성을 함양해야 한다는 논리의 근저에는 자율성을 충분히 발휘하지 못하는 사람에게 자율적인 교육방법을 사용하면, 결국 자율이 아니라 방종 내지 무제한의 자유를 허용하게 될 것이라는 우려가 숨어 있다. 하지만 이 문제는 자율/무제한의 자유라는 이분법적인 관점 대신에 약한 자율성/강한 자율성의 구분을 통해 해결해 갈 수 있다.

앞에서 살펴본 대로 자율성은 약한 자율성과 강한 자율성으로 구분할 수 있다. 이는 자율과 타율의 대립이 아니라 자율성 내에서 권장과 관용의 범위에 따라 구분되는 개념이다. 사회가 권장하는 덕목을 중심으로 교육이 이루어진다면 약한 자율성이 강조되는 경우이고, 비록 가치 없지만 관용될 수 있는 범위까지 선택할 수 있는 폭을 넓게 잡으면서 강한 자율성이 강조된다.

윈치의 주장에 따르면, 자율성을 허용하는 기준은 크게 두 가지이다. 첫째 기준은 해악의 원칙으로 남에게 해를 끼치지 않는다는 범위에서라면 강한 자율성도 얼마든지 허용해야 한다고 본다. 두 번째는 타당성으로 자신의 선택에 대해 합당한 이유를 댈 수 있다면 가능하다고 보는 것이다(Winch, 2006: 96－108).

타율성이 작용할 필요가 있다는 주장은 교육의 가치부하적 성격 때문에 사회가 지향하는 가장 바람직한 가치를 전달해야 한다는 필요성에서 출발한다. 사회가 지지하는 가치망에 대한 충분한 이해를 바탕으로 자율성이 발휘되면 좋겠다는 열망의 결과이기도 하다. 물론 타율적 과정이라고 해서 주입식의 강압적 방법을 옹호하자는 것은 아니다. 하지만 '타율'이라는 용어의 의미영역(意味領域)이 너무 넓어서 자율성 논의에서 목표 추구와 원리상의 일관성이 훼손된다는 것이 문제이다.

인문교양교육은 반성적 태도를 기르는 데 관심을 두기 때문에 타율성과 등치되기 쉬운 교화(敎化)에 준하는 교육방식과 모순될 수밖에 없다. 이때 타율적 교육을 통해 다루려고 하는 바를 약한 자율성의 차원에서 접근한다면 모순이나 갈등 없이 자율성을 기반으로 인문교양교육이 가능하게 된다. 또 그렇게 해야 본래적 의미에서 자율성 개념이 함축한 목표를 이룰 수 있게 된다. 인문교양교육의 원리로서 자율성을 적용한다는 것은 약한 자율성로부터 강한 자율성으로 점차 반성의 범위를 확장한다는 것을 말한다. 또한 자율성을 교양교육의 확실한 교육원리로 자리매김하기 위해 필수적으로 수용해야 하는 것은 약한 합리성에 기반을 둔 관용(寬容)의 자세이다.

이유선(2002)은 '합리적이다'의 두 가지 의미에 대한 분석에서 강한 합리성과 약한 합리성의 구분을 시도한 바 있다. 강한 합리성은 보편적인 합리성의 기준이 있다는 시각을 말한다. 반면에 약한 합리성은 보편적 기준보다는 사회적 실천을 통한 연대의 획득이 더 중요하다고 믿고, 합리화에 대한 철학적 근거의 문제에 대해서는 심각하게 여기지 않는 입장을 말한다. 결국 약한 합리성은 보편성보다는 맥락에서의 합당성을 추구하는 것을 말한다. 이를 로티(Rorty)의 철학에 비추어 말한다면 '관용'에 해당한다. 약한 합리성의 지향은 강한 자율성의 추구와 같은 목표를 향한다. 사회적 맥락을 고려하면서 개인의 반성적 사고를 충분히 허용하여 외부로부터 주어지는 규칙이 아니라 자신의 선택에 따라 행동하게 하는 것이다. 그리고 강한 합리성은 약한 자율성의 추구와 일맥상통한다.

4. 인문학 리터러시

(1) 리터러시의 의미 확장

리터러시는 기본적으로 글을 읽고 쓰는 능력을 말한다. 글을 읽고 쓴다는 것은 일차적으로는 인쇄된 글을 읽고 쓴다는 물리적 행동을 가리킬 수 있다. 하지만 이는 지엽적인 문제이며 실제로는 글을 읽고 쓰는 사람의 내면에서 이루어지는 과정에 좀 더 초점을 맞추기도 한다(Wray, 2004: 1).

역사적으로 또 개인의 학습과정에서 리터러시를 바라보는 데는 여러 가지 논의할 차원과 관점이 존재한다. 우선 리터러시는 글자에 대한 해독 능력으로 정의내릴 수 있다. 이는 문맹/비문맹의 구분 차원의 문제이다. 예를 들어 문자를 배우는 과정에서 언급되는 리터러시는 바로 이런 가장 초보적인 수준의 개념이다. 하지만 글을 읽고 쓴다는 것은 단순하게 문자에 대한 해독이 아니라 여러 가지 다양한 요소들이 작동하는 행위이다.

글을 읽는다는 것은 단순하게 문자에 대한 해독이 아니라 텍스트를 둘러싼 보다 큰 맥락을 이해하는 행위를 필연적으로 요구한다. 아울러 맥락을 제대로 이해하기 위한 배경지식에 대한 지식, 이해를 필수적으로 요구한다(노명완·이차숙, 2002: 44-45). 적절한 리터러시는 문화적·사회적 문맥을 고려하면서 글의 의미를 제대로 이해할 수 있는 능력이다. 특정한 사회적 문맥의 요구에 맞도록 인쇄된 텍스트에서 의미를 구성하기 위해 읽고 쓰기를 활용할 수 있는 능력과 의지를 말한다(Au, 2004: 7).

이런 관점에서 볼 때 리터러시는 문화적 정보를 해독하는 능력이라고 할 수 있다. 인간이 읽고 쓰는 텍스트는 결코 진공상태에서 만들어진 것이 아니다. 단어 하나마다 역사성이 존재하듯 모든 텍스트는 그 속에 녹아 있는 문화적·사회적 맥락을 지닌다. 따라서 맥락에 대한 이해가 제대로 이루어지지 않으면 텍스트의 의미를 제대로 파악하지 못한다. 리터러시를 교육 차원에서 다룰 때는 이 점을 반드시 염두에 두어야 한다.

하지만 맥락은 매우 다양하다. 넓게는 리터러시가 활용되는 사회적 배경에서 차이가 있을 수 있고, 좁게는 적용되는 교과나 주제에 따라 다양한 리터러시가 존재할 수 있다. 결국 이런 맥락의 문제 때문에 리터러시는 단일한 개념이 아니라 발휘되는 장면에 따라 세부적으로 다양한 갈래를 지닌 개념일 수밖에 없다(Lankshear, 2004: 67). 더욱이 최근에는 기술 발전에 따라 인터넷과 같은 새로운 매체가 기존 매체와 더불어 널리 사용되면서 이전과 다른 종류의 리터러시 교육이 필요하게 되었다(Cunningham et al., 2000).

이는 리터러시가 고정된 단일 개념이 아니라 문맥에 맞게 끝없이 확장될 수 있음을 보여준다. 이재기는 이런 상황을 정리하기 위해 리터러시의 번역어인 '문식성' 앞에 다양한 수식어를 붙여 사용하는 것이 효율적이라고 주장하고 이를 '문식성 담론'에 대한 논의로 정리하고자 했다(이재기, 2001: 317). 유(類)로서의 리터러시에 대한 논의도 필요하겠지만, 실제 교육적 논의를 위해서는 리터러시 종(種)에 관한 연구가 효용성이 더 높다고 할 수 있다.

이상을 종합해 볼 때 리터러시에 담긴 의미는 다음과 같이 정리할 수 있다. 첫째, 리터러시는 글을 읽고 쓰는 기능을 다룬다. 리터러시가 근본적으로 글을 읽고 쓰는 능력을 의미한다는 점은 분명하다. 하지만 여기서 글 곧 텍스트를 어떻게 정의하느냐에 따라 다양한 해석이 가능하지만, 근저에는 '읽다'와 '쓰다'라는 두 기능을 담고 있다.

둘째, 리터러시는 맥락에 대한 적절한 지식을 갖추는 것을 뜻한다. 맥락을 제대로 파악하지 못한다면 리터러시는 제대로 작동하지 않게 된다. 문맥은 텍스트의 의미를 파악하고 해석하는 지표다. 맥락에 대한 이해가 선행되거나 동반되지 않는다면 개별 텍스트의 의미를 제대로 파악하지 못한다는 사실은 자명하다. 그러므로 리터러시는 단순히 기계적인 기능이 아니라 배경 지식을 포함하는 개념이다.

셋째, 리터러시는 완성된 지식과 능력이 아니라 최소한의 지식과 능력으로 앞으로의 발전 가능성에 대한 전망을 담고 있는 개념이다. 리터러시를 갖추는 것이 전문가가 된다는 의미가 아니고, 해당 분야에 대한 경험과 연습이 쌓이면 그것을 통해 더욱 발전된 형태로 나아갈 수 있게 해주는 기반이다.

(2) 리터러시 신화의 극복

우리는 앞에서 리터러시는 기본적으로 읽고 쓰는 능력을 의미하지만 발휘되는 영역에 따라 다양한 세분화가 가능하다는 점을 밝혔다. 그리고 리터러시의 자동적 전의는 불가능하므로 주제별로 세분화된 리터러시 교육이 필요하다는 점도 살펴보았다. 그럼 이를 바탕으로 인문학 리터러시의 의미를 살펴보자.

우선 인문학 리터러시는 '인문학 텍스트를 읽고 쓸 줄 아는 능력'이다. 이때 인문학 텍스트는 문학, 철학, 역사와 같이 인간의 본성과 가치를 다루고 탐구하는 텍스트를 말한다. 그리고 앞에서 살펴본 리터러시가 함축하는 의미에 따라, 인문학 텍스트를 읽고 이해하기 위한 기본적 배경지식을 갖추는 것을 의미하며 인문학 사고를 글로 표현하는 기본 기능까지 포괄한다. 그러므로 인문학 리터러시는 단순히 읽기와 쓰기 능력 향상을 통한 의사소통 능력의 세련화만을 추구하지 않는다. 인문학이 자연과학이나 사회과학과 달리 인간 자체에 대한 탐구와 가치의 문제를 좀더 직접적으로 다루고 있으므로, 인문학 리터러시는 인문학 텍스트에 대한 이해 능력을 갖추어 인문학의 전통에 입문하도록 하는 데 목적이 있다. 그리고 인문학 리터러시 교육은 인문학 리터러시를 갖추도록 가르치는 일을 말한다.

인문학 리터러시는 앞에서 언급한 인문학의 목표 즉 자유인의 경험과 밀접하게 관련된 개념이다. 그리고 자유인의 경험은 세계에 대한 비판적 성찰을 통해 이루어진다. 인문학 리터러시가 필요한 이유는 리터러시만으로 부족한 비판적 성찰을 가능하게 해주기 때문이다. 이 문제는 리터러시 신화(Gee, 1996: 26)와 깊은 관련이 있다.

리터러시의 문제는 리터러시가 근본적으로 교양과 인간성의 함양에 자연스럽게 연결되는 능력이 아니라는 데 있다. 일종의 중립적 리터러시는 있을 수 없다는 뜻이기도 한다. 또 리터러시가 반드시 반성적 사고와 일치하거나 비판적 사고력과 같아서 리터러시를 함양하면 지적 능력이 바르게 구현되지 않는다는 사실과 관련이 있다. 곧 리터러시에 일정한 방향성을 가미해야 우리가 원하는 리터러시가 구현된다는 뜻이다. 예를 들어 오닐(O'Neil, 1970: 260)은 단순한 읽기가 오히려 참된 리터러시(proper literacy)의 발달을 방해할 수 있다고 지적하면서, 읽을 줄 아는 능력이 자연스럽게 교양 있는 상태로 이어진다는 전망을 비판하였다. 리터러시를 갖추었다고 인격적 훌륭함이나 품성이 자연스럽게 길러지지 않는다는 경고이다.

리터러시에 대한 지나친 낙관을 경고하기 위해 참고할 용어가 '리터러시 신화'이다. 지(Gee, 1996)에 따르면 이 말은 원래 그래프(Graff)가 처음으로 사용했으며, 리터러시를 전능하다고 여기는 태도에 대한 비판이다. 리터러시만 갖추면 자연스럽게 우리가 바라는 '교육 받은 상태'에 도달할 수 있다고 보는 태도야 말로 하나의 '신화'라는 해석이다. 신화라는 수식(修飾)이 알려주듯 이는 리터러시가 갖는 복잡성을 간과한 잘못된 태도이다.

지(1996)에 따르면 리터러시 신화가 문제가 된 근원은 플라톤에게까지 거슬러 올라간다. 플라톤의 저작 중 텍스트의 문제를 직접 다룬 것은 『파이드로스』와 『일곱번째의 편지』이다(Gee, 1996; Ong, 1997). 특히 『파이드로스』에서 보다 상세하고 명확한 논점이 드러난다. 이 작품은 소크라테스와 파이드로스 사이에 벌어진 사랑, 혼, 수사학, 문자 등에 대한 대화를 담고 있다. 대화편 전체에서 소크라테스는 '대화'가 중요하다고 끊임없이 강조한다. 문답법을 통해 진리의 씨앗을 전파할 수 있는 수단이기 때문이다.

> 소크라테스: 여보게 파이드로스, 자네 말이 맞네. 하지만 그런 주제들은 진지하게 다루는 것이 훨씬 더 아름다운데, 그것은 문답법 전문가가 걸맞은 혼을 선택하여 그 혼 안에 자신도 지킬 수 있고 자신을 심어준 사람도 지켜줄 수 있는 말들을 심고 씨 뿌릴 때 가능하다네. 그런 말들은 결실을 맺지 못하기는커녕 씨앗을 품고 있고, 그 씨앗으로부터 다른 토양에서 다른 씨앗들이 자라난다네. 그리고 이런 과정을 통해 본디 씨앗은 영원한 생명을 얻고, 씨앗을 가진 사람은 인간으로서 가능한 범위 내에서 최대한 행복을 누리게 된다네(Platon, 2013: 126).

소크라테스에 따르면 철학적 주제들을 진지하게 다루려면 대화의 형식이 필요하며, 작가보다는 문답법 전문가의 활약이 요구된다. 문답법 전문가는 상대방의 혼의 상태를 정확하게 파악하여 그 토양에 맞는 말을 씨 뿌리고 자라게 하여 상대방 인간을 최고의 행복에 이르게 한다.

플라톤 자신이라고 할 수 있는 소크라테스가 대화 곧 말로 된 언어를 강조하는 것을 구식성(orality)과 리터러시의 대결로 보아 문자 자체를 반대했다는 논의도 가능하다.[6] 하지만 적어도 『파이드로스』에 한정한다면 플라톤은 문자 자체를 불필요한

6) 플라톤의 문자관에 대한 논의는 본고의 범위를 벗어난다. 다만 적어도 『파이드로스』에 한정한다면 플라톤이 문자 자체를 불필요한 기술로 취급하지는 않았다고 볼 수 있다. 또 『일곱번째 편지』를 근거로 문자의 불필요성을 강조했다는 주장도 있지만, 이 역시 전통적으로 다양한 해석이 존재하고 있다. 이 논쟁에 대해서는 다음을 참고할 것. 이강서. 「플라톤의 언어관: 파이드로스와 제7서한의 문자비판을 중심으로」. 『한국서양고전학회』, 13(1), 1999, 33-

기술로 취급하지는 않았다. 그보다는 문자가 지닌 탈문맥적 자율성에 대한 비판(Ong, 1997: 123-124)이라고 보는 편이 더 타당하다고 생각된다.

텍스트가 지닌 가장 큰 문제는 권위적 이미지에서 비롯된다. 글은 말을 권위 있고 최종적인 듯 받아들이게 하는 경향이 있다(Gee, 1996: 27). 글로 표현된 것은 믿어야 하고 더는 변경할 수 없는 최종적 진리를 담고 있는 듯한 인상을 준다. 이를 강화하기 위해 불멸의 연설문 작성자들은 갖가지 방법을 동원한다. 예를 들어 연설문의 맨 앞에 연설문을 칭찬한 유명인들의 이름을 적거나, 민중이나 평의회를 통해 결의된 아무개의 연설임을 분명히 밝힌다(Platon, 2013: 81). 이런 장치들은 글의 권위를 높여주어 글 내용에 대해 비판할 엄두를 내지 못하게 한다. 유명인들이 지지하고 칭찬했으므로 더 이상 수정할 필요가 없다고 주장하는 텍스트를 접하면 독자는 그 내용을 수용할 수밖에 없게 된다. 여러 사람의 검증을 거쳐 나온 결과물인 만큼 이의를 제기하지 못한다는 무언의 압력으로 작동한다는 뜻이다.

그리고 텍스트는 대화를 하지 않는다. 대화에서는 이해가 가지 않거나 동의하지 않는 부분에 대해 무제한적 질문이 가능하다. 플라톤의 대화편에서는 끝없는 질문과 재설명이 이루어진다. 『파이드로스』에서 '무슨 말씀이신지요? 나는 모르는 이야기인데요', '어째서 그렇지요?' 등 같은 질문이 바로 그런 예다. 그러면 소크라테스는 상대방의 동의를 바탕으로 논점을 이어간다. 하지만 글은 대화와 달리 두 가지 문제점을 안고 있다.

> 소크라테스: 파이드로스, 글은 다음과 같은 특성이 있으며, 그런 점에서 그림과도 같네. 그림으로 그려놓은 것들은 마치 살아 있는 것처럼 거기에 있지만, 누가 질문을 하면 아주 근엄하게 침묵을 지킨다네. 글도 마찬가지일세. 자네는 글이 지성을 갖추고 있는 것처럼 말한다고 생각하겠지만, 글이 말하는 것들 가운데 어떤 것에 관해 더 알고 싶어 질문을 하면 글은 매번 한 가지 정보만 제공한다네. 일단 글로 적힌 것은 사방으로 떠돌아다니면서 그것을 이해하는 사람들뿐만 아니라 그것과 무관한 사람들의 손으로도 굴러들어가며, 누구에게 말을 걸어야 하는지 누구에게 말을 걸어서는 안 되는지 전혀 분간하지 못한다네. 그리고 푸대접을 받거나 모욕당하면 그것은 자신을 지킬 수도 자신을 도울 수도 없는지라, 언제나 아비의 도움이 필요하다네(Platon, 2013: 124).

54쪽. ; Platon. 강철웅·김주일·이정호 역. 『편지들』, 이제이북스, 2009.

글은 대화와 달리 질문과 재설명이 불가능하다. 플라톤이 생각하는 대화는 훌륭한 삶을 알기 위해 질문과 답변을 주고받는 과정이다. 질문이 없다면 답변도, 더 나아가 대화도 존재할 수 없으므로 질문은 매우 중요하다. 하지만 글은 질문을 거부한다. 그러므로 대화가 불가능하다. 그림이 근엄한 모습으로 있을 뿐 살아 있는 인간이 아니듯, 대화가 불가능한 글은 지성을 갖춘 인간을 대신할 수 없다. 침묵을 지킬 수밖에 없기 때문이다. 자유인은 대화를 통해 존재성을 드러내 보인다.

대화가 실종된 글은 훌륭한 삶을 추구하는 것 대신에 상대방에 대한 설득을 추구한다. 이것은 소피스트들이나 수사학자들이 바라는 바다. 어찌하든지 상대가 자기의 주장을 받아들이게 하는 단순한 기술에 불과한 것이다. 이것이야 말로 소크라테스가 비난하고 있는 대상이다. 음유시인들의 음송도 마찬가지인데, '문제를 제기하거나 가르치려 하지 않고 설득만'(Platon, 2013: 207) 노리기 때문이다. 여기서 구식성을 대표하는 음송 형식 역시 비난의 대상이 되고 있는데, 이는 플라톤의 문제의식이 리터러시 그 자체보다는 문답법을 통한 훌륭한 삶의 추구를 방해하는 모든 것에 초점을 두고 있다는 점을 드러내 보인다.

이상의 논의를 통해 플라톤이 제기하는 텍스트의 문제점은 다음과 같이 요약된다. 우선 텍스트는 내용이 변경 불가능해 보이기 때문에 권위적인 모습을 갖는다. 권위적 이미지는 독자의 질문 의지를 꺾고 수용만을 강요한다. 둘째, 텍스트는 독자로 있는 그대로 수용하도록 호소하는 설득의 형식으로 작동한다. 훌륭한 삶을 추구하는 올바른 길은 문답법이므로, 이를 허용하지 않는 글은 위험할 수 있다. 셋째, 글은 탈맥락적 성격이 강하다. 맥락의 부재(不在)는 이해를 방해한다. 때문에 글을 올바르게 사용하는 길은 문맥을 충분히 아는 글쓴이 자신이나 글을 둘러싼 문맥에 대한 이해가 충분한 사람에게만 도움이 된다.

이렇게 볼 때 텍스트를 읽어내는 능력으로서 리터러시는 그 자체가 효율적으로 발휘된다고 해서 올바른 것이 아니다. 리터러시는 방향성 특히 리터러시의 문제점을 보완할 수 있는 다른 장치가 필요한 셈이다. 리터러시 신화의 문제를 해결하는 길은 텍스트에 대한 비판적 태도를 견지하는 데 있다. 그리고 비판성의 핵심은 텍스트에 대한 질문 던지기와 끊임없는 검토라고 할 수 있겠다.

이런 뜻에서 교육에서 필요한 것은 기능적 리터러시가 아니라 비판적 리터러시이다. 더욱이 인간성을 함양하는 방법이 되려면 인간 삶의 근본적 면에 질문을 던지고 대화를 나누는 지식이 배경을 이루는 리터러시가 필요하다. 그러므로 인문학과 리터러시의 결합은 중차대한 문제로 부각된다. 리터러시의 개념은 읽고 쓴다는 기능이 핵심이지만, 이는 그것이 발휘되는 특정 주제의 범위를 요구한다. 그리고 리터러시 신화의 오류를 피하려면 비판적 사고 기능을 담고 있는 리터러시가 필요하다.

이렇게 볼 때 인문학 리터러시는 단순히 지식과 기능으로서 인문학 분야에서 발휘되는 리터러시가 아니다. 앞에서 살펴본 대로 인문학은 근본적으로 자유의 경험을 목적으로 한다. 그리고 자유의 경험은 비판적 통찰을 바탕으로 이루어지며, 비판적 통찰은 인문학 지식의 토대 위에서 가능하다. 따라서 인문학 리터러시는 인문학의 비판적 특성이 반영되어 이루어지는 읽기 쓰기 능력임을 알 수 있다.

(3) 인문학 리터러시의 교육적 함의

가. 인문학 실천전통에로의 입문

홍은숙(2007)은 지식교육의 폐해를 지적하고 새로운 교육 패러다임이 필요하다고 주장한 바 있다. 이를 위해 오우크쇼트, 매킨타이어(MacIntyre), 피터스, 허스트(Hirst) 등의 교육개념을 상세히 고찰한 후 새로운 교육 개념을 설정하기 위한 이론적 근거로서 매킨타이어의 '실천전통'을 원용하고 있다. 실천전통의 핵심 의미는 이것이 명제적 지식에 불과한 것이 아니며 공동체 안에서 생성된 전통이라는 점에 있다. 이때 주목할 것은 전통의 개념이다. 오우크쇼트의 '전통'은 '일관성과 계속성, 정체성을 가진다는 점에서 권위를 가지며, 구성원은 그것에 순종해야' 한다. 하지만 '고정되거나 완결된 것이 아니라 변화하며 발전한다'(113). 아울러 실천전통 개념을 이루는 또 다른 근거인 MacIntyre의 논의가 역사성을 강조한다는 점도 매우 중요하다. 『덕의 상실』의 한 부분을 살펴보자.

> 그렇기 때문에 나의 현재의 존재는 본질적인 부분에 있어서 내가 물려받은 존재이다. 즉 어느 정도는 나의 현재 속에 현재하고 있는 특수한 과거인 것이다. 나는 내 자신을 역사의 한 부분으로서 파악한다(MacIntyre, 1997: 326).

매킨타이어에게 있어 개인은 역사적 개인이다. 덕의 개념 역시 역사적 전통의 맥락에서 이해해야 비로소 올바르게 그 의미를 파악할 수 있다. 그렇지 않다면, 예를 들어 맥락을 떠난 터부 규칙은 분리와 함께 자의적 금지로 나타나기 때문에 이해 불가능하게 된다.(1997: 170)

입문은 실천전통의 구성원이 될 정도로 깊이 있게 배우는 것을 뜻한다. 배우기는 하지만 구성원이나 참여자가 되는 것이 아닌 '소개'와 분명히 구분된다(홍은숙, 2007: 147). 따라서 실천전통에로의 입문은 개인을 역사와 불가분의 존재로 파악하여 학문을 포함한 사회적 실제에 입문하는 것을 말한다. 특히 역사성을 지닌 인간은 시간의 축 위에서 과거의 영향을 받으면서도 미래를 만들어가는 현재적 존재에 해당한다. 과거의 실천전통을 충분히 흡수하고, 그 전통의 방식을 바탕으로 미래를 재창조하는 소임을 다해야 한다. 그리고 교육은 이러한 실천전통에로의 입문이라고 할 수 있다.

한편 인문교육은 인간의 삶과 관련지어 다음과 같이 정의할 수 있다.

> 인문학이 '사람다운 삶'에 대해 규범적으로 반성하고 연구하는 학문이라고 한다면, 인문교육은 이러한 반성을 토대로 하여 '사람다운 삶'을 살아나갈 수 있는 성향과 능력을 길러주는 교육이라 할 수 있을 것이다(이상옥 외, 2003: 7).

여기에서 인문 교육의 목표는 '사람다운 삶'을 살아가도록 해주는 성향과 능력을 길러주는 데 있다. 이를 음미해보면 우리가 인성교육 또는 전인교육이라고 통칭하는 중등학교의 교육목표와 별반 다르지 않음을 알 수 있다. 곧 인문교육과 인성교육은 궤를 같이 한다. 하지만 중등교육이 전문가를 육성하기 위한 교육이 아니라 기초적 역량을 전반적으로 계발하는 데 치중한다고 본다면, 더 나아가 인문교육은 중등교육의 일반적 목표를 공유한다고 할 수도 있겠다.

이를 실천전통에로의 입문이라는 개념에 비추어 볼 때, 인문교육은 '인문학적 실천전통에로의 입문'이라고 표현할 수 있다. 이때 인문학적 실천전통은 인문학의 텔로스 곧 인간의 본성과 가치에 대한 반성적 활동으로 오랜 세월 확립해온 학문적 전통을 말한다. 학제적으로는 문학, 역사, 철학에 해당하겠지만, 실천전통의 입장에서 보자면 실제적으로 인문학적 활동에 초점을 둔 개념이다. 입문은 공적 전통의 구성원이 될 정도로 깊이 배우는 것이므로 단순하게 명제적 지식을 습득하고 되풀이하는 것만으로는 충분하지 않다. 진정한 입문은 깊은 이해를 통한 계승과 발전을 위한 공헌을 필요로 한다. 때문에 인문교육은 단순한 지식만을 의미하는 것이 아니라 인문학이라는 실천 전통에로의 입문 전체를 가리킨다.

이때 지식은 배제되는 것이 아니라 그 일부로서 기능한다. 전통의 이해와 역사적 맥락 이해 등은 그 자체가 지식이거나 지식을 수반하기 때문이다. 다만 강조점은 지식이 필요 없다는 것이 아니라 전부가 아니라는 사실에 있다. 그리고 앞에서 언급한 대로 입문은 과거 전통의 충분한 흡수와 미래의 재창조를 포함하므로, 인문학적 실천전통에로의 입문 역시 인문학 분야에서의 전통에 대한 수용과 계승을 포함한다.

교육을 실천전통에로의 입문이라고 한다면, 이는 다양한 리터러시의 습득으로 구체화된다. 교육의 목표 중 인성교육은 인문교육과 깊이 관련되어 있으며, 이는 다시 인문학적 실천전통에로의 입문이라고 할 수 있으며, 보다 구체적으로 인문학 리터러시의 습득이라 하겠다. 교과지식은 전통의 이해와 계승에 필요한 바탕이다. 오랜 세월 거치면서 생성된 논리적 구성물 또는 지식체계인 교과지식은 가장 효율적으로 전통을 이해할 수 있게 해준다. 진정한 실천전통에로의 입문은 단순한 지식의 습득만을 뜻하는 것이 아니라 전통의 계승도 해야 한다. 일정한 공헌이 필요하다.

그러므로 인문학적 실천전통에로의 입문은 인문학 리터러시로 구체화된다. 인문학 리터러시에서 '읽기'는 인문학에 대한 깊은 이해를, '쓰기'는 실천전통을 이어가면서 새롭게 갱신하는 데 기여하는 공헌을 각각 나타내기 때문이다. 달리 말하자면 인문학의 실천전통에 깊이 있게 들어가 이를 새롭게 하는 것 모두를 인문학 리터러시가 포괄한다.

우리는 앞서 인문학 리터러시를 인문학 분야에서 발휘되는 리터러시라고 정의한 바 있다. 다시 확인하지만 리터러시의 기본 개념은 읽고 쓰는 능력을 말한다. 이때 읽기는 해당 분야에 대한 깊은 이해를 말한다. 인문학 리터러시의 읽기는 여러 차원에서 이루어진다. 우선 텍스트의 의미에 대한 이해이다. 일반적으로 인문학 텍스트는 인문학 분야에서 전해오는 고전(古典)을 가리킨다. 따라서 리터러시가 발휘되는 일차적인 대상은 인문학 고전이다. 어느 텍스트라도 그 내용 이해는 텍스트 내의 의미 작용에 대한 이해에서 출발한다. 따라서 리터러시를 갖춘다는 것은 일차적으로 텍스트 자체를 이해하는 능력이 있다는 뜻이다.

하지만 인문학 텍스트는 본질적으로 인문학 분야에서 오랜 세월 논의되었던 가치와 전망 등을 다루고 있다. 때문에 중요한 개념들을 충분히 이해하려면 텍스트 내의 문맥적 의미뿐만 아니라 텍스트를 둘러싼 외적 맥락에 대한 이해를 절대적으로 전제한다. 인문학 텍스트와 개념들은 늘 역사성을 가진 존재이기 때문이다. 그리고 맥락을 제대로 이해하기 위해서는 맥락에 대해 공동체가 정련해온 전통에 의지할 필요가 있다. 자기 멋대로의 자의적 해석은 무의미하기 때문이다. 이 때문에 올바른 이해를 위해서는 명제적 지식을 갖추는 노력을 포함하여 인문학의 지적 전통에 대한 보다 깊은 숙련을 필요로 한다. 그러므로 인문학 리터러시를 갖추었다는 것은 일면 인문학 텍스트에 대한 이해를 깊이 할 줄 아는 능력을 갖추었음을 의미한다. 그리고 이는 텍스트의 의미를 지적 전통의 흐름 속에서 공동체의 일원으로서 제대로 이해하는 능력을 갖추었다는 뜻이다.

리터러시를 이루는 또 다른 구성요소는 쓰는 능력이다. 인문학 리터러시는 곧 인문학 텍스트를 생산할 수 있는 능력을 의미한다. 읽기와 쓰기는 선후 관계를 따질 수 없는 활동이다. 하지만 일반적으로 말해서 쓰기는 읽기를 통해 이해가 이루어지고 이해를 기반으로 사고 작용이 있고 난 후에 이루어진다. 인문학 리터러시의 읽기가 자의적 해석이 아니라 지적 전통의 맥락에서 이루어지듯, 쓰기 능력 역시 지적 전통의 맥락 속에서 이루어진다. 인문학의 전통 속에서 이루어지지 않는다면 이 역시 인문학 텍스트로 소통되지 않을 것이기 때문이다. 모든 글이 인문학 텍스트가 되는 것은 아니다. 같은 이유로 인문학 텍스트 역시 인문학 전통 속에서 이루어져야 한다.

인문학 리터러시의 차원에서 이루어지는 글쓰기는 두 가지 측면이 있다. 첫째, 내면화의 과정이다. 받아쓰기가 아닌 이상 글쓰기는 근본적으로 글 쓰는 사람의 내면을 표현한다. 이 때문에 인문학 리터러시의 글쓰기 능력은 인문학의 지적 전통을 내면화한 결과의 표현이라고 할 수 있다. 다른 한편으로 이런 깊은 내면화는 지적 전통과 공동체로의 깊은 입문을 뜻한다. 글쓰기는 글 읽기 못지않은 깊은 이해의 방편이기도 하다.

둘째, 비판적 사고의 결실이다. 앞에서 언급한 대로 인문학 리터러시는 끊임없이 대안적 사고를 모색하는 리터러시이다. 소크라테스적 에토스를 발휘하는 능력이다. 여기서 '비판적'은 단순히 반대 입장에 선다는 의미가 아니라 어떤 권위라도 재검토가 필요하다는 자세로 질문을 던지는 것을 말한다(Passmore, 1969: 205).

이상의 논의를 정리해 볼 때 인문학 리터러시는 교육의 테두리 안에서 인성교육과 인문교육을 가장 구체적으로 드러내주는 개념이다.

나. 책 읽기와 글쓰기의 확산적 순환

책 읽기와 글쓰기는 서로 밀접하게 연결된다. 독서를 통해 생각거리를 마련해야 글쓰기가 풍부해진다. 또 글을 쓰면서 떠오른 질문이나 문제점을 책을 통해 해결하게 된다. 이 둘은 동전의 앞뒷면처럼 떼려야 뗄 수 없는 관계를 유지한다. 그 과정의 경험은 생각하는 힘을 기르는 데 필수적 자양분이 된다.

하지만 현실적으로는 불균형이 존재한다. 우선 책 읽기는 강조하면서 글쓰기에 대해서는 상대적으로 약한 관심을 보인다. 지금까지 우리 교육은 독서를 늘 강조해왔다. 무엇보다 고전 독서를 강조했고, 이를 실천하기 위해 교육 프로그램 마련에 노력했다. 더불어 책읽기의 이해도를 높이기 위해 독후감을 비롯하여 다양한 독후활동을 추구해왔다. 하지만 이때 독후감으로 대표되는 글쓰기 활동은 책 읽기에 비해 부차적 성격을 갖는 듯 취급되어왔다.

다른 한편으로는 현실적으로 글쓰기 곧 작문에 대한 교육이 책읽기와 직접적인 관련 위에서 이루어지지는 않는다. 무엇보다 의사소통의 도구로서 글쓰기를 조망하면 그 내용보다 글쓰기 과정과 기술에 치중하는 경향을 보인다. 또는 글은 개성을 반영하므로 쓰고 싶은 말을 소신껏 또 논리적으로 정돈하여 작성하라는 막연한 지도는 많이 이루어진다. 하지만 글감 찾기, 논리 전개하기, 주장하기, 표현하기 등에서 많은 어려움을 겪는다. 이를 위해 작문 교육을 별도로 실시하지만, 특히 쓸 내용의 부재 현상을 해소해주지 못한다.

이런 일련의 상황은 책읽기와 글쓰기가 유기적으로 연결되지 못하기 때문에 발생한다. 글쓰기는 본질적으로 대상에 대한 주체의 사고를 정돈하여 표현하는 것이므로 대상에 대한 이해가 충분하지 않거나 해석할 능력이 없다면 불가능해진다. 여기서 책읽기는 대상에 대한 해석할 힘을 길러준다는 차원에서 매우 중요하다. 고전은 인간 삶에서 부딪히는 현상에 대한 해석 중 오랜 세월 검증을 거쳐 타당하다고 인정된 결과물이기에 효용성을 지닌다. 특히 비슷한 문제에 대해 서로 다른 시각을 보여주는 고전들은 현상에 대한 다각도의 고민과 성찰을 불러일으킨다. 때문에 책읽기는 특정 문제에 대한 사고의 방향을 참고할 수 있게 해주고 그에 따른 가치의 문제를 함께 고민하게 한다. 그리고 이는 글쓰기를 통해 내면화되고 정돈된다.

이런 이유로 책읽기와 글쓰기를 유기적으로 연결해 지도해야 교육적 의의를 살릴 수 있다. 하지만 현실적으로 책읽기와 글쓰기는 개별 교과로 각각 강조되는 불균형이 존재하기 때문에, 이 둘을 하나로 묶을 수 있는 통합적 개념이 절실하다. 이런 의미에서 책읽기와 글쓰기를 통합하는 인문학 리터러시는 이 활동을 유기적으로 결합된 형태로 바라볼 수 있게 해주는 의의를 지닌다. 책읽기와 글쓰기의 유기적 결합은 책읽기에서 글쓰기로, 또 글쓰기에서 다시 책읽기로 이동하는 생산적 순환을 가능하게 한다. 이렇게 맺어진 생산적 순환은 그대로 정체되지 않고 점차 확산된다. 앞에서 언급했듯 리터러시는 어떤 분야에 대한 최소한의 지식이나 앎이라는 개념을 내포한다. 완성된 능력이 아니라 앞으로 성장 가능한 기초에 해당한다는 의미이다. 인문학 리터러시 역시 인문학적 능력의 완성이 아니라 향후 성장할 수 있는 발판을 마련한다는 의미를 갖는다.

곧 인문학 텍스트를 읽고 이해하는 능력뿐만 아니라 더 나아가 삶에 대한 통찰과 비판으로 확장될 수 있다. 이는 리터러시의 전이가 아니라 확장이다. 리터러시의 전이가 불가능하다는 점은 앞에서 밝힌 바 있다. 그때 전이가 불가능한 것은 리터러시가 발휘되는 주제의 상이점 때문에 발생한다. 예를 들어 인문학 리터러시를 갖추었다고 해서 자연스럽게 과학적 텍스트를 읽고 쓰지는 못한다. 리터러시의 전이 불가능성은 바로 이런 차원에서의 설명이었다. 인문학 리터러시가 텍스트에서 인간 삶 전체로 확장될 수 있는 이유는 인문학의 대상이 바로 인간의 삶 전체이기 때문이다. 따라서 인문학 리터러시가 텍스트에서 삶 전체로 확장되는 것은 자연스러운 현상이다. 삶으로 확장된 인문학 리터러시는 텍스트 대신 인간을 둘러싼 다양한 현상을 '읽는다'. 이는 현상의 겉모습을 인지하다는 의미가 아니라 그 맥락을 이해하여 진정한 의미를 통찰하는 데까지 나아간다는 것을 의미한다. 또 텍스트를 대상으로 발휘한 '쓰기'의 능력을 삶의 다양한 국면에서 발휘할 수 있게 해준다. '쓰기'는 글을 일차적 대상으로 한다. 그러나 자기 사고의 표현이라는 측면에서 '쓰기'는 말하기나 주장하기 또는 다양한 표현으로 확장될 수 있다.[7)]

7) 정대현 외(2000)는 기존의 인문학을 '이해인문학'으로 보고 새로운 인문학으로 '표현인문학'이 필요하다고 제안한다.

다. 학습 경험 조직의 방향

성인기의 성숙되고 확장된 인문학 리터러시가 자율적 차원에서 활용되게 하려면 교육을 통해 인문학 리터러시가 충분히 갖추어져야 한다. 이런 점에서 인문학 리터러시는 교육의 목표로 다루어져야 하며, 교수학습 전략을 고민해야 할 대상이다.

인문학 리터러시를 통해 인문 교양교육은 '인문학 텍스트를 읽고 쓸 줄 아는 능력의 함양'이라는 보다 구체적인 표현으로 재진술할 수 있게 된다. 여기서 '읽는다, 쓰다'는 '소양, 교양'과 같은 말보다 더 분명하다. 행동을 가리키기 때문에 구체적이다. 게다가 이들은 학교 현장에서 일상적으로 쉽게 접하는 이해 가능한 행동들이므로 접근이 용이하다는 느낌을 전해준다. 물론 겉으로 드러나는 행동이 곧 지적 전통에의 입문 여부를 기계적으로 측정할 수 있는 근거로 작용하기는 대단히 어렵다. 하지만 인문 교양교육을 둘러싼 막연함과 막막함을 제거하는 데 어느 정도 기여한다고 본다. 이는 큰 장점은 지닌다. 서론에서도 밝혔듯이 인문 교양교육이 어려움을 겪는 가장 큰 문제 중 하나는 모호함에 있기 때문이다. 특히 '인문학적 소양'이나 '비판적 사고력'과 같은 표현이 지닌 애매함을 제거하는 데 기여할 수 있다.

하지만 인문학 리터러시의 진정한 교육적 함의는 단순히 용어의 순화에 있지 않다. 더 중요한 것은 이것이 학습경험을 조직하는 데 방향성을 부여할 수 있다는 점이다. 학교가 학생들에게 기본적인 지식과 기능을 습득하게 해야 하는 것은 당연하다. 하지만 오늘날 학교 현장에서의 문제는 지식과 기능을 전달하는 데 급급하여 '무기력한 지식'(홍은숙, 2007: 56)을 전달하는 데 머무르기 때문이다. 하지만 누구나 공감하듯 지식의 전달 자체를 문제 삼을 수는 없는 노릇이다. 현실적으로 교육은 본질적으로 지식을 전달하는 임무를 지니고 있기 때문이다. 지식교육의 문제점을 지적하면서 흔히 그 대안으로 개인의 창의성과 비판적 사고와 같은 것들을 언급한다. 논쟁의 맥락에서 보면 이것들이 지식교육의 폐해에 대한 대안으로 인식되는 경향이 있다. 하지만 결국 이것들도 지식을 기반으로 해야 하기 때문에 학습의 방향을 어느 쪽으로 끌고 갈 것인가에 대한 합의를 찾기 어렵게 된다.

이런 상황에서 인문학 리터러시는 '지식'과 '지식 외'의 대결 구도를 피하여, 인문학적 읽기와 쓰기라는 행동 차원으로 접근하기 때문에 학습 경험을 조직하는 새로운 준거로 기능할 수 있다. 예를 들어 읽기는 이해를 목표로 하고, 이는 교과에서 습득한 지식을 기반으로 하기 때문에 지식과 깊은 연관을 갖게 된다. 읽기를 능숙하게 하려면 위해서는 필수적으로 지식이 있어야 한다. 또 쓰기는 습득한 내용을 개인의 맥락에서 재구성하고 나름의 방식으로 드러내는 활동이므로 창의적일 수밖에 없다. 그러므로 지식 교육을 탈피하고자 하는 여러 가지 교육 목표가 수렴되는 출발점으로 작동한다. 때문에 인문학 리터러시는 학습 경험을 조직하는 데 쉽게 합의에 이르게 할 수 있다. 이때 학습 경험 조직의 문제는 단순히 교육과정상의 문제만은 아니다. 학생들의 입장에서도 자신들이 도달해야 할 목표를 분명히 인식시켜준다는 장점이 있다. '인문 교양을 몸에 익힌다'는 추상적 표현보다 '읽고 쓸 수 있는 능력'이 훨씬 더 구체적인 목표로 다가오기 때문이다.

참고문헌

김재현(2011). "화이트헤드 철학과 교양교육". 교양교육연구. 5(1). 37-66.

김현정(2001). 자율성 개념분석의 비판적 연구. 박사학위 논문. 한국교원대학교.

노명완, 이차숙(2002). 문식성 연구. 서울: 박이정.

서상문, 장사형(2006). "Derrida의 "로고스 해체"와 그 교육학적 함의". 교육철학. 30. 67-89.

손승남(2011). 인문교양교육의 원형과 변용. 파주: 교육과학사.

신득렬(1994). "M. Oakeshott의 교육개념". 교육철학. 12. 115-130.

안경수(2011). 교육목적으로서의 자율성과 정서성의 통합에 대한 정당화. 박사학위논문. 경북대학교.

유재봉(2011). "화이트의 자유교육론의 비판적 검토". 교육철학. 26. 143-161

이강서(1999). "플라톤의 언어관: 파이드로스와 제7서한의 문자비판을 중심으로". 한국서양고전학회. 13(1). 33-54.

이상옥, 손동현, 김명숙, 박기묵, 인문사회연구회(2003). 한국 인문교육 진단모형과 정책대안의 종합적 단계적 추진전략. 서울: 인문사회연구회.

이유선(2002). "합리성의 두 가지 의미". 사회와 철학. 3. 145-174.

이재기(2001). "주체. 이데올로기. 그리고 문식성 교육". 국어교육학연구. 12(1). 317-361.

이지헌(2000). "디어든의 자율성 교육론". 교육철학연구. 24. 73－91.

장사형(2003). "포스트모더니즘의 도덕교육에의 시사". 교육철학. 23. 179-195.

정대현, 박이문, 유종호, 김치수, 김주연, 정덕애, 이규성, 최성만(2000). 표현인문학: 인문학의 위기를 넘어서. 서울: 생각의 나무.

정석환(2008). "자율성의 포스트모던 정당화와 그 교육적 의미". 한국교육학연구. 14(3). 5-30.

정호표(1996). "교육규범으로서 자율성의 정당화와 한계". 중등교육연구. 38. 109-125.

주영흠(2000). "교양교육의 목적으로서의 자율성 연구". 총신대논총. 19. 259-283.

최석민(2009). "교육목적으로서 비판적 사고의 재고찰". 초등교육연구논총. 25(2). 249-260.

홍은숙(2007). 교육의 개념: 실천전통에의 입문으로서의 교육. 파주: 교육과학사.

Au, K.(2004). An Expended Definition of Literacy. In D. Wray(Ed.). *Literacy: Major Themes in Education* (Vols. 1－4. Vol. 1. 7-22). New York: Routledge Falmer.

Crittenden, B.(1978). "Autonomy as an aim of eduction". In Strike, K. A. & Egan, K. (Eds.). *Ethics and educational policy*. Boston: Routledge & Kegan Paul. 105-126.

Cunningham, J. W. Many, J. E. Carver, R. P. Gunderson, L. & Mosenthal, P. B(2000). How Will Literacy Be Defined in the New Millennium? *Reading Research Quarterly*. 35(1). 64-71.

Cuypers, S.(1992). "Is personal autonomy the first principle of education". *Journal of Philosophy of Education*. 26(1). 5-17.

Dearden, R. F.(1972). "Autonomy and education". In Dearden, R. F. Hirst, P. H. & Peters, R. S.(Eds.). *A Critique of Current Educational Aims: Education and the Development of Reason*. London: Routledge & Kegan Paul. Vol. 1. 58-75.

Gee, J. P.(1996). *Social Linguistics and Literacies: Ideology in Discourses* (2nd ed.). England: Routledge.

Kaufmann, W. A.(2001). 인문학의 미래: 왜 인문학을 가르치고 배워야 하는가? 이은정 역. 서울: 동녘.

Lankshear, C.(2004). Understanding literacy. In D. Wray (Ed.). *Literacy: Major Themes in Education* (Vols. 1−4. Vol. 1. 56-99). New York: Routledge Falmer.

MacIntyre, A. C.(1997). 덕의 상실. 이진우 역. 서울: 문예출판사.

O'Neil, W.(1970). Properly literate. *Harvard educational review*. 40(2). 260-263.

Oakeshott, M.(1972). "Education: The engagement and its frustration". In Dearden. R. F. Hirst, P. H. & Peters, R. S.(Eds.). *A Critique of Current Educational Aims: Education and the Development of Reason*. London: Routledge & Kegan Paul. Vol. 1. 17−47.

Ong, W.(1997). 구술문화와 문자문화: 언어를 다루는 기술. 이기우, 임명진 역. 서울: 문예출판사.

Passmore, J.(1969). On Teaching to be Critical. In R. S. Peters (Ed.). *The Concept of education*. 192-211. London: Routeledge & Kegan Paul.

Peters, R. S.(1978). "Ambiguities in liberal education and the problem of its content". In Strike, K. A. & Egan, K. (Eds.). *Ethics and educational policy*. Boston: Routledge & Kegan Paul. 3-21.

Platon(2009). 편지들. 강철웅, 김주일, 이정호 역. 서울: 이제이북스.

Platon(2013). 파이드로스/메논. 천병희 역. 고양: 숲.

Stone, M. C.(1990). "Autonomy. Emotion and Desires: Some Prolems Concerning R. F. Dearden's Account of Autonomy". *Journal of Philosophy of Education*. 24(2). 273-289.

Whitehead, A. N.(2004). 교육의 목적. 오영환 역. 서울: 궁리.

Winch, C.(2006). *Education, Autonomy, and Critical Thinking*. New York: Routledge.

Wray, D.(Ed.)(2004). *Literacy: Major Themes in Education* (Vols. 1–4. Vol. 1). New York: Routledge Falmer.

제9장

수사학 논쟁과 그 교양교육적 의의

김우영

1. 수사학 교사 이소크라테스
2. 이소크라테스의 수사학 교육
3. 교양교육적 함의
4. 교양인을 위한 수사학

1. 수사학 교사 이소크라테스

그리스 아테네의 수사학 교사 이소크라테스는 390년경부터 340년경까지 대략 50년 동안 교육자로 활동했다.[1] 플루타르코스 위서(僞書)에 따르면 키오스(Chios)에서 운영한 학교를 포함하여(『연설가 10인전』 837b) 대략 3번에 걸쳐 학교를 운영했다. 첫째는 아테네에서, 두 번째는 키오스에서, 세 번째는 다시 아테네에서 학생을 가르쳤다(Roisman et al., 2015: 148). 아테네에서는 뤼케이온(Lykeion) 근처에 있던 자신의 집을 학교 삼아 학생을 가르쳤다(Freeman, 1907: 180).

학생들은 입학하면 3년에서 4년 정도 공부를 했다(『안티도시스에 관해』, 87). 아테네에서 군역(軍役)이 18～20세에 이루어졌던 점을 염두에 두면, 학생들은 대략 14～18세로 추정할 수 있다(Freeman, 1907: 191). 수업 인원은 추정해볼 수밖에 없는데, 마루(Marrou, 1965: 140)에 따르면 최대 9명[2]을 넘지 않았고 평균적으로 5～6명[3]이 수업에 참석했으며 그 중 집중적으로 가르친 인원은 3～4명[4]이다.

데모스테네스가 1,000 드라크메가 없어 이소크라테스의 수업을 듣지 못했다는 전승에 근거해 볼 때, 수업료는 대략 그 정도를 받았던 것 같다. 총 제자 인원을 100명으로 잡아 계산하면 총수입은 100,000드라크메가 되며, 매년 약 2,000드라크메의 수업료에 해당한다. 당시 중하 계층의 연 수입이 540드라크메인 점을 생각하면 약 4배 정도 수입이 많았다. 그러나 그보다는 니코클레스와 티모테우스가 26,000드라크메를 선물로 주었기 때문에 수업료와 무관하게 이소크라테스는 많은 재산을 모았던 것으로 보인다(Johnson, 1957).

---

1) 기간 산정에 대해서는 연구자별로 차이를 보인다. 대표적으로 마루(Marrou)(1965: 533, 주 11)는 393～338로 시기를 단정적으로 제시했다. 반면에 존슨(Johnson, 1957)은 마루의 주장에 의문을 제기하면서 티모테우스와 함께 했던 기간과 말년에 병으로 아팠던 기간까지 산정해볼 때 대략 50년이 알맞다고 보았다.

2) 위(僞) 플루타르코스에 따르면 키오스의 학교에서 그는 9명을 가르쳤다(『연설가 10인전』 837b).

3) 김봉철(2004: 167)은 50년간 총 100명의 제자를 두었다고 보고 이를 재학 기간에 따라 추산해볼 때 한 번에 6명~8명을 가르쳤다고 계산했다.

4) 『판아테나이코스』 200에서 이소크라테스는 '함께 지내는 제자 3～4명'과 함께 자기 글을 검토했다고 밝힌다.

그의 제자 중 연설문에서 명확하게 확인되는 인물은 아테네의 장군 티모테오스 외에 에우노모스, 뤼시테이데스, 칼리포스, 오네토르, 안티클레스, 필로니데스, 필로멜로스, 카르만티데스(『안티도시스에 관해』 93)가 있다. 이들은 아테네를 위해 재산을 사용하는 공역을 수행하여 대체로 이소크라테스의 교육을 몸소 실천한 제자들로 보인다. 또 김봉철(2004: 174−180)이 분석한 제자 22명[5]은 공역 수행자 8명, 연설가 7명, 수사학자 2명, 역사가 2명, 참주 1명, 군주 1명, 장군 1명이다. 그의 제자들은 대체로 그리스 사회에서 중요한 역할을 했다.

이소크라테스가 살았던 시대는 그리스 역사에서 폴리스 간 크고 작은 전쟁이 벌어졌고 급기야 마케도니아가 맹주로 우뚝 서는 시기와 완벽하게 일치한다. 김봉철(2004)이 이소크라테스를 '전환기 그리스 지식인'으로 표현한 이유는 그리스의 전란기와 그의 삶이 정확히 일치하기 때문이다. 이 시기를 그리스의 전환기라고 일컫게 되는 정치 사회적 상황은 다음 세 가지로 정리된다. 첫째, 폴리스 간의 빈번한 전쟁으로 인해 공존의 위기가 도래했다. 둘째, 시민단의 유대가 약화하였다. 셋째, 사회에서 시민들의 업무가 전문화되면서 공동체 의식이 충만한 건강한 시민을 찾아보기 힘들게 되었다.

고대 그리스에서 시인과 시는 실용적 지식과 도덕적 충고를 제공하는 주요한 원천이었다(Guthrie, 1977: 29). 그러나 기원전 5세기가 되면 산문과 연설이 새로운 교육으로 부상했다. 이때 주요한 지적 흐름은 수사학과 철학이었다. 오늘날 우리가 수사학이라고 인식하는 '말의 기술'은 소피스트들이 가르쳤다. 그들은 폴리스를 떠도는 순회 교사로 정치적 야망을 지닌 젊은이들에게 남을 설득하는 기술을 가르쳤다. 반면에 소크라테스, 플라톤, 아리스토텔레스로 이어지는 철학자들은 소피스트의 행태를 비판하면서 진리의 탐구 방법으로 철학을 가르친다.

이러한 정치적·지적 배경 속에서 이소크라테스는 소피스트와 철학자 양쪽 모두를 비판하면서 독자적인 수사학 교육을 펼친다. 그는 우선 소피스트를 비판했다. 소피스트는 말과 행동이 일치하지 않는 부도덕한 행태를 보였다. 젊은이에게 가르친 대로 실천하기는커녕 자기 이익을 위해 정반대의 행동을 서슴지 않은 소피스트의 모

5) 김봉철(2004)은 이소크라테스의 연설문과 서간, 데모스테네스. 디오뉘시오스, 플루타르코스, 키케로 등 다양한 전거를 비교 분석하여 여러 문헌에서 복수로 확인되는 제자 명단을 제시하였다.

습은 비난받아 마땅했다. 더구나 수사학을 말만 번드르르하게 하는 기술로 전락시키는 행태를 강력하게 비난했다. 자기 언변이 화려함을 증명하기 위해 사실을 왜곡하고 공동체의 가치와 배치되는 논리를 전개하는 것 또한 문제였다. 이소크라테스에게 소피스트의 교육은 건전한 교육에서 벗어나는 행위에 불과했다. 그에게 수사학은 공동체가 지향하는 건강한 인간을 교육하는 방편이자 인격을 다듬는 도구였다. 따라서 소피스트에 대한 그의 공격은 교육과 교육이 아닌 것을 구분하는 데 초점을 둔다.

그러나 이소크라테스는 철학자들 역시 비난했다. 지나치게 세세한 문제까지 따지고 드는 것은 문제가 있다고 보았다. 그는 수사학적 훈련을 통해 지혜 곧 주어진 상황에 걸맞은 훌륭한 판단을 추구했다. 이런 기준에서 볼 때 맥락과 무관하게 원칙과 원리만 따지는 공부는 불충분하다고 보았다. 더구나 인간이 도달 가능할 것 같지 않은 진리의 문제를 독점하는 듯한 태도는 소피스트의 허세에 못지않은 문제라고 인식했다.

이러한 상황은 필연적으로 이소크라테스와 플라톤을 대조되는 위치에 놓이게 했다. 플라톤은 변증법을 통해 변하지 않는 지식에 도달하려 했고 이소크라테스는 수사학을 통해 현실 세계에서의 지혜를 추구했다. 플라톤이 추구한 목표가 지식, 이론, 맥락 초월적 지혜라면, 이소크라테스는 판단, 실제, 맥락 지향적 지혜였다. 두 사람은 교육을 바라보는 시각도 서로 달랐다. 즉 플라톤이 지식을 가르쳐 판단의 근거를 확고히 하려 했다면, 이소크라테스는 지혜를 실제 삶에서 적용하는 방법에 익숙하도록 가르치려 했다.

플라톤이 추구한 철학 교육과 이소크라테스가 추구한 수사학 교육은 각각 지식, 이론, 원리를 추구하는 교육과 지혜, 실제, 적용을 추구하는 교육이라는 두 가지 패러다임을 대표한다. 마루는 이 두 사람이 추구한 교육 방향을 늘 대립하는 교육의 두 방향이라고 요약하며 교육이라는 '사원의 두 기둥(deux colonnes du temple)'이라 부른 바 있다(Marrou, 1965: 146). 마루의 표현은 균형 있는 교육을 위해서는 두 방향성을 취사선택의 대상으로 삼는 게 아니라 상호 연결하고 통합해야 하는 대상임을 명료하게 깨닫게 한다.

이는 특히 오늘날 교양교육의 영역에서 시사하는 바가 크다. 근대 이후 교양교육은 자유교육 곧 정신의 해방으로 인식되는 경향이 있다. 이른바 철학적 전통의 측면이 강조된 결과다. 역사적으로 볼 때, 이것은 철학의 역사에서 플라톤이 주장한

'철학'이 이소크라테스의 '철학' 곧 수사학보다 영향력을 더 크게 발휘한 결과 수사학은 상대적으로 열등한 기술로 인식된 탓이 크다.

이소크라테스의 수사학 교육에 관한 연구는 우선 넓게 지식 전달 위주 교육의 문제점을 반성하게 하는 계기가 된다. 그뿐만 아니라 좁게는 교양교육에서 통합적 의미를 구현할 것을 촉구한다. 이런 점에서 이소크라테스의 수사학 교육의 목적, 내용, 방법을 살펴보고, 이를 근거로 오늘날 교양교육의 방향성에 던지는 시사를 논하고자 한다.

2. 이소크라테스의 수사학 교육

(1) 목적: 교육받은 사람

이소크라테스는 지식보다 판단력이 더 중요하다고 주장한다. 『판아테나이코스』 9에서 그는 비난을 의식하면서 자신의 교육 활동이 정확한 지식을 다루는 것이 아니라 현명한 판단을 목표로 삼는다고 주장한다. 그가 판단력을 중요시했다는 사실은 인물을 칭송할 때 판단력을 중요한 덕목으로 설정한 데서도 드러난다. 예를 들어 『에와고라스』에서 에와고라스는 훌륭한 판단력을 가진 모범적 인물로 평가된다. 이소크라테스는 에와고라스는 철저한 판단력으로 자기가 맡은 국가를 잘 다스린 인물로 평가하면서 여러 장점을 높이 찬양한다. 그 중에서도 그가 모든 사안에 대해 신중하고 세밀하게 살펴서 술곧 현명하게 판단했다는 섬을 칭찬한다.

훌륭한 판단력이란 수많은 독사(doxa) 중에서 가장 바람직한 것을 선택해내는 현명함을 의미한다. 여기서 현명함이란 시의적절성, 과거라는 근거, 공정성의 세 가지 차원에서 분석해볼 수 있다. 우선 시의적절성은 카이로스(kairos)[6]다. 이 말은 '적당함, 기회, 적당한 시기, 좋은 기회, 결정적 순간'을 뜻한다. 또 그 의미를 살려 정황론으로 옮길 수도 있는데, 법정에서의 판결처럼 시간, 장소, 상황에 따라 결정(양태종, 1989: 51)된다는 논리를 의미한다. 케네디(Kennedy, 1963: 67)에 따르면 카이로스는 '연설을 삶의 다양성에 맞춰 그리고 말하는 사람과 듣는 사람의 심리 상태에 맞게 조

6) 카이로스의 개념 형성과정에 관해서는 시피오라(Sipiora, 2002: 2-7) 참고.

정하는 일'을 뜻한다. 후세에는 프레폰(prepon, 조정하기)이라는 용어가 더 많이 사용되었지만, 이소크라테스에 의해 수사학에서 중요 개념으로 사용되기 시작했다.

카이로스의 개념에 따르면 규칙이나 정해진 원칙을 맥락과 무관하게 기계적으로 적용하면 안 된다. 주어진 상황에 적절한 또 적절한 시간에 꼭 필요한 판단을 내려야 현명한 판단이라 할 수 있다. 하지만 그러려면 다른 노력이 선행되어야 한다. 에와고라스에 대한 찬양이 이를 잘 예시한다. 에와고라스는 자기가 맡은 과업을 잘 수행하기 위해 끊임없이 모든 상황을 자세히 관찰하였다.

따라서 카이로스에 맞는 의견을 내는 일은 배우기 어렵다. 좋은 연설을 하는 규칙이나 안내서만으로 해결되는 일이 아니기 때문이다. 또 특정 학문에 해당하는 전문 지식을 갖추었다고 해서 해결되지 않는다. 앞에서 살펴본 대로 인간의 삶은 다양하며 같은 상황이라도 시간에 따라 시시각각 변하기 때문이다. 지금 순간에는 적절하다고 판단되어도 다음 순간에는 그렇지 않게 된다. 그래서 칸(Cahn, 1989: 133)이 말한 대로 카이로스의 개념을 강조하면 수사학은 테크네(techne)가 아니게 된다.

과거를 현명한 판단을 위한 근거로 삼았다는 것은 이소크라테스가 다른 사람과 구별되는 특징이다. 김석완(2010: 66)에 따르면 이소크라테스 이전까지는 과거사가 학문 대상이나 지식의 범주에 속하지 않았기 때문에 그는 '고대교육의 전개과정에서 과거 지식의 교육적 의미를 명료하게 인식하고 교육의 실제에 적용한 최초의 인물'이다.

현명함을 구성하는 세 번째는 공정성이다. 독사에 관한 공정성은 양쪽의 의견을 모두 듣는 자세에서 출발한다. 『평화에 관해』, 11에서 그는 대립하는 논증을 모두 검토해야 한다고 설명한다. 여기서 강조하고자 하는 바는 설득기술의 차원에서 논변의 형식적 우월성이나 논리성을 따지는 과정의 유용함이 아니다. 그는 판단에서의 신중함을 확보하라는 뜻에서 이처럼 주문한 것이다. 즉 서로 경쟁하는 독사를 앞에 두고 훌륭한 판단을 하려면 반론까지 모두 들어서 비교 검토해야 정확하게 판단할 수 있게 된다.

이소크라테스의 교육 목표에서는 판단력이 핵심이고, 불변하는 지식으로서 에피스테메는 그 가치가 상대적으로 제한된다. 그가 볼 때 절대적 지식은 학문적 영역에서는 몰라도 실제 삶의 세계에서 유효하지 못하다. 그렇기에 독사가 중요하며, 독사의 가치 판단은 말 그 자체보다는 말하는 사람의 평판도 고려해야 한다. 판단력은 카이로스에 걸맞고 신중한 검증과정을 거친 독사를 제시하는 능력이며 시민의 덕은 판단력을 기반으로 상식적 덕을 보여준다는 의미다. 그리고 그 결과는 명성으로 나타난다.

이상을 종합하여 그가 생각한 교육받은 사람은 『판아테나이코스』에 구체적으로 제시되어 있다.

> 나는 기술, 학문, 여러 재주에서 뛰어난 사람을 배제했습니다. 그렇다면 내가 생각하는 교육받은 사람이란 어떤 사람일까요? 우선, 매일 마주하는 일을 잘 관리하고, 상황에 걸맞은 판단을 내릴 줄 알고, 시급한 최선의 행동은 무엇인지 생각할 줄 아는 사람입니다. 그다음으로 주변 사람들에게 예의가 바르고 공정하게 대하며, 다른 사람들의 무례함과 불쾌감을 주는 부분을 편안하고 온화하게 참을 줄 알며, 만나는 사람에게 호감을 주는 분별 있는 사람입니다. 그다음으로 쾌락을 제어할 줄 알고, 불행을 만나면 과도하게 압도당하지 않고 우리의 공통적인 본성에 어울리도록 용감하게 인내하는 사람입니다. 끝으로 가장 중요한 것은, 성공했다고 버릇이 없어지지 않으며 자신의 진정한 자아를 버리지 않고 오만해지지 않기는커녕 오히려 지성인으로서 자신의 근본을 지키며, 우연히 다가온 행운보다는 자신의 성품과 지혜를 통해 이루어진 것을 더 즐거워할 줄 압니다. 나는 이 가운데 한 가지가 아니라 모든 것이 조화를 이루는 사람을 지혜롭고 완전하며 모든 덕을 갖춘 사람이라 말합니다(『판아테나이코스』 30-32).

이소크라테스는 일상생활에서 덕을 보여주지 못한다는 이유를 들어 전문가를 배제했다. 여기에는 연설에 능하거나 글을 잘 쓰는 사람(『판아테나이코스』, 29 참고)도 포함된다. 이런 사람들은 말과 글에 기술적으로 능하기만 할 뿐 그에 걸맞은 덕을 보여주지 못하는 사람을 뜻한다. 즉 수사학적 기술에서만 전문가인 셈이다.

이상을 토대로 그가 추구한 교육받은 사람의 의미 규정을 분석해보자. 교육받은 사람은 첫째, 현명한 판단력이 돋보이는 사람이다. 이것은 매일 접하는 사안에 대해 적절한 의견을 제시할 줄 아는 능력이자 최선의 행동 방침을 도출해내는 능력을 말한다. 앞에서 살펴보았듯이 현명함의 원천은 과거를 철저히 분석하여 모범적인 인물의 행동을 모방하는 데 있었다. 따라서 현명하게 판단하려면 과거에 대한 지식이 충분해야 한다. 아울러 지금 벌어지는 일에 대해서도 정확한 정보를 가지고 있어야 한다. 이런 점에서 볼 때 풍부한 역사 지식과 관찰력이 요구된다.

둘째, 대인관계에서 적절하게 행동하는 사람이다. 이런 사람은 주변 사람에게 공정하게 대하는 자세, 타인이 자신에게 무례하게 굴거나 불쾌감을 주어도 이를 참아내는 포용력, 사람을 점잖게 대하는 태도를 보인다. 인간관계에서 상대방을 무시하지 않고 존중하는 태도를 말한다. 존중은 에피스테메보다 독사를 강조하는 관점에서도 수긍이 가는 덕목이다. 과학적 대상과 같이 이론의 여지가 없는 사안이 아니라면, 여러 의견에 동등한 가치를 부여하고 견주어보는 수밖에 없다. 이때 존중은 절대적으로 필요한 자세다. 또한 시민으로서 평등한 관계 속에서 공동체의 일원으로 살아가는 데 필요한 자세를 의미하기도 한다. 상대 존중의 범위를 확장하면 폴리스 간 관계에도 적용된다. 폴리스 간 분쟁을 비판하면서 영구적인 평화를 위해 노력했던 이소크라테스는 아테네가 동맹국과 관계에서 상호 존중의 태도를 보일 것을 호소했다.

셋째, 즐거움과 괴로움을 통제하는 능력이다. 교육받은 사람은 쾌락을 제어할 줄 아는 자제력을 보여준다. 그리고 불행에 과도하게 압도당하지 않는다. 불행 앞에서의 의연함 역시 자신의 감정을 다스릴 줄 안다는 차원에서 자제력의 범주에 들어간다. 『파네귀리코스』 47에서 불행의 성격은 두 가지였다. 무지와 불가항력이다. 무지에서 유래한 불행은 판단력을 발휘하면 해소할 수 있다. 그러나 어쩔 수 없는 불행은 인간의 한계를 넘어선다. 불행에 과도하게 압도당하지 않음은 현실적인 방안을 찾지 못할 때 이를 아름답게 견디는 자세를 말한다.

넷째, 거만하지 않고 겸손함을 유지하는 사람이다. 교육받은 사람은 물질적 성공에 우쭐해지지 않는다. 물질적 성공은 우연히 주어지는 것으로 여기고 그것보다는 자신의 성품과 지혜를 가꾸는 일에 집중한다. 물질적 부와 성품의 대비는 외적 상태와 내적 상태, 육체와 정신이라는 일반적인 차별성에만 기대는 것이 아니라 우연과 노력이라는 점에서도 대비된다. 물질적 부는 본인의 노력과 무관하게 주어질 수 있는, 그래서 거꾸로 주어지지 않을 수도 있는 대상이다. 반면에 성품과 지혜(phronesis)는 배우는 자가 노력으로 도달할 수 있다. 따라서 이는 이소크라테스가 교육의 목표로 삼는 것이 성품이자 지혜임을 분명히 해준다. 그는 겸손함의 실례로 『판아테나이코스』 196-197에서 과거 아테네의 사례를 들었다. 이에 따르면 아테네는 크고 작은 싸움을 통해 상대방의 거만함을 응징하면서도 승리에 들떠 거만해지지 않음으로써 명성을 얻을 수 있었다.

종합해보면 교육받은 사람은 현명함, 온화함, 자제력, 의연함, 겸손함을 두루 갖춘 인간이다. 오늘날의 기준으로 보면 인성교육이 추구하는 이상적 면모를 갖춘 사람이되, 특정 분야의 전문성은 그 요건에서 배제되었다. 그렇다고 전문가는 모두 교육받은 사람이 아니라는 뜻은 아니다. 그가 수사학을 통해 연설에 능한 사람을 기르려 했기 때문이다. 핵심은 전문성이 곧바로 인격의 훌륭함을 끌어내지 못한다는 데 있다. 연설교육 그 자체로는 이소크라테스의 교육적 이상을 구현하는 방편은 아니었다. 이는 소피스트의 교육에 대한 비판을 통해서 충분히 증명된 바다. 그가 연설 교육에 주목한 이유는 이것이 완성된 인격을 갖추는 쪽으로 자극하고 또 훈련하는 이상적인 방법이었기 때문이었다.

이에 더해 이소크라테스가 교육의 힘을 믿었다는 점도 눈여겨볼 대목이다. 그는 교육받은 사람의 모습을 성품과 지혜를 중심으로 서술하였다. 사회적으로 칭찬받는 덕목은 타고나는 것이 아니라 후천적 노력을 통해 개선될 수 있음을 믿었다는 의미다. 특히 삶의 원칙이나 원리와 같이 맥락을 소거한 추상적 지식이나 개념을 전달하는 것에서 그치지 않고 직접 적용하는 부분까지 교육의 영역에 포함했다는 사실은 주목할만하다. 연설 훈련은 구체적 사안을 분석하고 판단하며 그것을 표현하고 다른 사람과 비교하면서 검증하는 일련의 과정을 겪으면서 이루어지기 때문에 맥락을 충분히 고려하는 실제적 활동이다. 이를 통해 그는 자신의 교육을 지식과 사회적 원칙의 구체적 적용에까지 확장하였다.

(2) 내용: 공동체를 위한 판단

이소크라테스의 연설문은 이론적인 설명이 아니라 그가 그리스 공동체 전체를 위해 조언한 내용을 담고 있다. 그의 연설문은 당시에도 그리스 전체에 널리 알려져 많은 사람이 읽었고 공유했다. 연설문에 기초하여 그가 가르쳤던 시민적 덕의 구체적인 내용은 다음과 같이 분석된다.

첫째, 신화를 재분석하여 아테네와 그리스의 위대함을 증명하려 했다. 신화는 헬라스인 전체의 공동 기억이자 문화적 자산이다. 이소크라테스는 신화를 새롭게 조망하고 해석하여 아테네가 이상적 모습을 보여주었던 시간을 복원하려 했다. 예를 들어, 그는 트로이 전쟁은 유럽이 아시아를 응징한 첫 번째 사례이고, 아가멤논은 그리스군 전체를 훌륭하게 이끈 위대한 용사이며, 테세우스는 위대한 아테네를 세운 이상적 군주라고 설명한다.

둘째, 시민의 덕성은 공동체를 보존하는 데 초점을 두어야 한다. 시민의 바람직한 행동은 민주정을 유지하기 위해 폴리스의 운영에 적극적으로 관심을 두는 일, 훌륭한 지도자를 선발하기 위해 지속적으로 감시하고 판단하는 일, 아테네의 동맹을 친구처럼 대하는 일, 아테네의 명성을 되찾기 위해 노력하는 일 등이다.

셋째, 시민의 덕에 더해 지도자로서 덕을 갖추어야 훌륭한 군주다. 군왕은 책임에 뒤따르는 불행을 감내해야 하고 근면함으로 덕을 쌓기 위해 한층 더 노력해야 한다. 이상적 군왕은 이상적 지도자이며 훌륭함을 연설을 통해 드러난다.

넷째, 아테네는 그리스 사회의 모범이었다. 아테네가 그리스의 모범인 이유는 두 가지다. 우선 그리스 전체를 위해 페르시아와의 전쟁을 승리로 이끌었다. 그리고 문화적 차원에서 그리스 사회를 선도하였는데, 그 중심에는 연설교육이 있다.

다섯째, 평화로운 문화 공동체가 필요하다는 점이다. 여기서 평화란 일시적인 전쟁의 중단 상태가 아니라 영구적인 평화를 의미한다. 또 평화는 폴리스 내부에서도 부자와 가난한 사람의 상호부조를 통해 공동체가 회복된 상태를 말한다. 문화 공동체는 헬라스 문화가 보편화하면서 이룩될 수 있다. 그러면 종족 개념으로서 헬라스인이 아니라 문화적인 의미에서 헬라스 공동체가 완성되어 평화를 누릴 수 있게 된다.

여섯째, 교육은 덕을 키우는 데 집중해야 한다. 여기서 덕을 키우는 교육은 언어를 통해 현명하게 사고하고 행동하는 방법을 가르치는 활동을 말한다. 소피스트가 추구했던 대로 웅변가를 기르는 일과는 다른 차원의 활동이다.

그 중 덕을 키우는 교육에 대해 좀더 깊숙이 고찰해보자. 이소크라테스가 추구했던 교육의 핵심은 덕을 육성하는 것이었다. 그는 덕이 무엇인가의 문제보다 어떻게 개인의 품성에 반영할 것인가에 집중하였다. 하지만 과정은 순탄치 않았다. 연설교육으로 덕을 키운다는 생각에 반론과 비판이 있었기 때문이다. 그래서 이소크라테스는 여러 차례에 걸쳐 자신의 교육을 변호해야 했다. 여기서는 그 내용을 분석해보고자 한다.

먼저 그가 주장했던 교육의 일반적 의미를 정리해보자. 이소크라테스는 우선 인간이 진보하는 존재라고 생각했다.

> 한편 이런 것과 별도로 우리가 이 모든 것을 놔두고 처음부터 살펴본다면, 우리는 땅 위에 처음 나타났던 사람이 지금과 같은 방식으로 삶을 누렸던 것이 아니며 조금씩 그들 스스로 마련해 나갔다는 사실을 발견할 것입니다(『파네귀리코스』 32).

파필론(Papillon)에 따르면 고대 그리스에는 인간 발달에 대해 상반되는 두 가지 시각이 존재했다. 첫 번째는 인간이 황금시대에서 타락하여 힘든 노동이 이어지는 청동 시대로 후퇴했다는 시각이다. 헤시오도스의 시가 대표적이다. 두 번째는 소피스트와 소크라테스 이전 철학자의 시각으로 인간은 발전한다는 시각이다(2004: 35, 각주 37). 위 인용문에서 이소크라테스는 인간이 땅에 출현한 이래로 같은 삶이 이어지지 않았고 조금씩 개선되어 갔다고 주장한다. 아울러 『파네귀리코스』 47에서 철학이 모든 것을 발견할 근거를 마련했다고 설명한다. 그는 인간의 발전이 철학을 통해 가능하다는 점을 전제한다. 여기서 인간의 개선 가능성이라는 전제는 매우 중요하다. 교육 가능성의 근거이기 때문이다. 만약 개선의 여지가 없다면 인간을 가르치는 일은 불가능해진다.

인간은 발전 가능한 존재지만 교육을 받지 않은 인간은 덕과 무관하게 행동한다. 『니코클레스에게』에서 그는 인간의 본질에 대해 다음과 같이 설명한다.

> 우리가 인간의 본질을 전체로서 조망해 보고자 한다면, 우리는 사람들 대부분은 건강에 가장 좋은 음식을 섭취하는 데에서나 혹은 가장 명예로운 것을 추구하는 데에서, 혹은 가장 고귀한 행위를 수행하는 데에서나 가장 쓸모 있는 물건을 생산하는 데에서 즐거움을 찾지 않는다는 것을 발견할 수 있을 것입니다. [중략] 그렇다면 그런 사람들에게, 이익을 가져다주는 것에 대해서 조언하거나 가르치거나 혹은 말해주면서 그와 동시에 그들을 즐겁게 할 수가 있겠습니까? 제가 방금 말한 것들 외에도 그 사람들은 지혜로운 이들을 의심 섞인 눈으로 바라보며 반대로 지혜를 갖추지 못한 자들을 개방적이고 진지한 사람으로 간주합니다. 이들은 삶의 진실성을 철저히 외면하므로 심지어 그들에게 이익이 되는 것이 무엇인지도 알지 못합니다. 아니 오히려, 스스로의 문제에 주목하는 일은 이들에게 성가

> 신 일이요, 남들 일을 화제로 삼는 데에서 즐거움을 찾습니다. 이들은 영혼을 단련하고 자기 임무에 신경을 쓰기보다는 차라리 신체에 병을 얻는 쪽을 택하려 합니다. 그들이 서로 어울려 있을 때를 관찰해 보십시오, 서로 간에 욕지거리를 해대는 것을 목격하실 것입니다. 그들이 각기 홀로 시간을 보내고 있을 때를 관찰해 보십시오. 미래를 계획하기는커녕 허황된 꿈들에만 사로잡혀 있는 그들을 발견하실 것입니다(『니코클레스에게』 45-47).

위 설명은 일반적으로 사람들이 헤시오도스, 테오그니스, 포킬리데스 같은 시인이 전하는 격언보다 싸구려 희극에 귀를 기울이지만(44) 삶의 교훈은 외면한다고 지적한 후 인간의 상태를 논한 부분이다. 인간의 본질은 건강이나 명예에 이로운 것이 아니라 즐거움을 추종한다. 따라서 이들에게 의미 있는 조언을 한다고 해도 쾌락을 느낄 수 없다면 받아들이지 않는다. 더 나아가 그들은 삶의 지혜를 거부하고 조언자를 의심하는 눈초리로 지켜본다.

언어 사용도 올바르지 않다. 대화의 주제는 자신의 문제를 해결하는 데 있지 않고 다른 사람에 관한 험담으로 일관한다. 인간은 언어 능력을 통해 자신에게 닥친 어려움을 극복해왔다는 관점에서 볼 때 문제 해결보다 험담으로 일관하는 태도는 언어를 바르지 않게 사용하는 태도다. 표현 형식도 잘못되었는데, 교양있는 말씨를 갖추지 못했다.

더 큰 문제는 이들이 교육을 거부한다는 점이다. 영혼을 돌보는 일을 하느니 차라리 육체의 질병이 더 낫다고 생각한다. 이것은 교육의 어려움으로 이어지거나 아니면 인간의 교육이 불가능하다는 전망을 낳는다. 물론 이소크라테스는 자신이 묘사한 대목이 모든 사람에게 해당하는 것은 아니라고 부연하여(47) 발언의 강도를 누그러뜨리지만, 타고나면서 고귀한 성품을 지닌 사람과 그렇지 않은 사람이 있음을 기본적으로 전제하기 때문에 여기에 묘사된 인간의 본질은 교육을 받지 못한 대부분 사람을 설명한다.

『니코클레스』 46－47은 천성적으로 도덕적인 성품과 교육의 관계를 설명한다. 이 부분은 방금 언급한 교육을 받지 않은 부류와 다른 범주에 속하기 때문에 흥미로운 대조를 이룬다.

> 천성적으로 도덕적인 사람은 칭찬과 찬양을 받을 만합니다. 하지만 사고력에

> 복종하여 그러한 사람은 한층 더 칭찬받을 만합니다. 왜냐하면, 신념이 아니라 우연히 절도가 있는 사람은 설득에 따라 변할 수도 있지만, 천성적으로 절도가 있을 뿐만 아니라 덕이 세상에서 가장 좋은 것이라는 신념까지 갖춘 사람은 일평생 그 자리를 지킬 것이 뻔하기 때문입니다(『니코클레스』 46-47).

여기서는 세 부류의 사람들이 비교된다. 천성적으로 도덕적인 사람, 사고력에 복종하여 도덕적인 사람, 우연히 절도 있는 생활을 하게 된 사람의 세 부류다. 첫째, 천성적으로 도덕적인 사람은 본질상 절도 있는 삶을 편하게 느낄 것이 뻔하다. 그가 덕이 좋은 것이라는 가르침을 받게 되면 일평생 도덕적 삶을 살 가능성이 매우 크다. 둘째, 사고력에 복종하여 도덕적인 사람은 천성적으로는 도덕적이지 않다고 예상할 수 있다. 그가 절도 있게 된 것은 도덕적 사고를 하도록 교육을 받은 결과다. 즉 교육을 받아 도덕적 삶을 살게 된 사람이다. 셋째, 우연히 절도 있는 생활을 하는 사람은 천성이나 사고력이 아니라 주위의 환경 때문에 도덕적 삶을 영위하게 된 사람이다. 천성이 아니라는 점에서 도덕적 삶이 편안하다는 인식이 없을 가능성이 크다. 또 사고력을 발휘해 본인의 부도덕한 면을 제어한 경험이 없다고 생각할 수 있다.

이소크라테스가 볼 때 천성적으로 도덕적이고 교육을 받은 사람보다 사고력에 복종하여 도덕적인 사람이 더 크게 칭찬받을 만하다. 그가 이유에 대해 세세한 설명을 하지는 않았지만, 천성에 따르는 경우보다 사고력에 의지하는 편이 도덕적이지 않은 성향을 사고력의 힘으로 제어해야 한다는 차원에서 더 어렵고 노력을 많이 기울여야 한다는 점을 염두에 둔 판단이라고 추측해볼 수 있다.

그다음 천성적으로 도덕적인 사람과 우연히 도덕적인 사람을 비교한다. 우연히 도덕적 생활을 하게 된 사람은 주변의 유혹이나 설득에 변할 가능성이 크다. 즉 그를 둘러싼 주변 환경이 비도덕적인 행동을 유발한다면, 사고력이 그 행동을 제어하지 않기 때문에, 쉽게 비도덕적으로 변하리라고 예상할 수 있다. 결과적으로 우연히 도덕적 생활을 하게 된 사람은 천성적으로 도덕적인 사람보다 일관성 있는 도덕성을 보여주지 못한다는 점에서 찬양을 받기 어렵다.

이상을 정리해보면 칭찬을 받을 자격은 우연히 도덕적 삶을 사는 사람, 천성적으로 도덕적이고 덕의 중요성을 교육받은 사람, 사고력에 복종하여 도덕적인 사람 순으로 높아진다. 이런 분석은 우선 우연성, 천성, 교육의 결과 중 교육이 가장 효과적으로 인간을 변화시킨다는 사실을 알게 해준다. 그리고 타고난 자질이 교육을 통해 강화된다는 점도 밝힌다. 수사학적 인격 완성론의 관점에서 이런 설명이 함축하는 바는 매우 크다. 세 번째로는 이른바 본성과 양육의 논쟁에서 양육의 힘을 주요한 변수로 믿는다는 근거가 된다.

이소크라테스는 고귀한 태생을 강조했지만, 교육이 천성을 더욱 강화하고 발전시킨다고 생각했다. 『판아테나이코스』에서 그는 스파르테가 타인의 재산 탈취를 불의로 여기지 않았지만, 아테네는 이를 불의로 보았음(188)을 비교하면서 아테네인의 도덕성을 치켜세운다. 이어서 천성과 양육이 결합했을 때 최상의 결과를 낳았다고 설명한다.

> 많은 사람이 보았듯 심지어 전쟁에서의 용기는 흉악한 짓이라면 남을 능가하는 사람까지 포함해 많은 사람이 소유하고 있습니다만, 모든 일에 유익하고 사람들에게 도움을 주는 마음은 비열한 사람은 공유하지 못하고 내가 지금까지 언급한 모든 선한 일을 행했던 그당시 우리 도시를 통치했던 사람들처럼 고귀하게 태어나 잘 양육되고 교육을 잘 받은 사람에게만 생깁니다(『판아테나이코스』 198).

여기서 전쟁에서의 용기와 사람들에게 유익을 끼치고 도움이 되려는 마음가짐이 비교된다. 용기는 일반적으로 누구나 영혼의 훈련이 없어도 지니기 쉬운 마음 상태다. 심지어 흉악한 짓을 하거나 교육을 받지 못한 저열한 사람들에게서도 찾아볼 수 있다. 반면에 모든 사람에게 도움이 되는 덕스러운 행동은 두 가지 즉 고귀한 출생과 적절한 교육이 결합한 결과로 가능했다.

출생과 교육이 결합하여 덕을 세운다는 견해는 기원전 5세기에 펼쳐졌던 이른바 본성과 양육 논쟁의 해답이기도 했다. 당시의 사회적 변화는 덕에 대한 양육과 본성의 논쟁을 불러일으켰다. 전통 귀족들은 덕이 본성에서 기인한다고 주장했다. 예를 들어 테오그니스나 핀다로스 같은 시인들은 덕이 선천적인 것이며 후천적으로 길러지지 않는다고 주장했다. 이에 반해 프로타고라스나 프로디코스 등은 후천적인 노력으로 가능하다고 주장했다. 이소크라테스는 '본성과 양육의 사이 공간에 주목'했던 최초의 인물이었다(김성훈, 2013: 118, 127). 그는 본성과 양육 중 어느 한쪽만을 강조하지 않는다. 그렇지만 본성만으로는 충분하지 않다는 점을 분명히 하면서 자연스럽게 교육의 가능성을 강조한 것만은 분명하다.

그러나 이 문제는 평생 이소크라테스를 따라다녔다. 그는 수사학 교육을 통해 덕을 가르친다고 주장했기 때문에 덕의 교육 가능성을 포함하여 방법론까지 늘 공격의 대상이었다. 『안티도시스에 관해』는 그러한 공방을 담고 있다. 이소크라테스의 교육에 대한 세간의 공격은 두 가지로 요약할 수 있다. 첫째, 연설의 교육 가능성이다. 사람들은 소피스트가 하는 일 곧 연설교육이란 엉터리며 연설 능력과 공무 처리 능력을 향상하게 하는 교육은 존재하지 않으며, 실제로 그러한 분야에서 탁월성을 발휘하는 사람들은 천부적인 재능 때문에 그렇다고 주장했다. 이런 관점에서 본다면 이소크라테스의 교육은 궤변에 불과하다. 둘째, 연설이 인간의 심성을 올바르게 인도할 수 있는가 하는 점이다. 경험적으로 보아 연설을 익힌 사람들이 주로 타인 재산을 갈취하는 데 활용하는 등 사악한 일에만 종사했기 때문에 이소크라테스의 교육이 의심스럽다는 게 핵심이었다.

구체적으로 그들은 연설교육을 받으면 다음을 충족해야 할 것이라고 반문하였다. ① 제자들이 노인들보다 현명하게 연설할 수 있어야 한다. ② 1년 정도 훈련받으면 훌륭한 웅변가가 되어 있어야 한다. ③ 게으른 학생도 부지런한 학생만큼 실력이 좋아야 한다. ④ 재능이 부족한 학생도 뛰어나게 변해있어야 한다(197-200).

이에 대한 이소크라테스의 답변은 일차적으로 다음과 같다.

> 이것들이 바로 그들이 내세우는 요구사항들입니다만, 그들은 한 번도 내가 그와 같은 약속을 하는 것을 들은 적이 없을 뿐더러, 다른 종류의 기술과 교과 영역에서 그와 유사한 결과가 나타나는 것을 본 적도 없습니다. 오히려 그와 반대로 모든 지식은 우리 쪽에서 엄청난 노력을 기울여야만 습득될 수 있으며, 배운 것을 실제에 적용하는 일에 있어서도 우리는 결코 모두 동일한 능력을 지니고 있는 것이 아닙니다. 아니 그 정도가 아니라, 학교에 다니는 학생들을 모두 통틀어도 진정으로 탁월성을 입증받을 수 있는 것은 다만 두셋 정도에 불과하고 나머지는 공부를 그만두고 각자 개인적인 삶으로 돌아갑니다(『안티도시스에 관해』 201).

답변의 핵심은 우선 이소크라테스 본인이 그런 식의 약속을 한 적이 없다는 점이다. 질문을 뜯어보면 질문에 들어 있는 수사학 교육은 소피스트들이 학생들을 상대로 약속한 내용이다. 이소크라테스 역시 이런 식으로 교육 효과를 약속하는 일을 비난한 적이 있다(『소피스트들에 대해』 참고). 따라서 그는 자신이 질문에 들어 있는 효과를 낼 것이라고 약속하지 않았음을 분명히 한다. 두 번째는 사람들이 묻는 것 같은 효과를 내는 기술은 존재하지 않는다는 점이다. 어떤 교과도 단시간 안에 재능과 자질을 무시하고 탁월한 사람을 만들어내지 못한다. 세 번째는 실제로 탁월한 웅변가는 몇 되지 않고 대부분 개인적 삶으로 돌아간다는 사실이다. 앞에서 살펴본 대로 이소크라테스는 재능과 교육 중 어느 한쪽이 다른 변수를 통제하는 강력한 요소임을 부정했다. 따라서 탁월한 웅변가는 천부적인 재능이 없다면 불가능하다는 점을 알고 있었다. 그러므로 비록 탁월하다고 인정받는 제자가 별로 없더라도 그는 교육이 실패했다고 판단하지 않았다.

이소크라테스의 답변에서 알 수 있는 것은 그에게 향한 비판이 연설교육에 대한 몰이해에서 이루어졌다는 사실이다. 즉 설령 소피스트들이 가르치는 연설교육이라도 학생의 자질에 따라 다양한 성과를 이루었음을 보면 증명된다.

> 오히려 그 중에 어떤 사람들은 대단히 탁월한 역량을 지닌 사람으로 드러났고 또 어떤 사람들은 유능한 선생으로 판명되었다는 것, 그리고 개인적인 생활을 선호했었던 사람들이 이제 전보다 더 우아하게 사회적인 교제를 즐길 줄 알게 되었으며 다른 대부분의 사람들에 비해서 훨씬 예리한 재판관과 신중한 조언자가 되었다는 것을 여러분들 가운데 모르는 분이 어디 있겠습니까? 그렇다면, 그것을 배운 사람들을 이 같은 종류의 사람으로 만들 수 있는 교과를 업신여기는 일이 어떻게 가능하겠습니까?(『안티도시스에 관해』 204)

이소크라테스는 연설교육이 이루어낸 결과를 설명한다. 첫째, 탁월한 역량을 지닌 웅변가가 배출되었다. 앞에서 보았듯이 이런 결과는 탁월한 재능이 연설교육으로 계발된 경우에 한한다. 둘째, 대인관계가 좁았던 사람들이 사회적 교제를 우아하고 적극적으로 즐기게 되었다. 셋째, 판단력이 좋아져서 재판관으로서 조언자로서 능력을 보이게 되었다. 이 답변은 연설교육이 교과로서 이것을 배운 사람들은 개인의 삶에서부터 공적 임무에 이르기까지 사회생활 전반에 걸쳐 개인을 이전보다 발전시키는 데 성공했음을 논증한다.

이어서 그의 답변은 연설기술이 인간을 개선하고 가치 있게 만든다는 결론으로 끝을 맺는다.

> 내가 보기에 타락한 본성에 정직과 정의를 심어줄 수 있는 그런 종류의 기술은 과거에 존재했던 적도 없거니와 지금도 존재하지 않으며, 그런 효과를 장담하고 다니는 자들의 세력은 점차로 줄어들 것이며 결국 그런 종류의 교육이 발견되기 전에 그들의 헛된 주장도 그칠 것입니다. 그러나 나는 또한 사람들이 만약 말을 잘하는 것에 대한 열망을 품게 된다면, 듣는 이를 설득할 수 있는 능력을 지니기를 원하게 된다면, 그리고 자신의 마음을 이익 —아무 생각 없는 자들이 의미하는 바의 '이익'이 아니라, 이 용어가 진정으로 의미하는 바의 이익— 을 획득하는 데에 둔다면, 그들은 점차로 좋아질 수 있으며 갈수록 훌륭해질 수 있을 것이라고 생각합니다(『안티도시스에 관해』 274-275).

여기서 결론은 두 가지로 구성된다. 첫째는 태어나면서부터 덕을 거부하는 사람에게 정직과 정의를 심어주는 기술은 존재하지 않는다는 사실이다. 어떤 사람들은 자신들이 그런 기술을 가졌다고 주장하지만 그런 교육은 불가능하다. 즉 덕성이 특정 교과를 배워서 길러지지 않으리라는 전망이다. 그렇지만 덕을 조금이라도 개선하고 가치를 추구하는 마음을 갖도록 만드는 방법으로 말을 잘하려는 열정이 있다. 덕 자체를 있는 그대로 가르치거나 갖게 할 수는 없지만, 말을 잘하려는 기술을 통해 훌륭한 인격이 완성된다는 믿음이다.

이때 말을 잘하려는 기술이 덕을 기르는 원리는 다음과 같이 설명된다.

> 우리는 언어 능력을 통해 논쟁할 사안에 대해 다른 사람과 겨루고 미지의 것을 우리 자신에게 밝혀줍니다. 우리가 다른 사람을 설득할 때 사용하는 논거를 우리 스스로 숙고할 때도 사용합니다. 그리고 사람들 앞에서 말을 하는 사람을 웅변가라 부르고, 문제를 자신의 마음속에서 능숙하게 토론해보는 사람을 현자라고 부릅니다(『니코클레스』 8).

언어는 우선 논쟁의 도구다. 주어진 사안에 관한 의견이 다를 때 우리는 언어를 통해 의견을 교환하고 합리성이나 적절성을 따져보게 된다. 또 언어는 아직 완전히 파악되지 않은 대상을 탐색하고 이해하는 도구로도 사용된다. 언어가 없다면 우리는 사고 자체가 힘들게 된다. 덧붙여 한층 흥미로운 대목은 우리는 스스로 숙고할 때나 다른 사람을 설득할 때 같은 논거(pistis)를 사용한다는 점이다. 같은 논거를 사용한다는 점에서 설득과 숙고는 같은 사고과정이다. 일반적으로 설득이 두 사람 이상이 개입하는 활동이라면, 숙고는 자기 내부에서 벌어지는 논쟁의 과정이다. 즉 자기의 생각을 최대한 객관화하여 비판적으로 검토하고 검증하는 과정인 셈이다. 이때 공동체의 지혜로 전승된 덕의 목록을 근거로 제시된 자신의 독사가 카이로스에 맞는지 아닌지 검증하게 된다.

이소크라테스의 말은 이런 일련의 내적 과정을 통해 덕과 카이로스에 부합한 독사가 만들어지고 검증되고, 말로 표현되어 다른 독사와 경쟁하는 또 다른 과정을 거치면서 덕이 내면화된다는 뜻으로 이해된다. 그리고 이를 말로 표현하는 사람은 웅변가라 부르고, 마음속 토론으로 끝내는 사람을 현자라고 부른다. 이런 의미에서 웅변가와 현자는 구분되지 않는다. 말을 잘하는 것과 사고가 현명한 것 사이의 경계가 소멸한다.

(3) 방법: 카이로스에 걸맞은 연설

이소크라테스는 연설을 통해 덕을 고양하려고 했다. 여기서 연설은 형식화된 말이다. 따라서 그의 교육은 언어를 어떻게 형식화할 것인가에 초점을 두었다. 따라서 그가 사용한 교육 방법을 이해하기 위해서는 먼저 언어를 어떤 관점에서 이해했는가를 살펴볼 필요가 있다. 여기서는 이소크라테스의 연설문을 토대로 그가 생각한 인간 언어의 특징을 분석하고자 한다.

우선 언어는 인간만이 지닌 특징으로 인간 문명의 기초를 이룬다.

> 우리는 다른 생물들에 비해서 하등 나을 것이 없습니다. 아니 오히려, 빠르기나 세기나 혹은 그 밖의 능력에 있어서 우리 인간은 다른 동물들에 비해서 훨씬 뒤떨어집니다. 그러나 우리에게 서로를 설득하는 힘과 각자가 원하는 바를 서로에게 명료하게 납득시키는 힘이 있으므로, 우리는 야생 동물들의 삶을 극복했을 뿐만 아니라 집단을 이루어 도시를 건설하고 법을 제정했으며 예술을 발명할 수 있었던 것입니다. 일반적으로 말해서, 인간이 만든 제도들 가운데 연설 능력의

> 도움을 받지 않고 성립된 것은 한 가지도 없다고 할 수 있습니다. [중략] 이것을 통해서 우리는 무지한 자들을 교육하고 지혜로운 자들을 식별합니다. 훌륭한 연설을 행하는 능력은 건전한 이해의 능력을 입증하는 가장 확실한 지표이며, 진실되고 적법하고 정의로운 담론은 탁월성과 성실성을 지닌 영혼의 외적 표상이기 때문입니다(『안티도시스에 관해』 253-255).

여기서 연설이란 로고스(logos) 곧 인간의 말을 통칭한다. 이소크라테스는 인간과 다른 생물을 비교한다. 인간이 기본적으로 육체와 마음으로 구성(180)되어 있지만, 기본적으로 다른 생물과 차이가 없는 존재다. 특히 육체적 능력만 놓고 본다면 다른 존재보다 열등하다. 그러나 인간은 다른 동물과 차별적인 삶을 살게 되었는데 이는 오직 한가지 언어를 사용할 줄 알았기 때문이다. 여기서 언어는 두 가지 기능을 하는 데 첫째는 원하는 바를 전달하는 일이다. 정교한 자기표현이 가능하다는 뜻이다. 두 번째는 상대를 설득하는 일로 서로 의견이 다를 때 상대를 자기 뜻에 동조하도록 하는 힘을 갖는다.

그러나 인간 언어는 단순하게 야생동물과 비교하면 현저히 떨어지는 육체 능력을 보완하여 생존력을 높이는 데 그치지 않는다. 더 나아가 인간이 집단을 이루고 도시를 건설하고 법을 제정하고 예술(techne)을 발명하도록 만든다. 여기서 집단을 이루어 건설된 도시는 구체적으로 폴리스 같은 공동체를 말하고 예술은 인간이 이룬 모든 문화와 문명을 통칭한다고 볼 수 있다. 이렇게 언어는 인간의 생존뿐만 아니라 문명을 비롯한 모든 것을 이루게 한 힘이다.

여기서 덧붙여 언어는 교육과 밀접한 관련을 맺는다. 일차적으로 언어는 교육의 도구이자 방법이다. 그러나 이 말은 언어가 다른 것에 이바지한다는 뜻이 아니라 언어 그 자체가 교육의 목표라는 것과 밀접하게 관련된다. 즉 언어를 통해 교육받은 사람과 그렇지 못한 사람을 구별하기 때문이다. 언어는 한 사람이 받은 교육 정도를 가늠하는 지표로 사용된다는 의미다. 언어가 영혼의 탁월함을 드러내기 때문이다. 언어는 인간 공동체를 이루는 토대이기도 하지만 개인 차원에서 보면 고상함과 지적 수준을 드러내는 특징이다.

앞의 인용이 언어가 인간 사회 전체에 끼치는 영향을 설명한다면 다음은 개별 존재로 언어가 인간 활동에 끼치는 영향을 분석한다.

> 언어의 힘을 간추려보자면, 우리가 지성을 통해 이룬 일 중 언어의 도움 없이 가능했던 것은 없으며, 언어는 우리 모든 행동과 사고의 인도자이고, 가장 지혜로운 자들은 언어를 잘 사용했습니다. 따라서 철학의 교육자와 교사들을 나쁘게 말하는 사람은 마치 신들의 성지를 모독하는 사람과 마찬가지로 비난받아 마땅합니다(『니코클레스』 9).

이 말은 연설을 잘하려는 노력을 사람들이 비난하는 상황에서 수사학적 노력을 변호하는 과정에서 나온 주장이다. 여기서 핵심은 언어가 모든 행동과 사고의 인도자 역할을 한하는 점이다. 행동과 사고가 언어와 밀접하게 관련이 있으므로, 언어를 바꾸면 행동과 사고가 바뀐다는 점을 명확하게 한다. 따라서 이를 담당하는 교육자는 비난받아서는 안 되는데 이들은 언어를 갈고 닦아서 사람의 행동을 바꾸려는 사람들이기 때문이다.

이소크라테스는 실제적인 연습을 강조하였다. 그렇다면 구체적으로 연습한 주제는 무엇인가. 그가 추구했던 연설은 로고스 폴리티코스(logos politikos)로 분류된다. 여기서는 로고스 폴리티코스의 장르적 특성을 구체적으로 분석해보고자 한다. 하지만 그에 앞서 몇 가지 예비적 고찰이 필요하다. 곧 이소크라테스가 인식하는 연설 장르 전체의 참신성, 하위 장르 같은 더 큰 맥락을 이해해야 로고스 폴리티코스 고유의 특성이 드러날 것이다.

이소크라테스에 따르면 연설은 서사시의 기능을 이어받으면서도 새로운 매체다. 『에와고라스』의 다음 부분에서 연설은 전통적인 시의 기능을 이어받는 것으로 드러난다.

> 다른 작가들은 각자의 시대에 선한 사람이라고 증명되었던 사람들을 찬양했어야 했습니다. 같은 시대 사람들의 행동을 영광스럽게 기릴 능력이 있는 사람이 말로서 그들과 관련된 사실을 아는 이들 앞에서 그들에 관련된 진실을 활용할 수 있게 하고 또 젊은 세대들이 그들보다 더 덕이 뛰어나면 자신들도 찬양을 받을 것이라는 점을 알고 그들을 뒤쫓아 갈 수 있게 말입니다. 그러므로 트로이 전쟁이나 그 이전에 살았던 사람들은 노래와 비극에서 찬양을 받는 것을 보면서도, 정작 자신은 결코 그런 찬양을 받지 못할 것이라는, 심지어 그들보다 덕이 더 뛰어나도 찬양을 받지 못하리라는 사실을 깨닫는다면 누군들 기가 꺾이지 않겠습

니까?(『에와고라스』 5-6)

여기서 이소크라테스는 전통적 서사시의 한계를 토로한다. 트로이 전쟁을 다룬 노래 곧 호메로스의 작품 등은 과거의 훌륭한 사람들을 노래와 연극으로 기려서 후세의 모범이 되도록 했다. 이들을 모범으로 삼는 자들은 훌륭한 사람은 영원한 명성을 얻을 수 있음을 확신하기에 이르지만 정작 자신의 덕을 후세에 남겨줄 사람이 없다는 이유로 용기가 꺾일 수도 있다.

이소크라테스는 이 상황에서 과거 조상의 덕이 노래로 기록되었다고 해서 오늘날에도 같은 방식으로 기록해야 하는가 하는 질문을 던진다. 물론 그의 대답은 단호하다. 연설이 그 역할을 해야 한다는 결론이다. 각 시대의 작가는 시대에 걸맞은 덕을 기리는 방법이 있는데, 과거 조상들이 시와 노래로 기록했다면 지금 시대의 방법은 연설이라고 주장한다. 이때 연설은 고르기아스나 소피스트가 추구했던 상대 설득의 도구가 아니라 덕을 기록하고 보존하는 매체로 인식된다.

두 번째로 연설은 전통적 시와 차별적인 특징을 드러낸다. 모범적 인물과의 시공간적 거리 단축과 참신성이다.

> 어떤 사람들은 너무나 인색한 나머지 정작 자신들에게 혜택을 준 사람들에 대한 찬양보다 그 존재도 불확실하다고 느끼는 사람들의 찬양을 듣는 것을 좋아합니다. 그러나 양식 있는 사람이라면 그런 뒤틀어진 생각을 하는 사람들에게 휘둘리면 안 됩니다. 반대로 칭찬받아 마땅한 사람들에 대해 말하는 것을 듣게 해야 합니다. 우리가 아는 대로 기예를 비롯한 모든 분야에서 발전은 현 상태에 집착하는 자가 아니라 개선하고 잘못된 것을 바꾸려는 사람들 때문에 일어납니다(『에와고라스』 6-7).

여기서 서사시에 집착하는 사람은 눈앞에 보이거나 적어도 기억에 남아 있는 모범적 인물들은 등한시 하고 존재조차 희미한 인물들을 찬양하는 불합리성을 보여준다. 앞에서 살펴본 카이로스의 개념을 고려해보면 현재와 무관한 세계에 살았던 인물들보다 가까운 과거나 현재에 살아 있는 인물이 본받을 만한 가치가 훨씬 더 높을 것이다. 그러므로 동시대의 훌륭한 사람을 소재로 삼는 연설은 청자와 모범적 인물 간의 시공간적 거리를 단축하여 효과적으로 모방하게 해주는 장점이 있다.

연설은 참신한 매체다. 새로운 것을 수용하고 과거를 바꾸고 개선하려는 사람들이 발전을 이루었다는 일반론에 기대어, 이소크라테스는 연설이 전통적인 시나 비극과 차별화된 새로운 매체임을 강조한다. 그의 이러한 태도를 수사학 교사로서 연설의 중요성을 강조하려는 과장된 평가로 일축할 수도 있겠다. 그러나 해브록(Havelock)의 연구를 근거로 기원전 5세기는 전통적 시에 대한 거부감이 팽배했었고 연설이 새로운 글로 등장하던 시기였음을 염두에 둔다면, 이소크라테스가 위와 같이 연설 형식의 참신성을 강조한 것은 충분히 무게감과 설득력을 갖춘 평가였다.

해브록은 『플라톤 서설』(*Preface to Plato*, 2011)에서 플라톤의 『국가』를 그리스 교육체계에 대한 고발장으로 분석하였다. 그에 따르면 플라톤이 말한 필로소피아는 시화(詩化)된 그리스 전통의 거부를 의미한다. 그리고 철학자는 시화된 세계를 형식적 언어로 재진술하려고 노력했다. 왜냐하면, 플라톤에게 시는 '지성을 퇴락시키는 것'으로 인식되기 때문이다. 모방은 학문적 지식(episteme)와 뚜렷하게 대치된다. 따라서 시로 구체화되는 '호메로스적 정신상태'는 마땅히 추방되어야 한다. 그리고 바로 이런 이유에서 『국가』의 제10권에서 시인은 추방의 대상이 된다.

이처럼 플라톤은 시화된 세계를 벗어나 형식적 언어를 추구하였다. 그러나 앞에서 철학 개념을 둘러싼 논쟁에서 살펴보았듯이 그의 노력은 에피스테메를 추구하려는 목표 때문에 결국 탈맥락적이고 추상적인 세계를 지향하게 된다. 플라톤의 시 거부는 추상성을 교육에 담기 위한 노력이었다고 평가할 수 있다.

반면에 이소크라테스는 시와 비극이 삶의 지혜를 담을 수 있는 훌륭한 매체라는 점을 부인하지 않았다(『니코클레스에게』 48–49). 하지만 대중이 교훈을 담고 있는 시와 산문을 거부하면서(42), 즐거움만을 추구하기 때문에 덕을 기르는 일에는 효과적이지 않음(43–44)을 경계하였다. 또한, 방금 살펴본 대로 전통적 시는 청중이 본받기에는 시공간이 너무나 먼 대상을 다룬다는 점도 문제로 인식하였다. 이런 차원에서 그는 연설이 전통적 시의 역할을 계승하면서도 교육적으로 부족한 점을 보완하게 하려고 했다. 지금까지 살펴본 대로 이소크라테스는 주어진 상황에 걸맞은 현명한 판단력을 교육에 담으려고 노력했다. 따라서 그는 구체성을 담기 위해 시보다 연설을 추구했다고 평가할 수 있다.

3. 교양교육적 함의

(1) 교양교육의 두 전통

교양(教養)의 사전적 의미는 학문, 지식, 사회생활을 바탕으로 이루어지는 품위, 또는 문화에 대한 폭넓은 지식이다. 그러나 교육에서 교양이 의미하는 바는 맥락과 분야에 따라 매우 다양한 의미가 있다. 예를 들어, 교양이 들어가는 대표적 용어로 '교양교육'이 있지만 그 외 비슷한 개념이면서도 구분하기 쉽지 않은 표현으로 자유교육, 인문교육, 인문교양교육, 자유교양교육, 일반교육 등이 있다.

이들을 명쾌하게 구분하는 일은 매우 어렵다. 해당 단어가 만들어지기까지 다양한 논의가 배경으로 자리하고 있으므로 그 맥락을 존중해서 사용하기가 어렵다. 더하여 그에 대립되는 개념 또한 의견에 따라 고정적이지 않기 때문이다. 따라서 이소크라테스의 수사학 교육의 교양교육적 함의를 논하는 이 부분에서 먼저 이들 용어의 의미를 어느 정도 정리할 필요가 있다. 이런 점에서 손승남(2011: 25-31)의 논의는 우리의 교육적 논의에서 자주 등장하는 용어를 비교적 질서 있게 정리했다는 점에서 참고할 만하다.

우선 ① 자유교육은 직업교육, 전문교육과 대비되는 개념으로 내재적 가치를 추구하려고 한다. 그래서 지식을 그 자체로도 가치 있다고 본다. 이때 지식은 폭넓고 깊이 있는 지식을 말한다. 또 정신의 자유로운 발달을 강조하기 때문에 이를 저해하는 방법론 곧, 교화, 세뇌, 훈련 등은 배제하려 한다. ② 인문교육은 이과교육이나 자연과학교육과 대비되는 개념으로 교과목으로서 문학, 역사, 철학을 다루는 교육을 말한다. ③ 자유(인문)교양교육은 교양인으로서 자질, 인격적 폭 확대, 생활의 지혜와 안목을 추구하는 교육이다. ④ 교양교육은 전문교육 이전에 인간성 교육의 필요성을 강조하는 개념이다. 주로 대학에서 사용하는 개념으로 여러 교과의 이론적 기초(기본적 지적 능력), 외국어 등 도구 과목, 전인적 발달을 돕는 교과목 등을 중심으로 한다. 과거에는 인문적 소양을 강조했지만, 최근에는 실질적 사고력이 강조된다. ⑤ 일반교육은 전문교육, 직업교육과 대비되는 개념으로 학교 제도 안에서 교육의 전체 대상자가 일반적으로 이수해야 하는 과정이다.

위의 설명을 기준으로 나열된 개념을 분석해보면, 자유교육, 교양교육, 일반교육은 대체로 직업교육과 전문교육과 대비된다. 인문교육은 직업교육과 자연과학교육과 대비된다. 따라서 전체적으로는 직업교육이 아니라는 점에서 일반적 의미에서 유용성에 곧바로 연결되지 않는다는 특징을 공유한다. 또한, 인문교육과 자유교육은 교육의 방향성을 강조할 목적으로 사용되고, 교양교육과 일반교육은 교육과정의 운영과 연관된 개념임을 알게 된다. 그리고 인문 교양교육 또는 자유 교양교육은 인문 또는 자유, 교양, 교육의 세 가지 개념의 통합임이 드러난다.

여기서 교양은 직업에 관련된 전문성을 포함하여 전문성을 위한 교육과는 대비되는 개념의 핵심을 이룬다. 이런 의미에서 교양은 주로 인간성의 완성, 문화의 습득, 공동체의 가치에 맞는 품격 등과 관련되는 바, 주로 지금까지 살펴본 이소크라테스의 수사학 교육이 지향했던 교육 목표와 밀접하게 관련된다. 그는 자신의 교육을 교양교육으로 세분화하여 인식하지 않았다. 하지만 오늘날 우리가 교양을 통해 추구하려는 목표는 그가 교육자로서 추구했던 것을 이어받은 결과다.

우선 역사적으로 이소크라테스가 설립한 수사학교와 교육과정이 모범으로 인식되어 이를 따르는 교육기관이 많았다는 사실에서 비롯된다. 케네디(1980)에 따르면, 이소크라테스 이후 학교는 그의 교육 방법에 따라 처음 7년 동안 초급이나 문법 과정을 공부한 다음 수사학 이론과 연설 연습을 하는 수련 기간을 운영하였다. 그리고 더 나아가서 비잔틴 시대와 중세에 걸쳐 이어졌고 결국 자유 학과를 세우는 데 영향을 주었다.

프라우시스(Proussis, 1995)에 따르면 이소크라테스의 특징은 교양교육의 정신이다. 여기서 교양교육은 전문적인 것이 아니라 일반적인 것, 전인교육이다. 이소크라테스의 파이데이아는 인간 존재의 모든 관계를 포함했듯 가장 인간적인 것 그리고 인간적인 특질들을 도야하는 것이다. 교양교육은 인간주의 교육이며, 인문주의적인 연구는 이소크라테스의 학교에서 비롯되었다. 이처럼 이소크라테스가 전문적 내용이 아니라 일반적인 것을 다루었으며 인간적 특질을 도야하는 데 초점을 두었다는 점에서 교양교육적이다. 이때 교양교육은 인간주의 교육 또는 인문주의적 연구와 연결된다.

해더스(Hadas, 1962) 역시 고대 사회에서의 영향력은 이소크라테스의 학교가 더 컸다고 전제하고, 플라톤보다 더 이소크라테스가 교육을 그리스 문화의 참여로 간주했던 사실을 강조한다. 이소크라테스는 그리스인을 민족적 차원이 아니라 문화적 차원에서 규정하고자 했다. 즉 그리스인은 그리스적인 교육을 받은 사람을 말한다. 따라서 그리스인의 교육에 참여하면 그리스인으로서 정체성을 갖게 된다. 이때 교육은 기술, 직업을 위한 전문적 훈련이 아니다. 주로 전통적 문헌에 정통하는 것을 뜻한다.

이 같은 평가로 볼 때 이소크라테스의 수사학 교육은 전문성을 개발하는 것보다는 일반적인 내용을 바탕으로 한 인간성의 개발을 중심으로 했다고 인식된다. 이러한 평가는 지금까지의 분석 내용과도 일치한다. 우선 그는 교육을 통해 인격적 완성이 가능하다고 보았다. 이때 연설교육은 이 목표를 달성하는 훌륭한 방법이라고 생각하였다. 수사학적 능력을 단순히 기술의 영역으로만 취급하여 개인의 영달에만 집중하는 소피스트를 비난한 이유도 근본적으로는 이들이 인격의 완성에는 무관심했기 때문이다. 또 수사학 교육의 가능성에 의문을 제기하는 사람들에게 교육적 가능성을 강력하게 변호한 면도 잊지 말아야 한다.

그는 언어의 기술, 판단력, 덕을 교육의 목표로 삼았다. 언어는 인간이 동물과 다른 존재임을 증명해주는 특징이다. 따라서 언어를 잘 사용하는 능력은 곧 인간성의 완성을 의미한다. 또한, 훌륭한 판단력은 사회에서 벌어지는 사안에 대한 관찰력, 상황 이해력, 분석력이 종합적으로 작용하는 지적 능력의 결과다.

과거를 탐구하여 훌륭한 모범을 찾고 이를 모방하면서 덕을 익히는 과정은 일차적으로는 공동체의 문화에 입문하는 과정을 의미한다. 그러나 그가 강조한 것은 단순한 과거의 답습이 아니다. 그는 과거의 훌륭한 인물과 그들의 행동을 모방하도록 권하여 고급문화를 습득하도록 교육했다. 아테네인들에게 끊임없이 문제를 지적하고 고치도록 권고했던 것은 이를 바로 보여준다.

이소크라테스는 전문성보다는 인간성 완성을 더 중요시했다는 점도 주목해야 한다. 그는 훌륭한 웅변가를 목표로 했지만, 전문성보다는 인간적인 완성이 더 중요함을 강조했다. 그래서 완성도 높은 웅변가가 된 제자들이 아니라 연설교육을 통해 이전보다 더 훌륭한 사람으로 거듭난 제자들을 자랑스러워했고, 판단력이 흐려진 제자를 걱정스러워했다.

결정적으로 이소크라테스가 묘사한 교육받은 사람은 분명 교양인이다. 현명한 판단력, 적절한 대인관계, 감정을 다스리는 태도, 겸손함은 교양을 갖춘 사람을 떠올린다. 학문을 연구하는 학자나 전문가의 모습은 아니다. 그는 에피스테메의 중요성을 무시하거나 등한시하지 않았다. 그러나 교육의 궁극적 목적을 실제 생활에서 잘 드러나는 구체화한 인품으로 설정함으로써 학문의 목표와 교육의 목표를 구분하려 했다. 즉 교육의 목표는 학문을 포괄하여 우리가 오늘날 교양이라고 부를 요소까지 확장되길 바랐다.

이소크라테스의 이러한 의도는 그의 연설문 분석에서도 드러나지만, 수사학을 다루는 아리스토텔레스와의 비교를 통해서도 명확해진다. 수사학을 바라보는 플라톤의 입장은 단적인 거부라고 말하기는 어려운 부분이 있지만, 오늘날 수사학의 부정적 이미지는 상당 부분 플라톤에게서 유래했다고 할 만큼 그는 수사학의 기능에 관해 회의적이었다.

반면에 아리스토텔레스는 수사학을 직접 가르쳤으며 나중에는 『수사학』을 남겼다. 그는 노년에는 플라톤보다 이소크라테스에 더 가깝게 서 있었으며, 이소크라테스가 사망한 지 3년 후에는 아테네로 돌아와 이소크라테스가 활약한 바로 같은 장소인 리케이온에서 자신의 학교를 시작했다. 그리고 그는 수사학을 청소년 교육의 통합적 부분으로 만들었고 이소크라테스의 교육적 가치를 인정하였을 뿐만 아니라 그의 위대한 범례를 높이 평가했다(오인탁, 2001: 410).

그렇지만 이소크라테스가 수사학을 기술로서가 아니라 성품을 가다듬는 방편으로 적극적으로 활용하려 했던 반면에 아리스토텔레스는 수사학을 학문의 대상으로 인식하여 객관적으로 기술하려고 노력했다. 해스킨스(Haskins, 2004)는 두 사람이 추구한 수사학을 비교하여 분석하였다. 그에 따르면 이소크라테스는 카이로스, 정체성, 사회적 변화를 추구하는 쪽으로 수사학에 접근하여 수사학이 지닌 제도적 힘의 부정적 측면이 드러나지 않도록 하면서 수행적 관점을 지켜나갔다. 반면에 아리스토텔레스는 장르, 설득, 사회적 안정을 추구하는 쪽으로 수사학에 접근했으며 수사학을 지식과 실천적 지혜로 제한하였다.

이러한 분석을 토대로 볼 때, 이소크라테스의 수사학 교육이 오늘날 교양의 전형적 형태를 추구한 것은 수사학 자체의 동력에서만 나온 것이 아니다. 즉 수사학 자체가 아니라 수사학을 통해 더욱 차원 높고 사회적으로 의미 있는 교육적 목표를 추구한 이소크라테스의 교육철학적 방향 설정에서 비롯되었다. 수사학을 개괄하고 이론적 구성을 하고자 하는 노력은 학문적 목표를 완성하는 데 일조하겠지만, 교양을 추구하려는 교육적 목표를 달성하는 일과는 다른 방향으로 나아가게 한다. 이소크라테스가 에피스테메가 삶의 지혜를 발휘할 수 없다고 지적한 이유도 여기에서 출발한다.

이소크라테스가 에피스테메를 바라보는 관점은 오늘날 교육의 목적을 구성하는 전문성과 일반성, 지식과 교양의 관계를 설명하는 데 유용하다. 그의 관점에서 바라보면 교양은 전문성과 다르게 삶의 모든 분야에 총체적으로 적용되어야 할 정도로 일반적이고 인간성의 개발을 목적으로 해야 하며 이는 주로 언어적 숙달을 중심으로 하게 된다.

이 관점은 이를테면 인문학을 전문적으로 연구하는 것과 인문 교양을 추구하는 것의 차이를 설명하게 해준다. 인문학 과목을 전공하여 해당 분야의 전문 지식을 갖추었다고 해서 교양인이 저절로 되지 않는 이유를 설명해준다. 전문가로서의 지식을 갖추는 일과 교양의 훈련을 통해 자신의 삶에 적용하는 일은 별도의 노력이 필요하기 때문이다.

(2) 웅변가 전통의 재음미

교양교육, 자유교육, 인문학을 비슷한 의미로 사용할 때, 그 뿌리를 찾는 논의는 대부분 그리스적 기원을 거론한다. 예를 들어, 정대현 외(2000)는 오늘날 인문학은 르네상스의 인문과학과 밀접하며 이는 다시 그리스적 기원을 갖는다고 보았다. 여기서 고대 그리스의 교육 목적과 가치는 '진리 발견을 통한 인간의 해방과 자유와 인간적 욕구의 충족'이며 이는 '자유교육이며 인간적'이다. 왜냐하면, '노예와 구별되는 자유시민들'만 그러한 교육을 받았고, 이러한 교육은 '인간을 어둠으로부터 해방시키고 자유롭게 했으며 그러한 자유를 통해서 좀더 인간다워진다고 믿었던 데 있다'(16). 또, 신득렬(2016: 124)에 따르면, 'liberal'의 의미는 논쟁적이지만 고대 그리스적 전통에 따르면 이는 '노예나 이민자가 아니라 시민권을 가진 자유인을 위한 교육'이기도 하지만, '마음이 가지고 있는 편견, 선입견, 무지, 독단, 탐욕 등으로부터 해방되고 자유롭게 하는 교육'을 뜻한다.

이렇게 교양교육의 그리스적 기원을 찾을 때 강조되는 것은 대체로 '자유'며 이는 신분으로서의 자유와 정신의 자유를 기반으로 한다고 이해한다. 그러나 오늘날 자유교육은 그 자체로 여러 전통을 포괄하는 개념이라고 보아야 한다. 예를 들어 드니콜라(DeNicola, 2015: 82)는 교양교육에는 5가지 패러다임이 들어 있다고 분석했다. 문화 전승, 규범적인 특성을 가진 자기실현, 삶을 형성하는 세계와 세력의 이해, 세계에 참여하고 행동하기, 학습기술 습득이다. 따라서 교양교육을 '자유'의 개념을 중심으로 설명하는 것은 전체를 조망하지 않는 잘못에 빠질 수 있다.

그와 함께 그리스 교육의 전반적 특징을 '자유'의 개념만으로 설명하는 것도 재고의 여지가 있다. 왜냐하면, 여기서 자유는 주로 소크라테스와 플라톤이 세운 철학적 전통에 근거하기 때문이다. 그런데 고대 그리스의 교육사상을 다룬 『파이데이아』에서 오인탁(2001: 361)은 플라톤이 철학적 도야에 집중하여 과학적 주지주의적 도야의 길을 열었고, 이소크라테스는 수사학적 도야에 집중하여 언어적 인본주의적 도야의 길을 열었다고 평가했다. 그리고 이소크라테스가 고대 그리스와 로마에서 플라톤보다 훨씬 더 큰 영향력을 행사하고 있었지만 '우리는 이소크라테스에 관하여 너무 모르고 있다'고 지적했다.

자유교육의 기원에 관한 논쟁은 '자유'의 개념에 집중해 교양교육을 수용할 때 발생하는 논점을 잘 보여준다. 그 예를 살펴보자. 허스트(2009)는 자유교육이 아리스토텔레스에게서 비롯된다고 보았다. 그는 자유교육은 이성을 자유롭게 하여 오류, 환상, 선입견으로부터 자유롭게 하는 데 목적이 있으며 그 기원이 아리스토텔레스에게 있다고 보았다.

반면 뮤어(Muir)는 자유교육의 출발은 이소크라테스이며 교육학자들이 철학자를 자유교육의 기원으로 삼는 것은 역사적 사실을 도외시한 결과라고 주장한다. 그는 실제 자유교육을 가르친 학교를 세운 것도 플라톤보다는 이소크라테스가 먼저라는 객관적 사실이 엄연히 존재하는 데도 이를 무시하는 이유는 철학적 전통과 교육학적 전통을 무시한 결과라고 지적한다(Muir, 1996, 1998, 2004, 2005, 2015; 유재봉·정철민, 2010 참고).

유재봉·정철민(2010)은 허스트와 뮤어의 자유교육 기원에 관한 논쟁을 검토하여 뮤어의 반박에 재반박을 시도하였다. 재반박의 근거는 세 가지다. 첫째, 교육의 역사적 사실을 중시하는 것은 이해할 수 있으나, 미시적인 역사적 사실을 토대로 자유교육의 정신을 간과하고 있다. 둘째, 철학적 전통과 교육학적 전통을 구분하는 것이 분명한 기준에 의한 구별인가 의심스럽다. 그리고 웅변가의 전통만을 교육학적 전통으로 인정하는 것은 교육의 이론적 측면을 간과한 편협한 견해이다. 셋째, 뮤어는 자유교육의 개념이 여러 가지로 존재할 수 있다는 가능성을 배제하고 있다. '원리 혹은 정신으로서의 자유교육'과 '프로그램으로서의 자유교육'을 구분할 수 있으며, 이소크라테스의 교육은 프로그램으로서의 자유교육에 해당한다고 볼 수 있다.

이소크라테스의 수사학 교육을 분석한 결과를 바탕으로 세 가지 재반박 근거를 검토해 보자. 첫째, 이소크라테스의 수사학 교육을 '미시적인' 역사적 사실로 평가하는 것은 고대 사회에서 이소크라테스의 영향력을 제대로 평가하지 않았기 때문이다. 정반대로 이소크라테스는 그리스 로마를 거쳐 그 이후에도 큰 영향을 끼쳤다. 이는 우리가 그동안 이소크라테스에 관해 관심을 덜 가졌기 때문에 발생한 문제다.

둘째, 이소크라테스의 수사학 교육을 강조한다고 해서 철학적 전통과 교육학적 전통을 구분하여 웅변가 전통만을 교육학적 전통으로 이해하려는 것이 아니다. 논쟁의 핵심은 학문의 목표와 교육적 목표의 구분에 있다. 앞에서 살펴본 대로 이소크라테스는 교육적 목표가 교양의 범위까지 확대할 필요성을 강조했다. 이 과정에서 철학적 전통과 밀접하게 관련된 에피스테메를 배제하지 않았다. 다만 교육을 이루는 일부분이되 이것이 최종적 목적이 아니라는 점을 강조한 것이다. 그러므로 수사학적 전통을 강조한다고 해서 교육학의 이론적 측면을 간과하지 않는다. 이소크라테스가 강조하려 했던 것은 이를테면 학문으로서 교육과 교육의 실천을 구분하는 일이다.

셋째, 이소크라테스의 교육을 프로그램으로서 자유교육에 불과하며 아리스토텔레스를 자유교육의 정신이라고 주장한다고 해서 교양교육의 포괄적 개념이 설명되지 않는다. 드니콜라의 분석대로 교양교육(liberal education)은 여러 패러다임을 포괄하는 폭넓은 개념이다. 여기서 아리스토텔레스가 대변하는 자유교육은 교양교육의 넓은 의미 중 '자유'를 중심으로 한 일부에 불과하다. 따라서 방향성이 달랐던 이소크라테스의 수사학 교육을 철학적 전통에서 규정한 자유교육의 관점에서 프로그램으로서의 자유교육으로 규정하는 것이야말로 포괄적 의미에서 교양을 바라보는 관점을 제한하게 된다.

이상 살펴본 자유교육의 의미와 기원을 둘러싼 논쟁은 일차적으로 근대 이전까지 강조되던 수사학이 퇴조하고 철학의 영향력이 우세해진 결과와 밀접하다. 또한, 철학의 영향력이 커지면서 교양교육에서 웅변가 전통보다 철학자 전통이 확대된 결과다.

이소크라테스와 플라톤으로 대표되는 고대 그리스의 수사학과 철학은 그 이후에도 줄곧 대립구조를 형성했다. 이 두 영역은 교양교육의 목적, 방법, 원리의 기준을 놓고 서로 다른 방향성을 보였다. 이 전체적인 맥락을 제시하는 연구는 킴볼(Kimball)의 『웅변가와 철학자: 자유교육 이상의 역사』(1995)다.

킴볼에 따르면 자유교육(liberal education) 내부의 흐름은 두 가지로 구분할 수 있다. 첫째는 이소크라테스, 키케로, 퀸틸리아누스로 이어지면서 확립된 웅변가 전통이다. 두 번째는 소크라테스, 플라톤, 아리스토텔레스로 이어지는 철학자적 전통이다. 두 전통은 이소크라테스와 플라톤의 대립에서 출발하여 각각을 지지하는 인물들에 의해 전형적인 모습을 갖게 되었는데 이는 각각 자유학과(artes liberales) 전통과 자유 추구 이념(liberal-free ideal)으로 명명할 수 있다.

웅변가 전통은 이소크라테스에게서 영향을 받은 키케로(Hubbell, 1913: 17)가 웅변가를 교육받은 사람의 전형으로 설정하면서 정립되었고 훗날 퀸틸리아누스가 재확인함으로써 확고해졌다. 웅변가 육성을 목표로 하는 교육을 포괄하는 특징은 자유학과 전통을 따른다. 여기서 자유학과 전통은 정교한 웅변가 전통의 특성상 철학적으로 엄격하게 규정되지 않으며, 로마의 웅변가 양성과정에서 구체화하였다. 또한 그 특징은 7가지로 정리된다.

첫째, 사회를 이끌어갈 훌륭한 시민을 양성하는 데 목표를 두었다. 둘째, 익혀야 할 가치, 성품, 행동을 나열하게 된다. 셋째, 제시된 가치와 기준에 헌신해야 한다. 넷째, 고전문헌(classical texts)을 통해 가치와 기준을 확인하려 한다. 다섯째, 목표로 하는 가치와 기준을 충실하게 구현한 엘리트를 밝혀내려 한다. 여섯째, 일종의 도그마(dogma)를 내세우게 된다. 가치는 알려져 있고 이를 전달할 수 있다고 가정하므로 가치를 찾는 방법(소크라테스가 추구한 것)보다는 가치를 알려주려는 태도를 보인다. 일곱째, 자유 학과를 문화를 가르치는 가장 이상적인 프로그램으로 본다(Kimball, 1995: 33, 37).

반면에 자유추구 이념은 철학자가 세운 전통으로 역시 7가지 특징을 갖는다. 첫째, 선험적 한계와 기준으로부터의 자유를 강조한다. 둘째, 지성과 합리성을 강조한다. 지성의 자유로운 사용은 결국 상대의 지성도 자유롭게 사용할 권리를 부과해야 하기 때문이다. 셋째, 비판적 회의주의를 내포한다. 탐구를 통해 새롭게 얻은 결론은 늘 비판과 견제의 대상이 되어야 하기 때문이다. 넷째, 인식론적 회의주의는 관용을 새로운 덕으로 강조한다. 어떤 것도 절대적일 수 없음을 전제로 하기 때문이다. 다섯째, 다른 의견들을 평등하게 대해야 한다는 점 때문에 평등주의를 지향한다. 여섯째, 자유학과 전통이 시민의 의무를 강조하는 데 비해 개인의 발달에 관심을 가진다. 일곱째, 지식을 그 자체로 추구해야 하며, 지성의 자유 역시 그 자체로서 추구해야 하는 목적이라고 본다. 어떤 결론이라도 늘 비판의 대상이기 때문에 진리가 아니라 추구가 중요하다(Kimball, 1995: 119－122).

킴볼의 분석은 교양교육의 흐름 속에서 웅변가 전통의 실체를 일목요연하게 정리하였다. 앞에서 언급했듯이 고대 시대에서 이소크라테스의 영향력은 플라톤의 영향력을 능가했다. 예를 들어 '국가로부터 봉급을 받은 최초의 교육공무원'(전일우, 2002: 78)이었던 퀸틸리아누스가 수사학을 가르쳤다는 사실에서도 알 수 있다. 하지만 근대로 오면서 철학자 전통이 강세를 보이면서 교양교육을 철학적 전통의 관점에서만 파악하는 경향이 짙어졌다. 이에 따라 웅변가 전통은 상대적으로 주목받지 못하게 되었다. 그 결과 이소크라테스가 사변 일변도라고 비판했던 철학적 전통이 교양교육의 유일한 형태였다는 그릇된 인식이 일반화되었다.

철학자와 웅변가의 패러다임으로 보면, 교양교육을 '자유'를 중심으로 규정하려는 시각은 철학적 전통에 집중한 결과임을 알 수 있다. 문제는 이 관점이 이소크라테스의 수사학 교육을 포함한 웅변가 전통을 외면하여 교양교육의 폭과 관심을 축소하는 경향을 보인다는 데 있다. 교양교육 속에서 추구되었던 다양한 패러다임을 통합적으로 구현하여 전문교육과 조화롭게 추구하는 것이 우리 교육이 추구하는 방향성이라면 교양교육을 제한적으로 바라보는 관점을 벗어날 필요가 있다. 이런 맥락에서 교양교육이나 인문학 교육에서 수사학에 대한 의식적인 관심, 특히 이소크라테스의 수사학 교육에 관한 관심이 필요하다.

일반적으로 철학자 전통이 웅변가 전통을 공격하는 큰 문제점은 웅변가 전통이 기존의 가치를 있는 그대로 수용하려 하며 비판적으로 보지 않으려 한다는 점이다(Kimball, 1995: 35). 예를 들어 자유학과 전통은 고전문헌을 통해 가치와 기준을 확인하여 수용하려 하는데 자유 추구 이념에서 보자면 이는 지성을 포기하는 무비판적 태도의 전형일 수밖에 없다. 따라서 이는 도저히 수용할 수 없는 오류며 교양교육이 길러야 할 자유인을 기를 수 없게 된다고 본다.

철학적 전통이 제기하는 문제는 충분히 수용할 만하다. 그러나 철학자 전통을 교양교육의 적자로 삼고 웅변가 전통을 무시하는 태도에 대해 몇 가지 문제점을 제기할 수 있다. 첫째, 웅변가 전통은 이전 세대의 편견을 무분별하게 수용하려는 것이 아니라 고급문화를 전달하는 데 초점을 둔다. 사회가 지속하려면 이전 세대의 가치체계가 다음 세대로 이어져야 한다. 철학자 전통이 그러듯 비판과 검증만을 강조하면서 기존의 가치체계 수용 자체를 문제 삼는다면 교육의 기능을 상당 부분 훼손하게 된다. 웅변가 전통은 오랜 세월 검증되어 훌륭하다고 인정된 문화 자산에 관심을 가지므로 이전 가치의 무분별한 수용과는 거리가 멀다. 따라서 교양교육의 핵심을 자유로움으로만 규정하고 개인적 독자적 가치 판단만을 강조한다면 고급문화에로의 입문을 소홀히 할 우려가 있다.

둘째, 웅변가 전통 그 자체가 이소크라테스의 수사학 교육과 정확하게 일치하지 않는다. 다만 웅변가 전통은 이소크라테스의 교육에서 크게 영향을 받았다. 이때 웅변가 전통의 문제점이 이소크라테스의 수사학 교육의 한계로 해석되지는 않는다. 킴볼이 논의한 대로 자유교육의 기원을 그리스에서 찾는 시도는 이론, 어원, 교육 과정 측면 모두에서 문제점이 있다(1995: 14－16 참고). 웅변가 전통으로 발전될 체계의 기초는 이소크라테스의 영향을 받은 키케로와 퀸틸리아누스가 활동하던 로마 시대에 성립되었다. 따라서 이소크라테스가 추구한 교육 이론과는 상당한 거리가 있다. 그러므로 웅변가 전통과 이소크라테스의 수사학 교육은 분리하여 고찰하고 평가해야 한다. 단적인 예로 도그마를 내세우는 경향 등은 지금까지 우리가 지금까지 살펴본 이소크라테스와는 맞지 않는 항목이다. 오히려 그는 시민의 성찰을 촉구하고 토론을 통해 합리적 안을 도출하는 지혜를 추구했다. 이는 도그마를 지향한 태도와는 정반대다. 그러므로 웅변가 전통을 인식하고 재음미하여 오늘날 교양교육을 재검토하는 과정에서 이소크라테스는 계속 참고하여야 할 모범적 사례로 삼아야 한다.

셋째, 오늘날 웅변가 전통과 철학자 전통의 논쟁은 자유로움에 집중되어 있지만, 실제 중요한 논점은 언어와 진리의 관계 설정이다. 킴볼은 이소크라테스가 소크라테스와 플라톤을 소피스트라고 비난하지 않은 이유를 반문하며 이소크라테스가 철학을 비난한 핵심은 진리와 언어를 구분하려는 철학의 기본 전제였다고 지적한다. 플라톤이 수사학을 소피스트의 기술로 인식한 이유는 수사학이 근본적으로 언어 사용기술이기 때문이다. 그가 볼 때 언어는 진리를 탐구하는 도구가 아니다. 진리는 비언어적이므로 언어는 탐구된 진리를 전달하는 도구에 불과하며, 따라서 언어에 대한 집착은 진리 탐구를 거부하는 셈이다. 소피스트에 대한 이러한 비판은 거꾸로 이소크라테스의 관점을 설명해준다. 이소크라테스는 플라톤 등 철학자가 진리와 언어를 연결하지 않았기 때문에 소피스트로 분류할 필요를 느끼지 못한 것이다(Kimball, 1995: 34). 즉 철학은 진리가 언어와 무관하게 존재한다고 전제하고 진리를 파악하는 일에만 몰두하였을 뿐 언어에 대해서는 별 관심을 두지 않았지만, 이소크라테스는 언어로 표현하지 못하는 것은 진리가 아니라고 보았으므로 언어에 대한 태도에서 철학자와 대립적이었다.

앞의 논쟁에서 그 예를 보듯 웅변가 전통과 철학자 전통의 대립에서 이러한 논점은 잘 드러나지 않는다. 그뿐만 아니라 웅변가 전통을 단순히 교육과정의 관점에서만 조망하면 간과하기 쉬운 문제인 듯이 보인다. 그러나 진리와 언어의 관계 설정에 대한 논의는 이소크라테스와 플라톤의 대립에서 내재하여 있는 요소로 웅변가 전통이 필요하게 되는 매우 중요한 출발점이다. 언어로 표현하여 다른 사람에게 전달할 수 있어야 비로소 의미 있는 진리라고 본 이소크라테스의 관점을 제대로 이해하면, 철학은 진리를 탐구하고 수사학은 이를 전달하고자 할 때나 필요한 도구에 불과하다는 인식을 벗어나게 된다. 웅변가 전통이 출발한 이소크라테스의 수사학은 언어는 진리와 분리할 수 없다는 인식을 명확하게 보여준다. 따라서 이소크라테스의 수사학 교육은 웅변가 전통의 기원이라는 역사적 의의에서만 아니라 웅변가 전통의 핵심 가치를 검토하는 데 필요한 기준이라는 실제적 의의도 가진다.

(3) 통합적 교양교육과 수사학

분업화된 현대 사회의 특성을 고려할 때 전문 지식의 필요성은 당연시된다. 문제는 전문성을 강조하는 과정에서 교양교육이 약화하는 현상을 보인다는 점이다. 전인교육, 인성교육 등이 절실하게 필요하다는 인식은 바로 이러한 교양교육의 약화를 증명해 준다. 따라서 가장 바람직한 교육은 전문성과 교양을 포괄하는 교육을 의미한다.

교양교육에는 다양한 패러다임이 있음은 앞에서 언급한 바다. 이 패러다임은 그 자체로 이론이나 목적이 타당한 측면이 있다는 점에서 존중해야 한다. 또 각 패러다임은 다른 패러다임의 약점을 보완하는 과정에서 생성된 것이다. 따라서 이들을 통합하는 것은 약점을 극복한 가장 '견고한 교양교육 이론'(DeNicloas, 2015: 120)을 만드는 길이다. 아울러 실제로 우리가 교양을 통해 추구하는 인간상을 생각해보면 통합의 필요성을 알게 된다.

로스(Roth)는 통합의 한 가지 방향으로 철학 전통과 수사학 전통의 필요성을 언급한 바 있다. 철학적 경향은 회의적 속성을 가지며 탐구와 비판적 사고에 초점을 둔다. 이에 비해 수사학적 경향은 존중적 속성을 가지고 새로운 구성원을 공동의 문화에 소개하는 데 초점을 둔다. 그는 이 두 경향을 결합하여 전인(whole-person)을 기르려는 흐름이 부상하고 있다고 주장했다(Roth, 2014: 4).

로스가 요약하여 표현한 대로 철학적 전통과 수사학적 전통은 각각 특징이 있다. 철학적 전통은 전통적으로 강조해온 지적 자세, 곧 기존의 관념을 재검토하고자 하는 탐구적 자세는 사회적 관행을 깨고 삶의 원칙을 재확인하여 개인과 사회의 발전에 분명 도움이 된다. 반면에 수사학적 전통은 사회가 인정하는 가치망을 개별 사안에 적절하게 적용하여 의견을 만들고 이를 비교 검토하게 한다는 점에서 실천적이다. 두 전통은 그 출발이 되는 학문적 배경을 놓고 본다면 논쟁적 관계를 갖는다. 하지만 교양인을 기른다는 교육적 목표의 관점에서 볼 때는 서로 통합할 필요성이 있고 또 통합할 수 있다고 본다.

통합적 교양교육의 관점에서 이소크라테스의 수사학 교육이 시사하는 바는 다음과 같다. 우선 생기 없는 관념의 문제를 극복하는 데 도움이 된다. 주지하다시피 화이트헤드는 '생기 없는 관념'을 경계하면서 지식 위주 교육의 문제점을 지적한 바 있다. 그가 말하는 생기 없는 관념이란 '활용되지 않고 검증되지도 않으며, 참신한 연관성으로 결합되지도 않은 채 머릿속에 주입하기만 한 관념'(Whitehead, 2004: 38)이다. 생기 없는 관념은 단순한 지식을 말하기도 하지만, 활성화되지 못하고 현실에 적용하지 못한 것까지 확장해야 한다. 생기 없는 관념의 문제는 지식이 무가치하다는 의미가 아니라 실제로 사용하지도 못하며 본인의 사고 작용을 통해 형성되거나 검증되지 않았기 때문에 활용하지 못하고 잠재되어 버린다는 것을 의미하기 때문이다.

생기 없는 관념의 극복은 교양교육의 고유 의제는 아니겠지만, 지식의 실천이라는 차원에서 교양교육과 밀접하게 관련된다. 이소크라테스의 수사학 교육은 원칙의 탐구라는 측면보다 어떻게 적용할 것인가에 집중함으로써 지식의 단순한 전달을 벗어나려는 노력의 결과물이다. 이것은 철학자적 전통이 강조하는 자유를 상회하는 목표라는 점에서 통합적이다.

둘째, 교양교육에 적합한 수사학의 종류를 구체적으로 보여준다. 교양교육의 통합성은 실제로는 수사학의 강조로 귀결될 수밖에 없다. 앞서 논의한 대로 지금 시점에서 웅변가 전통은 덜 강조되고 있는 것이 사실이다. 따라서 균형을 위해서는 웅변가 전통에 대한 새로운 관심이 필요하다. 그런데 이 과정에서 집중할 수사학은 어떤 것인가에 대한 문제를 고민해야 한다.

수사학의 역사에서 정리하였듯이 수사학은 다양한 형태가 있으며 의미의 폭도 매우 넓다. 그 중 교양교육에 적합한 수사학은 이소크라테스의 수사학이 가장 적합하다고 할 수 있다. 소피스트들의 수사학은 비윤리성으로 인해 고려 대상이 아니다. 말의 기교라는 점에서는 기술적 완성도가 높을 수 있을지 모른다. 그러나 윤리적 차원을 간과하고 상대를 자신이 원하는 방향으로 설득하려는 데 초점을 두는 수사학은 교양교육에 적합하지 않다. 그런가 하면 아리스토텔레스의 수사학도 적합하지 않다. 앞에서 언급한 대로 그의 수사학은 학문적 수사학이다. 따라서 학문의 주제로 수사학을 연구하기 위한 출발점으로는 적합하겠지만 교양교육의 방편으로는 적합하지 않다. 또한, 문학적 수사학 역시 문예적 기술에 집중한다는 점에서 역시 거리가 있다.

셋째, 교양교육의 방법론과 목표 설정에서 언어에 집중해야 한다는 점을 보여준다. 교양교육은 인간성의 완성을 추구해야 한다. 하지만 목표를 설정하고 방향성을 잡는 데는 충분히 동의할 만하다. 그러나 매우 추상적이기 때문에 실제로 구체적인 교육 목표를 설정하고 도달 여부를 검증하는 일은 절대 쉽지 않다. 이때 이소크라테스가 언어를 다루는 수사학 교육에 집중하였다는 점은 언어와 인간성의 밀접한 관계성에 주목하게 한다. 즉 교양교육은 언어의 훈련에 집중해야 한다.

넷째, 이소크라테스의 수사학 교육은 교양교육의 구체적인 교수학습 방법을 제시한다. 지금까지 우리는 연설문 분석을 통해 수사학 교육의 목표뿐만 아니라 수사학 교육의 구체적인 방법까지 이해할 수 있었다. 여기에는 학습의 원리, 교육에 참여하는 학생과 교사에게 요구되는 자세와 태도, 연설 준비의 절차뿐만 아니라 구체적인 교육 사례까지 망라되어 있다. 비록 아리스토텔레스의 저작만큼 체계적인 것은 아니지만, 교양교육의 방법으로 수사학 교육을 활용하는 것에 관해 필요한 만큼의 충분한 자료를 제공한다.

이상의 시사를 통해 이소크라테스의 수사학 교육은 통합적 교양교육을 구상할 때 훌륭한 모범이 된다는 점을 알 수 있다. 철학자 전통과 웅변가 전통의 결합의 최종적인 모습은 결국 이소크라테스의 수사학이 지향했던 교육적 원리에 의해 길러진 웅변가가 바람직하다고 하겠다.

4. 교양인을 위한 수사학

이소크라테스의 교육 활동에 관한 지금까지의 고찰은 크게 두 가지로 정리된다. 첫째, 수사학 자체에 관련된 사항으로 수사학을 다시 평가하게 되었다. 수사학은 역사가 긴 만큼 다양한 의미로 사용되어왔다. 오늘날 우리가 인식하는 수사학에 대한 인상은 이른바 축소된 수사학에 대한 느낌에 불과하다. 이런 상황에서 이소크라테스의 수사학 교육은 수사학의 형성을 둘러싼 사회적 배경, 교육적 맥락을 깨닫게 해주는 계기가 되었다. 우리는 이를 통해 축소되기 이전의 수사학을 접할 수 있었고 수사학의 다양한 활용 가능성을 생각해보는 계기를 접하게 된다.

수사학이 갖는 가장 큰 교육적 의의는 의사소통의 문제를 새롭게 접근하게 한다는 점이다. 의사소통은 인간 언어를 다루는 문제로 언어는 인간성의 핵심이며 개인의 관점과 문화가 녹아 있으며 공동체를 이루게 하는 중요한 매개라는 점에서 매우 중요한 교육적 관심사다. 수사학은 언어 그 자체를 포함하여 언어를 활용하는 방법에 이르기까지 언어 전반을 다룬다는 점에서 교육의 주요한 요소를 이루어야 하는 당위성을 가진다. 따라서 실제 교육에서 수사학에 대한 더욱 큰 관심이 요구된다.

교양교육의 역사를 분석하는 과정에서도 언급되었지만, 전통적으로 수사학은 철학과 경쟁 관계를 형성하여왔다. 그러므로 수사학에 대한 호의적인 태도가 자칫 철학의 거부로 해석될지도 모른다. 하지만 마루의 인상적인 표현처럼 수사학과 철학은 교육의 두 기둥으로 어느 쪽도 무시할 수 없다. 따라서 수사학을 재발견하자고 해서 철학이 추구하는 가치를 깎아내리는 것은 아니다. 다만 상대적으로 철학에 집중해온 교육의 관심을 수사학까지 넓힐 필요가 있음을 촉구한다는 의의가 있다.

둘째, 이소크라테스의 수사학 교육에서 우리는 교육 문제를 해결하는 몇 가지 힌트를 얻을 수 있다. 그 중 가장 중요한 것은 지식 전달 위주의 교육을 변화시키는 방향과 방법이다. 이소크라테스의 수사학 교육은 추상적 지식이 아니라 맥락을 중요시하였다. 그가 목표로 했던 적절한 판단력은 사태에 대한 정확한 파악, 분석, 공동체의 가치망을 동원한 판단, 표현, 전달, 설득의 일련의 과정을 통합한다. 이는 구체적 맥락에서 출발하여 핵심 원리와 추상화된 지식을 추구하는 학문 일반과는 반대되는 방향으로 움직인다. 즉 그의 수사학 교육은 지식을 구체적 맥락에서 어떻게 활용하는가에 집중한다. 따라서 이른바 교육 결과가 무기력한 관념으로 잠재해버리는 문제를 해결하는 모델로 활용할 수 있다.

또한, 이소크라테스는 수사학이 실제 삶에서 적용된 모범을 보여주었는데, 이는 아리스토텔레스가 정리한 수사학 이론보다 역사적으로 더 앞섰으며 성격상 더 실제적이다. 이소크라테스는 과학적 지식의 부족함을 전제로 교육 활동을 전개했으므로 이론적 설명이 아니라 실제 수사학이 적용된 사례를 구체적으로 보여주었다. 따라서 비록 수사학에 관한 체계적인 이론을 잘 정리한 형태의 글을 남기지는 않았지만, 구체적인 실례를 보여주었다는 점에서 더 실제적이다. 이를 우리를 더 교육적이라고도 표현할 수 있다. 교육 현장에서 인격을 함양하려는 일련의 교육 활동은 이론만으로는 설명되지 않는 애매한 부분이 있다. 이소크라테스의 수사학 교육은 이론으로 해결되지 않는 실제적 방법을 제시하여 오늘날 교육에 영감을 준다. 그런 의미에서 교육적이라고 할 수 있다.

참고문헌

김봉철(2004). 이소크라테스: 전환기 그리스의 지식인. 서울: 신서원.

김석완(2010). "이소크라테스의 역사교육". 한국교육사학. Vol.32 No.1. 53-75.

손승남(2011). 인문교양교육의 원형과 변용. 파주: 교육과학사.

신득렬(1016). 교양교육. 인천: 겨리.

양태종(1989). "이소크라테스의 수사교육에 관하여". 언어와 언어교육. Vol.4. 43-93.

양태종(1992). "고대의 수사학 정의들에 대하여". 독일학연구. Vol.8. 101-116.

오인탁(2001). 파이데이아: 고대 그리스의 교육사상. 서울: 학지사.

유재봉·정철민(2010). "자유교육 기원에 관한 논쟁 검토: 뮤어(J. Muir)의 논의를 중심으로". 교육철학. Vol.47. 109-126.

전일우(2002). "서양 최초의 교육사상가 M. F. Quintilianus 의 교육사상". 산업과학기술연구문집. Vol.7 No.4. 77-82.

정대현, 박이문, 유종호, 김치수, 김주연, 정덕애, 이규성, 최성만(2000). 표현인문학: 인문학의 위기를 넘어서. 서울: 생각의 나무.

Cahn, M.(1989). Reading Rhetoric Rhetorically: Isocrates and the Marketing of Insight. Rhetorica, 7(2), 121-144.

DeNicola, D. R.(2015). 배움과 행복: 교양교육의 철학적 탐색(*Learning to flourish*). 손종현, 강이철, 김규원, 김부태, 이경숙 역. 파주: 양서원.

Freeman, K. J.(1907). *Schools of Hellas : an essay on the practice and theory of ancient Greek education from 600 to 300 B. C.* (M. J. REndall, Ed.). London: Macmillan and Co.

Gaspard, A. M.(Ed.)(1862). *Oeuvres complètes d'Isocrate*. Vols. 1-3. Paris: Librairie de Firmin Didot et Frères.

Guthrie, W. K. C.(1977). *The Sophists*. Cambridge: Cambridge University Press.

Hadas(1962). *Old wine, new bottles, a humanist teacher at work*. New York: Trident.

Haskins(2004). *Logos and power in Isocrates and Aristotle*. Columbia, SC: University of South Carolina press.

Havelock, E. A.(2011). 플라톤 서설(*Preface to Plato*). 이명훈 역. 파주: 글항아리.

Hirst, P. H.(2009). Liberal Education and the Nature of Knowledge. In R. D. Archambult (Ed.), *Philosophical analysis and education*. 76-93. New York: Routledge.

Hubbell, H. M.(1913). *The influence of Isocrates on Cicero, Dionysius and Aristides*. Yale University, New Haven.

Isocrates(2015). "시민 대축전에 부쳐", 그리스의 위대한 연설. 김헌 역. 서울: 민음사.

Isocrates(2016). 이소크라테스: 『소피스트들에 대하여』, 『안티도시스』, 『니코클레스에게』. 한기철 역. 서울: 한국문화사.

Johnson, R.(1957). A Note on the Number of Isocrates' Pupils. *The American Journal of Philology*, 78(3), 297.

Kennedy, G. A.(1963). *The art of persuasion in Greece*. Princeton, N. J.: Princeton University Press.

Kennedy, G. A.(1980). *Classical rhetoric and its Christian and secular tradition from ancient to modern times*. Chapel Hill: University of North Carolina Press.

Kimball, B. A.(1995). *Orators and philosophers : a history of the idea of liberal education*. New York: College Board Publications.

Marrou, H.-I.(1965). *Histoire de l'éducation dans l'Antiquité*. Paris: Éd. du Seuil.

Mathieu, G. & Brémond, É.(Eds.)(1942, 1972, 1987). *Discours*. Tome I-IV. Paris: Belles Lettres.

Mirhady, D. C. & Too, Y. L.(Eds.)(2000). *Isocrates I*. Austin: University of Texas Press.

Muir, J. R.(1996). The evolution of philosophy of education within educational studies. *Educational Philosophy and Theory*, 28(2), 1-26.

Muir, J. R.(1998). The History of Educational Ideas and the Credibility of Philosophy of Education. *Educational Philosophy and Theory*, 30(1), 7-26.

Muir, J. R.(2004). Is There a History of Educational Philosophy? John White vs the historical evidence. *Educational Philosophy and Theory*, 36(1), 35-56.

Muir, J. R.(2005). Is our history of educational philosophy mostly wrong?: The case of Isocrates. *Theory and Research in Education*, 3(2), 165-195.

Muir, J. R.(2015). Overestimating Plato and Underestimating Isocrates. *Journal of Thought*, 49(3&4), 18-34.

Norlin, G. & Hook, L. V.(Eds.)(2010). *Isocrates*. Vol. 1-3. Cambridge, Mass.: Harvard Univ. Press.

Papillon, T. L.(Ed.)(2004). *Isocrates II*. Austin: University of Texas Press.

Proussis, C. M.(1995). "웅변가: 이소크라테스"(The orator: Isocrates). **교육받은 사람 I**. 성기산 역. 서울: 집문당. 80-109.

Pseudo-Plutarchos(2015). Lives of the Ten Orators. In J. Roisman, I. Worthington, & R. Waterfield(Eds.). *Lives of the Attic orators: texts from Pseudo-Plutarch, Photius, and the Suda*. Oxford: Oxford University Press.

Roth, M. S.(2014). *Beyond the university: why liberal education matters*. New Haven ; London: Yale University Press.

Sipiora, P.(2002). The Ancient Concept of Kairos. In P. Sipiora & J. S. Baumlin (Eds.), *Rhetoric and kairos essays in history, theory, and praxis*. 1-22. Albany, NY: State University of New York Press.

Whitehead, A. N.(2004). **교육의 목적**(*The aims of education and other essays*). 오영환 역. 서울: 궁리.

제4부

본래성, 연결고리 그리고 감각교육

제10장 본래성의 의미와 그 교육적 함의
–하이데거의 존재론을 중심으로

제11장 코메니우스의 '연결고리' 개념과
그 교육적 시사점

제12장 『세계도회』(*Orbis Pictus*)와 감각교육

제10장

본래성의 의미와 그 교육적 함의 -하이데거의 존재론을 중심으로*

신교남

1. 실존과 본래성
2. 본래성의 의미론적 해석
3. 본래성 회복과 교육
4. 선구적 삶으로의 도약

* 이 글은 『교육사상연구』 제29집 3호 109－127쪽에 게재되었던 "하이데거 존재론에 나타난 본래성의 의미와 그 교육적 함의"를 수정, 보완한 것이다.

1. 실존과 본래성

본래성은 인간의 본성을 뜻하는 것이 아니다. 실존의 양식이며 존재 방식이다. 본래성 회복은 인간 본질과 본성의 회복이 아니라 어떻게 살 것인가에 대한 인간 실존의 문제에서 존재 방식을 찾는 것이다.

하이데거(M. Heidegger)는 『존재와 시간』에서 현존재(現存在, Dasein)의 존재방식을 본래성(本來性: Eigentlichkeit)[1]과 비본래성(非本來性: Uneigentlichkeit)이라는 두 가지 양태로 설명하였고, 세인(世人, das Man)들이 사는 삶은 비본래적이라고 말한다. 비본래적인 삶이란 인간이 일상성 속에 함몰되어 타인과의 평범한 관계 속에서 살아감을 의미한다. 그렇다면 본래적인 삶이란 어떤 것이며 현존재는 어떻게 비본래적인 삶으로부터 벗어날 수 있을 것인가? 하이데거는 세상 사람들과의 일상적인 관계에서 벗어나 자기 자신의 모습을 회복하는 것이 본래적인 삶의 모습이며, 비본래적인 삶에서 본래적인 삶으로 돌아갈 수 있는 것은 양심(良心: Gewissen)의 소리를 들을 때 비로소 가능하다고 주장한다. 지금까지 보통사람들로 불리는 '그들'의 세계에 빠져 일상적인 삶을 살아온 현존재는, 자신의 내면 소리에 귀를 기울여야 한다는 것이다. 이 내면의 소리는 평범하고 일상적인 삶 가운데서 들을 수 있는 소리가 아니라 우리가 '죽음을 향해 다가가는 존재'라는 사실을 직시하고 자각했을 때, 극단적인 한계에 직면했을 때, 비로소 확연하게 그리고 문득 들려오는 양심의 음성이다.

인간은 죽음에 실제로 직면하였을 때 자신의 삶과, 그 삶을 둘러싼 세계에 대한 태도가 확연히 달라진다. 죽음을 인식함으로, 인간은 현존재의 의식을 깨닫고, 비본래성에서 벗어나고, 삶에 대한 생각과 행동양식을 변화시킨다. 죽음은 현존재가 본래성을 회복하도록 하는 시작점(始作点)이 된다. 하이데거는 기존 철학에서 소외되었던, 현존재의 죽음 문제에 대한 의미를, 현상학적 방법으로 새롭게 해석하여 철학적

---

1) '본래성(Eigentlichkeit)은 영어(authenticity)'라는 용어로 국내의 철학 분야와 교육학 분야에서 '본래성', '진정성', '자기 진실성', '순전한 자율성' 등의 다양한 용어로 번역되어 사용되고 있다. 『존재와 시간』에 사용되고 있는 본래성 개념은 인간으로서 삶을 의미 있게 살아간다는 것이 어떤 것이며, 또 그러한 삶을 사는 것이 어떻게 가능한가에 대한 하이데거의 통찰을 내포하고 있다(서용석, 2011: 49−51).

탐구의 핵심 주제로 연구하였다. 특히 죽음은, 현존재가 본래성을 회복하는 중요한 계기임을 역설함으로써 죽음교육의 가능성을 열어 놓았다. 하이데거 존재론의 관점에서 보면 교육의 제 일의적인 과업은 비본래적인 삶으로부터 본래성을 회복시켜 주는 일이다.

우리는 어떻게 본래성을 회복시켜 나갈 수 있을 것인가? 인간은 삶의 과정에서 죽음, 상실, 실패 등 큰 사건을 경험하게 된다. 인간은 이러한 계기를 통해 좌절하거나 삶을 포기하기도 하지만 한 차원 높은 단계로 비약하기도 하며, 잃어버렸던 자기 본래의 모습 즉 본래성을 회복하기도 한다. 하이데거는 특히 죽음을 직면하여 본래성을 회복할 것을 촉구한다.

본래성 회복은 우리에게 어떠한 교육적 시사점을 줄 수 있는가? 필자는 본래성 회복을 인간의 교육적 이상인 전인적 인간상과 연관하여 논의하고자 한다. 교육을 통해 이루고자 하는 바람직한 인간상은 지(知)·정(情)·의(意)를 갖춘 인간일 것이다. 인간은 지성, 감성, 의지를 복합적으로 소유하고 있다. 지성은 어떠한 사태에 대하여 이유와 근거를 논리적으로 규명하는 합리성이고, 감성은 어떤 상황에 처하여 내면에서 발로하는 정서, 태생적인 자연성과 연결되며, 의지는 세태에 따라가고 안주하는 성향과는 반대되는 자신이 스스로 고유하게 내리는 결의의 차원 곧 본래성과 연결된다. 지, 정, 의가 인간 행위의 근간이 되는 세 가지 중심축이라고 한다면 이 세 가지 축이 작동하는 방식, 유형을 설명하는 인간의 중심되는 삼대 성향을 합리성, 자연성, 본래성이라 하겠다(심승환, 2012: 82). 필자는 본래성 회복과 의지라는 상호 관계에 주목하고자 한다.

필자는 다수의 평생교육기관과 사회복지기관에서 죽음교육을 진행하고 있으며, 수년간 죽음교육 강사로 교육현장에서 학습자들과 만나고 있다. 그 교육현장의 죽음교육 또한 일반 교육과 마찬가지로 죽음에 대한 지·정·의 세 가지 측면을 모두 제시하고 있다. 학습자들에게 죽음에 대한 지식을 알려주고, 그 감정을 느끼게 하며, 어떻게 죽음을 받아들여야 하겠다는 의지를 깨닫게 한다. 본 연구에서는 죽음을 성찰하고 지·정·의 중 의지적 측면에서의 본래성 회복을 논의하는 것이 목적이다. 본래성 회복은 양심의 소리를 들어야만 하는 강한 결단력을 필요로 하는, 의지적 행위이기 때문이다.

필자는 하이데거의 존재론에 나타난 '본래성'의 의미를 논의하고 이것이 현대

교육에서 가지는 교육적 함의를 제시하고자 한다. 국내외 학계에서 하이데거의 ‘본래성’ 개념이 가지는 의미를 밝히거나 이것을 교육과 관련지어 탐색한 연구들이 없었던 것은 아니다.[2] 하지만 이들 연구는 하이데거의 존재론에 나타난 죽음, 본래성 회복, 그리고 의지적 관점에 초점을 맞추지는 않았다. 필자는 하이데거의 『존재와 시간』에 나타난 ‘본래성’의 존재론적 의미와 그 회복방안을 논하고, 다음으로 교육의 의지적 측면인 본래성 회복과 현대 교육이 본래성 회복을 위해 어떤 방향으로 가야 할 것인지를 제시하고자 한다.

2. 본래성의 의미론적 해석

하이데거의 『존재와 시간』에서 ‘본래성’은 그의 존재론을 이해하기 위한 핵심 개념 가운데 하나이다. 이 저작에서 하이데거는 ‘본래성’에 대한 의미론적 해석을 통해 인간으로서 삶을 의미 있게 살아간다는 것이 어떤 것이며 또 그러한 삶을 사는 것이 어떻게 가능한가에 대한 풍부하고도 다양한 철학적 사색을 보여주고 있다. 따라서 본래성 회복방안에 대한 논의에 앞서 본래성 개념과 관련된 그의 주장을 먼저 살펴보고자 한다.

(1) 현존재의 삶의 양식과 본래성 상실

하이데거가 말하는 현존재란 누구이며 어떤 삶을 살아가는 존재인가? 현존재란 실존적인 존재로서 자신의 존재를 문제 삼으면서 존재한다. 하지만 현존재는 자신의 내면세계에 갇힌 채로 자신의 존재를 문제 삼는 것이 아니라, 다른 존재자들과의 관계 속에서 자신의 존재를 문제 삼는다. 그래서 현존재는 ‘세계－내－존재’(In－der－Welt－sein)[3]이기도 하다. 세상 사람들은 모두 세인이며, ‘그들’이고, 주어진 세상으로

2) 하이데거 본래성 개념에 대한 선행연구로는 철학분야에서 설민(2009), 조형국(2008), 조규철(2002) 등이 있고 본래성 회복에 관한 선행연구로는 문동규(2003), 이유택(2003), 하피터(2006) 등이 있다. 교육철학 분야에서 이루어진 하이데거 본래성에 관한 국내 연구로는 서용석(2011)이 있으며, 외국의 연구로는 Cooper(1983), Crowe(2006), Guignon(2006). Taylor(1991) 등이 있다.

부터 독립적일 수 없는 한계를 지닌 존재일 수밖에 없다.

> 우선 "나"는 고유한 자기의 의미에서 "존재하지" 않고 오히려 '그들'의 방식으로 타인으로 존재한다. 이러한 '그들'에서부터 그리고 이러한 '그들'로서 내가 나 "자신"에게 우선 "주어지게" 된다. 우선 현존재는 "그들"이고 대개 그렇게 머물러 있다(Heidegger, 2008: 167).

하이데거는 현존재의 삶의 양식을 거리감, 평균성, 평준화, 공공성, 존재부담의 면제 등으로 지적하며, 이것들 위에 현존재의 가장 가까운 "지속성"이 놓여 있다고 밝혔다. 거리감이란 남과 자기를 차이 나게 해서 자기를 돋보이게 하려는 경향을 가지고 있으며 그 차이를 없애고 남들과 같아지려는 경향도 가지고 있다. 평균성은 누구나 다 알고 있는 것으로 만들어 버리는 대중사회의 성격을 가리킨다. 공공성은 누구에게나 접근 가능한 것으로 상식이 큰소리치는 현상이다. 이렇게 해서 곧 모든 것이 평준화된다. 존재부담 면제란 세인이 모든 일에 대해 책임을 지면서 또한 어떤 책임도 지지 않는다는 것을 뜻한다(소광희, 2011: 88). 이렇듯 비본래성에 젖어 있는 세인은 다른 사람들과의 차이를 두려워하면서도 그들과 똑같은 길을 가고 있으며 모든 가능성을 그들과 똑같이 맞추려는 일상적 존재로 살아가고 있다는 것이다.

현존재의 일상성은 다시 잡담(雜談) 혹은 빈말(Gerede), 호기심(Neugier) 그리고 애매함(Zweideutigkeit)이며 말하는 것, 보는 것, 해석하는 것을 표현하는 말이다. 현존재가 본래성을 상실한 채 일상적인 비본래적인 모습으로 살아가는 것을 하이데거는 퇴락(頹落; Verfallen)이라고 부른다. 잡담 혹은 빈말은 타인에게 말을 퍼트리는 것이지만, 그것은 남을 무시하거나 음해하려는 데 목적을 둔 것이 아니다. 말이 일단 밖으로 나오면 본래 뜻과 관계없이 지극히 피상적인 의미로만 떠돌면서 사람들 사이를 옮겨 다닌다. "잡담은 무엇이든지 그것을 먼저 자기 자신의 것으로 만들지 않고서도 이해할 수 있는 가능성"이 있다(Heidegger, 2008: 212). 사람들은 말해진 것을 공

---

3) 여기서 '세계-내-존재'란 하이데거가 자신의 주저인 『존재와 시간』에서 현존재의 존재방식을 설명하기 위해 만들어낸 신조어이다. 그에 의하면 현존재는 세계 안에서 다른 현존재들을 만나고 걱정하고 배려하며 살아가는 존재이다. 사람들과 복잡한 관계를 맺다 보면 현존재는 어쩔 수 없이 다른 사람들의 삶의 방식에 얽매이기도 하고 구속을 받기도 하며 따라서 본래적인 삶을 살아가기가 어려워진다. 이러한 현존재를 그는 '세인' 혹은 '보통사람'으로 부른다.

통으로 똑같은 평균성으로 이해하고 있기 때문에 동일한 의견을 갖게 된다. 결국 끊임없이 회자되는 말에 대해 그들이 이해한 만큼 이해하고 더 이상 책임지지 않는다.

이렇게 선택과 결정의 책임으로부터 벗어나 사회적 규범에 철저히 종속된 채로 타인과 잡담을 주고받으며 일상적인 삶을 살아가는 현존재에게 주어지는 것은 무엇인가? 하이데거는 이것을 '평안'(平安: Beruhigen)이라고 부른다. 그에 따르면, 현존재가 누리는 이 평안은 '사람들' 속에서 자신을 '기꺼이' 잃어버린 대가로 얻어진 것이라는 점에서 자기 소외(疎外)의 상태일 따름이다. 이 상태에서는, 어떻게 해야 하는가 하는 사소한 문제로부터 내가 살고 있는 이 세계와 삶과 죽음의 의미는 무엇인가 하는 근본적인 문제에 이르기까지 모든 것이 투명하게 결정되어 있다. 이렇게 결정된 것들을 그저 부지런히 좇아가는 삶에서는 정작 삶을 살아가는 당사자인 '내'가 빠져 있다(서용석, 2011: 59참고).

현존재가 스스로 주체가 되어 살지 못하고 세상에 휩쓸리어 진정한 삶으로부터 소외되어 있는 상태, 그러면서도 소외를 알아채지 못하고 평안한 일상을 사는 것, 곧 퇴락은 현존재가 본래성을 상실했음을 잘 보여주는 징표이다.

보는 것에 대한 일상성의 특유한 존재 경향은 호기심(好奇心)으로 나타난다. 하이데거는 아리스토텔레스의 말을 인용하여 눈의 욕망에 대해 소개한다. 아리스토텔레스 논문집은 "모든 인간은 본성상 보려는 욕망을 가지고 있다"라는 첫 문장으로 시작한다.(Heidegger, 2008: 215). 호기심은 보는 것에 만족하지 않고 늘 새로운 것을 찾아다닌다. 잡담과 호기심은 서로 짝을 맞춰 세상 속에 있는 세인들을 부추기고 있는 것이다.

> 우리의 자유롭게 된 호기심은 그 낯선 세계에서의 새로운 사건이나 사태에 대한 진정한 이해를 위해 눈길을 주는 것이 아니라 그저 보기 위해서 보려고 하는 것이다. 이러한 봄의 염려에서 중요한 것은, 파악하여 알면서 진리 속에 존재하는 것이 아니라 자기를 세계에 맡겨버릴 수 있는 가능성이다. 그러기 때문에 호기심은 특이하게 가까운 것에는 머물지 않는 특성을 띠고 있다. … 호기심은 또한 고찰하며 머무는 여가도 추구하지 않으며, 언제나 새것과 만나는 것을 계속 바꿈으로써 생기는 동요와 흥분을 찾아 나선다(Heidegger, 2008: 216).

애매함은 사람들의 일상적 삶 속에서 나타나는 또 다른 특징이다. 앞서 논의한 일상적 현존재의 존재양식인 잡담과 호기심에 매몰된 세인들의 성격은 애매할 수밖에 없다. 잡담과 호기심은 현존재를 애매성 속에 몰아넣는다. 하이데거는 일상적 삶 속에서의 이러한 애매성이 의미 없이 존재하고 있다는 것을 다음과 같이 지적한다.

> 일상적으로 서로 함께 있으면서 누구에게나 접근 가능하고 거기에 대해서 누구든지 무슨 말이라도 할 수 있는 그런 어떤 것을 만나게 되면, 거기에서 무엇이 진정한 이해 속에 열어 밝혀진 것이고, 무엇이 그렇지 않은 것인지가 더 이상 금세 결정될 수 없게 된다. 이러한 애매함은 단지 세계에만 퍼져 있는 것이 아니고 마찬가지로 서로 함께 있음 거기에도, 심지어는 현존재의 자기 자신에 대한 존재에까지 퍼져 있다(Heidegger, 2008: 217).

우리는 무수히 많은 날들 속에서 날마다 수많은 가면을 쓰고 여러 가지 모습으로 살아간다. 다중성을 가지고 살아가는 것은 나쁜 마음으로 인해 악의적으로 왜곡되고 위선적 삶을 살아간다는 것을 의미하지 않는다. 우리 삶의 비본래적인 양식이 그냥 그러한 것이다. 그리고 이러한 애매함은 공적으로 은폐되어 있으며, 우리들은 이렇게 은폐되어 있는 애매함을 조금도 인식하지 못하면서 살아간다(조형국, 2007: 200 참고). 사람들 속에 서로 함께 있음은 서로 절연된 상태로 무관심하게 옆에 나란히 병립해 존재하는 것이 아니라 긴장 속에서 애매하게 서로를 살피며 몰래 서로 엿보며 존재하는 것이다. 말하자면 서로를 위한다고 하면서도 서로를 적대시하는 연출을 하고 있는 것이다(Heidegger, 2008: 219). 이러한 관계 속에서는 진실성이란 존재할 수 없다. 이것이 본래성을 상실한 삶의 양식인 것이다.

(2) 죽음과 본래성

하이데거는, 죽음에 대한 불안으로 인해 우리는 죽음을 두려워하지만, 우리 자신에게 닥쳐올 최대의 한계상황인 죽음을 우리의 면전에서 늘 의식하고, "죽음 앞에서 부단한 도피"를 하는 대신, 죽음을 '자기화'(自己化)하여 우리 각자의 고유의 본래성을 되찾게 하는 하나의 '가능성'으로 인식하기를 요구한다(Heidegger, 2008: 252). 하이데거는 우리가 죽음에로 앞서 달려갈 경우에만, 다시 말해서 죽는다는 사실에 대해서 진지하게 고뇌할 경우에만, 세상 사람의 지배 상태에서 벗어날 수 있다고 본다. 이는 우리가 죽는다는 사실을 진지하게 받아들일 경우에만 세상 사람이 추구하는 가치들이 허망한 것이라는 사실을 깨달을 수 있기 때문이다. 이로써 현존재는 본래성을 찾을 수 있는 눈을 뜨게 된다.

그러나 우리는 대부분의 경우 죽음 앞에서 도피한다. 사람들은 자신이 죽는다는 사실을 직시하지 않으려고 하며, 죽는 사람을 보아도 인간은 언젠가 죽지만 나는 아직 아니라고 자신을 안심시킨다. 그러나 어느 순간에, 그동안 소중하게 생각해 온 모든 것들이 무가치하게 느껴지고 그러한 것들에 집착해온 삶 전체가 무의미하고 공허해 보이기 시작한다. 이러한 상황 속에서 불안이 엄습해 온다. 이 불안은 부정적 감정이 아니며, 내가 실존하도록, 다시 말해서 나의 존재를 깨닫도록 하고 나의 행동에 대해 책임지도록 몰아 부치는 긍정적 감정이다.

하이데거가 말하는 불안이란, 현존재가 실존적 죽음에 처할 때 경험하는 기분이다. 현존재는 태어나자마자 죽음으로 던져진 존재이기에 불안은 늘 우리의 실존을 돌아보도록 한다. 그러나 우리는 보통 불안이 생겨나지 않도록 억누른다. 죽음으로부터의 도피는 결국은 불안이 출현하지 못하도록 억누르는 것을 의미한다(신교남, 이병승, 2013: 231). 불안으로 인하여 우리의 평온한 삶은 흔들리고, 우리는 죽음을 마주본다. 죽음을 직면할 때, 우리는 그동안 우리가 집착했던 그 모든 것들이 무의미하다는 경험을 한다. 불안이란 인간 일반의 죽음이 아닌, 각 개인의 죽음을 바라보게 만드는 기분이다. 하이데거는 불안이란 기분 안에서 죽음을 경험하는 방식이야 말로 죽음이 인간에게 근원적으로 나타나는 방식이라고 본다. 인간은 태어남과 동시에 죽음으로 던져지어 있으며, 죽음에 대한 불안은 우리의 실존과 공존하는 기분이다. 죽음은 우리가 도피해야 할 것이 아니라 우리가 받아들이고 대결해야 하는 것이다. 인간은 죽음의 공포와 불안으로부터 도피하지 않고 그것을 받아들일 때 자신의 본래적인 모습을 회복할 수 있다. 이러한 의미에서 죽음에 대한 성찰은 참된 삶을 살아가고자 하는 현존재에게 매우 중요하다. 성찰을 통해 죽음을 맞이하는 현존재는 '삶을 다함(Ableben)'[4]을 기다리지 않고 '미리 달려가 봄(Vorlaufen)'을 통해 그것을 드러내며

4) 하이데거는 현존재의 죽음의 고유한 방식을 밝히기 위해 세 종류의 죽음을 소개한다. 첫째는 단순한 생물체의 죽음이며, 생리적 현상의 멈춤, '끝나버림(Verenden)'이고, 둘째는 현존재의 죽음 '삶을 다함(Ableben)'이다. 여기서 '끝나버림'은 생물학적 죽음을 의미하며, '삶을

살고 있다. 즉, 세상살이에 함몰되어 죽음을 두려워하거나 회피하는 것이 아니라 죽음을 통찰하며 죽음을 성찰하는 것이다. 미리 달려가 본다는 것은 살아가는 일에만 집착해온 현존재에게 삶을 반성하고 인간 본래성을 회복하기 위한 선행(先行) 행위이다. 이것이 하이데거가 말하는 실존론적 죽음이다.

(3) 본래성의 존재론적 의미

인간은 죽음을 생각하면서 인생의 의미에 대해서 질문할 수 있는 유일한 동물이다. 우리는 성공과 실패를 경험하며, 다양한 계기를 통하여, 어떻게 살아야 하고 인생의 의미는 무엇인지에 대하여 질문한다. 그 중 가장 근원적인 질문 중에 하나는 죽음에 관한 것이라고 할 수 있다. 죽음에 대하여 질문함으로써, 죽음은 우리와 삶을 분리시키는 것이 아니라 오히려 우리를 삶으로 되던지는 것임을 깨닫고, 세상의 가치에 따라서 사는 수동적인 삶이 아니라 자기 자신이 자신의 삶을 주체적으로 형성하는 진지한 삶을 살아야 한다는 것을 알게 된다. 인간이 실존적 존재라는 것은, 인간이 자신의 삶에 대해서 이론적으로 묻고 탐구할 수 있다는 것이 아니라 자신이 어떻게 살 것인지에 대해서 고뇌하는 존재라는 것을 의미한다.

이러한 관점에서 보면 본래성이란 지극히 개별적인 문제라고 보기 어렵다. 왜냐하면 그것은 근본적으로 타인과의 관계 속에서 제기되는 문제이기 때문이다. 다시 말해서 본래성이란 타인과 근원적으로 구분되는 나 자신을 문제 삼기보다는 타인과 나를 모두 포함하는 하나의 존재자로서 인간이 가지는 본질적 성격에 관한 규정을 요청한다. 그렇다면 나와 타인을 포함하는 인간을 다른 존재자들과 구분 짓는 결정적인 특징은 무엇인가? 하이데거는 다른 존재자와의 구분에 관한 존재론적 설명을 다음과 같이 하고 있다.

다함'은 현존재에게 시간이 다했음을 의미한다. 하이데거는 이 두 가지 죽음과는 다른 또 다른 죽음이 있음을 밝힌다. '끝나버림'과 '삶을 다함'보다 더 근원적인 방식의 죽음, 즉 존재자가 스스로 맞이하는 '사망(Sterben)'이 있음을 제시한다. 이것이 세 번째 죽음이다. 그에 의하면, '사망'이란 삶의 종말을 기다리는 것이 아니라 죽음 앞으로 달려가 봄을 의미한다. '사망'은 현존재의 존재론적 토대이기 때문에 근원적인 현존재의 죽음을 지칭한다(신교남, 이병승, 2013: 224－225).

> 현존재는 그저 다른 여러 존재자들 속에서 발견되는 존재자가 아니다. 오히려, 현존재는 그 자신의 있음에 있어서 자신의 존재가 스스로에게 '문제'가 된다는 사실에 의하여 (다른 존재자들로부터) 존재자적으로 구분된다. … 현존재는 그의 있음에 있어서 그 자신의 존재와 관계를 맺고 있다. … (존재자로서) 현존재가 가지는 고유한 점은, 그 자신의 있음과 더불어 그리고 그것을 통하여, 자신의 존재가 스스로에게 현시된다는 것이다. '존재이해라고 하는 바로 이것이 현존재의 본질적인 특징이다.' 현존재는 그것의 존재론적 '있음'에 있어서 존재자적으로 특별하다(Heidegger, 2008: 32-33).

하이데거는 인간 존재자와 그 밖의 다른 존재자를 구별하는 유일한 기준, 그것으로 인하여 양자가 존재자적으로 구분되는 기준을 바로 '존재이해'에 둔다. 이 세상에는 현존재를 포함하여 다양한 존재자들이 존재한다. 여기서 '존재이해'에서 '존재'란 존재자와 구별되는 '현존재'를 의미한다. 그렇다면 존재자와 현존재를 구별하는 가장 두드러진 특징은 무엇인가? 현존재는 자신을 포함해 존재자를 이해하는 능력을 가지고 있으며, 특히 '존재이해' 라는 중요한 특징이 있다는 점이다. 결국 하이데거가 파악한 현존재로서의 인간이란 '자기이해' 능력을 가진 유일한 존재자라는 것이다.

현존재의 두드러진 특징을 '존재이해'에서 찾을 경우 본래성 회복 역시 '존재이해'에서 찾는 것은 자연스러운 일이다. 하이데거는 이해라는 말의 의미를 상당히 폭넓게 사용하고 있음에 주목할 필요가 있다. 하이데거가 현존재의 자기이해 또는 존재이해라고 말할 때, 이것은 의식적인 수준에서 이루어지는 자기이해에 한정되는 것이 아니다. '현존재는 자신의 존재가 스스로에게 문제가 되는 존재자'라고 말할 때, 하이데거는 자아성찰이 이루어지는 특별한 경우가 아니라 현존재가 존재하는 모든 순간을 염두에 두고 있는 것이다. 현존재는 이미 스스로를 특정한 존재 가능성(Seinkönnen)으로 기투(企投: Entwurf)함으로써, 즉 직접 어떤 존재가 되어 그 역할에 따른 행동을 함으로써 이미 그 질문에 답을 하고 있는 것이다(서용석, 2011: 54 참고).

이러한 관점에서 존재자의 본래성 회복은 단순히 한 개인의 의식 수준에서 이루어질 수 없거니와 자아성찰을 통해서만 이루어지는 것이 아니다. 세계-내-존재로서 현존재는 이미 이 세상에 던져진 순간부터 스스로 되고자 하는 가능성을 가지고 있으며, 그 가능성이란 개별자의 힘만으로는 실현하기 어려운 것이다. 그는 태어나 살아가는 세계, 즉 사회와 전통 안에서 그 가능성을 실현해 간다. 존재 가능성을 드러내고 본래성을 회복하는 일은 나를 둘러싸고 있는 세계와 그 세계를 구성하는 사람들과의 관계 속에서 가능한 일이다. 세계는 자신만의 은밀한 세계가 아니라 내가 타인과 함께 살아가며 타인과 공유하는 세계이다(Heidegger, 2008: 155). 세계란 현존재와 절연된 장소가 아니라 현존재가 본래성을 회복해 가는 중요한 공간이다.

3. 본래성 회복과 교육

우리는 불안과 양심의 부름을 통하여, 그리고 죽음을 선구함으로써, 또한 결단을 내림으로써 본래성을 회복할 수 있다. 죽음교육은 죽음에 관한 다양한 정의와 죽음의 인식, 태도 등 지(知)적인 것과 정서(情緖)적인 것을 포함하고 있다. 죽음을 어떻게 준비해야겠다는 의지(意志)적 측면도 중요한 부분을 차지한다. 본래성 회복은 양심의 소리를 들어야 하는, 강한 결단력을 요구하는 의지적 행위라 할 수 있다. 이 장에서는 본래성 회복을 위한 양심과 결단성은 무엇인지 알아보고, 본래성 회복의 의지적 측면과 그 교육적 방안에 대해 논의하고자 한다.

(1) 본래성 회복의 계기: 양심과 결단성

하이데거는 현존재가 본래성을 회복할 수 있는 가능성으로서 '양심'[5]을 제시한다. 본래적 존재 가능성을 입증하는 것은 양심이라는 것이다. 양심은 현존재가 세인의 목소리에 귀 기울임으로부터 벗어나도록 촉구하는 음성이다. 그러나 양심은 언제나 침묵의 형태로 말한다. 양심은 우리의 내면에서 조용히 울려 퍼지는 침묵의 소리이지만 그러나 또렷이 들을 수 있다. 현존재가 본래성을 회복하는 것은 죽음 앞에서 자신을 성찰하는 것이고 내면의 목소리에 귀를 기울이는 것이다.

자신의 불안을 수용하며 양심의 부름에 집중하고, 죽음을 앞서 보고 결단하여 새롭게 선택한 삶의 방식을 다시 사는 것은, 삶이 추구하는 진정한 방향이다. 실존하

5) 하이데거가 말하는 양심은 오로지 현존재의 실존 안에서만 현사실적으로 있는 것이지 객관적·전재적으로 있는 것이 아니다. 양심에 대한 그의 해석도 심리학적이거나 법률적인 것이 아닐 뿐 아니라 종교적인 것도 아니다(소광희, 2011: 171-172).

는 본성의 소리를 듣고 그 소리에 부합하는 삶의 방식을 성실히 실천해 가는 매일의 삶은 의미 있을 것이다. 본래적인 삶은 우리들의 일상 속에서 자기 자신의 결단에 의해 본성(양심)의 부름에 응답하는 삶을 사는 것이라고 할 수 있을 것이다(조형국, 2007: 207).

양심은 본래적인 존재 가능의 단초로서 우리가 확보한 현상이다. 양심은 무언가를 각성시켜준다는 의미에서 흔히 '양심의 목소리'로 표현 한다. 알 수 없는 곳에서 갑자기 나타나, 나의 결정을 위협하는 양심을 어떤 느낌이라기보다는 '목소리'나 '부름'으로 이해하게 된다.

양심이라는 현상은 오직 현사실적인 실존과 함께 알려진다는 사실이다. 현사실적인 실존으로서 현존재는 언제나 이미 세계-내-존재로서 세계 내부적인 존재자뿐 아니라 타인과의 관계 안에서 존재하고 있다. 양심의 현상에는 이미 타인과의 관계가 전제되어 있는 것이다. 그래서 우리는 양심의 목소리에 따라 본래적인 자기존재 가능의 결정을 내리기 전에, 우선 그리고 대개 그들을 만나 그들의 결정을 따르며, 비본래적인 방식으로 결정을 내릴 수가 있는 것이다. 현존재가 우선 그리고 대개 그들의 결정을 따른다는 것은 현존재가 그들의 말에 귀 기울이고 들을 수 있음을 전제한다. 이때의 들음이 현존재의 세계-내-존재를 의미하는 타인과의 근원적인 관계에서 논의되는 한, 그 들음은 단순한 소리를 의미하지 않는다. 현존재의 이러한 '들음'에는 '부름'(Ruf)이 대응한다(Heidegger, 2008: 318). 현존재가 세계-내-존재라는 근본구조에서 이런 '들음의 구조'를 가지고 있다면 동시에 같은 차원에서 '부름의 구조' 역시 가지고 있어야 할 것이다. 우선 대개의 비본래적인 일상적인 자기는 그들의 부름을 듣고 따르는 것이다. 그런데 지금 우리가 논의하고 있는 양심이, 본래적인 존재가능의 증거라면, 그 양심은 더 이상 그들의 부름을 듣는 것이어서는 안 되며, 자기-자신의 고유한 부름이어야 한다. "상실된 들음이 일상적으로 새로운 잡담의 다양한 애매함의 소란에 정신없어 한다면, 부름은 소란 없이 애매하지 않게 호기심에 매이지 않고 불러야 한다. 이런 식으로 부르면서 이해하게 해주는 것이 곧 양심이다"(Heidegger, 2008: 316).

우리는 삶의 과정 속에서 아무 상황에서나 결단을 내리지 않는다. 본래성을 뒤로하고 일상성을 즐기면서 살아가는 대중에게 결단(決斷: Entschlossenheit)은 아무런 의미를 가지지 않는다. 그렇다면 우리는 어떤 계기로 결단을 하게 되는가? 하이데거는 불안, 양심의 부름 그리고 죽음에 대한 의식 등을 강조한다. 우리는 스스로 본래적인 삶을 살아가려고 할 때 불안(不安: Angst)을 느낀다. 우리는 '사람들'이 하듯 살아가면 이렇다 할 불안을 느끼지 않는다. 왜냐하면 대중과 함께 하면 오히려 안정감과 위로를 느끼기 때문이다. 그러나 현존재가 스스로의 삶을 살아가겠다는 결단을 내리는 순간, 불안은 그에게 중요한 비약의 계기를 마련하게 된다.

양심의 부름은 또 다른 결단의 계기를 마련해 준다. 물론 양심은 침묵의 형식으로 우리에게 다가온다. 하이데거는 소리 없는 침묵의 형식으로 다가오는 양심의 소리에 귀를 기울일 때 비로소 결단이 이루어질 수 있다고 말한다. 양심의 소리에 귀를 기울이지 않는다면 결단도, 행동의 결행도, 나아가 아무런 삶의 비약도 있을 수 없다는 것이다. 결국 그는 양심을 가지고 살아갈 때 비로소 '사람들'의 세계에 매몰되지 않고 '자기 자신'의 본래적인 모습으로 삶을 살아갈 수 있다고 강조한다.

불안은 결단의 전경(前景)인 동시에 배경(背景)이며 양심은 결단의 목표이다. 사람들이 결단할 상황에서 주저하거나 불안해하며 때론 상황으로부터 도피할 때, 양심은 우리를 붙잡고 결단을 촉구한다. 하이데거는 결단 없이는 양심의 회복도, 현존재로서의 본래적인 모습의 회복도 어려워진다고 주장한다. 결단은 현존재가 대중성에서 벗어나 '실존적 존재'로 거듭날 수 있도록 하는 중요한 계기이다.

(2) 의지적 결단으로서의 본래성 회복

전인적 인간은 지(知)·정(情)·의(意)를 겸비한 사람이다. 지성과 이성을 계발하는 것은 교육의 목표이다. 교육의 지적인 측면만을 강조하는 현대교육은 문제점을 갖고 있다고 할 수 있다. 많은 지식은 인간다운 삶에 보탬을 주기 보다는, 인간을 소외시키고 물질적 가치를 높이는 데 사용된다. 이런 문제점을 해결하기 위해, 학교 현장에서는 정서적 측면의 인성교육을 중요시 하고 있다. 지성 못지않게 감성, 인성의 중요성이 설득력을 얻고 있는 것이다. 그러나 지성과 감정을 가지고 있다고 하더라도, 하고자 하는 의지가 없다면 인간은 올바르게 성장할 수 없으며 교육의 목표는 성취될 수 없다. 지·정·의를 고루 갖추지 못하면 전인적 인간으로 성장할 수 없기 때문이다. 교육이 추구하는 지·정·의는 죽음교육의 목표가 될 수 있는가? 그에 대한 대답은 대단히 긍정적이다. 이미 죽음교육에서도 지·정·의를 포함한 다양한 교육과정이 진행되고 있다. 죽음교육은 지적인 측면에서 죽음에 대한 다양한 정의를 내린다. 죽음교육은 의학적 죽음의 정의, 종교적인 죽음의 정의, 법적 죽음의 정의 등, 죽음에 대한 다양한 정의를 내리면서 죽음을 객관적으로 이해할 수 있도록 돕고 있다. 죽음의 정서적인 측면에서는 죽음에 대한 불안이나 공포, 슬픔 등 감정을 잘 인식하고 처리할 수 있도록 교육한다. 마지막으로 죽음에 대한 의지적 측면은 바로 죽음으로의 선구(先驅; 미리 달려가 봄; Vorlaufen)이다. 죽음으로의 선구는 본래성을 회복하고자 하는 내재된 의지가 없으면 불가능하다. 죽음으로의 선구는 앞으로의 삶을 이전의 삶과 구별되게 살기 위해 어떻게 해야 하는지 알아보는 것으로 시작한다. 이것은 '나'를 돌아보고 성찰하는 것에서 의미를 찾을 수 있다. 지나온 삶에 대한 반성을 통해 남은 삶을 결단하고, 죽음이라는 피할 수 없는 명제를 깊이 숙고하며, 자신의 본래적인 모습, 본래성을 회복하기 위해 내면을 깊이 들여다보고 결의를 다지는 교육과정들이 죽음교육 현장에서 진행되고 있다.

인간은 대개 잡담, 호기심, 애매성을 가지고 세계－내－존재 속에서 살아간다. 의도하지는 않았지만 어쩔 수 없이 세인이 되어 비본래적으로 살아가고 있다. 이러한 비본래적인 상태를 극복하고 본래성을 회복하려면 어떻게 해야 하는 것일까? 하이데거는 결국 이것을 근원적으로 '죽음'에서 찾는다. 죽음이 나의 눈앞에 직면했을 때, 죽음은 그 누구의 죽음도 아닌 오롯이 자기 자신의 죽음이 된다. 나 자신이 죽음을 떠맡아야만 한다. 비본래적인 삶에서의 피상적인 잡담, 호기심, 애매성은 죽음이라는 절체절명의 사건 앞에서 의미를 상실한다. 현존재는 죽음에 대한 각성을 통해 삶의 유한성을 자각하고 그동안 일상성과 평균성에 매몰되어서 비본래적으로 살아왔음을 깨닫고 본래성을 회복하기 위하여 진정으로 고유한 자기를 발견하는 계기를 만들어 나간다.

죽음을 통해 본래성을 회복하기 위해서는 '양심'과 '결단'이 필요하다. 양심은 "부름의 소리"로서 현존재로 하여금 스스로 고유한 자기존재 가능으로 불러내도록, 또한 그것이 자신의 책임임을 내면에서 불러세운다(Heidegger, 2008: 314). 세계－내－존재의 세인 속에 빠져있는 자신에서 온전한 자기, 고유한 자기로 회복되어야만 한다는, 양심의 소리를 듣고 결단하려는 "양심을 갖고자 하는 의지"를 결심하게 된다. 바로 이 의지가 "결단성"이다. 자기 자신으로 존재하기 위한 실존적인 결단과 선택이 바로 결의성인 것이다(Heidegger, 2008: 314). 바로 여기에서 우리는 실존주의에서 보는 인간 본래성의 특징이 이성이나 감성이 아니라 곧 '의지'임을 알 수 있다. 실존주의 철학자들은 우리의 삶 속에서 과감한 선택과 용기 있는 결단, 그리고 자기각성을 강조하며, 의지가 결단과 각성의 단초임을 주장한다.

인간이 본래적으로 되는 것은 합리적으로 사유함을 통해서도 아니요, 자연적으로 발로하는 내면의 감정을 통함도 아니요, 비본래적으로 살 것인지 아니면 본래적인 자기를 다시 찾을 것인지의 기로에서 절박하게 선택하고 결단하게 하는 주체, 곧 '의지'를 통함이다(심승환, 2012: 99). 양심은 소리 내어 말하는 이야기의 성질이 아니라, "오히려 이해하게 해 주는 것, 열어서 보이는 충격적인 계기, 따로 떼 내어 흔들어 세우는 것"을 의미한다(Heidegger, 2008: 316). 세상에 매몰되어 있는 자신을 고유한 존재로 자각하게 하며 결단하고 선택하여 실천하도록 하는 주체, 곧 의지가 인간을 본래적으로 만드는 핵심이다. 일상성에 젖어 세인들과 함께 세상의 평안함과 손을 잡느냐, 아니면 죽음의 선구를 통해 절실하게 진정한 자기를 회복할 것이냐의 결단과 선택이 인간의 본래성을 회복하는 중요한 단서가 되는 것이다.

결단하려는 의지의 중요성은 실존주의 철학자 니체 사상의 핵심이기도 하다. 그는 인간 본래성은 "너의 양심이 무엇을 말하는가? 너는 너 자신이 되어야 한다"(Nietzsche, 1974: 270)는 소리를 듣는 것이라고 주장한다. 무언의 양심이 자신에게 결단하라고 호소하는 소리는 무엇인가? 양심은 세인들을 외면하고 돌아서서 진정한 자신을 발견하라고 무언으로 호소한다. 강한 의지를 가지고 결단하라고 양심은 소리친다. 니체는 인간의 자아는 본질적으로 불변하지 않는다는 형이상학적 자아관을 비판한다. 자아는 무의식 속에 깊숙이 잠재해 있어 성찰하지 않으면 알 수 없다. 성찰을 통한 자아의 발견은, 발견으로 끝나는 것이 아니라 그 한계를 뛰어 넘는다. 발견된 자아는 우리가 일상적으로 마주하는 자신을 넘어선 존재이다. 니체는 진정한 자아는 앞으로 되어갈 존재로서 "새롭고, 고유하며, 비교불가능하고, 자기 스스로를 창조하는 존재이다"라고 말한다(Nietzsche, 1974: 235). 진정한 자아, 본래적 자아는 일상성 속에서 세인들의 방식에 대한 매몰성을 이겨내야 하며, 자기만의 독특하고 고유한 것을, 결단과 결의를 통하여 창조해야 한다.

(3) 본래성 회복의 지향점

본래성을 회복한다는 것은 인간 존재로서 나 자신의 모습으로 실존하는 것을 의미한다. 인간이 어떻게 실존해야 하는 가에 관한 성찰과 더불어 그렇게 살기 위해 결단해야 함이다. 결단과 성찰은 먼저 다름 아닌 참 나를 발견하는 일이다. 불교에서의 진여(眞如)의 모습이나 유교에서 말하는 본연지성(本然之性)이 그러하다. 불교에서는 참 나를 발견하기 위한 방법으로는 선정수행(禪定修行)을 가르친다. 유교의 성의정심(誠意正心)을 통해서도 인간의 본성을 찾는 것이 가능할 것이다. 현존재로서 인간에 대한 본성을 발견했다면 그것은 인간의 정서적 감정이라 할 수 있다. 그 후 본래성 회복을 위해 세상과 마주해야 한다. 이것이 인간의 의지인 것이다. 하이데거의 본래성 회복은 양심의 결단이며, 본래성은 죽음이라는 극단적 한계상황 속에서 죽음으로의 선구를 통해 회복될 수 있다.

본래성은 교육과 어떤 연관성이 있으며 본래성은 현대교육을 통하여 회복되는가? 쿠퍼에 의하면, 니체는 현대의 자유교육(liberal education)이 인간을 비본래적으로 만든다고 비판한다. 자유교육은 젊은이들을 다양한 학문에 내재된 지식과 절차들로 입문시키는 것을 주요 목표로 삼는다. 하지만 이러한 교육은 인간의 삶에 도움이 되지 않는다. 본래적인 삶(authentic life)을 살아가도록 하는 것은 지혜(wisdom)이지 학문이 아니다. 이 지혜는 자신의 상황을 깨닫고 자신의 신념과 가치관을 자기의 고유한 것으로 만드는 데서 비롯된다. 그런데 지식 위주의 교육은 자신의 상황 이해에 도움을 주지 못하고 자신이 직면하는 신념이나 가치관이 자신의 삶에 어떠한 관련이 있는지를 성찰하도록 돕지 못한다(Cooper, 1983: 49-50).

실존주의 교육철학에서는 형식적이고 연속적인 교육과 함께 비형식적이고 단속적인 교육을 중요시 한다. 인간의 삶은 평탄한 삶이 늘 지속되는 것이 아니라 운명적인 한계적 상황에 봉착하게 되며, 이러한 순간에 인간은 자신의 실존에 대해 질문을 던지게 된다. 삶에서 만나는 위기, 각성, 충고, 만남, 죽음 등을 통해서 인간은 용기있는 결단을 내리고, 의지적으로 실천하여 자신의 삶을 비약적으로 발전시킨다고 할 수 있다.

사람은 가장 심각하고 어려운 문제들에 휩싸여서 무엇이 옳은 길인가를 고민

> 할 때 철학적인 경이로움에 도달한다. 오직 이때만이 깊고 숭고한 교육(Bildung)이 성장한다 … 특별히 젊은 날 질풍노도의 시기에 거의 모든 개인적인 문제가 일상적인 동시에, 영원하고 경이로운 문제로서 비추어지면서 해석과 이해가 요구될 때 비로소 이러한 교육이 이루어진다(Nietzsche, 1964: 5).

많은 학문에 담긴 지식들과 그 지식에 도달하는 방식의 탐구는 분명히 삶을 살아가는 일반적인 배경지식이 될 수 있다. 그러나 그 지식 또는 합리적 사고의 방식 자체는 일반적이고 중립적일 뿐, 지금 나의 고유한 삶의 상황에서 내 자신의 고유한 삶을 대하는 지혜가 될 수는 없다. 내 상황이 어떤가를 깊이 성찰하고 여기서 어떠한 길로 나아가야 하느냐에 대한 선택과 결단은 그러한 중립적인 지식과 사고가 가져다 주는 것이 아니다. 사랑, 박해, 가난, 죽음과 같은 인간의 상황은 단순한 상태가 아니라 그에 대한 태도와 선택 행위가 요구된다. 상황에 대한 이해는 바로 어떠한 태도나 행동의 선택과 연결되며 이 선택은 가치관 정립을 통해 이루어진다. 니체의 관점에 따를 때, 교육이 추구하여야 할 가장 중요한 것은 바로 이 가치관 정립이다(Cooper, 1983: 55).

그렇다면 가치관 정립과 밀접하게 관련이 있는 인간의 의지적 교육은 어떻게 해야 하는가? 이러한 교육은 인간의 본성에서 비롯되는데 니체의 관점에서 인간 본성의 중심에는 의지(will)가 있다. 본능적으로 열등한 동물인 인간은 다른 동물과 달리 스스로를 극복할 강한 의지를 가지고 있다. 인간은 결정되지 않은 존재로, 무엇인가로 되어가는 과정에 있다. 인간은 동물과 초인 사이에 있는 존재로 무엇이 될 것이냐는 스스로의 의지에 달려 있다. 위대한 인간인 초인이 되기 위해선 무엇이 군중 심리에서 떠나 철저히 자신만의 강인한 의지를 지니고 있어야 한다(심승환, 2012: 102).

선택, 결단, 실천과 그 결과로 이어지는 자기각성, 자각, 직관, 통찰 등은 교육학적 관점에서 자기교육이라는 토대를 형성한다. 자기교육은 의지와 결단, 노력과 실천 등의 내적 동기와 함께 개인이 스스로의 성장을 이루어 나가는 교육의 주체가 되는 교육의 본질적이고 궁극적인 부분이라 할 수 있다.

결국 본래성 회복이 지향하는 것은, 스스로 결단을 통해서 참다운 자기를 찾아갈 수 있는 의지와 실천이다. 그 과정 속에 나타나는 자기교육은 본래성이라는 말이 내포하고 있는 진실함과 성실성을 통해 자신의 존재를 발견해내는 것이다. 하이데거는 인간이란 세계－내－존재 속으로 내던져진 존재라고 하였지만, 그럼에도 불구하고 본래부터 자유로운 존재로서 타인에 의해 만들어지는 존재가 아니라 스스로를 만들어 가는 자유로운 존재라는 것 또한 주장하였다. 실존주의의 본래성은 단순히 본성으로 돌아가는 것이 아니다. 이는 세상의 삶 속에서 안주하려는 것을 극복하는 것, 세인들과의 매몰된 삶 속에서 죽음을 선구하며, 제한된 시간 속에서 본래성을 회복하며 살아가는 것이다. 본래성 회복을 위해 대중의 일상성에서 자신의 고유한 것을 찾기 위한 결단과 의지는 끊임없는 자기 극복의 과정이다. 세계－내－존재로서 세인과 더불어 사는 삶 속에서 부딪히는 절박한 상황에서의 강한 결단, 자기를 실현하려는 실천력이 무엇보다 더 요구된다고 할 수 있을 것이다.

4. 선구적 삶으로의 도약

본래성 회복은 어떻게 살 것인가에 대한 삶의 자세의 회복이며, 존재적 삶에서 실존적 삶으로의 능동적 전환이다. 현존재의 삶은 비본래적이며, 많은 이들이 일상적 삶에 매몰되어 자신의 의지대로 살아가지 못하고 있다. 하이데거는 현존재의 일상성을 잡담 혹은 빈말, 호기심, 애매함에서 읽어내고, 일종의 퇴락으로 바라본다.

하이데거는 이러한 일상성, 즉 퇴락의 길에서 빠져나오기 위해서는 양심과 결단이 요청된다고 주장한다. 양심은 죽음에 직면했을 때 확연하게 들리는 내면의 목소리이며, 결단은 현존재가 죽음으로 선구하고자 할 때 가능하다. 본래성 회복에 대한 교육적 함의는 이러한 양심의 목소리를 듣고 결단을 통해 의지적인 실천을 할 수 있게 한다는 점을 강조하는데 있다. 본래성 회복은 지·정·의 중 의지적 부분을 가장 잘 드러낼 수 있는 양심과 결단을 필요로 한다고 볼 수 있다.

멀리 있던 죽음이 나의 죽음이 될 때, 나의 삶에서 본래성을 찾기 위해서는 세인 속에 매몰된 자신이 아닌 진정한, 고유한 자기로 되돌아와야 한다는 양심의 소리에 응답하여 결단하는 결의성이 필요하다. 양심과 결의는 잠자고 있던 나 자신을 흔들어 깨우고 절박하게 결단하는 의지의 작용이다. 이 의지는 또한 일상에 안주하려는, 세인과 함께 세계－내－존재에 던져진 채 살고자 하려는 자아를 붙잡아 지속적으로 깨우치고 새롭게 창조하는 힘을 향한 의지이다. 이러한 의지를 불러일으키는 교육은 객관적 지식, 합리적 사고방식을 배워서 되는 것이 아니라, 가장 심각한 상황에 직면하여, 나는 누구이며 어떻게 살아야 할지를 절박하게 고민하고 결단할 때 이루어진다. 물론 인간은 죽음 앞에서 불안을 느끼기도 하며 심지어 비본래적 삶의 나락으로 떨어지거나, 쇠락한 삶을 연명해 가기도 한다. 하지만 현존재는 세계-내-존재로서, 그리고 시간의 개념을 가진 존재로서 죽음을 인식하고 이것을 계기로 삶을 의미 있게 이루어 가는 존재이기도 하다. 인간은 수없이 결단을 하고 그러나 때론 다시 세인이 되어 살지만, 그럼에도 불구하고 순간순간 용기 있는 결단과 의지의 실천이 나를 나답게 살게 하는, 본래성 회복을 위한 길이라 할 수 있다. 인간은 강한 의지로 죽음의 선구를 통해 본래성을 회복할 수 있다.

죽음이 참된 삶 전환의 중요한 계기요 본래성 회복의 중요한 마디라면, 죽음교육은 결단과 의지가 이루려는 자기교육의 한 부분이라 할 수 있으며, 의미 깊은 삶을 가능하게 하는 목적과 내용 그리고 방법을 풍부하게 해 줄 수 있을 것으로 생각한다. 죽음은 삶의 일부로서, 죽음을 가르친다는 것은 산다는 것을 가르치는 또 다른 방법이다. 죽음교육이 삶 교육의 일부로 받아들여지는 이유가 바로 여기에 있다. 죽음이라는 사건을 통해 양심의 소리를 듣고 결단하여 실천하는, 그리하여 스스로 인생의 주체가 되는 삶을 사는 인간은, 본래성을 회복하여 자기 삶을 자기의 강한 의지로 살아나갈 수 있는 힘을 발견한 것이라 할 수 있다. 어떻게 살 것인가에 대한 선구적 결단은 인간의 삶을 한 차원 높게 도약하게 만들 것이다.

참고문헌

문동규(2003). "하이데거의 양심 해석". **汎韓哲學**. 253－276.

박찬국(2008). "초기 하이데거의 불안 개념에 대한 비판적 고찰". **가톨릭 신학과 사상**. 143－177.

서용석(2011). "Authenticity" 개념에 관한 교육학적 일고찰: 하이데거의 '죽음과 탄생'의 교육론". **교육철학연구**. 33(3). 49－72.

심승환(2012). "인간 본성(本性)의 교육적 의미에 대한 고찰". **교육철학연구**. 34(2). 79－115.

설민(2009). "하이데거에서 본래성과 퇴락의 양립가능성에 대한 연구". **존재론 연구**. 19. 156－199.

소광희(2011). **하이데거『존재와 시간』강의**. 서울: 문예출판사.

신교남, 이병승(2013). "하이데거의 존재론에 나타난 죽음의 현상학적 의미와 죽음교육". **교육철학**. 50. 219－242.

이선일(2006). "실존철학에서의 삶과 죽음의 문제". **哲學硏究**. 75. 133－152.

이유택(2003). "하이데거의 실존론적 양심 개념". **哲學硏究**. 62. 113－127.

조규철(2002). "하이데거의 사유근원과 현존재의 본래성". **哲學論叢**. 30. 379－399.

조형국(2008). "삶과 현존재 그리고 본래성: 하이데거의 불안, 양심, 죽음에 대한 생각을 중심으로". **가톨릭 신학과 사상**. 62. 115－142.

하피터(2006). "철학에 있어서 "내버려둠"으로서의 결단성". **존재론 연구**. 99－127.

Cooper, D. E.(1983). *Authenticiy and Learning: Nietzsche's Educational Philosophy*. London: Routledge & Kegan Paul.

Crowe, B. D.(2006). *Heidegger's Religious Origins: Destruction and Authenticity*. Bloomington: Indiana University Press.

Guignon, C.(2006). Authenticity, Moral value, and Psychotherapy. C. Guignon(Ed.). *The Cambridge Companion to Heidegger*(2nd ed.). Cambridge: Cambridge University Press.

Heidegger, M.(2006). *Sein und Zeit*. Max Tübingen: Niemeyer.

Heidegger, M.(2008). *Being and Time*. N.Y.: Harper－Collins Pub.

Heidegger, M.(2010). *Sein und Zeit*. 이기상 역. 존재와 시간. 서울: 까치.

Nietzsche, F.(1964). "On the future of our educational institutions", *The Complete Works of Friedrich Nietzsche*. O. Levy(ed.). NY: Russell & Russell.

Nietzsche, F.(1974). *The dawn of day: The complete works of Friedrich Nietzsche*. NY: Gordon Press.

Nietzsche, F.(1988). Nachgelassene Fragmente Mai–Juli 1885, 35(25), *Kritische Studienausgabe 11 in 15 Bänden*. München: G. Colli u.a.(Hrsg.).

Taylor, C.(1991). *The Ethics of Authenticity*. Cambridge, Mass.: Harvard University Press.

제11장

코메니우스의 '연결고리' 개념과 그 교육적 시사점*

나현규

1. 전체성과 연결고리
2. 연결고리의 의미
3. 연결고리의 교육적 의미
4. 나가며

* 이 글은 『교육철학』 제76집 21-49쪽에 게재되었던 "코메니우스의 '연결고리'에 함축된 교육적 의미 연구"를 수정, 보완한 것이다.

1. 전체성과 연결고리

데이비드 봄(D. Bohm)에 따르면 전체성이란 하나의 세계관이다. 그래서 전체성의 문제는 인간의 정신과 행동에 있어서 매우 중요하다. “전체가 독립된 조각으로 이루어졌다면 그 사람의 정신도 조각나고 만다. 반면 모든 것을 일관되고 조화롭게, 경계나 분할 없는 (모든 경계는 ‘분할’이나 ‘분열’을 뜻한다) 전체 안에 아우를 수 있다면, 정신 또한 비슷하게 작동하며 이로부터 전체를 염두에 둔, 질서 있는 행동이 나올 것이다”(Bohm, 2010: 20). 전체성은 결국 인간의 정신 질서와 조화로운 삶 그리고 질서 있는 행동과 밀접하게 연관되어 있다는 것이다.

봄이 언급한 분열에 대한 극복은 그 분열을 멈추게 함으로써 가능한 것이 아니다. 분열된 부분들을 전체로 이어주고 묶어주는 무엇인가가 필요하다. 이것은 사상뿐만 아니라 교육에 있어서도 마찬가지다. 팔머(P. J. Palmer)는 오늘날을 가리켜서 이분법적 사고방식이 지식 획득의 방법이 되어버린 시대라고 말한다(Palmer, 2010: 133－134). 그 결과 우리의 현실 감각이 파편화 되었으며, 인생의 전체성과 경이감이 파괴되었다고 말한다.

따라서 중요한 것은 ‘상호연결성’을 중시하는 관대한 마음의 습관을 기르는 것이다. 왜냐하면 이것이 바로 좋은 교육의 바탕이기 때문이다. 팔머는 건강한 사람에 대해 다음과 같이 말한다. “어떤 사람이 건강하고 또 전체성을 갖고 있다면, 그의 머리와 가슴은 이것 혹은 저것의 상태가 아니라 이것과 저것 모두의 상태가 된다. 따라서 이런 역설을 중시하는 교육은 우리 모두를 전인(全人)으로 만들어 준다”(Ibid.: 136). 결국 전인성이란 머리, 가슴, 손의 전체성을 갖는 것이며, 이를 위해서는 전체를 이어주고 묶어주는 ‘마디’ 혹은 ‘관절’ 혹은 ‘연결고리’가 필요한 것이다.

필자가 보기에 ‘연결고리’를 효과적으로 사용하고 있는 학자가 바로 코메니우스(J. A. Comenius)다. 그의 사상인 판소피아(Pansophia)는 전체와 관련된 것으로, 하나의 거대한 세계관이다. 그의 사상은 부분과 부분을 이어주는 연결고리에 의해 묶여져 있다. 그 연결고리는 교육적 실천을 위한 그의 작품에도 나타나며, 교육방법에도 나타나고 있다. 따라서 필자는 연결고리와 관련된 근대의 지적 특성을 먼저 살핀 후 코메니우스의 판소피아 구조, 작품, 교육방법에 나타난 연결고리의 교육적 의미를 고찰하고자 한다. 본 연구의 범위는 사상과 관련해서는 판소피아 구조에, 작품과 관련해서는 『대교수학』에, 교육방법과 관련해서는 앎의 인식 단계에 한정하기로 한다.

2. 연결고리의 의미

(1) 연결고리와 근대 지식의 특성

푸코(M. Foucault)에 따르면, 16세기 말엽까지 서양 문화에서 '닮음'의 역할은 지식을 구축하는 것이었다. 특히 16세기의 '닮음'은 매우 다양한 의미로 사용되는데(Foucault, 2012: 48－57), 그 중에서 주목할 만한 것이 '콘베니엔티아'(Convenientia)다(Foucault, 2012: 46). 이 단어는 '유사성'(類似性)보다는 장소들 간의 인접성을 의미한다. 즉 사물들 간의 가장 자리가 서로 닿거나, 여백이 서로 겹치는 것을 뜻하는데, 한 사물의 끝이 다른 사물의 시작을 뜻한다. 그래서 서로 가까이 접해 있는 사물들은 서로 연결된다. 결국 닮음은 사물들의 연결지점에서 발생하는 것이다. 이런 의미에서 '콘베니엔티아'는 그 성격이 결합과 적응의 범주에 속한다(Foucault, 2012: 47). 따라서 그것은 사물 자체보다는 사물이 놓여 있는 세계와 관련된다.

이와 같이 '닮음'과 '공간의 연쇄'에 의해, 그리고 유사한 사물들을 한데 모으고 인접한 사물들을 유사하게 만드는 이 부합에 의해, 세계는 내부적으로 사슬을 형성한다(Foucault, 2012: 48). 이런 관점에서 푸코는 16세기의 지식을 다음과 같이 정리한다.

> "16세기의 지식은 닮음을 기호와 기호에 의해 지시되는 것 사이의 **연결고리**로 설정함으로써, 언제나 동일한 사물만을 인식하게끔, 특히 한없는 행로의 결코 도달할 수 없는 끝에서만 인식하게끔 되어 있다"(Foucault, 2012: 64, 강조는 필자).

그에 의하면 지식이란 언어를 형성하는 기호와 그 기호가 가리키는 것 사이를 연결해 주는 고리를 통해 구축된다는 것이다. 푸코는 지식의 구축과 관련하여 연결고리의 역할을 의미 있게 드러내 주고 있다. 이런 주장은 페트라르카, 베이컨, 라이프니츠를 통해 확인할 수 있다.

최초의 근대인이라고 불리는 페트라르카(F. Petrarca)는 르네상스 시대에 있어서 고전문학 연구의 선구자다. 고전문학에 대한 관심이 남달랐던 페트라르카는 고전의 미적 형식뿐만 아니라 지적 내용에 대한 관심이 깊어지면서 '고전' 연구가 고대인들의 지혜와 덕성을 배우기 위한 최상의 방법이라고 생각하게 되었다. 이로 인해 후마니타스(humanitas)가 등장하게 되었는데, 후마니타스란 지적 교양 및 그것을 위한 수련(修練)을 의미하는 교육적 프로그램이었다(김영한, 1989: 48–49).

페트라르카에게 있어서 '고전'은 그의 문학적 성숙을 가져온 매개체였다. 즉 그에게 고전은 단순한 '지침서'가 아니라 고대작가와 자신 사이에서 발전적 유사성(類似性)을 이끌어 낼 수 있도록 돕는 연결고리와 같은 것이었다. 그에게 있어서 고민은 이론과 삶의 괴리였다. 그래서 그는 이 둘 사이의 조화를 위해 부단히 노력했다. 그는 이 간격을 '인문교육'을 통해 메울 수 있다고 보았다. 학문을 통해 인간의 궁극적 목적인 지혜에 이를 수 있다고 본 것이다. 그가 말하는 지혜는 경건을 의미하는데, 여기서 경건이란 '식자의 경건'(docta pietas)을 의미한다. 그에게 있어서 인문교육은 '식자의 무지'(literata ignorantia)와 '촌부의 경건'(devota rusticitas) 사이를 이어주는 연결고리 역할을 한다(김영한, 1989: 67–74). 그는 이런 인문교육을 통해 "아는 것과 사랑하는 것", "이해하는 것과 소망하는 것" 사이의 간격을 메울 수 있다고 보았다.

근대의 시작점에서 페트라르카는 문학과 신앙의 연결을 시도했다면, 베이컨(F. Bacon)은 과학과 신앙의 조화를 위해 노력하였다. 그는 성경과 자연의 유비관계에 주목하면서, '신의 말의 책'인 성경과 '신의 작업의 책'인 자연을 탐구의 대상으로 놓아야 함을 강조했다(Bacon, 2007: 92–93). 자연에 대한 연구를 게을리 하는 것은 곧 하나님의 뜻을 무시하는 것이라면, 반대로 자연에 대한 깊이 있는 탐구는 창조자 하나님의 위대함을 깨닫게 하여 하나님의 영광을 높이는 결과를 가져온다(김영한, 1989: 200).

베이컨의 종교와 과학의 조화를 잘 나타내 주는 작품이 바로 『새로운 아틀란티스』(*The New Atlantis*)다. 멈퍼드(L. Mumford)는 이 책이 많은 양의 기도와 설교 및 '솔로몬 전당'에 관한 이야기로 구성되어 있다고 비평하고 있는데(Mumford, 2010: 122), 이것을 다른 관점에서 본다면, 베이컨의 종교와 과학의 조화를 위한 하나의 시도라고 할 수 있다. 실제로 이 책은 기도로 시작하여, 여러 번의 설교 및 성경구절과 기도가 제시되는 가운데, 다른 한편으로는 과학을 대변하는 '솔로몬의 전당'을 묘사하고 있다(Bacon, 2009: 12, 24, 30, 31, 33, 51). 이와 같이 과학과 종교를 조화시키려는 시도는 16-17세기의 지적 특성을 잘 드러내 준다.

독일 근대 철학자인 라이프니츠(G. W. Leibniz)는 서로 독립적으로 존재하는 것들을 조화시켜 하나로 통합시키려고 시도한 포괄적인 정신의 소유자였다. 이를 위해 그는 말년에 '실체적 연결고리' 개념을 주장하였다(이근세, 2011: 132). 라이프니츠가 말하는 '실체적 연결고리'란 현상들과도 구분되고 모나드들과도 구분되는 제3의 어떤 것이다. 그에게 있어서 '현상'이란 무(無)가 아닌 어떤 것이며, 모든 이가 즉각적으로 느끼고 인식하고 욕구하는 어떤 것이라면(이근세, 2011: 136), '모나드'란 신과 인간과 자연을 아우르는 실체다. 라이프니츠는 현상들을 통일하기 위해 모나드를 제시했던 것이다.

그렇다면 '실체적 연결고리'란 무엇인가? '실체적 연결고리'란 물체(복합체)의 배후에 배치되어 있는 다수의 모나드들을 하나로 통합하여 물체(복합체)에 실체성을 부여하는 것이다. "실체적 연결고리는 숨겨진 실재성을 가시적 물체에 부여하는 것이다"(이근세, 2011: 133에서 재인용).

프랑스의 행동 철학자 모리스 블롱델(Maurice Blondel)은 라이프니츠의 '실체적 연결고리' 개념을 모계세포로 하여 자신의 행동 철학을 정초하였다. 블롱델에게 있어서, 행동은 생각한 것을 육체를 통해 구현하며, 육체로 하여금 정신적 가치 판단에 참여시키는 살아 있는 통일성이며 연결고리다. 이는 마치 '실체적 연결고리'가 기능과 실재, 본질과 현존, 인식과 존재의 각 두 항을 결합해 주는 원리(이근세, 2011: 135)인 것과 같이, 자신의 행동 철학에 적용하여, '행동'은 자유를 현상 속에 전개하며, 인식을 주체로 존재하게 하는 연결고리로 제시하고 있는 것이다. 블롱델에 의하면, '실체적 연결고리'는 신과 불가분의 관계를 가지는데, 말씀이신 예수의 성육신이 행동 현상학의 마지막 연결고리다.

(2) 코메니우스와 연결고리

가. 연결고리의 의미

그렇다면 코메니우스에게 있어서 '연결고리'란 무엇인가? 우선 코메니우스가 연결고리와 관련하여 사용하는 라틴어로는 '아르티쿨루스'(articulus), '빈쿨룸'(vinculum), '카테나'(catena), '코넥시오'(connexio), '넥시오'(nexio)를 들 수 있다(나현규, 2020: 67). '아르티쿨루스'는 '마디', '관절'을 의미하는 단어로 부분과 부분을 이어주는 접합점이다(Comenius, 1966: Tomus 2. 468. sp. 848). 따라서 아르티쿨루스는 유기체적 연결과 관련된 것이라고 할 수 있을 것이다. '빈쿨룸'은 연결하고자 하는 것 사이에서 그 둘을 견고하게 이어주는 것을 뜻한다. 코메니우스의 정의는 다음과 같다.

> '빈쿨룸'이란 인접한 매체에 단단히 붙어있는 연결을 의미한다. ① 복수(두 개 이상)의 결합을 말하며, ② 수적으로 연결되기에 충분함을 의미하기도 하며, ③ 상호연결 또는 내적인 연결을 의미한다(Comenius, 1966: Tomus 2. 678. sp. 1269).

그에 의하면 빈쿨룸은 사물들 사이에서 존재하면서 그 사이를 연결하는 것을 말하며, 그 사물들을 묶어주고 결합하여 연결하는 것을 말한다. 이때 두 경우 동등한 입장에서 연결에 관여한다. 또한 연결은 많을수록 좋다. 그리고 연결된 것은 그렇지 않은 것보다 더 강하다. 연결이 지속되는 한 끊어짐은 없다. 더 많은 연합이 있는 곳에 또 다른 연결이 있다.

'카테나'는 '사슬'(chain)이라는 의미로 번역할 수 있는데, 코메니우스는 '카테나'를 다음과 같이 정의한다.

> "카테나(catena)란 문맥(혹은 구조나 뼈대)을 형성하는 연속적인 고리의 묶음을 의미한다. 따라서 ① 카테나는 여러 개의 고리로 이루어지며, ② 하나를 또 다른 하나에 연결하고, ③ 그 결과 연결고리에 의해 연결된 전체는 유연성을 갖게 된다"(Comenius, 1966: Tomus 2. 480. sp. 872).

이와 같은 정의를 통해서 확인할 수 있는 것은, 연결고리란 여러 개가 존재하며, 부분과 부분을 묶어줌으로 결과적으로 전체로 하여금 유연성을 갖게 하는 것이다.

'코넥시오'란 어떤 사물이나 움직임이 내부적 결합을 통해 합쳐진 상태를 말한다(Comenius, 1966: Tomus 2. 493. sp. 898). 즉 '연결', '연락', '매듭지음' 등을 의미한다. '넥시오' 역시 '연결', '이음', '매듭'을 의미한다. 코넥시오라는 단어 안에는 앞서 언급한 유사 단어들의 의미가 포괄적으로 담겨 있다.

이상의 내용을 종합해 볼 때, 필자가 말하는 '연결고리'란 '코넥시오'에 가깝다고 할 수 있다. 다르게 말해서 아르티쿨루스, 빈쿨룸, 카테나의 의미를 모두 포괄하는 단어라는 것이다. 코메니우스는 전체에 주목한 학자였다. 그 전체는 부분으로 이루어져 있으며, 부분이 전체를 이루기 위해서는 필연적으로 연결고리를 요청하게 되어 있다. 코메니우스가 말하는 연결고리는 크게 세 가지 영역으로 구분하여 정리할 수 있을 것이다. 그것은 이론의 형성과 관련된 것, 이론의 실천과 관련된 것, 이론의 사용과 관련된 것이다.

나. 이론형성과 연결고리

이론의 형성을 위한 연결고리는 '전체'와 관련되어 있다. 코메니우스는 전체성, 보편성, 우주적 체계 및 구조에 관심이 많았다. 그의 사상인 '판소피아'는 진정한 앎에 대한 전체적 지혜를 뜻한다. 이런 전체적 지혜를 찾는 단계에서 그는 당대의 백과사전과 구문론 및 범지학과 관련된 책을 모두 섭렵하고 난 후에 다음과 같이 언급한다.

> "나는 모든 사물이 시작부터 끝까지 어떤 빈틈이나 진리의 결함이 없이 함께 연결되어 있으며, 연결고리(catena)에 묶여 있어서, 모든 사물에 대한 확실하고 영원한 원리를 세우는, 인간 이해에 대한 전체적 조항을 거의 볼 수 없었다" (Comenius, 1969: 15).

코메니우스가 찾았던 것은 연결고리에 의해 묶여진 전체적 원리였던 것이다. 이를 통해 알 수 있는 것은 그가 생각하는 판소피아는 모든 사물의 시작부터 끝까지 빈틈없이 연결되어 있는 전체적 지혜인데, 그 모든 것들이 '연결고리'에 의해 묶여져 있는 것이다(오춘희, 1998: 109). 그렇다면 '연결고리'는 판소피아의 전체 체계와 관련되어 있을 것이다. 이에 대해 판소피아 구조를 통해 살펴보는 것이 필요하다.

[그림 11-1]은 코메니우스의 『세계도회』(*Orbis Pictus*)에 나오는 '하나님' 그림과 '세계' 그림, 그리고 『트리에르티움 카톨리쿰』(*Triertium Catholicum*)에 나오는 '지혜의 삼각형' 그림을 통해 코메니우스의 판소피아 전체 구조를 시각화한 것이다(나현규, 2015: 165-174).

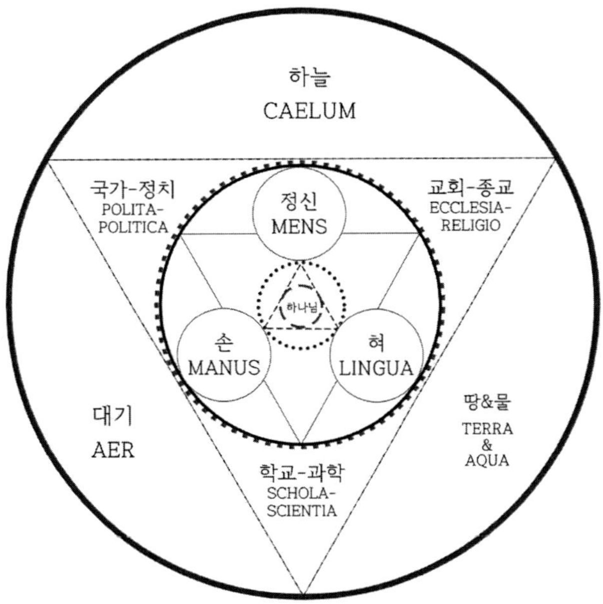

*점선삼각형: 정 중앙의 가장 작은 삼각형
*역삼각형1: 중간부분의 실선역삼각형
*역삼각형2: 바깥부분의 점선역삼각형
*점선원1: 점선삼각형 안의 점선원
*점선원2: 점선삼각형 감싸고 있는 점선원
*점선원3: 중간부분의 가장 큰 점선원
*실선원1: '정신'을 담고 있는 원
*실선원2: '혀'를 담고 있는 원
*실선원3: '손'을 담고 있는 원
*실선원4: 실선원1, 2, 3을 담고 있는 원
*실선원5: 가장 큰 원

[그림 11-1] 판소피아 구조와 삼원성(나현규, 2015: 176)

[그림 11-1]에서 보여주는 전체와 관련된 연결고리는 무엇인가? 먼저 주목할 것은 판소피아의 전체구조가 '하나님', '인간', '세계'라는 영역적 틀을 보여주는 동시에 하나님이 구조의 핵심임을 보여준다는 점이다. 그림에 제시된 형태 중에 가장 많

이 사용되는 것이 원이다. 점선으로 표현된 원(점선원1, 2)은 삼위일체 하나님을 상징하며, 이는 영원하신 하나님의 완전하심을 뜻한다. 모든 것이 하나님으로부터 시작되며, 하나님이 중심이다. 또 다른 원은 인간(실선원4)과 모든 만물(실선원5)의 전체성을 의미한다.

그 다음으로 주목할 것은 삼각형이다. '점선삼각형'은 삼위일체 하나님을 상징한다. 하나님의 삼일성이 인간(역삼각형1)과 세계(역삼각형2)에 나타나고 있으며, 이것은 인간과 세계를 하나님과 연결시키는 끈과 같은 것이다. 삼일성(三一性, triniality)이란 하나님의 유일성 안에 필연적이며 본질적으로 속한 속성이다. 그래서 삼위일체 하나님의 형상적 특성 자체가 '삼일적'이다. 삼일적 특성에서 나온 형태적 특성이 바로 삼원성이다(나현규, 2015: 124). 이런 삼원성을 [그림 11-1]에서는 역삼각형으로 표현하고 있다.

[그림 11-1]에 나타나 있는 가장 중요한 연결고리는 '점선원3'이다. 이것은 중보자(仲保者, Μεσίτης) 예수를 가리키는데, 예수는 하나님이며(점선원3), 동시에 완전한 사람(실선원4)임을 나타낸다. 예수는 보이지 않는 하나님의 보이는 형상이다. 모든 것이 하나님에게서 나왔으며, 하나님으로 말미암아 존재한다고 할 때, 그 존재하게 하는 하나님은 바로 예수를 지칭한다. 예수는 실제로 하나님과 모든 피조물 사이의 완전한 중보자다(Ibid.: 175). 즉 예수가 근원적인 '연결고리'임을 보여준다.

[그림 11-1]에서 볼 때, 인간이 매우 강조되고 있다. 실제로 보이지 않는 점선을 제외하면 인간이 그림의 중앙에 위치하는 셈이다. 그러면서 인간의 자질과 관련된 '정신'과 '혀'와 '손'이 부각되고 있다. 이것들은 '이웃하는 인간'과 '세계'를 완전하신 하나님께로 향하게 하는데 있어서 매우 중요한 요소다. 결국 예수로 말미암아 회복된 인간 역시 연결고리임을 의미한다. 왜냐하면 인간은 하나님의 형상에 따라 창조된 존재이며, 예수를 통해 완전성을 회복할 수 있기 때문이다. 따라서 코메니우스가 바라보는 '모든 사람'(어린아이, 여자, 가난한 자, 장애인 등)은 모두 존귀한 존재이며, 연결고리로서의 역할을 갖는다.

다. 이론실천과 연결고리

이론의 실천을 위한 연결고리는 이론을 전개할 때 나타난다. 코메니우스는 '팜패디아' 제6장에서 '범지혜서'를 다루는 중에 하나님께서 주신 책 세 가지(자연의 책,

이성의 책, 성경)로 이끌어 줄 몇 권의 책들이 필요하다고 말한다. 그러면서 그는 책들이 등급별로 구분되어야 하며 동시에 각 책들이 서로 연결고리에 의해서 묶여져야 한다고 말한다(Comenius, 1986: 70). 이는 곧 책과 책을 이어주는 연결고리를 뜻한다.

책을 집필한다는 것은 이론의 전개를 의미한다. 이론의 전개는 사실상 이론(사상)의 실천(실습)이라고 할 수 있다. 실제로 코메니우스는 한 권의 책 안에서도 이러한 점이 지켜져야 한다고 언급한다. 그는 "여러 부분으로 되어 있는 교과에서는 그 부분들이 가능한 잘 나누어져야" 하며, "같은 연관성과 유사점은 강조되어야 하며 계속 연결되어야 한다"고 말한다(Comenius, 2011: 162). 그는 이런 이론을 실제로 자신의 대표적인 저서 중의 하나인 『대교수학』(*Didactica Magna*)에서 적용하고 있다. 우리는 이런 사실을 『대교수학』의 전체 구조를 통해 살펴볼 수 있다. [그림 11-2]는 『대교수학』의 전체 구조를 보여준다(나현규, 2015: 208).

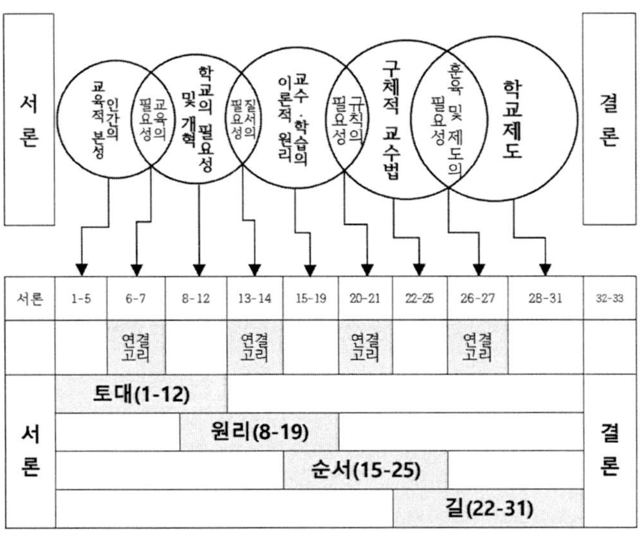

[그림 11-2] 『대교수학』의 전체 구조

[그림 11-2]를 통해 볼 때, 『대교수학』은 철저하게 코메니우스 자신의 이론에 따라 집필되었음을 확인할 수 있다. 『대교수학』은 매우 체계적이며 짜임새 있게 집필되었다는 것을 한 눈에 볼 수 있는데, 전체적으로 4개의 핵심 단어와 5개의 핵심 주제로 정리할 수 있다.

『대교수학』의 표제에 나타나는 4개의 핵심 단어(토대, 원리, 순서, 길)는 4개의 단원(1－12장, 8－19장, 15－25장, 22－31장)을 대표한다. 흥미로운 점은 주제가 매우 논리적으로 연결되어 있는데, 이러한 매끄러운 논리적 흐름을 이어주는 연결고리의 위치 및 역할이다. 첫 번째 연결고리(6－7장)는 교육의 필요성을 언급하면서 1－5장과 8－12장을 연결하고 있으며, 두 번째 연결고리(13－14장)는 질서의 필요성을 다루면서 8－12장과 15－19장을 연결하고 있고, 세 번째 연결고리(20－21장)는 규칙의 필요성을 다루면서 15－19장과 22－25장을 연결하고 있으며, 마지막 연결고리(26－27장)는 훈육 및 제도의 필요성을 언급하면서 22－25장과 28－31장을 연결하고 있다. 그러면서 핵심 주제인 '인생', '교육', '학교', '개혁', '질서', '원리', '방법', '체제', '적용'이 전체적으로 매우 자연스럽게 진행되고 있다(나현규, 2015: 205－206). 이것은 연결과 결합을 강조하는 코메니우스의 교수학습 원리를 분명하게 보여준다. 또한 주제들이 본질에서 이론으로, 이론과 원리에서 실천을 위한 방법으로 전개되고 있는데, 이는 『대교수학』이 그가 말하는 교육이론에 따라 집필되었음을 보여준다.

라. 이론의 사용과 연결고리

이론의 사용을 위한 연결고리는 '움직임' 혹은 '행동'과 관련되어 나타난다. 코메니우스는 육체 안에 깃들어 있는 마음이 어떻게 육체와 그 행위를 통제하며 그 많은 활동을 이끌 수 있는지를 물으면서, 그에 대한 답으로 "이는 오직 조화로운 질서에 의해서 수족이 연결되고 마음에서 나오는 어떠한 미세한 지식에라도 즉시 움직이기 시작하게 되어 있기 때문"이라고 말한다(Comenius, 2011: 110). 즉 "이러한 배열은 하나의 **사슬**(Catena)처럼 각각의 고리가 서로 연결되어, 맨 처음의 고리가 움직이거나 멎거나 하는데 따라서 나머지 모든 고리가 그대로 뒤따르게 되어있는 것이다"(Ibid. 괄호 및 강조는 필자). 그에 의하면, 연결고리(혹은 관절, 마디)가 많으면 많을수록 몸의 운동은 더욱 복잡해지며 더 자유스러워진다(Ibid.: 169). 이것은 연결고리와 행동과의 밀접한 관련성을 의미하는 것이다.

그렇다면 이론의 사용을 위한 연결고리가 행동과 관련이 되어 있다는 것은 무엇을 의미하는가? 그것은 '이론'과 '사용', 앎과 삶 사이를 연결하는 연결고리를 의미하는 것이다. 샬러(K. Schaller)는 코메니우스가 말하는 앎에 이르는 세 단계를 정리하여 소개하고 있다(정일웅, 2003: 25에서 재인용). 필자는 그것을 다음 <표 11－1>과 같이 해석하여 도표화하였다(나현규, 2015: 412).

〈표 11-1〉 코메니우스의 앎에 이르는 세 단계

1단계	2단계	3단계
무엇 quod	무엇에 의해 per quid	무엇을 위해 ad quid adhibendum
기초 학문 basis scientiae	핵심 학문 medulla scientiae	최고 학문 corona scientiae
알다 nosse	깨닫다 intellige	이용하다(즐기다) uti(frui)
배우다 scire	깨닫다 intelligere	사용하다 usurpare
지각 notitia	작용 operatio	사용(즐김) usus(fruitio)
이론 theoria	실천 praxis	사용 chresis(χρῆσις)
역사지식을 historicey	합리적으로 rationalbiliter	완전하게 rectey

<표 11-1>을 통해 볼 때, 1단계는 사물에 대한 1차적인 앎(nosse)을 말하는데, 이는 사물의 상태와 성질을 그 근원으로부터 올바르게 아는 것을 의미한다. 2단계는 사물 세계의 내적인 구조와 존재방식에 대한 통찰(intelligere)을 갖게 되는 것을 의미하는데, 이는 곧 사물의 작동 원리를 알아 그것에 대한 응용으로 나아가는 앎을 말한다. 마지막 3단계는 배움의 최종 목적인 사용 혹은 즐김(uti, fruitio)을 말하는데, 이는 모든 앎의 궁극적 단계로서 사물의 존재 목적에 따른 사용법을 알아 올바르게 사용하는 것을 말한다. 1단계에서는 사물에 대한 지각(notita)이 '이론'(theoria)으로 이어지며, 2단계에서는 사물에 대한 작용(operatio)을 통해 '실천'(praxis)으로 나아가고, 마지막 3단계에서는 사물의 존재목적(usus)을 알아 즐거운 '사용'(chresis)으로 나아가는 것이다(나현규, 2015: 363).

여기서 주목할 것은 2단계의 연결고리 역할이다. 1단계는 이론에 대한 것이며,

3단계는 목적과 관련되어 있다면, 2단계는 방법의 문제다. 1단계의 '이론'이 3단계의 '사용'으로 나아가기 위해서는 2단계를 거쳐야 하는데, 2단계의 '실천'은 작용, 조작, 실습, 연습을 의미한다. 즉 코메니우스가 말하는 '실천'(praxis)과 일반적 의미에서 말하는 '이론과 실천'에서의 '실천'에는 중요한 차이가 있는 셈이다. 이와 관련하여 우리는 코메니우스가 말하는 '철저한 가르침'의 의미에 주목할 필요가 있다(Ibid.: 394-398). 그에게 있어서 철저하게 가르친다는 것은 훌륭한 '모범'을 제시하고, '모방'하게 하여, 습관이 될 때까지 '훈련'하게 하는 것을 의미한다(Comenius, 1986: 88). 모범이 전체에 대한 명료한 실례라면, 모방은 직접 행동하는 실습이며, 훈련은 모방의 지속적인 실행 즉 연습이다. 이것이 바로 코메니우스가 말하는 '실천'(praxis)이 의미하는 것이다. 이것은 '이론'의 '사용'을 위한 연결고리로서의 '실천'을 뜻한다. '훈련'과 관련하여 윈치(Winch, 2014: 118)는 그 위치가 "교육적 노력의 중심부에서 이루어져야 한다"고 말한다. 이것은 '이론'과 '사용' 사이에 위치한 '실천'의 개념 속에 '훈련'을 포함하고 있는 코메니우스의 입장과 유사하다.

3. 연결고리의 교육적 의미

(1) 교육적 통합을 위한 매개체

가. 통합적 교육과정을 위한 매개체

화이트헤드(A. N. Whitehead)는 통합적 교육과정의 중요성을 강조한다. 그는 하나님의 천지창조가 통합적인 것과 같이 교육과정이 통합적이야 함을 유비적으로 언급하면서 유기체적 교육과정의 필요성을 주장한다. "내가 역설하고 싶은 해결책은 현대 교육과정의 생명력을 죽게 만드는, 과목들 간의 치명적인 단절을 뿌리째 뽑아 버리는 것이다. 교육을 위해서는 오로지 하나의 교과(敎科)밖에 없다. 그것은 천차만별로 나타나는 것이지만, '생명'(Life)이라는 교과이다"(Whitehead, 2007: 48).

따라서 교육의 가장 중요한 과제는 서로 다른 과목들 간의 상관관계를 보여주는 노력을 통해 생명과 경험의 통일성을 재구성하는 것이다. 오영환에 따르면, 교육의 비극적인 단편화 현상을 극복하는 길은 공통된 초점 내지는 연결고리로만 가능하다(오영환, 2003: 22-23). 그러므로 진정한 교육은 가르치고자 하는 것이 어떻게 서로 유기적으로 연결되는지를 보여주는 것이다. 한마디로 말해서 연결고리 없는 교육은 '생명력 없는 교육'이라고 할 수 있다.

휴브너(D. Huebner)가 언급한 바와 같이, 교육과정을 학습자에게 유용한 지식과 문화유산으로 이루어진 내용(contens)으로 볼 수 있다면(Huebner, 1982: 363), 코메니우스의 『세계도회』는 압축된 교육과정이라고 할 수 있다. '입문'과 '맺음말'을 제외하고 『세계도회』는 13개의 대주제로 나눌 수 있다(나현규, 2020: 161). 13개의 대주제는 하나님, 세계, 요소, 식물, 동물, 인간의 모습, 기술, 학문, 공동체, 종교, 종교의 종류, 하나님의 섭리, 최후 심판이다. 이런 주제가 3개의 연결고리, 즉 세계(2), 인간의 모습(35-43), 종교(144)에 의해 묶여지고 있다. 하나님이 창조하신 '세계'(2번)는 1번과 3-150번을 연결하는 고리 역할을 하고 있다면, '인간의 모습'(35-43번)은 '자연'과 '문화'를 이어주는 고리 역할을 하고 있으며, '종교'(144번)는 '문화'와 '하나님의 통치'를 연결해 주고 있다.

여기서 '연결고리'로 제시한 '세계', '인간의 모습', '종교'가 『세계도회』에서 주제어인 것은 분명하다. 하지만 동시에 이 단어들은 '연결고리'로도 볼 수 있다. 그 이유는 그것들이 『세계도회』 안에서 포괄적인 개념을 가지고 있는 단어일 뿐 아니라, 그 단어 이후에 나오는 여러 개념들의 출발선과 같은 역할을 하고 있기 때문이다. 예를 들어, 2번(세계)의 경우에서는 3-34번(자연)을 포괄하고 있는 개념이라는 차원에서 '연결고리' 역할을 한다. 이처럼 연결고리에 의해 전후의 장 혹은 내용이 이어지고 있는 맥락은 앞서 살펴본 『대교수학』의 경우와 같다. 그렇다면 『세계도회』는 통합적 교육과정의 좋은 예시가 될 수 있다.

나. 교육적 통합의 매개체로서 교사의 역할

교육적 통합과 관련하여 인간의 교육적 역할을 강조한 학자가 바로 코메니우스다. 코메니우스는 통합적 세계관이라고 할 수 있는 판소피아 사상의 토대가, 보이지 않는 하나님에 근거하고 있음을 확신하고 있었다. 하지만 그렇다고 해서 그가 인간과 인간의 역할을 축소한 것은 아니었다. 오히려 인간의 적극적인 역할을 강조하였다. 왜냐하면 인간은 하나님의 형상에 따라 창조된 존재이며, 예수를 통해 완전성 즉 신적 지향성을 회복할 수 있기 때문이다. 그래서 코메니우스는 통합적 연합을 위한 연결고리 역할이 인간에게도 주어져 있음을 강조했던 것이다.

첩코바(D. Čapková)에 의하면, 코메니우스는 교육적 입장에서만 아니라 신학적 입장에서도, 인간에게 수동적인 역할을 부여하는 것을 거부하였다(Čapková, 1994: 19). 그는 코메니우스가 인간의 적극적인 역할을 강조하고 있음을 정확하게 지적하고 있는 것이다. 이런 사실은 그의 『대교수학』에 잘 나타나고 있다(Comenius, 1957: Tomus 1, 17). "너는 나의 모든 피조물의 홍예(虹霓)돌이며, 나의 모든 작품들의 놀라운 **연결고리**이고, 그들 가운데 나 하나님의 대리자이며, 나의 영광의 왕관임을 인식하라.(강조는 필자)" 인간은 하나님과 하나님이 창조한 모든 만물 사이의 연결고리이자, 하나님의 대리자이며, 영광의 왕관이라는 것이다. 그래서 인간은 하나님이 창조하신 모든 피조물 중에 가장 완전한 표지(標識)요, 놀라운 본보기며, 하나님의 대리인으로서 하나님과 피조물 사이를 이어주는 연결고리의 사명(使命)을 가지고 있는 것이다. 인간이 이와 같은 연결고리 역할을 할 수 있게 된 것은 진정한 '중보자'인 예수 때문이다.

이런 인간의 교육적 책임을 잘 보여주는 것이 [그림 11-1]의 판소피아 구조다. 인간의 자질과 관련된 '정신', '혀', '손'은 이웃하는 인간을 완전하신 하나님에게 인도하는 교육적 역할을 맡고 있다(나현규, 2015: 179). 코메니우스는 중보자 예수에 의해 기름 부음 받은 범교사를 소개하고 있는데, 그들은 바로 '사도들'(apostles)이다(Comenius, 1986: 80). 그러면서 코메니우스가 인용한 성경이 바로 골로새서 1:28이다.[1)]

사도들의 교육적 통합을 위한 매개체 역할 즉, 연결고리 혹은 관절과 같은 역할을 제대로 보여주는 것이 신약성경 에베소서 4:11-16이다. 헬라어 원문에 따르면, 에베소서 4:11-16은 하나의 긴 문장으로 이루어져 있는데, 이는 '연결고리' 혹은 '관절'과 매우 잘 어울리는 문장 구조다. 하나님이 교사를 세우신 목적은 "성도(聖徒)를 온전하게 하여 봉사의 일을 하게 하며 그리스도의 몸을 세우려" 하는데 있다. 즉 교사의 주된 목적은 그리스도인을 '온전하게' 하는데 있다는 것이다. 12절을 통해 볼 때, 교회는 그리스도의 몸이며, 그리스도인들은 그 몸을 이루는 지체(肢體)라고 할 때, 그리스도의 몸을 세우는 역할을 하는 이들이 교사다. 16절은 "온 몸이" "연결되

1) "우리가 그를 전파하여 각 사람을 권하고 모든 지혜로 각 사람을 가르침은 각 사람을 그리스도 안에서 완전한 자로 세우려 함이니"(골 1:28). 여기서 '우리'는 '사도들'을 지칭한다.

고 결합되어 각 지체의 분량대로 역사"하도록 돕는 역할을 '마디'(ἀφή)가 하고 있다고 말한다(Lincoln, 1990: 262). 여기서 '마디'의 역할을 하는 자들이 교사다. 이런 범교사의 역할이 사도들에게서 멈춘 것이 아니다. 코메니우스는 오늘날에도 그것이 가능하다고 말한다(Comenius, 1986: 80). 그가 말하는 범교사란 모든 사람에게 모든 것을 가능한 모든 방법으로 알려주는 범지혜를 터득한 자들이다.

(2) 교육적 실천을 위한 매개체

앞에서 우리는 이론의 실천과 관련된 연결고리가 이론의 전개 형식으로 나타난다는 것을 살펴보았다. 이론의 실천은 이론의 전개와 관련되어 있으며, 이때 연결고리의 역할이 중요하다. 이론의 전개는 다름 아니라 교육적 이론을 텍스트(문자, 언어, 그림)를 통해 제시하는 것이다. 이것은 교육적 실천에 있어서 중요한 첫걸음이다.

그러나 데카르트(René Descartes)는 텍스트와 관련된 것(글공부, 문자의 학문 등)을 불신했다. 비록 그는 텍스트에 대해 어느 정도의 유용성을 인정했지만, 진리를 찾는 일과는 무관한 것으로 보았다(강영안, 2002: 55). 그에게 있어서 문자와 책, 언어는 온갖 애매성과 편견을 담고 있는 오류의 매개자일 뿐이다. 하지만 데카르트 역시 텍스트로부터 완전히 결별할 수는 없었다. 그의 생각과 주장 가운데 많은 것이 과거에 읽은 독서를 통해서 얻은 산물이며, 자신이 제안하고자 한 철학적 담론 역시 언어와 텍스트를 통해 표현되었기 때문이다(Ibid.: 57－58).

텍스트는 주어진 현실이다. 텍스트를 제외하고는 일상 세계를 표현할 수 없다. 또한 텍스트는 홀로 존재하지 않고 다른 텍스트를 요청하며, 지시한다(Ibid.: 144－145). 이런 텍스트 간의 상호관련성은 텍스트를 진술하는 일뿐 아니라 텍스트를 이해할 때도 없어서는 안 될 조건이다. 아무리 훌륭한 이론을 가지고 있어도 그것이 텍스트를 통해 전개되지 않으면 의미가 없으며, 설령 텍스트를 통해 전개되었다고 하더라도 연결고리에 의해 제대로 묶여져 있지 않으면 곤란하다.

이와 관련된 흥미로운 예가 바로 라이프니츠의 경우다. 철학과 관련하여 라이프니츠 사상은 처음에 그 중요성을 제대로 인정받지 못했다. 슈퇴리히(H. J. Störig)에 의하면, 그 이유는 다름이 아니라 그의 철학 이론이 적절한 체계적 연관성을 갖추고 있지 못했기 때문이다(Störig, 2008). 라이프니츠는 자신의 사상을 하나의 체계를 갖춘 책 형식이 아니라, 무수한 편지와 소논문 형식으로 여기저기에서 표현하였다. 그러다 보니 후학들이 그의 사상을 전체적으로 조명할 수 없었던 것이다.

흥미롭게도 코메니우스는 자신의 책들을 매우 체계적으로 저술했다. 앞에서 우리는 『대교수학』이 대표적인 예임을 살펴보았다. 우리가 주목할 것은 코메니우스가 평생에 걸쳐서 열정을 가지고 연구했던 『인간개선에 관한 일반담론』(*De Rerum Humanarum Emendatione Consultatio Catholica*)이다. 대략 30여 년에 걸쳐 집필된 이 작품은 모두 일곱 권으로 구성되어 있다. 각권의 이름과 핵심 내용을 <표 11-2>와 같은 구조로 정리할 수 있다.

<표 11-2>의 구조가 보여주는 바와 같이 『인간개선에 관한 일반담론』은 대칭구조를 이루고 있다. 『판에게르시아』(A)와 『판누테시아』(A')는 『인간개선에 관한 일반담론』의 시작과 끝을 열고 닫는 역할을 하면서, 경고가 담긴 호소로 시작하여 경고에 따른 요청으로 마무리하고 있다. 『판아우기아』(B)와 『판오르토시아』(B')는 '개혁'이라는 개념으로 대칭을 이룬다. 『판아우기아』(B)가 인식론적 개혁을 논하는 것이라면, 『판오르토시아』(B')는 실천적 개혁을 주장하는 것이다. 『판탁시아』(C)와 『판글로티아』(C')는 '사물과 언어'라는 관점에서 서로 대칭을 이룬다.[2] 『판탁시아』(C)는 존재하는 모든 것에 대한 포괄적인 지혜 즉, 존재의 근거, 존재의 방법, 존재의 목적에 대한 포괄적인 논의라면, 『판글로티아』(C')는 판탁시아를 세상의 모든 민족에게 실어 나르는 방편으로서의 범언어에 대한 포괄적 육성 방안에 대해 논하고 있다.

〈표 11-2〉 『인간개선에 관한 일반담론』의 구조

A	『판에게르시아』(*Panegersia*)	범각성을 위한 학자, 성직자, 정치가들을 향한 호소
B	『판아우기아』(*Panaugia*)	보편적 빛을 통한 흑암 퇴치(개혁) 방법 제시
C	『판탁시아』(*Pantaxia*)	사물에 대한 포괄적 백과사전
X	『팜패디아』(*Pampaedia*)	판소피아에 대한 포괄적인 교육론

2) 푸코에 따르면 본래적으로 언어는 사물과 유사하다. 그래서 언어는 사물에 대한 확실하고 투명한 기호였던 것이다. "힘이 사자의 몸통에 패권(覇權)이 독수리의 시선에 새겨지고, 행성의 영향력이 인간의 이마에 표시되듯이, 명칭은 지칭되는 사물에 유상성의 형태로 놓여 있었다. 이러한 투명성은 인간에 대한 징벌의 일환으로 바벨탑에서 파기되었다"(Foucault, 2012: 71).

C'	『판글로티아』(*Panglottia*)	세계적 소통을 위한 범언어의 포괄적 육성 방안
B'	『판오르토시아』(*Panorthosia*)	학문, 신앙, 정치 영역의 개혁에 관하여
A'	『판누테시아』(*Pannuthesia*)	학자, 성직자, 정치가, 그리스도인들을 향한 요청

『인간개선에 관한 일반담론』의 구조적 핵심에는 『팜패디아』(X)가 위치하고 있는데, 『팜패디아』(X)는 『판아우기아』(B)가 다룬 개혁에 대한 바른 인식, 그리고 『판탁시아』(C)가 다룬 모든 사물의 존재 근거와 방법과 목적에 대한 지혜를 모든 사람에게 실제적으로 가르쳐야 하는 교육의 필요성, 가능성, 용이성에 대해 다루고 있다. 또한 『팜패디아』를 매개체로 하여 전환을 이룬 판소피아가 범언어를 통해 전달되고(C'), 삶의 현장에서 적용될 수 있는 것이다(B'). 그렇다면 『팜패디아』는 판소피아의 교육적 실천을 위한 매개체가 되는 셈이다.

(3) 교육적 사용을 위한 매개체

코메니우스에게 있어서 '사용'(Chresis)의 문제는 이론(Theoria)과 실천(Praxis)의 관계 속에서 살펴보아야 한다. 이와 관련하여 주목할 것이 바로 아리스토텔레스의 입장이다. 왜냐하면 코메니우스가 언급하는 '이론', '실천', '사용'의 틀이 아리스토텔레스가 생각하는 인간의 세 가지 차원에서 착안된 것이기 때문이다(이숙종, 2006: 71).

아리스토텔레스가 바라보는 인생의 세 가지 차원이란 관조하는 삶, 실천하는 삶, 제작하는 삶이다. 이와 관련된 활동은 사색 활동, 정치 활동, 제작 활동인데, 이런 구분은 기원전 5세기의 그리스 사회상에서 비롯된 것이다(이경희, 1987: 153-154). 당시 정치 활동을 하던 사람들은 대부분 여유 있는 시민들이었으며, 제작 및 노동과 관련된 사람들은 노예와 같은 사람들이었고, 소수의 사람들만 사색적 활동을 했다. 이것들은 각각 사색 활동-이론(Theoria), 정치 활동-실천(praxis), 제작 활동-제작(poiesis)과 연결된다. 이와 같은 활동과 관련된 지적인 덕을 아리스토텔레스는 이론지(Sophia), 실천지(phronesis), 기예(Techne)라고 말한다. 이것을 정리하면 <표 11-3>과 같다.

〈표 11-3〉 아리스토텔레스의 이론-실천-제작

<table>
<tr><th></th><th>Theoria(이론)</th><th colspan="3">Praxis(실천)</th><th>Poiesis(제작)</th></tr>
<tr><td>인생의 유형</td><td>관조하는 삶</td><td colspan="3">실천하는 삶</td><td>제작하는 삶</td></tr>
<tr><td>인생의 활동</td><td>사색 활동
/ knowing</td><td colspan="3">정치 활동
/ doing</td><td>제작 활동
/ making</td></tr>
<tr><td>우월성 순위</td><td>최고의 생활</td><td colspan="3">좋은 생활</td><td>단순한 생활</td></tr>
<tr><td rowspan="2">지적인 덕</td><td>sophia(이론지)</td><td colspan="3">phronesis(실천지)</td><td rowspan="2">techne(기예)</td></tr>
<tr><td>nous(직관지)+
episteme(논증지)</td><td>실천지</td><td>경제학</td><td>정치학</td></tr>
<tr><td>윤리적 덕</td><td>사색적 덕(중용) 추구</td><td colspan="3">정치적 덕(중용) 추구</td><td>기술적 덕(중용) 추구</td></tr>
<tr><td>관련자</td><td>철학자</td><td colspan="3">시민</td><td>자연적 노예</td></tr>
</table>

<표 11-3>을 통해 볼 때, 이론, 실천, 제작이 함께 제시되고 있지만, 사실 아리스토텔레스는 실천과 제작을 철저하게 구분하고 있다. 그에게 있어서 실천이란 무엇보다도 자유인으로서의 개별적 활동으로 경제 활동, 정치 활동 등과 같이 신체적 노동과는 관련이 없는 활동이다. 아리스토텔레스에게 있어서 행위는 제작이 아니며, 제작도 행위가 아니다(Aristoteles, 2008: 1140a). 그는 철저하게 '행하다'(doing)와 '만들다'(making)를 구분한다. 따라서 우리가 생각해야 할 단어는 '이론'과 '실천'으로 좁혀진다.

그런데 아리스토텔레스에게 있어서 '이론' 혹은 '관조'(Theoria)란 지성(nous)의 활동으로, 우리 안에 있는 것들 가운데 가장 신적인 것 혹은 그 자체가 신적인 것이다. 따라서 관조적 활동이란 신적인 것을 닮은 활동이며, 최고의 활동이고, 가장 연속적인 활동이고, 가장 진지한 활동이며, 그 자체가 목적인 완전한 행복과 관련된 활동이다(Aristoteles, 2008: 1177a-b). 그렇다면 이론은 실천에 비해 우월한 위치에 놓이게 된다. 즉 가치 서열이 매겨진다는 것이다. 문제는 이론과 실천이, 마치 실천과 제작과 같이 철저하게 구분되느냐는 것이다.

여기서 우리는 이론, 즉 관조의 의미를 정리할 필요가 있다. 관조란 인간적 관조와 신적 관조로 이루어져 있으며, 인간이 행하는 이론적 탐구 활동 전체를 의미하는데, 여기서 신적인 관조란 그러한 탐구 활동의 정점으로서 강조된 것이라고 할 수 있다(편상범, 2012: 73). 그렇기 때문에 신적인 관조를 제외한 '이론'(관조)은 '실천'과의 관계성이 열리게 되는 것이다.

그렇다면 아리스토텔레스가 말하는 실천(praxis)이란 무엇인가? 그것은 실천지(phronesis)를 행동으로 옮기는 삶이다. 마치 정치나 교육과 같이 인간을 위해서 좋은 것과 나쁜 것에 관해 숙고하고 이를 실현하는 활동이다. 아리스토텔레스에게 있어서 제작으로서의 실천(poiesis)과 행함으로써의 실천(praxis)이 확실하게 구별되기 때문에, 그가 말하는 실천이란 매우 엄격한 의미에서 인간적인 현상 즉 자유로운 정치 활동에 한정하여 사용하고 있다(이경희, 1987: 145). 간단히 말해서 실천이란 인간적 선을 추구하며 올바르게 사는 것을 의미한다. <표 11-3>에서 보는 바와 같이, 이론(Theoria)이 이론지(sophia)에 의해 발휘되는 것이라면, 실천(praxis)은 실천지에 의해 발휘된다(편상범, 2012: 78).

그런데 아리스토텔레스에 의하면, 경험이 없는 이론은 현실과 괴리된 이론이기 때문에 그것만으로는 실제적인 효과를 얻을 수 없다. 따라서 이론지가 경험과 거의 동의어라고 할 수 있는 실천지와 순환적으로 결합이 이루어질 때 '이론'과 '실천'의 종합을 보게 된다(이경희, 1987: 145).

앞서 언급한 것처럼 코메니우스는 앎에 이르는 단계를 '이론', '실천', '사용'으로 제시한다. <표 11-1>과 <표 11-3>을 비교해 볼 때, 두 사람의 견해가 일견 유사하게 보인다. 하지만 이 둘은 실제 개념에서 뿐만 아니라 비교연결의 차원에서 볼 때 차이가 있다. 후자의 관점에서 볼 때, 세 가지로 정리할 수 있을 것이다.

첫째, 유기적 관계성의 차이다. 아리스토텔레스의 경우, '제작'은 나머지 두 개와 철저하게 구별된 개념이다. 비록 이론과 실천은 실천지에 의해 종합을 이루지만(이경희, 1987: 153), 여전히 신적인 관조와 실천의 간격은 간단하게 좁힐 수 있어 보이지 않는다.

물론 이론, 실천, 제작의 상호관계성을 주장한 학자들도 있다. 손원영은 상호관련성을 주장한 학자들 중에 스택하우스(M. Stackhouse), 드하트(S. M. Dehart), 그룸(T. Grum)을 들고 있다(손원영, 2001: 24-28).

그러나 이런 주장은 손원영이 주장하고 있는 바와 같이 "테오리아, 프락시스, 포이에시스 사이의 관계성을 중시하는" 최근의 프락시스 연구 경향을 보여주는 것이라고 할 수 있다. 프락시스에 대한 현대적 관점의 해석이라는 말이다. 필자가 보기에 이런 학자들의 주장은 오히려 코메니우스의 프락시스에 대한 개념의 정당성을 지지하는 해석적 배경이 된다. 즉 코메니우스의 경우 '이론', '실천', '사용'은 유기적으로 연결되어 있어, 각 단계별 관련성이 특별하다. 1단계에서 이론에 대한 앎은 2단계의 실천을 거쳐 3단계의 즐거운 사용으로 나아간다. 이는 서로간의 특별한 유기적 관계를 의미하는 것이다.

둘째, 질서와 관련된 차이다. 아리스토텔레스가 말하는 우월성의 순서는 제작이 가장 낮고 그 다음이 정치, 가장 높은 것이 사색이다. 이런 순서는 앞서 언급한 유기적 관계의 어려움을 짐작케 하는 동시에 그와 관련된 사람들의 지위(신분)까지 구분하게 하는데, 마치 인생에 계급이 존재함을 연상케 한다. 윈치에 의하면, 아리스토텔레스를 포함하여 대부분의 철학자들은 균형 잡힌 삶의 필요성을 받아들이지 않은 것 같다. 그들이 살던 사회 대부분은 계급이 엄격하게 나누어져 있었고 남녀 간의 노동도 구분되어 있었다(Winch, 2015: 310). 그러나 코메니우스의 경우, 1단계가 기초 학문과 관련된 것이라면, 2단계는 핵심 학문과 관련된 것이며, 3단계는 최고 학문과 관련되어 있다. 그리고 이는 모든 사람에게 있어서 동일하게 적용되는 원리다.

셋째, 앎과 삶에 대한 균형성의 차이다. 아리스토텔레스의 경우, 비록 이론과 실천 간의 종합을 말할 수 있어도, 오늘날의 관점에서 볼 때, 여전히 삶에 있어서 필수 요소인 '제작'이 빠지게 된다는 점이다. 이로 인해 앎과 삶의 온전한 균형을 추구하는데 문제가 있다.

물론 아리스토텔레스의 개념에 '균형'이 전혀 없는 것이 아니라는 주장도 있다. 윈치의 경우다(Winch, 2015: 311). 즉 아리스토텔레스는 사람이 세 가지 활동 중에서 단 한 가지 일에만 집중해야 한다고 말하지는 않았다는 것이다. 사색이 최상의 선이지만, 모든 사람에게 있어서 그런 것은 아니다. 특히 실천지는 중용의 덕을 통해 균형을 맞추는 역할을 한다(이경희, 1987: 151).

그러나 아리스토텔레스가 말하는 균형이란 이론, 실천, 제작의 차원에서 말하는 균형이 아니라, 인생 활동, 지적인 덕, 도덕적 차원에서의 균형을 의미한다. 정치 활동을 하는 사람은 그의 활동 영역 가운데서의 중용을 이루어야 하며, 제작자는 자신의 활동 영역 가운데서 중용을 이루어야 한다. 하지만 코메니우스의 주장에는 앎과 삶의 균형을 잡아주는 추와 같은 것이 있다. 바로 연결고리로서의 '실천'이다.

코메니우스가 말하는 '실천'의 연결고리 개념과 유사한 주장을 하는 학자가 드하트(S. M. Dehart)다. 그는 실천의 개념을 상호연관성과 결부시킨다. 즉 "프락시스의 개념을 테오리아와 포이에시스 사이의 상호연관성"으로 강조하고 있다. 뿐만 아니라 "프락시스의 개념이 궁극적으로는 지속적인 운동의 속성"을 지닌다고 그는 강조한다. 이는 "프락시스가 단순히 일회적 사건으로서의 실천이 아니라 지속적인 과정으로 이해될 수 있다는 점"에서 독특한 해석이라는 것이다(손원영, 2001: 26). 앞서 언급한 바와 같이 코메니우스가 의미하는 실천이란 단순한 생활이 아니라 교육적 실천이다. 즉 '이론'과 '사용'을 이어주는 연결고리로서 모범, 모방, 훈련을 포함하고 있는 대단히 교육적인 개념이라는 말이다. 이는 곧 즐기는 '사용'을 위한 매개체로서의 '실천'인 것이다.

4. 나가며

푸코의 주장과 같이 16세기의 지적 특성인 '닮음'의 형태가 17세기를 대표하는 교육학자인 코메니우스의 사상과 그의 작품 및 교육방법에 나타나고 있음을 살펴보았다. 첫째, 판소피아 구조에서는 예수가 전체 구조에 있어서 중요한 연결고리로 나타나고 있으며, 그리스도로 말미암아 하나님 형상을 회복한 인간 역시 연결고리임을 확인하였다.

둘째, 코메니우스의 대표적 작품인 『대교수학』은 4개의 연결고리로 묶여 있음을 살펴보았다. 결국 『대교수학』은 교육의 필요성(6-7장), 질서의 필요성(13-14장), 규칙의 필요성(20-21장), 훈육 및 제도의 필요성(26-27장)을 연결고리로 하여 묶여 있다. 이는 연결과 결합을 강조하는 코메니우스의 교수학습 원리에 대한 하나의 실습이다.

셋째, 교수방법 중에서도 앎의 단계와 관련하여 연결고리가 나타나는데, 그것은 '이론'과 '사용' 사이를 이어주는 연결고리로서의 '실천'이다. '실천'이란 교육방법 중 철저함과 관련된 것으로 모범, 모방, 훈련을 포함하는 개념이다.

결론적으로 연결고리에 함축된 교육적 의미를 다음과 같이 정리할 수 있을 것이다. 첫째, '연결고리'는 교육과정과 관련하여 교육적 통합의 매개체로서 중요한 역할을 한다. 코메니우스가 보여주는 최적의 교육과정의 예는 『세계도회』라고 할 수 있다.

둘째, 교사는 하나의 '연결고리'로서 통전적 교육을 위한 매개체 역할을 감당한다. 인간은 하나님 앞에서 이웃과 모든 사물을 하나님에게 연결하는 거룩한 사명을 가지고 있다. 바로 이 점에서 인간의 교육적 사명이 발생하는데, 교사란 단순한 정보 전달자가 아니라 여러 지체로 이루어진 공동체를 온전하게 세우는 관절과 같은 존재다.

셋째, '연결고리'는 교육적 실천을 위한 매개 역할을 한다. 교육적 실천이란 교육 이론가와 교사를 연결해 주는 이론서(理論書) 및 교사와 학생을 이어주는 교재(教材)를 의미한다. 이론서 혹은 교재의 진술 역시 연결고리에 의해 잘 묶여져야 한다. 이것은 교재의 진술을 위해서뿐만 아니라 교재에 대한 이해를 위해서도 매우 중요하다.

넷째, '연결고리'로서의 '실천'(Praxis)은 학습자로 하여금 배운 것(Theoria)을 삶 가운데 사용(Chresis)하는데 있어서 매우 중요한 역할을 한다. '실천'은 배운 것을 모범을 통해 실습함으로 모방하고, 훈련을 통해 연습함으로 배운 것을 삶 가운데서 즐겁게 '사용'할 수 있도록 연계하는 고리 역할을 한다.

이상과 같이 연결고리의 교육적 의미를 살펴보았다. '관절'로서의 연결고리는 자체적으로 매우 실제적 특성을 가진다. 부분과 전체에 있어서 부분의 합이 전체가 될 수 없는 것은 그 안에 연결고리가 있기 때문일 것이다. 교육적 연결고리는 전체를 지향한다. 부분적 지식이 아니라 연결고리를 통해 이어지는 전체적 지식을 지향한다는 말이다.

오인탁은 코메니우스의 교육적 핵심어(omnes, omnia, omnino)를 사용하여, 4차 산업혁명시대의 특징을 "모든 것을 전체적으로 철저히" 혁신하는 시대라고 말한다(오인탁, 2017: 427). 또한 교육적으로는 이 시대를 4차 교육혁명의 시대라고 일컬으면서, 핵심적인 교육적 의미를 다섯 가지로 제시하고 있다. 즉 이 시대의 교육은 개인의 특성이 강조되어야 하며, 긍정 지향적 교육방향이 필수적이고, 학습네트워크의 세계화 흐름 속에서 새로운 학습지도가 필요할 뿐만 아니라, 학습의 상호연결, 대화와 협력, 혼융과 재창조의 특성에 따른 전체적 학습이 필요하며, 파이프라인이 아닌 플랫폼 형식의 교육구조가 필요하다는 것이다. 이 중에서 학습네트워크, 전체적 학습, 플랫폼 형식의 교육구조 등은 교육적 '연결고리'와 밀접하게 관련된 것들이다. 즉 교육적 연결고리의 역할은 4차 교육혁명 시대에는 더욱 절실히 요청된다고 할 수 있다.

참고문헌

강영안(2002). **인간의 얼굴을 가진 지식**. 서울: 소나무.

김영한(1989). **르네상스 휴머니즘과 유토피아니즘**. 서울: 탐구당.

나현규(2015). **판소피아와 교육**. 서울: 학지사.

나현규(2020). **코메니우스와 연결고리**. 경기: 크레도북스.

손원영(2001). **기독교 교육과 프락시스**. 서울: 한국장로교출판사.

오영환(2003). "화이트헤드의 교육론과 유기체 철학". **화이트헤드연구**. 7. 9-24.

오인탁(2017). "4차 산업혁명과 교육의 과제". 기독교교육논총. 52. 417-445.

오춘희(1998). **요한 아모스 코메니우스에 관한 전기적 연구**. 연세대학교 박사학위논문.

이경희(1987). "아리스토텔레스의 실천적 지혜에 관한 연구". **호남대학교 학술논문집**. 8(1). 141-160.

이근세(2011). "블롱델의 행동철학과 라이프니츠의 실체적 연결고리 가설". **근대철학**. 6. 127-161.

이숙종(2006). **코메니우스의 교육사상**. 서울: 교육과학사.

정일웅(2003). "코메니우스의 범지혜와 범교육의 의미". **신학지남**. 70(1). 274. 9-32.

최진경(2012). **기독교 교육학의 아버지 코메니우스**. 서울: 킹덤북스.

편상범(2012). "아리스토텔레스 윤리학에서 이론적 탐구(theoria)와 도덕적 실천(praxis)의 관계". **철학사상**. 43. 69-98.

Aristoteles.(2008). *Ethica Nicomachea*. 이창우, 김재홍, 강상진 역. **니코마코스 윤리학**. 서울: 이제이북스.

Bacon, F.(2007). *Advancement of Learning*. 이종구 역. **학문의 진보**. 서울: 신원문화사.

Bacon, F.(2009). *The New Atlantis*. 김종갑 역. **새로운 아틀란티스**. 서울: 에코리브르.

Bohm, D.(2010). *Wholeness and the Implicate Order*. 이정민 역. **전체와 접힌 질서**. 서울: 시스테마.

Comenius, J. A.(1957). *Opera didactica omnia*, Editio anni 1657 lucis ope expressa moderante Otokar Chlup, Tomus I (Pars I-II), Pragae.

Comenius, J. A.(1966). *De rerum humanarum emendatione consultatio catholica*, Editio princeps. Tomus II [Pampaediam, Panorthosiam, Pannuthesiam necnon Lexicon reale pansophicum continens], Pragae.

Comenius, J. A.(1969). *A Reformation of Schooles*. selected and ed. by R. C. Alston. England: The Scholar Press Limited.

Comenius, J. A.(1986). *Comenius's Pampaedia or Universal Education*. trans by A. M. O. Dobbie. London: Buckland.

Comenius, J. A.(2011). *Didactica magna*. 정확실 역. **대교수학**. 서울: 교육과학사.

Čapková, D.(1994). "The Cultural Inheritance of Comenius". *Johannes Amos Comenius (1592−1670) Exponent of European Culture?* P. van Vliet & A. J. Vanderjagt editors. 17−21.

Dieterich, V.−J.(2008). *Johann Amos Comenius*. 최진경 역. **요한 아모스 코메니우스**. 서울: 지만지.

Foucault, M.(2012). *Les Mots et Les Choses*. 이규현 역. **말과 사물**. 서울: 민음사.

Huebner, D. E.(1982). "From Theory to Practice: Curriculum" interviewed by William B. Kennedy, *Religious Education*, 77(4). 363−374.

Lincoln, A. T.(1990). *Ephesians in WBC*. Dallas: Word Books.

Mumford, L.(2010). *The Story of Utopias*. 박홍규 역. **유토피아 이야기**. 서울: 텍스트.

Palmer, P. J.(2010). *The Courage to Teach*. 이종인, 이은정 역. **가르칠 수 있는 용기**. 서울: 한문화.

Störig, H. J.(2008). *Kleine Weltgeschichte der Philosophie*. 박민수 역. **세계 철학사**. 서울: 자음과모음.

Whitehead, A. N.(2007). *Aims of Education and Other Essays*. 오영환 역. **교육의 목적**. 서울: 궁리.

Winch, C.(2014). *The Philosophy of Human Learning*. 이병승, 김우영 역. **인간학습의 철학**. 서울: 학지사.

Winch, C.(2015). *Education, Autonomy and Critical Thinking*. 이병승, 김우영, 최현주, 신교남, 나현규 공역. **교육, 자율 그리고 비판적 사고**. 서울: 공감플러스.

제12장

『세계도회』(*Orbis Pictus*)와 감각교육

나현규

1. 코메니우스와 감각교육
2. 감각교육을 위한 『세계도회』
3. 『세계도회』와 시각-청각-촉각
4. 나가는 말

1. 코메니우스와 감각교육

감각(感覺, sense)이란 외부의 물리적 자극에 의해 인간의 의식에 변화가 생기는 것을 뜻한다. 심리적 차원에서의 감각은 단순한 자극과 연결된 경험이며, 의미적인 어떤 것과는 연결되지 않은 상태라고 할 수 있다. 생물학적 차원에서 감각과정은 감각기관과 신경경로를 포함하며, 자극정보를 획득하는 초기단계와 관련되어 있다(Smith 외, 2004: 130).

지각(perception, 知覺)이란 유기체(인간과 동물)가 감각기관을 통해 외부의 사물이나 자극을 의식하는 과정을 말한다. 즉 우리의 감각이 획득한 정보를 의미 있는 경험으로 변화시켜 주는 것이 바로 지각이다(Smith 외, 2004: 137). 따라서 '지각한다'는 것은 우리가 접하는 환경에 제대로 기능하고 안전하게 적응하며 살 수 있도록 환경모형(model of environment)[1)]을 끊임없이 새롭게 하고 유지하는 과정을 말한다. 지각의 과정을 간략하게 다섯 단계로 정리하면 다음과 같다. 1단계는 감각환경의 어느 부분에 주의를 기울일 것인지를 결정하는 단계다. 2단계는 대상이 어디에 있는지 위치를 파악하는 단계다. 3단계는 대상이 무엇인지를 결정하는 단계다. 4단계는 대상으로부터 결정적인 정보를 추상하는 단계다. 마지막 5단계는 지각적 주제와 연관하여 대상의 어떤 특징을 일정하게 유지하는 단계를 말한다.

(1) 감각교육의 배경

감각의 중요성을 감지하고 제대로 강조한 철학자가 바로 아리스토텔레스였다. 그는 감각이란 움직여지고 영향을 받는 것에서 발생하는 '일종의 질적 변화'로 생각했다(Aristoteles, 2005: 416b). 그에게 있어서 감각은 이성 못지않게 중요한 것으로

---

1) 환경모형(model of environment)이란 "세계에 대한 표상으로 우리의 뇌 속에 있으며, 우리가 의식적으로 지각하고, 결정하고, 행동하기 위해서 필요한 것이다." 이를 위해서는 두 가지가 필요한데, 하나는 환경에 관한 원시정보를 획득하는 수단이며, 다른 하나는 습득한 원시정보를 조직하여 하나의 응집적인 구조를 만드는 수단이다(Smith 외, 2004: 137).

서, 우리의 모든 관념은 궁극적으로 감각–지각에 의존한다. 아리스토텔레스가 사용하는 '감각'에 해당하는 '아이스테시스'(αἴσθησις)란 단어는 '감각'(sensation)과 '지각'(perception)이란 의미를 포괄하고 있다(전재원, 2008: 210). 따라서 인간의 감각과 경험은 인식의 단초가 되는 셈이다.

아리스토텔레스에 의하면 실제로 작용하는 감각은 외부로부터 오는 것들에 영향을 받는다. 즉 감각작용이란 감각할 수 있는 능력을 말하는데 그것은 반드시 감각대상을 필요로 한다는 것이다(Aristoteles, 2005: 417b). 이것은 지식에 있어서도 마찬가지다. 지식은 지식대상과 관련되어 있다. 따라서 "지식은 어떤 의미에서 지식대상들인 한편, 감각은 감각대상들"이다(Ibid.: 431b). 지식작용 혹은 능력은 지식대상과 관련된 것이며, 감각작용 혹은 능력은 감각대상과 관련되어 있다는 것이다. 이때 작용 혹은 능력들과 관계된 것은 대상 자체가 아니라 대상의 형상이다. 즉 감각이 감각대상에 대하여 작용할 때, 감각대상 자체가 아니라 감각대상의 형상을 작용하는 것이라는 말이다. 여기에서 아리스토텔레스의 유명한 명제가 등장한다. "그렇기 때문에 아무것도 감각되지 않았다면, 아무것도 배우거나 이해할 수 없다. 그리고 숙고할 때는 반드시 어떤 심상들을 동시에 숙고해야 한다"(Ibid.: 432a). 코메니우스는 아리스토텔레스의 감각론을 자신의 교육철학에 적극적으로 수용하고 있다. 예를 들어, 코메니우스는 『분석교수학』(*Analytical Didactic*)에서 "먼저 감각을 통하지 않고는 어떤 것도 이해할 수 없다"고 언급하고 있는데, 이것은 앞서 언급한 아리스토텔레스의 공리를 달리 표현한 것이다.

베이컨(F. Bacon)은 '관찰'과 '설명'을 통해 새로운 체계를 밝히려 했다(Butterfield, 1980: 96). 여기서 새로운 체계란 '새로운 철학'(New Philosophy)[2]을 의미하며, 이는 곧 '손을 사용하는 실험'(manual experiment)에 기초한 '과학'을 뜻하는 것이다(Ibid.: 148). 그의 철학에는 과학의 진보를 방해하는 그릇된 전통 및 오류를 비판하는 소극적 혹은 부정적인 측면과 동시에 과학의 진보를 위해 올바른 방법을 발견하여 새로운 학문체계를 수립하려는 적극적 혹은 긍정적 측면을 함께 가지고 있다. 그에게 있어서 중요한 것은 과학의 발전이었다. 그리고 과학의 발전이란 인간이 자연의 법칙

2) 호이카스는 베이컨을 새로운 자연사적 경험론의 대변자라고 말한다. 그러면서, 비록 베이컨은 실제 과학 자체에는 기여한 바가 거의 없지만, 그의 사상이 과학자들에게 광범위하게 영향을 미쳤다고 말한다(Hooykaas, 1988: 53).

을 파악하고 자연을 효율적으로 이용할 수 있을 때 가능한 것이었다. 이를 위해서 필요한 것은 올바른 방법을 찾는 것이다. 올바른 방법을 찾아 적용할 때 인간과 자연과의 관계가 새롭게 되고 자연의 숨은 비밀이 밝혀져 사회적 진보가 촉진될 수 있다는 것이다(김영한, 1989: 189). 그가 말하는 올바른 방법은 감각적 경험에서 출발하여 이성의 결론에 도달하는 것이다. 즉 자연 자체를 대상으로 한 관찰과 실험을 통해서 얻어진 감각적 경험은 이성이 올바르게 작용할 수 있는 기반을 제공하며 마침내 진리에 도달하게 한다. 코메니우스는 베이컨의 이런 정신에도 영향을 받았다.

(2) 감각의 중요성

데카르트(R. Descartes)는 이성 외에는 모든 것을 불신했다. 즉 감각을 통해 알려진 사물의 존재나 본질에 대한 모든 것을 의심스러운 것으로 간주하였다. 데카르트에게는 오직 인간의 이성만이 유일한 지식의 통로였던 것이다. 반면에 코메니우스는 지식을 획득하기 위해 이성과 더불어 인간의 감각과 계시의 증거가 필요하다고 보았다.[3] 이것을 방법론적으로 표현해 본다면, 인간은 사물 자체를 직관으로 지각하는 감각과 이제까지 이성적으로 축적된 모든 이론을 이해하는 이성과 이 모든 것을 통합할 수 있는 영적인 과정을 통해 참된 지식을 획득한다는 것이다. 비록 인간이 모든 사물에 대한 지식을 획득할 수 있는 능력을 지니고 태어나지만, 이런 배움을 위한 비범한 능력(이성)도 감각과 신앙의 도움이 없이는, 정확한 앎과 올바른 앎에 이를 수 없다.[4] 단적인 예로, 객관주의에 의해 배제 되어온 감정에 대하여 코메니우스는 다음과 같이 말한다.

> "참으로 우리의 감정들은 우리 존재의 절반이다. 그 감정들은 우리로 하여금

---

3) 코메니우스는 데카르트의 주장이 한쪽으로 치우쳐 있음을 염려했다. 그는 데카르트의 "나는 생각한다. 고로 나는 존재한다"의 일방적인 면을 지적했던 것이다. 특히 코메니우스는 데카르트보다도 데카르트주의자들을 더 날카롭게 비판했는데, 그들은 데카르트가 하나님을 개인적으로 인정했다는 사실을 망각하고 있다는 것이었다. 그들에게는 하나님과 세상과 인간의 통일성이 깨져 있음을 통렬하게 비판하면서, 그의 말년에는 데카르트주의를 '철학의 암'이라고까지 할 정도였다(Dieterich, 2008: 115−117).

4) 특히 감각의 역할이 중요한데, 인식되는 모든 것 중에서 처음에 감각에서 파생되지 않는 것은 하나도 없기 때문이다(Comenius, 1910: 185).

대상들을 향해 이끌거나, 혹은 멀어지게도 한다. 영혼이 어떤 끌림도 느끼지 못하는 곳에서는 성향이 결여되기 쉬우며, 또 그 영혼이 성향을 나타내지 않는 곳에서는 그 의지와의 충돌을 일으키지 않을 수 없다. 더더욱 영혼이 자발적이지 않을 때는 어떤 것도 쉽지 않기 때문에 더 어렵게 되며, 어떤 것도 달콤하지 않기 때문에 점점 쓴맛이 더해지고, 어떤 것도 선하지 않기 때문에 더 놀라게 되는 것이다"(Comenius, 1953: 178).

코메니우스는 교수-학습의 과정에서 감정 특히 즐거움의 중요성을 강조하고 있는 것이다. 이런 관점에서 볼 때, 인식 행위란 단지 관찰하고 관찰한 것을 검증하는 식으로가 아니라 인식 주체의 느낌, 감정, 판단 등과 같은 적극적 참여를 통해 이루어진다는 폴라니의 주장은 정확하게 코메니우스 사상의 연장선에 있다(Polanyi, 1974: vii, 10; 나현규 2015: 404). 특히 코메니우스는 학습자의 흥미와 관련하여 교사는 인간의 본성을 기쁘게 하는 것이 무엇인지를 알아야 한다고 말한다. 즉 자유로운 참여는 즐거워하지만, 강제적인 참여는 괴로워한다는 것이다. 그러므로 교사는 가르침에 있어서 인정이 넘쳐야 하고, 모든 의무를 부모와 같은 친절로 수행해야 한다(Comenius, 1953: 178-179).

코메니우스는 배움에 있어서도 감각을 통해 사물을 간파하는 통찰력이 필요하다고 말한다. 이를 위해서는 사물 자체를 때때로 보고, 듣고, 냄새 맡을 수 있도록 학생들에게 제시해야 한다고 말한다. 이와 관련하여 코메니우스는 다음과 같이 교사들을 위한 황금규칙을 제시한다.

"모든 것들은 가능한 한 항상 감각을 통해 배워야 한다. 눈으로 알 수 있는 것은 눈앞에 보여주고, 들어서 알 수 있는 것은 귀로 듣게 해주며, 냄새로 알 수 있는 것은 코앞에 갖다 대주고, 맛으로 알 수 있는 것은 미각을 통해 맛볼 수 있도록 해주어야 하며, 만져서 알 수 있는 것은 촉각으로 느낄 수 있게 해주어야 한다"(Comenius, 1910: 184-185).

아울러 코메니우스는 감각을 통해 배워야하는 이유를 세 가지로 제시한다(Ibid.: 185-186). 첫째, 지식의 시작은 감각에서 출발하기 때문이다. 인식되는 모든 것 중에서 감각을 통해 파생되지 않는 것은 하나도 없다. 사물 자체를 지각하는 것에서 지식이 시작한다. 둘째, 지식의 확실성은 감각의 증거에 의존하기 때문이다. 사물은 직접 감각에 전달이 되며, 이해는 감각을 통해 간접적으로 전달된다. 실제 관찰과 감각을 통한 지각이 필요한 이유다. 셋째, 감각은 가장 믿을 만한 기억력의 조력자이기 때문이다. 예를 들어 코뿔소에 대해 600번을 듣는 것보다 한 번을 보는 것이 더 효과적이다.

감각의 중요성과 관련하여 우리는 코메니우스의 『교수학전집』(*Opera Didactica Omnia*)에 나오는 속표지 그림을 살펴볼 필요가 있다. 바로 [그림 12－1]이다(Comenius, 1957).

[그림 12–1] 『교수학전집』의 속표지

[그림 12－1]은 자연을 함축적으로 보여준다. 먼저 자연을 둘러싸고 있는 라틴어를 주목할 필요가 있는데, “모든 것이 자연스럽게 흐르게 하라 사물에 폭력을 가하지 말라”(Omnia Sponte Fluant Absii violentia Rebus)고 해석할 수 있다. 이는 코메니우스의 사상을 단적으로 보여주는 모토 중의 하나다. 이 그림을 통해 코메니우스의 감각에 대한 견해를 추측할 수 있다. 자연을 감싸고 있는 라틴어 문구와 그 문구를 감싸고 있는 네 명의 어린이 얼굴 표정이 그것을 보여준다. 어린이들의 얼굴 표정은 마치 희로애락(喜怒哀樂)을 보여주는 듯하다. 이는 인간의 대표적인 감정과 관련된 표

정들이다. 그렇다면 '모든 것이 자연스럽게 흐르게 하라'는 문구를 학습자의 감각과 연계해서 생각해 보면, 어린이의 감각이 사물을 보는 그대로 자연스럽게 드러나야 함을 의미한다. 그것은 곧 '폭력'과는 거리가 멀다. '폭력'이란 무엇보다도 감각을 경직되게 한다. 감각이 경직되면 제대로 학습할 수 없는 것이다. 따라서 감각이 잘 표현될 수 있는 환경을 조성하는 것이 중요하다.

(3) 감각과 균형

코메니우스는 감각을 강조하는 한편 전체적인 균형 역시 강조한다. 그는 '판소피아'(Pansophia)를 통해 전체의 중요성을 강조했다. 판소피아란 전체적 지혜를 의미한다. 즉 모든 사물에 대한 존재 근원과 존재 방식과 존재 목적에 대한 앎과 관련된 전체적이며 포괄적인 하나의 체계를 의미한다. 이와 같이 코메니우스는 포괄적이며 균형을 이루는 판소피아 사상 체계를 통해 감각, 이성, 신앙을 바라보았기 때문에 자연과 이성을 분리시키지 않고, 이성과 신앙을 이원화 시키지 않을 수 있었던 것이다. 즉 코메니우스는 판소피아를 통해 이성 안에서 감각을 깨웠던 교사요, 감각을 통해 이성을 밝혀준 지도자였으며, 믿음으로부터 이성을 분리시키지 않으면서도 신앙을 일깨웠던 선지자였다. 더 나아가 자연과학을 널리 수용했던 교육학자요, 인문학을 두루 섭렵한 철학자였으며, 정통 신학을 계승한 신학자였던 것이다.

또한 코메니우스는 판소피아가 모든 사람에게 참된 빛을 소유하게 함으로 공통의 조화를 유지할 수 있는 모든 방법들을 제공한다고 말한다(Comenius, 1938: dedication 8). 그에 의하면 참된 빛에는 '영원한 빛'(Eternal light), '외적인 빛'(External light), '내적인 빛'(Internal light)이 있다.[5] '내적인 빛'은 다시 인간의 내적인 세 부분(지성, 의지, 감성)에서 빛을 발한다. '지성'에 발하는 빛은 사물에 대한 이성적 지식과 관련되어 있으며, '의지'에 발하는 빛은 사물의 선(善)을 추구하는 것과 관련되어 있고, '감성'에 발하는 빛은 마음의 평화 및 행복과 관련되어 있다. 인간의 탐구는 지성적 빛의 길을 발견하고 의지와 감성으로 하여금 그 빛에 반응하는 것이다. 즉 인간의

5) '영원한 빛'이란 인간의 감각으로는 접근할 수 없는 영광을 의미하며, '외적인 빛'이란 우리의 육체가 감지할 수 있는 빛을 의미하며, '내적인 빛'이란 인간의 이성으로 지각할 수 있는 빛(깨달음)을 의미한다(Comenius, 1938: 52－54).

탐구는 감각에 길을 만드는 '외적인 빛'과 그 자체 안에 조화와 관계를 유지하는 '내적인 빛'에 의하여 안내를 받아 지성적 빛의 길을 추적한다(Comenius, 1938: 55).

> "나는 네가 영원에 참여하도록 선택했고, **하늘과 땅과 거기에 속한 모든 것**을 네가 사용하도록 준비했기 때문이다. 다른 피조물에게 각기 부분적으로 주었던 그 모든 것을 나는 너에게만 주었다. 즉 그것들은 본체, **생명, 감각, 이성**이다. **나는 너를 내가 만든 피조물에 대한 통치자로 삼았고** (중략) 결국 나는 너에게 아무것도 부족하지 않도록 **나 자신을 주었고 나의 본성을 너의 본성과 본질적인 관계로 영원히 하나가 되게 했다**"(Comenius, 2002: 48 강조는 필자).

위의 인용문에서 주목할 단어는 '생명', '감각', '이성'이다. 이 중에서 '감각'은 이후에 '지식'(혹은 지성)으로 나타나며, '이성'은 '덕성'으로 발전하고, '생명'은 '신앙'으로 나타난다. 인간에게는 다른 피조물과는 달리 감각 외에도 이성과 영혼이 있다는 것을 강조하고 있는 것이다. 그렇다면 감각은 이성 및 영혼과도 조화를 이루어야 한다.

코메니우스는 이런 사실을 인간의 성품을 통해서도 설명한다(Comenius, 1957: Tomus I, 17). 즉 인간의 성품은 인간이 이 땅에서의 삶만으로는 충분하지 않음을 보여주는데, 그 이유는 인간이 '이 땅에서의 삼중의 삶'을 가지고 있기 때문이다. '삼중의 삶'이란 다른 말로 3단계의 삶이라고 할 수 있는데, 1단계는 '식물적 삶', 2단계는 '동물적 삶', 3단계는 '지성적 혹은 영적인 삶'을 말한다. '식물적 삶'이란 신체 속에 한정되어 있는 삶을 말하며, '동물적 삶'이란 감각과 운동의 조작에 의하여 외부의 대상을 향해 자신을 확장시킬 수 있는 삶을 말하며, '지성적, 영적인 삶'이란 천사와 같이 1, 2단계의 삶으로부터 떨어져서 존재할 수 있는 삶을 의미한다. 코메니우스에 의하면, 3단계 삶은 1, 2단계 삶에 의해서 방해를 받고 있기 때문에, 3단계의 삶이 완성되기 위해서는 미래의 단계가 반드시 있어야 한다. 이는 곧 인간의 삼중 거처와 연결된다.

인간에게는 '삼중의 거처' 혹은 '3단계의 거처'가 있는데, 1단계는 '어머니의 자궁'이며, 2단계는 '이 땅'이고, 3단계는 '하늘'이다(Comenius, 1957: Tomus I, 19). 1단계에서 2단계로는 출산을 통해 나아가며, 2단계에서 3단계로는 죽음과 부활을 통해서 나아가고, 3단계에서부터는 더 이상 이동하지 않고 영원히 머무르게 된다. 1단계에서는 움직임과 느낌을 시작하는 단순한 삶을 발견하고, 2단계에서는 생명, 운동, 감각, 지능과 같은 요소들을 갖게 되며, 3단계에서는 모든 것의 완전함을 발견하게 된다. 1단계의 삶은 2단계의 삶을 준비하는 것이며, 2단계는 3단계를 준비하는 것이라면, 3단계는 그 자체로 영원하다.

이와 같이 코메니우스는 감각의 중요성과 함께 감각이 다른 요소와의 균형 속에서 발달해야 한다는 것을 강조했다. 감각은 그 자체로 독립하여 존재하는 것이 아니기 때문이다. 감각은 생명, 이성과의 조화와 균형 속에서 드러나야 하며, 또한 운동감각은 신체와 지성 혹은 영성과 조화를 이루는 가운데 균형 있게 발달해야 하는 것이다. 데카르트와 같이 감각을 터부시하는 것도 문제지만, 니일(A. S. Neill)과 같이 지나치게 감각 위주의 교육을 주장하는 것도 전체성의 관점에서 볼 때 비판의 여지가 있는 것이다.

2. 감각교육을 위한 『세계도회』

(1) 감각과 그림책

코메니우스는 사물의 인상을 분명하게 하는 방법을 제시하는데 이는 곧 사물을 감각에 제시하는 것이다. 그는 시각을 통해 사물을 감각적으로 접하는 방법을 9가지로 제시한다(Comenius, 2011: 205－206). 첫째, 사물을 눈앞에 보여주어야 한다. 둘째, 사물이 적합한 거리에 있어야 한다. 셋째, 옆이 아니라 곧바로 볼 수 있도록 해야 한다. 넷째, 사물의 반대쪽이 아니라 정면을 보게 해야 한다. 다섯째, 사물을 전체적으로 볼 수 있어야 한다. 여섯째, 사물의 각 부분을 구별해 볼 수 있어야 한다. 일곱째, 시작에서 끝까지 순서에 따라 볼 수 있어야 한다. 여덟째, 각 부분을 빠짐 없이 볼 수 있어야 한다. 아홉째, 사물의 본질적 속성을 파악할 때까지 볼 수 있어야 한다. 이를 통해 코메니우스가 생각하는 감각적으로 접하는 방법이 시각과 관련이 깊다는 것을 알 수 있다.

특별히 코메니우스는 0－6세에 해당하는 영유아기의 아기들을 위해서 두 가지

방법적 도움을 제언하는데 하나는 부모와 유모를 위한 안내서를 제공하는 것이다. 이 책에는 여러 교과의 간략한 묘사와 각 교과를 가르치는데 적합한 환경, 언어, 몸짓 등을 포함한다. 다른 하나는 그림책을 만들어 어린이 손에 직접 쥐어주는 것이다. 왜냐하면 이 연령기의 교육은 주로 감각을 매체로 하여 지각하기 때문이며, 이때 시각이 가장 중요한 감각이므로 어린이들에게 그림으로 물리, 광학, 천문학, 기하학 등에서 가장 중요한 대상을 보여주는 것이 중요하다는 것이다. 그는 계속해서 다음과 같이 말한다.

> "그 책에서는 산, 계곡, 수목, 새, 물고기, 말, 소, 양, 다양한 연령의 사람, 성장이 다른 사람들을 그릴 수 있다. 빛과 어두움도 나타낼 수 있으며, 하늘뿐 아니라 태양, 달, 별들, 구름 그리고, 거기에 주된 색을 첨가할 수 있다. 집 그리고 작업장과 연결된 물건들, 예를 들어 항아리, 접시, 망치, 펜치 등도 제외되면 안 된다. 국가의 공무원들도 제시되어야 하는데, 홀을 들고 왕관을 쓴 국왕, 무기를 든 군인, 쟁기를 잡은 농부, 마부와 짐마차, 매우 빠르게 달리는 우편마차 등이다. 그림 위에는 각각의 그림이 나타내는 이름을 '집', '소', '개', '나무'와 같이 기록해야 한다"(Comenius, 1910: 265).

이런 진술은 정확하게 『세계도회』의 내용과 일치한다. 코메니우스는 『대교수학』(*Didactica Magna*)을 집필할 당시에도 이미 『세계도회』의 의미와 필요성 그리고 그 가치를 파악하고 있었던 것이다. 이어서 그는 그림책의 삼중적인 효과에 대해서 언급한다(Comenius, 1910: 265). 첫째, 그림이란 사물의 모양을 마음에 새겨두는데 도움이 되며, 둘째, 그림이 있는 책은 어린이로 하여금 책이란 재미있는 것이라고 생각하게 하며, 셋째, 그림책은 읽기를 배우는 것을 도와준다는 것이다. 이런 그의 생각은 이후에 세계 최초의 그림교과서인 『세계도회』를 통해 결실을 맺게 되었다.

(2) 『세계도회』

1650년 10월, 58세가 된 코메니우스가 샤로슈퍼터크(Sarospatak)에 도착했을 때, 그가 마음에 품었던 목적 중 하나는 그동안 준비해 왔던 판소피아 학교(Scola Pansophica)를 세우고, 이론으로 구축한 판소피아를 실험하는 것이었다(오춘희, 1998:

164; 이숙종, 2006: 57). 코메니우스는 샤로슈퍼터크에서 4년을 머물렀는데, 그 기간은 매우 의미 있는 시간들이었다. 그는 자신의 목적을 실행에 옮기는 과정(1653-1654년)에서 두 권의 중요한 학교 교재를 집필하게 된 것이다. 바로 그 유명한 『세계도회』(*Orbis Pictus*)와 『놀이학교』(*Schola Ludus*)다. 이 두 작품은 코메니우스에게 있어서 매우 실제적인 작품이었으며, 그 중에서도 『세계도회』는 그에게 큰 명성을 가져다 준 작품이었다.

『세계도회』의 원제는 '*Orbis Sensualium Pictus*'(세계감각도회)다. 책이 출판된 이후 세간에 알려지면서 원제의 축소형인 'Orbis Pictus'로 사용되기 시작했다. 이 책은 유럽의 교육사에서 새로운 전환점을 가져온 작품이다. 칸트(I. Kant)는 쾨니히스베르크 대학에서 1776년부터 교육학 강의를 시작했는데, 그는 강의 중에 코메니우스의 『세계도회』를 언급하곤 했다.

> "어른들은, 어린아이들이 무엇인가를 읽을 수 있는 능력을 갖추기 전에, 우선 듣기(훈련)를 통하여 어린아이들에게 언어를 가르치고 습득시켜야 한다. 이후에 어른들은 합목적적으로 잘 구성된 『세계도회』(世界圖會)와 같은 그림책에 의존하여 어린아이의 언어 습득을 도울 수 있다"(Kant, 2007: 188).

칸트는 『세계도회』를 '합목적적으로 잘 구성된' 작품이라고 평한다. 또한 어린이들에게 이 책은 언어를 배우고 습득하는 데 매우 유용한 학습 도구가 될 수 있을 것이라고 말한다. "식물과 광물 그리고 자연 세계를 담고 있는 그림책", "동화판들과 지도들을 삽화로 담고 있을 뿐만 아니라 자세한 설명을 담고 있는 여행담"과 같은 칸트의 표현들은 마치 코메니우스의 『세계도회』를 설명하는 듯하다. 뿐만 아니라 독일의 문호 괴테의 경우 어린 시절 코메니우스의 『세계도회』를 통해 배운 사실을 다음과 같이 언급한다.

> "그 당시에는 어린이들을 위한 책이 아직 없었다. 어른들 스스로가 어린이 같은 마음을 갖고 있었으며, 자기 자신의 교양을 후손에게 전해주는 것을 기분 좋게 여겼다. 아모스 코메니우스의 『그림의 세계』(***Orbis Pictus***)를 빼고는 우리가 접할 수 있는 이런 종류의 책은 아무 것도 없었다"(Goethe, 2006: 115, 강조는 필자의 추가).

괴테의 말처럼 『세계도회』는 18세기 당시에만 해도 어린이들이 접할 수 있는 유일한 아동도서였을 뿐만 아니라 특히 시각교재로서 조직적인 틀을 갖추고 있는 세계 최초의 교과서다. 이 책은 19세기 중엽까지 단순한 형태로 재판한 횟수만 205회나 되며, 정확하게 조사된 판본의 종류만으로도 56종이 있다(Comenius, 1998: 233–236).

(3) 감각교육을 위한 『세계도회』

『세계도회』의 원제는 '*Orbis Sensualium Pictus*'로 '세계감각도회'로 번역할 수 있다. 일반적으로 '*Orbis Pictus*'(세계도회)로 알려져 있는 제목은 '세계감각도회'의 축약형 표제다. 책의 원제부터 '감각'의 중요성을 잘 드러내 주고 있는 것이다. 코메니우스는 책의 서문에서 "감각을 통하지 않고는 어떤 것도 이해하지 못한다"는 아리스토텔레스의 말을 인용하며 감각의 중요성을 강조한다(Comenius, 1999: 11). 그래서 감각을 잘 훈련하는 것은 모든 지혜와 탁월한 언어 능력과 모든 활동의 토대가 된다고 말한다.

코메니우스는 『세계도회』의 서문에서 저술 목적을 어린이의 마음을 사로잡아, 주의력을 향상시키고, 세계의 주된 사물 이해 방식을 터득하게 하는 것이라고 말한다. 또한 『세계도회』는 더 쉽게 읽기를 배울 수 있으며, 모국어를 습득하는 데 도움이 되고, 라틴어를 겸하여 학습하는 효과를 얻도록 고안되어 있다고 언급한다(Comenius, 1999: 12–13). 이에 따라 코메니우스는 『세계도회』를 독특한 형식으로 구성하고 있다. 즉 『세계도회』의 구성 자체가 감각적으로 이루어져 있다는 것이다.

[그림 12–2]에서 보는 바와 같이, 『세계도회』는 150개가 되는 주제마다 순서, 제목, 그림, 설명으로 이루어져 있다(Comenius, 1658: 18). [그림 12–2]의 경우, 순서는 7(Ⅶ)이며,[6] 제목은 '구름'(Nubes)이고, 그림에 대한 설명은 그림 안의 숫자(1–10) 및 그것과 연결된 설명문장을 통해 제시되고 있다. 설명문장들은 매우 간결한데, 이것은 원래 코메니우스가 의도한 것이다. 그는 다음과 같이 말한다. "지금까지보다 훨

6) [그림 12–2]에서 인용하고 있는 그림은 『세계도회』의 초판인 뉘른베르크(1658)판이다. 다른 번역본의 경우 '구름'에 해당하는 번호가 8(Ⅷ)로 표기되어 있다(Comenius, 1887: 12). 1887년 판본의 경우 '입문'과 '맺음'에도 번호를 매기고 있기 때문이다.

VII.

Nubes. Die Wolcken.

Ex aquâ	Aus dem Wasser
ascendit	steiget auf
Vapor. 1	der Dampf. 1
Inde fit	Daraus wird
Nubes 2	eine Wolke/ 2
& propè terram	und hart an der Erden
Nebula. 3	ein Nebel. 3
E Nube	Aus der Wolke
guttatim stillat	tröpflet
Pluvia 4	der Regen 4
& *Imber.*	und Platz-Regen.
	Quæ,

[그림 12-2] 『세계도회』 5번 그림

씬 더 쉽게 읽기 학습을 할 수 있도록 세심하게 고안되어 있습니다.” 또한 “학생에게 주어지는 최초의 과제는 적은 양으로 간단해야 하므로 우선 이 입문서에는 기본적인 사실만을 적어놓았습니다”(Comenius, 1658: 13−14).

사용된 언어로는 오른쪽에는 모국어(그림은 독일어), 왼쪽에는 라틴어다. 코메니우스에 의하면, 언어 공부는 지겨운 맞춤법을 적용하면서 어렵게 접근할 것이 아니다. 오히려 제시된 책의 내용을 반복해서 읽는 동안 그림 밑에 있는 사물의 설명으로 읽는 법을 완전히 익힐 수 있다고 말한다.

코메니우스는 이와 같은 구조의 효용성을 다음과 같이 제시한다. 첫째, 그림을 통해 어린이들에게 기쁨을 줄 수 있다. 둘째, 어린이들이 반복적으로 질문할 수 있다. 셋째, 이름이 있는 사물은 그림뿐만 아니라 실물로 제시될 수 있다. 넷째, 어린이들이 그림을 보고 그림을 그릴 수 있다.7) 다섯째, 교사가 실물을 제시하는 데 있어서 샘플이 된다(Comenius, 1999: 15).

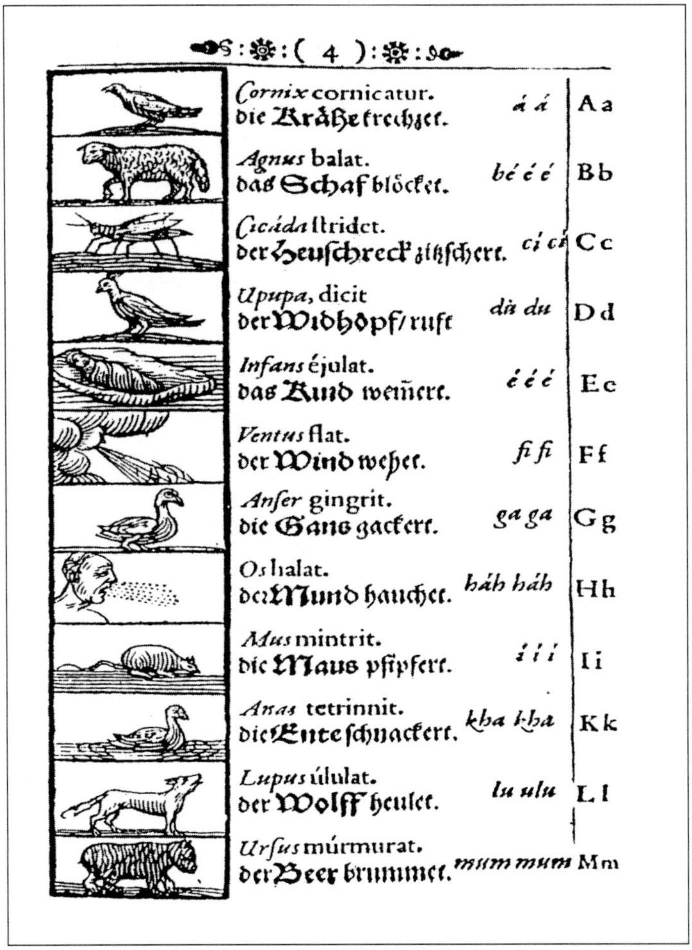

[그림 12-3] 『세계도회』 내의 발음

7) 로크(J. Locke)는 어린이로 하여금 자기 눈에 보이는 것을 그림으로 표현하게 하는 것이 의미 있는 것이라고 말한다. 그림은 어린이들이 글로는 표현하기 어려운 느낌, 감정 등을 몇 개의 선만으로도 표현할 수 있기 때문이다. 또한 그림을 그리는 그 자체도 손 근육을 발달시키는 효과가 있다는 것이다(Locke, 2014: 261－262).

다음으로 살펴 볼 것은 발음과 관련된 것이다. 『세계도회』는 '입문' 바로 다음에 [그림 12-3]과 같이 실제적인 발음 표기가 첨부되어 있는 알파벳이 나온다. 알파벳과 관련하여 코메니우스는 다음과 같이 설명한다.

> "특히 상징적인 알파벳이 처음에 나옵니다. 각각의 문자는 그 문자와 같은 울음소리를 가진 동물의 모습과 함께 씌어 있습니다. 동물을 잘 관찰함으로써 처음 알파벳을 배우는 사람은 모든 문자의 참뜻을 쉽게 기억할 수 있을 것입니다. 그 후에 주요한 음절표를 달아(이것을 이 책에 덧붙이는 것은 지금 단계에선 아직 불필요하다고 생각했습니다) 그림을 음미한 후 그 위에 씌어 있는 이름을 봅니다. 그림을 한 번 더 보는 것은 사물의 이름을 기억해 내어 그림의 이름을 어떻게 읽는지를 가르쳐줍니다"(Comenius, 1999: 13).

각각의 문자는 그 문자와 같은 울음소리를 가진 동물의 모습과 함께 제시되고 있다. 일상생활에서 쉽게 접할 수 있는 동물들을 제시함으로 처음 알파벳을 배우는 학습자로 하여금 쉽게 기억할 수 있도록 한 것이다. 여기서 상기할 것은 『세계도회』 맨 앞에 제시되어 있는 성구다. '창세기 2:19-20'은 코메니우스에게 있어서 의미심장한 구절이다.[8] 땅 위의 모든 피조물은 아담으로 하여금 볼 수 있도록 이끌어졌으며, 아담은 그것들의 이름을 지었고, 결과적으로 그것들을 다스리는 행위를 했다(comenius, 1986: 33). 이는 '보는 것'(생각-정신), '이름 짓는 것'(언어-혀), '다스리는 것'(행동-손)과 연결된다. 그리고 이 세 가지는 코메니우스가 생각하는 인간 본질의 핵심 요소다. 이런 면에서 볼 때, 창세기 2:19-20은 알파벳 배우기와 밀접하게 연결된다(나현규, 2020: 162). 즉 둘은 서로 닮아 있다. 아담이 눈에 보이는 각종 동물의 이름을 불러준 것처럼, 어린이는 알파벳과 관련된 동물의 울음소리를 내면서 알파벳을 익힌다.

---

8) "여호와 하나님이 흙으로 각종 들짐승과 공중의 각종 새를 지으시고 아담이 무엇이라고 부르나 보시려고 그것들을 그에게로 이끌어 가시니 아담이 각 생물을 부르는 것이 곧 그 이름이 되었더라 아담이 모든 가축과 공중의 새와 들의 모든 짐승에게 이름을 주니라"(창 2:19-20a).

3. 『세계도회』와 시각-청각-촉각

(1) 감각

[그림 12-4]는 『세계도회』에 나오는 감각을 나타내는 그림이다. 코메니우스는 감각을 외부 감각과 내부 감각 두 가지로 구분하여 제시하고 있다(Comenius, 1999: 62). 외부 감각은 시각, 청각, 후각, 미각, 촉각으로 다섯 가지다. 내부 감각은 세 가지가 있는데 공통감각, 상상력, 기억력을 의미한다. 학습자를 위한 황금률이란, 볼 수 있는 시력, 들을 수 있는 청각, 냄새를 맡을 수 있는 후각, 맛을 볼 수 있는 미각, 느낄 수 있는 촉각으로 모든 것들이 인도되어야 한다는 것이다. 그리고 여러 가지 감각을 통해 무엇인가를 받아들일 수 있을 때, 여러 가지 감각이 동시에 사용되어야 한다(Großmann & Schröer, 1997: 172).

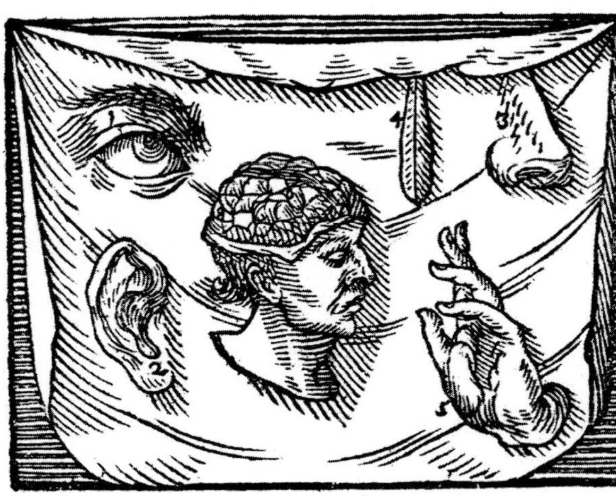

[그림 12-4] 외부와 내부의 감각(『세계도회』 41번 그림)

우튼은 『세계도회』에 나타나는 감각적 배움을 크게 세 가지로 해석하여 제시한다(Wooten, 2009: 15-20). 첫째, 청각을 통해 배움으로 이끈다. 코메니우스는 '입문' 직후 알파벳을 자연(동물 등)의 소리를 통해서 가르치고 있다. 둘째, 시각을 통해 배움으로 이끈다. 코메니우스는 그림을 '빛'으로 묘사고 있다. 셋째, 촉각을 통해 배움으로 이끈다. 그래서 코메니우스는 서문에서 어린이가 그림을 그리고 싶어 할 경우 그림을 베끼도록 하라고 권한다. 또한 그림의 숫자와 텍스트의 단어를 연결할 때, 그리고 모국어와 라틴어를 서로 비교할 때, 어린이는 손가락을 사용할 수 있을 것이다. 이에 따라 시각, 청각, 촉각을 중심으로 감각과 관련된 그림들을 살펴보도록 하겠다.

(2) 시각

[그림 12－5]는 『세계도회』에 나오는 첫 번째 그림이다. 하나님을 그림으로 나타낸 것이다. 그림에서 점선원은 완전하신 하나님을 상징하며, 점선삼각형은 삼위일체 하나님을 상징한다. 점선으로 된 원 안의 작은 4개의 글자들은 신성4문자(Tetragrammaton)인 히브리어 '야웨'(יהוה)를 지칭한다(나현규, 2015: 168－169).

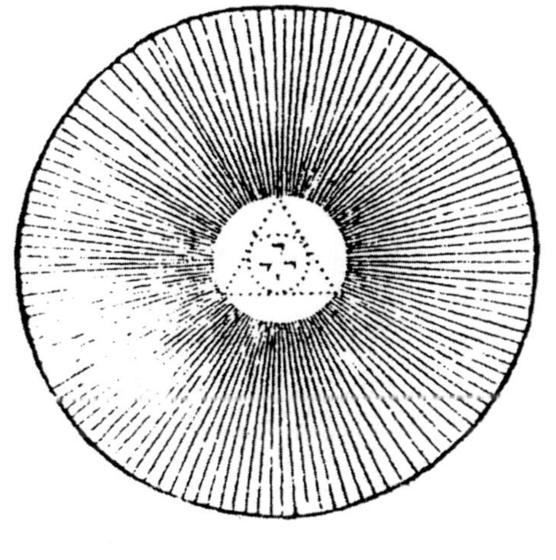

[그림 12–5] 하나님(『세계도회』 1번 그림)

코메니우스는 하나님을 "가까이하기 힘들지만 만물 속에 있는 빛"이라고 말한다. 그림에서 점선삼각형을 둘러싸고 있는 원으로부터 시작되는 수많은 선들은 빛을 상징한다. 그러면서 그는 하나님이 "어느 곳에나 있으나 눈에 보이지는 않습니다"라고 말한다. 이는 매우 역설적인 내용이다. 시각적으로 보여주기 위해 기획된 그림책의 첫 번째 그림이 보이지 않는 하나님에 대한 내용으로 제시되고 있다는 점이 매우 역설적이라는 것이다. 고스만과 슈뢰어에 따르면, 보이는 것은 보이지 않는 것에 달려 있다(Großmann & Schröer, 1997: 204－205). 예를 들어 나무를 표면적으로 볼 때, 나무에 줄기, 가지, 나뭇잎과 열매들이 있음을 발견한다. 그러나 우리가 비록 볼 수 없지만 땅 아래 뿌리가 숨겨져 있다는 것을 안다. 그 뿌리로부터 나무가 자라고 지탱하여 서 있게 되는 것이다. 이는 코메니우스가 “형이상학이 우리의 출발점이 되어야 한다”고 말한 배경이다. 그에 의하면 어린이의 최초의 개념들은 일반적이며 막연한 것이기 때문이다.

> “그들은 보고, 듣고, 맛보고, 만져보고 하지만 그러나 그런 감각을 정확하게 분별하지 못한다. 그러므로 그들은 전체적인 개념들, 즉 어떤 것, 아무것도 아닌 것, 있다, 없다, 이런 것, 그게 아닌 것, 어디, 언제, 그와 같은 것, 그와 다른 것 등등을 학습함으로 시작한다. 그리고 이것은 형이상학의 최초의 개념들이다”(Comenius, 2011: 281).

지각에 대한 코메니우스의 이해에 따르면 감각은 대우주로 들어가는 출입구라면(Großmann & Schröer, 1997: 207), 보이지 않는 것은 볼 수 있는 것의 출발선이라고 할 수 있다. 그래서 『세계도회』에서 150개의 그림을 시작하는 첫 번째 그림을 보이지 않는 하나님으로 제시하고 있는 것이다. 이때 학습자는 선생님 혹은 부모가 들려주는 설명과 함께 시각 및 상상력의 감각을 동원하여 하나님에 대하여 생각하게 될 것이다.

시각은 의식을 깨운다. 태양이 삼라만상을 비추는 것과 같이 눈은 사물을 비추기 때문이다. 시각만이 유일하게 뇌의 신경세포와 연결되어 있다. 시각과 관련하여 생각할 것이 바로 ‘착시’현상이다. 이성을 가진 인간은 유일하게 사고하는 존재인데, 이런 사고는 특히 눈을 통해 이루어진다. 따라서 착시 현상은 시각을 통해 들어온 상(像)을 보고 사고하는 과정에서, 사고의 기대하는 바에 따라 상이 보완됨으로 발생한다. 따라서 엄밀한 의미에서 볼 때, ‘착시’란 ‘판단오류’라고 할 수 있다(Soesman, 2016: 191－193). 사고와 연관된 시각의 기능에서 주목할 것은 눈으로 지각한 것을 항상 이해하려는 태도가 나타난다는 점이다. 시각을 통해 어떤 것을 보게 되면 이해하기를 원한다. 그래서 흐릿한 것, 거꾸로 제시된 것, 무엇인가에 의해 가려져 있는 것 등을 볼 때 개선을 요청하는 것이다(Ibid.: 194). 한마디로 말해서 시각은 이해를 촉구한다. 시각은 학습자로 하여금 알고 싶은 욕구를 불러일으키기 때문이다. 이런 관점에서 볼 때 『세계도회』는 감각교육의 대명사라고 할 수 있을 것이다.

(3) 청각

코메니우스는 청각에 대해 "인공적인 소리와 음악을 구별하고 자연의 소리, 목소리나 말 등을 듣는" 것이라고 말한다(Comenius, 1999: 62). 청각교육과 관련하여 주목할 그림은 크게 두 가지로 볼 수 있다. 먼저 [그림 12-6]은 새들의 지저귐과 관련된 것이다. 어린이들은 이 그림을 대할 때 비록 책에서는 소리를 들을 수 없겠지만, 일상생활에서 듣던 새의 지저귐을 떠올릴 수 있을 것이다. 『세계도회』의 18-23번 그림은 각종 새와 관련된 그림들이다. 24번 그림은 하늘을 나는 곤충 그림이다. 그리고 이어지는 25-29번 그림은 동물, 가축, 야생 동물들에 관한 그림이다. 따라서 『세계도회』 18-29번 그림을 통해서 다양한 새, 동물, 곤충의 소리를 연상하거나 교사의 지도에 따라 소리를 내게 할 수 있을 것이다.

[그림 12-6] 새의 지저귐(『세계도회』 20번 그림)

다음으로 생각할 것은 [그림 12−7]의 악기와 관련된 것이다. 이 그림 안에는 대략 22개의 악기들이 나온다. 코메니우스는 악기를 세 종류로 분류하여 소개하고 있다. 첫째, 타악기로 심벌즈, 방울, 딸랑이, 입피리, 작은북, 팀파니, 팀바론, 목동의 악기, 트라이앵글이다. 둘째, 현악기로 하프, 크라비코드, 류트, 치타, 비올라, 리라 등이다. 셋째, 입으로 부는 악기로, 피리, 샤르마이, 주머니피리, 코르넷, 트럼펫, 트롬본, 오르간 등이다(Comenius, 1999: 121).

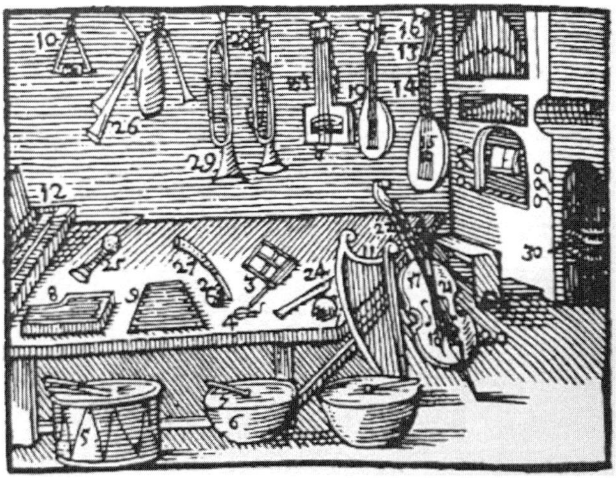

[그림 12−7] 악기(『세계도회』 100번 그림)

청각은 '내면화'의 과정을 상징적으로 보여주는 감각기관이라고 할 수 있다. 청각이란 외부의 자극이 몸 안으로 깊이 들어와 내면화 시키는 감각기관이다. 인간의 귀는 외부에서 시작된 소리를 내면의 정신적 차원으로 승화시키는 역할을 한다. 특히 청각은 예술 감각이라고도 할 수 있는데, 이는 음악, 건축, 조각 등 예술적인 일을 위해서는 청각이 필수적이기 때문이다. 현실의 삶이 더 높은 차원의 세계로 도약할 수 있는 것은 청각을 통해 소리를 경청함으로 가능하다(Soesman, 2016: 262). 수스만(A. Soesman)에 따르면 각각의 악기들은 감각적으로 인체에 영향을 준다. 예를 들어 바이올린 소리는 피부의 표면에만 머물지 않고 마치 손으로 쓰다듬듯이 피부에 닿으면서 감동을 준다. 실로폰에서 나는 소리는 바이올린 소리보다 인체의 훨씬 깊은 곳까지 전달된다. 플루트의 경우 그 소리는 주로 신체의 호흡기 계통으로 받아들이는 데, 저음은 뱃속까지 이르고 고음은 머리의 작은 공간에서 울린다(Ibid.: 267－269). 중요한 것은 아무리 서툰 솜씨의 연주이거나 어눌하고 음정이 불안정한 노래라고 할지라도 실제로 듣는 소리는 유명한 오케스트라의 완벽한 연주를 녹음한 소리보다 백 배의 소중한 가치를 지닌다는 점이다. 청각은 음향의 세계에서 창조적이고 현존하는 본질에 대한 가치를 경험하게 해준다(Ibid.: 275). 코메니우스의 『세계도회』는 청각과 연계하여 감각교육을 실행할 수 있는 여러 가지 그림들을 제공하고 있다.

(4) 촉각

[그림 12－8]은 촉각과 밀접하게 관련된 머리, 얼굴, 손과 관련된 내용을 담고 있다. 코메니우스는 촉각과 관련하여 "손은 사물의 양과 질을 만져서 식별합니다"라고 말한다(Comenius, 1999: 59, 62). 특히 얼굴과 손 부위는 신체 중에서 가장 민감한 부분이다. 사실 촉각은 손가락 끝이 가장 잘 발달이 되어 있다(Soesman, 2016: 29). [그림 12－8]을 가지고 학습을 할 경우 학습자는 그 어느 때 보다도 촉각과 관련된 학습을 하게 될 것이다.

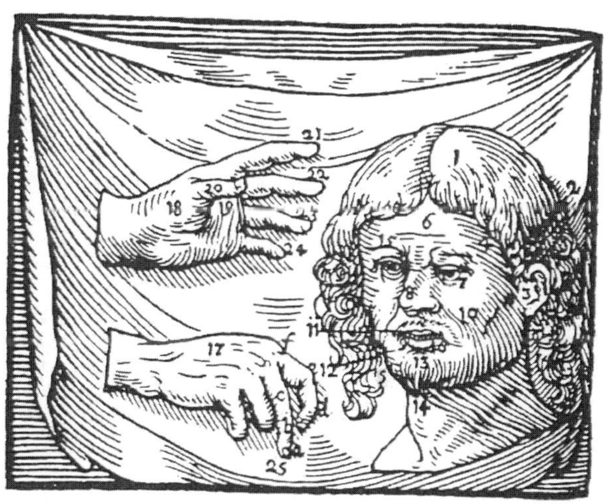

[그림 12–8] 머리와 손(『세계도회』 38번 그림)

슈타이너(R. Steiners)에 의하면 촉각이란 "외부세계와 물질적 관계를 맺는 것이다. 촉각을 통해서 인간은 외부세계와 끊임없이 만난다. 접촉과정은 피부 안에서 행해진다"(König, 2006: 24에서 재인용). 우리가 외부세계의 무엇인가를 향해 나아갈 때 동시에 외부의 그 무엇도 우리를 향해 다가온다. 수스만은 이것이 바로 촉각의 고유한 특성이라고 말한다(Soesman, 2016: 21). 예를 들어 손가락으로 무엇인가를 만지면 '그 무엇'과 동시에 손가락을 의식하게 된다. 얼굴에 무엇인가 닿게 되면 '그 무엇'과 동시에 얼굴을 의식하게 된다는 것이다. 즉 촉각은 자신의 신체 및 존재를 인식하게 해 주는 일차적인 감각이라고 할 수 있다.

촉각은 교육에 있어서 매우 중요하다. 대표적인 예 중의 하나가 바로 헬렌 켈러(H. A. Keller)의 경우다. 생후 19개월에 성홍열과 뇌막염으로 인해 시각과 청각을 잃었던 헬렌 켈러가 7살에 앤 설리번(Anne Sullivan) 선생님을 만난 후 의사소통에 큰 발전을 보이게 되었는데, 그 계기가 된 것이 바로 촉각으로 인한 것이었다. 설리번은 헬렌으로 하여금 손으로 펌프에서 나오는 차가운 물을 느끼게 한 후 손바닥에 '물'(water)이라는 단어를 쓰는 방식으로 물을 연상하게 하였다. 그로 인하여 헬렌은 '물'이란 사물과 'Water'라는 단어를 연결할 수 있었는데, 그 이후 헬렌은 폭발적으로 단어를 인식할 수 있게 되었던 것이다.

촉각의 발달은 초감각적 교육에 있어서도 중요한 역할을 한다. 신체적인 접촉은 근원적인 일체감을 느끼게 해 주는데 그 느낌들은 일체감에 대한 원초적인 욕구를 간직한 채 자연스럽게 그 세계와 분리되는 것을 도와준다. 슈타이너는 이러한 촉각의 특성에 의해 인간이 신의 존재를 의식하게 된다고 말한다(Soesman, 2016: 32). 즉 인간이 촉각에 깊이 몰두할 때 촉각을 통해 신의 존재를 인식하게 되는 깊은 내면적인 통찰에 이르게 된다는 것이다.

4. 나가는 말

코메니우스가 강조하는 교수방법의 대표적인 원리는 바로 자연적인 것이었다. 코메니우스는 『대교수학』은 물론, 『어머니학교의 소식』(*Informatorium školy mateřské*)에서도 자연으로부터 교수법을 찾아야 함을 강조한다. "가르침과 배움의 방법을 제시할 비결은 자연에서" 찾아야 한다는 것이다(Comenius, 2001: 47). 그래서 그는 "모든 것이 자연스럽게 흐르게 하라. 사물에 폭력을 가하지 말라"는 표어를 내걸고 이에 입각하여 그의 교육론을 제시했다. 특히 모든 사람에게 모든 책(자연의 책, 이성의 책, 계시의 책)을 쉽게 학습할 수 있도록 모든 과정은 단계적으로 제시되어야 하는데, 각 단계는 감각적 경험 단계, 지적인 것을 배우는 단계, 계시를 이해하는 단계로 구분할 수 있으며, 유아기에는 감각, 성장기에는 이성, 그 후에는 하나님 안에서의 신앙이 자라도록 가르쳐야 한다.

교사는 연령별 차이와 각각의 연령에 맞는 학습과 지식에 대하여 인식하고 있어야 하며, 이런 지혜는 학습의 단계를 기초로 하고 있다. 교사가 정통해야 할 인식의 세 단계는 '직관인식'(Intuitive), '비교인식'(Comparative), '관념인식'(Ideative)이다(Comenius, 1986: 100). 이 중에서 감각교육과 관련된 것이 '직관인식'이다. '직관인식'이란 감각 앞에 제시된 사물을 직관적으로 인식하는 것을 의미한다. 학습해야 할 사물이 지성에 그것의 상(像)이 각인될 때, 인식되는 그것은 감각 앞에 제시되는 것이다. 감각적 인식에는 세 가지 요소가 있는데, 대상에 대한 생각, 그것에 대한 상, 그리고 상을 형성하는 인식이다. 인간의 감각 기관들은 그 대상들과 연결되어 있기를 기뻐하는 반면에 분리되는 것을 싫어한다. 그렇기 때문에 학습자의 감각기관에 모든 것을 제시하는 방법이 즐거움의 근원이 된다는 것을 기억해야 한다.

코메니우스의 생애 말년에 집필된 『세계도회』는 앞서 언급한 감각교육의 모든 조건들이 최대한 녹아져 있는 세계 최초의 그림교과서다. 코메니우스에 따르면, 학습자로 하여금 사물을 제대로 이해하도록 하려면 감각에 맞게 제시되는 것이 기초다. 감각 속에 존재하지 않는 것은 이성 속에도 존재하지 않기 때문이다. 이를 위해서는 감각을 잘 훈련하는 것이 중요하다. 왜냐하면 감각을 잘 훈련하는 것이 지혜와 지적인 능력과 학습 활동을 위한 모든 사고의 기초가 되기 때문이다.

이를 위해 고안된 『세계도회』는 세계의 주요 사물과 인생의 주요 활동을 그림으로 제시하고 있다. 가르침과 배움에 있어서 단 하나의 그림이 천마디 말보다 더 효과적일 수 있다. 그림은 학습자의 마음을 사로잡아 배우고 싶은 열망을 높이고, 사물에 대한 주의력을 높여주며, 학습자로 하여금 활기 있게 학습활동을 할 수 있도록 돕는다. 시작하는 단계에서 제시되고 있는 알파벳은 그것을 익히는 방법부터 철저하게 감각적이다. 24개의 알파벳과 관련된 그림이 제시되고, 그 그림의 대상이 내는 소리와 연계하여 발음하도록 안내하고 있기 때문이다.

코메니우스는 『세계도회』의 매력 즉 감각교육의 효용성을 5가지로 정리한다. 첫째, 그림을 통해 학습자에게 기쁨을 줄 수 있으며, 쉽게 친숙해질 수 있다. 둘째, 학습자로 하여금 쉽게 질문할 수 있도록 돕는다. 셋째, 『세계도회』에 제시된 그림을 참고로 실제 사물을 활용할 수 있다. 예를 들면, 얼굴, 손, 신체, 의복, 집 등이다. 넷째, 학습자로 하여금 그림을 그리고 싶은 의욕을 불러일으킬 수 있다. 사물을 보고 그림을 그리는 것은 전체성을 익히는데 매우 효과적이기 때문이다. 다섯째, 시각적으로 제시할 수 없는 사물인 경우는 실물을 제시함으로 다른 감각기관을 발달시킬 수 있는 기회를 제공할 수 있다. 예를 들어, 청각과 관련된 사물(새 소리, 악기 소리, 대장간 소리 등)을 비록 그림으로는 제시할 수 있지만, 그림을 통해서는 실제로 소리를 들을 수가 없다. 따라서 그런 경우에는 실제 소리를 들을 수 있는 곳에 방문하든지 아니면 실제 악기를 통해 소리를 들려주는 것이 중요하다는 것이다. 이와 유사한 경우에는 냄새, 맛, 색, 촉감 등이 포함될 수 있을 것이다.

라이프니츠(G. W. Leibniz)는 코메니우스를 기념하는 시(詩)의 한 소절에서 말하길, 그대가 "연구하던 영혼을 이제 우리에게 그림으로 보여 주는구나"라고 하였다(Großmann & Schröer, 1997: 241에서 재인용). 보이지 않는 '영혼'을 이제 '그림'으로 보여주고 있다는 표현은 앞서 살펴보았던 [그림 12-5]를 떠올리게 한다. 코메니우스의 중심 사상인 판소피아는 보이지 않는 어떤 것이다. 그는 보이지 않는 것을 우리에게 보여주기 위해 생애 전체를 통해 자신의 모든 역량을 쏟아 부었다. 그 결실들 중의 하나가 『세계도회』다. 모든 것을 시각화(視覺化)하는 것이 코메니우스의 방식이었다는 것을 자신의 말년에 집필한 『세계도회』를 통해 감각적으로 입증한 것이다.

많은 학자들이 언급하고 있는 바와 같이 『세계도회』 안에는 코메니우스의 판소피아 사상이 녹아들어 있다. 코메니우스에게 있어서 『세계도회』는 다음세대에게 판소피아를 가르치는 감각적인 교육방법이었던 것이다. 라이프니츠의 시와 같이 '그림'으로 '영혼'의 비전을 보여주고자 갈망했던 코메니우스의 꿈이 마침내 『세계도회』를 통해 그 결실을 이루었던 것이다.

참고문헌

김영한(1989). **르네상스 휴머니즘과 유토피아니즘**. 서울: 탐구당.

나현규(2015). **판소피아와 교육**. 서울: 학지사.

나현규(2020). **코메니우스와 연결고리**. 경기: 크레도북스.

오춘희(1998). **요한 아모스 코메니우스에 관한 전기적 연구**. 연세대학교 대학원 박사학위논문.

이숙종(2006). **코메니우스의 교육사상**. 서울: 교육과학사.

전재원(2008). "아리스토텔레스의 감각 개념." **철학연구**. 108. 209-224.

Aristoteles(2005). ΠΕΡΙ ΨΥΧΗΣ. 유원기 역주. **영혼에 관하여**. 서울: 궁리.

Butterfield, H.(1980). *The origins of modern science 1300-1800*. 차하순 역. **근대과학의 기원: 1300년부터 1800년에 이르기까지**. 서울: 탐구당.

Comenius, J. A.(1658). *Joh. Amos Commenii, Orbis Sensualium Pictus. Die sichtbare Welt*, Noriberga.

Comenius, J. A.(1887). *The Orbis Pictus*, Trans. by Charles Hoole, New York: C. W. Bardeen.

Comenius, J. A.(1910). *The Great Didactic of John Amos Comenius*. trans. by M. W. Keatinge. New York: Russell & Russell.

Comenius, J. A.(1938). *The Way of Light*. trans. by E. T. Campagnac. Liverpool : The University Press.

Comenius, J. A.(1953). *The Analytical Didactic of Comenius*. Translated from Latin with Introduction and Notes by Vladimir Jelinek. Chicago: The University of Chicago Press.

Comenius, J. A.(1957). *Opera didactica omnia*, Editio anni 1657 lucis ope expressa moderante Otokar Chlup, Tomus I (Pars I-II); Tomus II (Pars III-IV); Tomus III (Commentationes), Pragae.

Comenius, J. A.(1986). *Comenius's Pampaedia or Universal Education*. trans. by A. M. O. Dobbie. London: Buckland.

Comenius, J. A.(1998). *Orbis Pictus*. 이원호 역. **세계도회**. 서울: 아름다운세상.

Comenius, J. A.(1999). *Orbis Pictus*. 남혜승 역. 세계 최초의 그림 교과서. 서울: 씨앗을 뿌리는 사람들.

Comenius, J. A.(2002). *Didactica Magna*. 정일웅 역. 대교수학. 서울: 창지사.

Comenius, J. A.(2011). *Didactica magna*. 정확실 역. 대교수학. 서울: 교육과학사.

Dieterich, V.-J.(2008). *Johann Amos Comenius*. 최진경 역. 요한 아모스 코메니우스. 서울: 지만지.

Goethe, J. W.(2006). *Aus meinem Leben, Dichtung und Wahrheit*. 이관우 역. 괴테 자서전. 서울: 우물이 있는 집.

Großmann, K. & Schröer, H.(1997). *Auf den Spuren des Comenius*. 정일웅 역. 코메니우스의 발자취. 서울: 여수룬.

Hooykaas, R.(1988). *Religion and the Rise of Modern Science*. 손봉호, 김영식 역. 근대과학의 출현과 종교. 서울: 정음사.

Kant, I.(2007). *Immanuel Kant über pädagogik*. 조관성 역. 칸트의 교육학 강의. 서울: 철학과 현실사.

Locke, J.(2014). *Some Thoughts Concerning Education*. 박혜원 역. 교육론. 서울: 비봉출판사.

Soesman, A.(2016). *Die zwölf Sinne*. 서유경 역. 12감각: 루돌프 슈타이너의 인지학 입문. 경기: 푸른씨앗.

Smith, E. E. & Nolen-Hoeksema, S. & Fredrickson, B. & Loftus, G. R.(2004). *Atkinson & Helgard's Introduction to Psychology*. 장현감, 이진환 신현정 정봉교 이광오 정영숙 역. 힐가드와 애트킨스의 심리학 원론. 서울: 박학사.

Wooten, K. C.(2009). *Johan Amos Comenius "Organic" Education*, University of Tennessee Honor Thesis Project. http://trace. tennessee.edu/utk_chanhonoproj/1339. 1-37.

제5부

인격, 인성 그리고 죽음교육

제13장 과정철학에 비추어 본 인격의 형성과정
−화이트헤드의 관점을 중심으로

제14장 느낌의 과정과 그 인성교육적 함의
−화이트헤드의 철학을 중심으로

제15장 죽음의 현상학적 의미와 죽음교육
−하이데거의 존재론을 중심으로

제13장

과정철학에 비추어 본 인격의 형성과정 –화이트헤드의 관점을 중심으로*

박태환

1. 서언
2. 인격의 형성과정
3. 인격의 함양과 인격적 인간상
4. 결어

* 이 글은 『教育思想硏究』 제30집 4호 69–94쪽에 게재되었던 "화이트헤드의 과정철학에 비추어 본 인격의 형성과정 연구"를 수정, 보완한 것이다.

1. 서언

오늘날 우리 사회는 급속한 경제발전과 사회변화로 인해 전통적인 덕(德)과 가치가 사라져가고 있으며, 극단적 개인주의와 물질 만능주의가 만연하고 사회적 범죄가 점차 증가하고 있다. 이러한 사회적 분위기 속에서 청소년 범죄가 날로 심각해지고 있으며, 신체적 폭행, 언어폭력, 따돌림, 괴롭힘, 사이버폭력 등의 학교폭력도 그 양상이 심해지고 있다. 또한 청소년들은 입시위주의 지나친 경쟁적인 교육환경 속에서 학업 관련 스트레스를 과도하게 받은 결과 행복한 삶을 영위하지 못하고 있다. 최근 우리나라 아동·청소년의 '주관적 행복지수'가 OECD 회원국 중 최하위라는 발표는 바로 이러한 현실을 잘 반영하고 있는 것으로 보인다.[1)] 이러한 현상들은 학교에서 인성교육의 중요성을 부각시키는 중요한 계기가 되었으며, 급기야는 2015년 7월에 그동안 파편적이고 분절적 접근에 머물렀던 인성교육을 유기적이고 통합적이며 체계적으로 지원하기 위한 '인성교육진흥법'을 마련하여 시행하기에 이르렀다(유병열, 2015: 4).

인성(人性)의 개념은 학자들에 따라서 인간의 본성, 품성, 사람됨, 개성, 성격, 전인성(全人性), 도덕성, 덕(德), 도덕적 인격 등 다양한 관점으로 해석되고 있지만(구본만, 2015: 25), 궁극적으로 인성의 개념은 인격과 매우 밀접한 연관성을 가지고 있다(구본만, 2015: 30-32). 인성의 핵심 요소를 도덕성에 두는 입장에서는 인성의 개념을 윤리학적·철학적 배경에서 규정하며, 인성교육은 '인격(character)'의 개념에 초점을 두어야 한다고 본다(조난심, 2015: 11). 인격교육·전인교육·도덕교육 등은 5.31 교육개혁 이후에 '인성교육'이란 용어로 통용되고 있는데 인성교육의 목표는 '품격 있는 사람'을 육성하는 데 있으며, 품격 있는 삶은 인격적인 삶을 통하여 확보될 수 있다(유병열 외, 2014: 29). 이미 우리나라 '교육기본법(제2조)'에서도 '인격의 도야'를 강조해온 바 있다. 인성교육의 핵심이 인격을 함양하는 데 있다면, 우리는 인격교육을 어

1) 이 단락은 사회적 병폐(장시성, 2016: 79), 청소년 범죄의 증가(박우현, 2013: 106), 학교폭력(김문호, 2014: 36), 청소년들의 학업스트레스(김정현 외, 2014: 244), 아동·청소년의 주관적 행복지수(연합뉴스, 2016. 5. 2)의 자료를 참고하였다.

떻게 해야 할 것인가?

지금까지 학교에서의 인격교육은 주로 전통적인 덕목(德目)과 가치교육, 도덕적 추론 및 가치 명료화와 같은 인지적(認知的) 접근에 의해 이루어져 왔으나(정세구 외 역, 2004: 12-15), 도덕적인 지(知)와 행(行)을 연결하는 데 한계가 있다. 레밍(J. S. Leming)은 규범, 선언, 교사의 훈계 등과 같은 교훈적인 방법만으로는 인격에 중요하면서 지속적인 효과를 가져 올 수 없고, 도덕적 문제에 관한 추론 능력의 개발이 도덕적 행위의 변화를 반드시 수반하지는 않는다고 비판한다(정세구 외 역, 2004: 52). 또한 인격교육의 문제를 해결하기 위하여 리코나(T. Lickona)는 통합적 인격교육을 제시한 바 있다. 그는 인격을 인지적, 정의적 그리고 행동적 측면을 모두 포괄하고 있는 개념으로 파악하면서, 선한 인격이란 선을 알고, 열망하며, 행동하는 것으로 이루어진다고 강조하고 있다(정세구 외 역, 2004: 314-15).

그러나 서명석(2014: 29)은 리코나의 통합교육이론을 덕목주의(德目主義)라 부르고, 리코나의 인격형성 과정은 어디까지나 ① 머리로 알기 → ② 마음먹기 → ③ 실천하기 순으로 전개되는 선지(先知)-감지(感之)-후행(後行)설이며, 따라서 인지적 접근에 지나지 않는다고 비판한다.

화이트헤드(A. N. Whitehead)[2]는 전통적인 교육방법에 대하여 하나하나의 사실들을 가치들의 상호 작용 가운데서 구체적으로 이해하려는 습관을 강화시키지 않고, 지나치게 추상적인 인지적 분석과 틀에 박힌 지식의 습득에만 몰두하고 있다고 비판한다(Whitehead, 1991: 285). 나아가 그는 미덕(美德)만을 강조해서는 안 되며, 흥미를 느낄 만한 색다른 무엇이 있어야 한다고 강조한다(Whitehead, 1991: 297). 그는 추상적이고 현학적인 '생기 없는 관념'(inert ideas)을 머릿속에 주입시키는 교육이 무엇보다 해롭다고 지적하기도 한다(Whitehead, 2004: 38-39).

화이트헤드의 과정철학에 의하면, 철학의 중심 문제는 '존재'가 아니고 생성 혹

---

2) 화이트헤드(Alfred North Whitehead, 1861-1947)는 20세기의 대표적 철학자로서 런던대학 임페리얼 칼리지 응용수학 및 이론물리학 교수(1914-1924)를 지냈으며, 미국 하버드대학 철학교수를 역임하였다. 그는 『수학원리』(*Principia Mathematica*, 1910-13, 전3권)를 러셀과 공동으로 저술하여 수학기초론과 현대논리학의 성립에 기여하였다. 또한 그의 형이상학은 20세기 상대성 이론 및 양자역학에 근거하여 자연과 인간사회를 포괄적 통일적으로 이해하는 가설적 구도를 제시하였다. 그의 주요 저서는 『과학과 근대세계』(1925), 『과정과 실재』(1929), 『관념의 모험』(1933) 등이 있다(한국화이트헤드학회 홈페이지에 실린 오영환의 소개 글).

은 과정이다(장왕식, 2016: 30). 현실세계란 경험의 주체인 '현실적 존재'3)들의 '생성'(becoming)의 과정이며, '합생'(合生, concrescence)4)의 과정이다(Whitehead, 2013a: 86). 또한 인간의 정서, 가치, 목적, 책임성, 행동 등과 같은 인간의 경험 양식은 특정한 단계에서 완결되는 것이 아니라 끊임없이 생성되어 가는 경험의 과정이다(Hosinski, 2013: 91). 이런 관점에서 볼 때, 인격이란 완성된 인간다움을 말하는 것이 아니라 다양한 합생의 과정을 통해 끊임없이 생성되고 성장되어 가는 인간다움의 도덕적 과정인 것이다. 따라서 21세기형 인성의 의미는 고정된 것이 아니라 현재 상황과 미래 상황을 고려한 유동적이며, 지속적인 변화의 과정으로 보아야 한다(강선보 외, 2015: 280).

이러한 과정철학의 관점에서 바라본 인격교육의 '과정모형(process model)'은 일찍이 부레트와 루스낙(K. Burrett and T. Rusnak)이 지적한 바 있듯이, 덕목과 가치교육에 대한 기존의 접근 방식을 극복할 수 있는 통합된 인격교육 모형을 구안하는 데에 시사해주는 바가 많다(정세구 외 역, 2004: 101). 또한 이 모형은 인격교육에 있어서의 혼란과 부작용을 최소화하고, 인격의 교육과정을 구성하고 프로그램 개발의 방향성을 제시하는데 통합적으로 도움이 될 것으로 기대된다.5)

최근 인격의 문제를 화이트헤드의 철학적 관점에서 다룬 몇 편의 글들이 발표되었다. 문창옥(1997, 2013)과 남순예(2012)의 '인격의 동일성'에 관한 연구, 김재현·허선호(2014)의 '인격(Person) 개념'에 대한 고찰, 금교영(2007)의 '인격 존재에 대한

---

3) '현실적 존재(現實的 存在, actual entity)'란 화이트헤드의 유기체 철학의 주요 개념으로서, 세계를 구성하고 있는 궁극적인 실재적 사물(real thing)이며, 사물을 구성하는 기본 단위(unit)로서, 시간과 경험의 폭을 가진 복합적이고 상호의존적인 '경험의 방울들'(drops of experience)이다(Whitehead, 2013a: 78).

4) 화이트헤드의 과정철학에서 과거는 사라지지 않고 현재의 주체에게 영향을 끼친다. 과거는 반복과 동시에 종합되기도 하는데 이때 '새것'이 발생한다. 그는 새것이 발생되는 과정을 '생성적 과정'이라고 부르며, 이런 과정을 설명하기 위해 신조어인 '합생(合生, concrescence)'이란 전문 용어를 만들었다. 합생이란 어원적으로 단지 종합되고 합성(合成)되는 것이 아니라, 과거의 여건들이 모여서 새것이 '함께 증가'(growing together)한다라는 의미가 들어 있다(장왕식, 2016: 106-107).

5) 유병열은 인성교육의 법제화에 따른 혼란과 부작용으로 인성 및 인성교육에 대한 기본적 이해 부족, 무분별한 인성교육 프로그램의 개발, 인성지도사 등 자격증과 양성기관의 난립 등을 지적하고 있다. 그는 범국민적 차원에서 인성교육을 전개해 가려면 인성의 의미를 보다 쉽고 간명하게 이해할 수 있고, 공유하도록 하는 일이 필요하다고 주장한다(유병열, 2015: 6-8).

존재론적 풀이' 연구 등이 발표되었다. 그러나 이들 연구들은 인격의 형성과정에 대한 논의는 전개하지 않고 있다. 따라서 필자는 화이트헤드의 과정철학의 관점에서 인격의 형성과정을 해석하고 그것이 인격교육과정에 주는 시사점들을 제시해 보고자 한다.

2. 인격의 형성과정

(1) '인격'과 '인격체'의 의미

화이트헤드는 '인격'이란 말보다 제3의 용어인 '인격적 동일성'을 강조한다. 그는 '인격(person)'[6]이라는 말이 인간학적 개념으로서 '의식'(consciousness)의 관념을 함축하고 있기 때문에 오해의 소지가 있다고 생각한다. 뿐만 아니라 '인격'이란 말은 '페르소나'(persona)라는 라틴어가 가지고 있는 의미 중 하나인 '어떤 특성'(character)을 의미하기도 한다. 그러나 인격으로서 '존속하는 객체'는 하나의 특성을 유지하는 것 그 이상의 일을 한다(Whitehead, 2013a: 109). 왜냐하면 인격은 결합체의 성원들 간의 독특한 발생적 관계에서 생겨나고, 우리의 모든 경험적 계기들을 수용하고, 통일해가는 생성의 수용자(receptacle) 역할을 하기 때문이다(Whitehead, 2013b: 296).

화이트헤드에 의하면 현실적 존재란 본질적으로 사회적이다. 따라서 현실적 존재의 성격 형성은 그것을 둘러싸고 있는 환경이 제공하는 모든 여건들에 의해 결정

6) 인격의 일반적인 사전적 의미는 '사람으로서의 품격'을 의미한다(표준국어대사전, 국립국어연구원, 1999: 4980). '인격'의 어원에 대한 설명은 ① 원래 가면, 가장을 뜻하는 'persona'이다(금교영, 2006: 5-6). ② 고대 그리스어 'charaktēr'에서 온 것으로 동전에 찍힌 표시를 의미한다(신득렬, 2003: 300). ③ 조각(engraving)을 의미한다(R. S. Peters저, 남궁달화 역, 1995: 32). '인격(person)'의 개념은 서양 중세 기독교에서부터 근대철학자인 칸트, 괴테, 짐멜, 훔볼트 그리고 현대의 막스 셸러에 이르기까지 계승되고 있다. 그러나 현대 영미 계통의 심리학자나 교육학자들은 인격을 'character'로 표기하고 있다(금교영, 2006: 5-6). 김재현·허선호(2014: 20)는 'person'이라는 단어에는 인간과 인격이라는 두 가지 뜻이 포함되어 있으며, '인간의 인격'과 '인간의 품격' 그리고 지·정·의를 포괄하는 '전체적 특성'을 나타내는 개념으로 보고 있다. 그러나 싱어(P. Singer)와 화이트헤드는 인간과 인격을 구분하며, 인격의 적용 가능성을 동물에게까지 확대하고 있다. 본고에서는 화이트헤드의 저서에서 사용되고 있는 'person'이란 용어를 '인격' 또는 '인격체'로 번역하고자 한다.

된다(Whitehead, 2013a: 411). 인간은 '인격적 경험'이 지배하는 하나의 사회이며, 세포와 피와 뼈로 이루어진 사회이다. 또한 세포는 양성자와 같은 아주 작은 물리적 존재들의 사회이다. 이 모든 사회는 보다 큰 사회적 환경을 가진 사회들에 의해 조정(調整, coordination)되고, '우주 사회'로까지 확대되며(Whitehead, 2013b: 324), 특정한 '사회적 질서'를 가지고 있는 결합체[7]이다. 사회란 동일한 집합명이 적용되는 단순한 수학적 개념의 질서 이상의 것을 포함하고 있다(Whitehead, 2013a: 208). '사회적 질서'란 각각의 구성원들이 지니고 있는 '특징을 한정하는(defining character)' 공통 요소로서 구성원들 간의 상호 파악을 통해 생겨나고, 구성원들의 내면에 상호 내재(內在)하며 공유되고 있다. 한 사회의 구성원들의 관계가 자립적이고 구성원들이 그 사회의 공통 요소를 발생적 관계에 따라 순차적으로 계승할 때, 그 사회는 '인격적 질서(personal order)'를 향유하게 된다(Whitehead, 2013a: 108－109). 이러한 사회는 결합체 내의 각 계기들이 선행하는 계기들을 파악하는 가운데 그 공통 형상의 요소를 제 각기 계승하여 구현하고 이를 다시 후행하는 계기들에게 유산으로 넘겨주고 있는 사회이다(문창옥, 2013: 65). 특히 인간은 다른 동물과 달리 보다 광범한 사회적 통일성을 가지며, 사회적 조정이 다양한 부분의 행동에 지배적인 요인이 된다(Whitehead, 2013b: 323). 따라서 우리가 직관을 통해 직접적으로 식별할 수 있는 엄밀한 의미의 인격적 사회는 우리 자신의 인격적 경험의 사회뿐이다(Whitehead, 2013b: 325).

또한 사회 중에는 '구조를 갖는 사회'가 존재하는데, 일반적으로 이는 안정성과 특수화를 추구한다. 바위, 행성, 태양과 같이 낮은 등급에 속하는 사회는 세부적인 특수성과 다양성을 제거하고, 결합체의 전체적 평균을 강조함으로써 안정성을 추구한다. 반면에 인간과 같은 고등한 유기체의 경우에는, 안정성과 특수성을 조화시키려고 한다. 그리고 다양한 경험에 관해 사고하며, 새로움을 창출해 내고자 한다(Whitehead, 2013a: 228－230).

화이트헤드의 유기체 학설은 질서의 문제를 가장 중요시한다. 그는 그 어떤 현실적 존재도 현실 세계가 허용하는 질서의 한계를 넘어서 존재할 수 없다고 한다(Whitehead, 2013a: 197). 또한 고립된 사회란 있을 수 없으며, 모든 현실적 존재들은

7) 결합체(結合體, nexus): 화이트헤드는 일상적인 경험에서 만나게 되는 거시적(巨視的) 세계의 존재, 즉 사람, 나무, 집 등은 모두 현실적 존재들의 집합체인 결합체 내지 사회(society)라 부른다(Whitehead, 2013a: 674).

보다 넓은 환경을 필요로 하고, 그 사회의 성원들은 그것에 순응하지 않으면 안 되도록 되어 있다(Whitehead, 2013a: 210). 그러나 한 사회의 무한한 존속을 보장해주는 이상적인 질서란 존재하지 않는다. 사회의 존속이 더 이상 유지될 수 없는 경우에는 구성원들은 재생 작업을 중단하게 된다. 그리고 사회가 새로운 질서를 창조하고, 이 단계에서 변화를 추구하지 않게 되면, 궁극적으로 일정한 쇠퇴의 단계를 거친 후 결국 소멸하게 된다(Whitehead, 2013a: 211). 질서와 새로움 두 요소는 실제로 분리되어서는 안 되며(Whitehead, 2013a: 641), 제한된 이상을 넘어서는 진보가 가능하려면, 보다 낮은 유형의 질서를 보다 높은 유형의 질서로 과감히 대체해 나아가야 한다(Whitehead, 2013a: 246).

화이트헤드에 의하면, 단세포 식물과 하등 형태의 동물 생명체의 경우에는 인격을 추정할 만한 근거가 없다. 그러나 보다 고등한 동물의 경우에는 그들이 나름대로 인격을 품고 있다는 것을 추정할 만한 '중추적 조정 작용(central direction)'을 발견할 수 있다. 특히, 우리 인간은 자기 자신에 대한 자각과 같은 통합적 제어(unified control) 능력을 가지고 있다(Whitehead, 2013a: 239). 인간의 정신활동이란 한편으로는 인간 신체의 산물이며, 다른 한편으로는 사고 작용(cogitations)의 체계이기도 하다. 인간은 물리적 측면과 정신적 측면을 동시에 가지고 있으며, 역사적 경로를 거친 과거의 경험을 물리적으로 계승하고 순응하기도 하지만, '개념적 반작용'으로 가치를 평가하고, 주체적으로 목적을 지향해 가며, 독특함과 새로움을 창출해 가는 존재이다. 이러한 통합적인 제어와 조정(coordination)의 과정을 통해 인간은 분열된 인격이 아니라 통합적인 인격성을 갖추게 된다(Whitehead, 2013a: 241-242).

화이트헤드의 관점에서 인간으로서의 '나'는 경험하는 자아 속에 다수의 사실들(多者, many)을 하나(一者, one)로 통일시키는 동시에 이러한 사실들을 자아와 관련되는 다양한 방식에 따라 분화시키는 존재이다. 이때 일부의 사실들은 직접적인 자아와 밀접한 연관성을 갖고 있어서 그들과의 긴밀한 통일이 요구된다. 이렇게 해서 자기 동일성(self-identical)을 지닌 '존속하는 인격적 존재(enduring personal existence)'라는 개념이 생겨나고 이것이 바로 여러 단계의 존재를 수반하고 있는 하나의 '인격체(one person)'인 것이다(Whitehead, 2003: 163).

(2) 합생과 인격의 형성과정

화이트헤드의 과정철학의 핵심은 합생(合生, concrescence)의 과정이며, 이 과정은 미시적 세계의 역동적인 과정을 세밀하게 그리고 있는 하나의 지도라고 할 수 있다(문창옥, 2002: 55). 화이트헤드는 '현실적 존재'란 경험하는 주체인 동시에 그 경험의 자기초월적 주체(subject－superject)이며(Whitehead, 2013a: 97－98), '현실적 존재'를 구성하는 것은 합생의 과정이라고 본다(Whitehead, 2013a: 91). 이렇게 보면 인격적 경험의 주체는 곧 '현실적 존재'이다. 또한 '인격적 존재' 또는 '인격체'는 이러한 현실적 존재들의 합생과정, 즉 자기형성(self－formation)의 과정을 통하여 구성된다(Whitehead, 2013a: 241). 따라서 '인격의 형성과정'을 이해하기 위해서는 인격적 경험의 주체인 현실적 존재들의 합생과정을 먼저 살펴볼 필요가 있다.

화이트헤드는 유동하는 세계관을 표현한 최초의 격언을 헤라클레이토스의 '모든 사물은 흐른다'로 간주하고(Whitehead, 2013a: 419), 유동하는 현실 세계를 미시적 과정과 거시적 과정으로 구분한다. 미시적 과정은 개별적 존재자의 구조 속에 내재하는 현실적 존재들의 생성과정이며, 주체적 지향(subjective aims)인 어떤 목적인(目的因)을 향해서 나아가는 합생의 과정이다. 거시적 과정은 개별적인 존재들이 목표를 달성한 후에 자기 초월체(superject)로서 후속하는 다른 현실적 존재의 생성을 위한 가능태로 이행하는 작용인(作用因)의 과정이다(Whitehead, 2013a: 413).

합생의 과정에는 계속되는 일련의 위상들이 있다. 그것은 기본적으로 셋으로 구분되며, 고등한 현실적 존재로 갈수록 이 위상은 세분되는 단계를 밟게 된다. 그래서 때로는 넷 또는 그 이상으로 설명되기도 한다. 논의의 편의상 합생을 네 개의 위상으로 분석할 때 호응적 위상(responsive phase), 개념적 위상(conceptual phase), 비교적 위상(comparative phase), 만족(satisfaction)을 갖는 것으로 기술된다(문창옥, 2002: 68).

필자는 합생의 위상들을 인격의 형성과정 측면에서 주요 활동을 중심으로 수용과 공감의 과정, 개념 평가의 과정, 선택·결정·만족의 과정, 그리고 창조의 과정으로 재구성하여 설명하고자 한다.

가. 수용과 공감의 과정

수용과 공감의 과정은 첫 번째 위상인 호응적 위상에서 현실 세계를 객체적 여건(data)으로 수용(受容)하는 단계이다. 경험의 근원적 요소는 공감(sympathy), 즉 타자(他者)와의 관계에서 갖는 '느낌'이며, 타자와 더불어 순응적으로 느끼고 받아들이는 것이다(Whitehead, 2013a: 339-341). 이 단계에서의 '느낌'(feeling)[8]은 과거의 인격적 경험을 그대로 파악하기 때문에 순응적이고, 물리적인 느낌이며, 재연(再演) 또는 재생적 성격을 지니고 있다(Whitehead, 2013a: 472). 학생들의 현재의 인격적 경험은 가정, 친구, 사회, 학교 등 과거로부터 수용한 경험이다. 그들은 신체의 감각기관을 통하여 지각한다. 눈으로 보고, 귀로 듣고, 입으로 말한다. 그리고 기억에 의해 재생한다. 이러한 신체적 경험은 근원적으로 정서적이다(Whitehead, 2013a: 339).

이 단계에서 중요시되는 지각의 형태는 '인과적 효과성'의 양태이다. 화이트헤드는 지각의 형태를 '인과적 효과성'[9]과 '현시적 직접성'[10]의 지각으로 구분한다. 인과적 효과성은 어떤 사물에 대한 느낌이 과거로부터 계승된 지각을 의미한다(Whitehead, 2013a: 242). 이것은 인간 경험에 있어 뚜렷한 의식을 포함하고 있지 않으며, 근원적이고 모호하며, 제어하기 어려운 지각에 해당한다. 그는 이러한 지각을 '비감각적 지각'(non-sensuous perception)이라고 부르기도 한다(Whitehead, 2013b: 287-288). 그는 전통적 인식론이 '인과적 효과성'의 지각보다 명석 판명한 '현시적 직접성'의 감각지각에 주목해왔다고 지적한다(Whitehead, 2003: 104). 화이트헤드는 사실상 철학상의

---

8) '느낌'(feeling)이란 말은 화이트헤드가 사용하는 전문 용어로서 '파악'(prehension)과 동의어로 쓰이고 있다. '느낌'은 합생하는 주체인 현실적 존재가 여건을 사유화(私有化, appropriation)하여 자신의 것으로 만들어가는 작용을 표현하기 위해 채택된 개념이다. 느낌에는 3개의 연속적인 위상, 즉 순응적(conformal) 느낌, 개념적(conceptual) 느낌, 비교적(comparative) 느낌의 위상이 있다. 그리고 비교적 느낌에는 명제적 느낌과 지성적 느낌이 있다(Whitehead, 2013a: 342-343).

9) '인과적 효과성(因果的 效果性, casual efficacy)' 지각의 예: 점심 때 먹은 생선이 점차 내 몸 속에서 거북해지면서, '생선 먹은 것이 안 좋은 것 같아'라고 말할 수 있다. 이런 모호한 느낌은 감각적 지각이 아니며, 인과적 효과성의 지각이다(Hosinski, 2013: 117). 또한 현재 내가 화가 나 있다면, 바로 직전 과거에 화난 계기(契機)들 가운데 하나가 나를 화나게 했던 것이다. 현재의 노여운 감정은 선행하는 몸의 생리학적 경험과 인격적 경험을 물려받은 과거의 인과적인 비감각적 지각을 향유하고 있는 것이다. 그리고 그 사람의 현재의 감정은 그의 과거의 주체적 형식과 동일한 감정이다(Whitehead, 2013b: 291-2; Hosinski, 2013: 106-7).

10) '현시적 직접성(顯示的 直接性, presentational immediacy)'이란 명석 판명한 의식을 포함하고 있는 지각의 양태이다. 과거를 계승하는 인과적 효과성의 지각은 모호하고 불분명한 정서적 여건들을 전달하는 반면, 현시적 직접성은 선명하고 정확한 여건들을 전달해 준다(Whitehead, 2013a: 719).

난제들 대부분은 바로 여기에서 기인한다고 주장한다. 지금까지 경험은 완전히 그 처음과 끝이 뒤바뀐 채 잘못 설명되어 왔다는 것이다. 특히 정서적이며, 목적 지향적인 경험은, 흄이 말하는 감각의 인상에 뒤따라 일어나는 것으로 이해되어 왔다고 한다(Whitehead, 2013a: 339).

화이트헤드는 인과적 효과성과 현시적 직접성의 상호 작용을 상징적 연관(symbolic reference)이라 부른다(Whitehead, 2013a: 265-6). 두 개의 혼합된 양태의 지각인 상징적 연관은 해석적인 성격을 띠고 있기 때문에 오류를 범하기 쉽다(Whitehead, 2013a: 350). 언어는 거의 전적으로 인과적 효과성과 현시적 직접성의 상징적 연관에 의해 복잡하게 통합된 해석의 결과이다(Whitehead, 2013a: 356-358).

우리는 아이들에게 '친구와 사이좋게 대화해야 한다'고 가르친다. 그러나 그들은 A라는 친구와 대화를 하고자 할 때, 왠지 모르지만 이야기하기 싫거나 기분이 좋지 않을 수도 있다. 또는 과거의 좋지 않은 기억이 떠오를 수도 있다. 이것은 인과적 효과성의 예라고 할 수 있다. 우리의 경험은 처음에는 무의식적인 것, 모호한 것으로부터 점차 명석 판명해지는 현시적 직접성으로 옮겨간다. 그리고 우리의 의식이나 판단은 보완적 위상인 합생의 후기 단계, 즉 '지성적 느낌'[11]에서 생겨나는 것이다. 락우드(A. L. Lockwood)는 인격교육자들은 "이러한 덕목과 가치들을 가르치면, 청소년들은 도덕적으로 칭찬할 만한 방식에 따라 행동할 것이다"라고 가정하고 있다고 비판한다(정세구 외 역, 2004: 74). 우리는 학생들을 지도할 때, 그들이 과거의 경험을 바탕으로 하고 있으며, 교사들이 제시하는 덕목과 가치를 처음부터 명석 판명하게 수용하고 공감하지 않으며, 모호한 느낌으로부터 출발한다는 것을 염두에 두어야 한다.

화이트헤드의 지각 이론을 리코나(T. Lickona)의 인격교육 이론과 비교해 보는

---

11) 화이트헤드에 의하면, 우리가 감각적 지각과 반성적 사고에서 중요시하는 '의식(意識)'은 보다 고차원적 위상인 합생의 후기 단계, '지성적 느낌'(intellectual feelings)에서 생겨난다(Whitehead, 2013a: 470). 지성적 느낌에는 의식적으로 이루어지는 것, 직관적 판단으로 이루어지는 것이 있다. 지성적 느낌의 주된 기능은 신념도, 불신도, 판단도, 유보도 아니다. 지성적 느낌의 주된 기능은 그것과 연관되어 있는 개념적 느낌에 있어서의 가치 평가이다. 그리고 가치 평가에 수반되고 있는 정서적 강도를 고양하는 일이다. 지성적 느낌의 기능은 주의 집중을 통해 중요성을 증대시키는 데에 있다(Whitehead, 2013a: 532). '지성적 느낌'은 명제적(命題的) 느낌과 마찬가지로 영원한 객체인 가능태(可能態)와 현실태(現實態) 사이의 대비(對比)를 느끼게 할뿐만 아니라, 이론(理論)과 사실(事實) 사이의 대비를 인식하게 한다(Hosinski, 2013: 198).

것은 의미가 있다. 미국의 학교와 가정, 그리고 우리나라 도덕교육에도 많은 영향을 미친 리코나는 도덕 혹은 가치교육의 목표는 인격의 함양이라고 보고 통합적 인격교육을 제시했다. 그는 훌륭한 인격의 구성요소를 도덕적 인지, 도덕적 감정, 도덕적 행동으로 구분하고, 도덕적 인지의 하위 요소로 ① 도덕적 인식, ② 도덕적 가치 인식, ③ 관점 채택, ④ 도덕적 추론, ⑤ 의사 결정, ⑥ 자기에 대한 지식을 들고 있다. 그리고 도덕적 감정의 요소로 ① 양심, ② 자긍심, ③ 감정이입, ④ 선을 사랑하기, ⑤ 자기 통제, ⑥ 겸양, 도덕적 행동 요소로는 ① 수행 능력, ② 의지, ③ 습관을 제시하고 있다(박장호 외 역, 1998: 71-4).

그러나 서명석(2014: 27-32)은 리코나의 인격의 구성 요소는 분절적(分節的)인 덕목 중심으로 되어 있으며, 교수·학습의 순서는 ① 알고 → ② 느끼고 → ③ 실천하기로 되어 있으나, 이처럼 인간의 행동이 순차적으로 일어나지 않는다고 비판하고 있다. 그리고 그는 이러한 절차가 '현행 교수·학습 과정안'(교육부, 2014: 179)에도 반영되어 있다고 지적하고 있다.

화이트헤드의 관점에서 볼 때, 학생의 현실 세계는 과거로부터 계승되고 타자와의 관계에서 느끼는 공감을 통하여 형성되며, 정서적 색조를 띠고 있다. 그리고 모호한 느낌으로부터 출발하여 점차 명석 판명하게 되어가는 것이다. 나딩스는 그의 배려윤리에서 개인의 품성이 어떠한가에 초점을 두기보다는 관계를 강조한다. 그는 도덕적 인격이란 타자와의 관계를 통해서 형성되는 것으로 이해한다(강선보 외, 2015: 215). 따라서 인격교육은 학생들의 현실태가 있게 된 과거의 경험과 타자와의 관계에 대하여 수용하고 공감하는 관계 맺음에서부터 시작된다고 할 수 있다.

나. 개념 평가의 과정

합생의 초기 위상을 넘어서면서 현실적 존재는 자신이 추구하는 주체적 지향(subjective aim)[12] 또는 이상에 비추어, 주어지는 여건(data)[13]인 영원한 객체를 여러

---

12) 주체적 지향(subjective aim)은 현실적 존재인 주체가 장차 실현하려는 이상(理想)이다. 그것은 합생의 여러 위상을 거치는 가운데 자기 성장을 위해 수정될 수도 있다(Whitehead, 2013a: 711-2). 주체적 지향은 원초적으로 지성적인 것이 아니라, 정신의 싹(胚芽, germ of mind)이며, 반드시 의식을 수반하는 것은 아니다(Whitehead, 2013a: 201).

13) 여건(data)은 파악되거나 주어지는 것이다. 느낌의 분석에 있어, 사물에 앞서는 것은 모두 여건이다(Whitehead, 2013a: 463). 현실적 존재의 성격은 그 여건인 환경에 달려 있다

가지 가능성 중에서 가치(value)에 근거하여 비교와 대비를 통해 선택(choice)하고 결정하는 목적론적 과정이 진행된다(Hosinski, 2013: 140－141).

이 과정에서 '영원한 객체(永遠的 客體, eternal object)'의 의미와 기능은 대단히 중요하다. 합생의 여러 단계들은 거기에 포함되어 있는 '영원한 객체'들의 다양한 진입 방식에 의해 구별된다(Whitehead, 2013a: 341). '영원한 객체'는 현실적 존재들의 성격을 특징지어 주는 '한정 형식(forms of definiteness)'이며, 현실적 존재를 어떤 특수한 사실로 규정하기 위한 가능태(potentiality)이다(Whitehead, 2013a: 85). 현실적 존재의 생성과정이란 다양한 '영원한 객체'들을 취사선택하고, 일련의 결단을 통해 한정성(限定性)을 획득해 가는 과정이다(Whitehead, 2013a: 128). 이러한 영원한 객체는 플라톤의 형상(形相), 로크(J. Locke)의 '관념(idea)'과도 유사하다(Whitehead, 2013a: 315). 인성교육진흥법(법률 제13004호, 2015.1.20. 제정)에서 인성교육의 핵심 덕목으로 제시하고 있는 예(禮), 효(孝), 정직, 책임, 존중, 배려, 소통, 협동 등과 핵심역량인 공감·소통하는 능력이나 갈등해결 능력 등은 모두 영원한 객체에 해당한다.

만일 우리가 정신적 활동에 있어서 이와 같은 새로운 관념이나 이념을 도입하지 않는다면, 개념적 느낌의 여건은 최초 위상에서 수용한 과거 경험의 사실 속에 있던 '영원한 객체'를 계승하게 됨으로써 기존의 인격적 경험의 패턴 또는 인격적 질서가 유지되고 재연(再演)될 뿐이다. 그러나 새로운 개념, 관념 등의 영원한 객체가 현실적 존재 속으로 진입해 올 때에는 우리의 '인격'이 새롭게 창시(創始)되고, 새로운 인격적 경험과 접하게 되면서 효과적으로 주체적 지향의 달성을 향해 나아가게 된다(Whitehead, 2013b: 306－7). 현실적 존재는 자신이 추구하는 주체적 지향인 목적 또는 욕구에 비추어, 주어지는 여건인 영원한 객체에 대하여 가치 평가를 하게 된다. 그리고 현실적 존재는 그 평가결과에 의해 현실적 존재나 결합체의 한정 특성인 '영원한 객체'를 수용하고 재생하기도 하며 배제하기도 한다(Whitehead, 2013a: 94). 그 평가 결과에 따라서는 영원한 객체를 동일하거나 상이한 한정 특성을 부분적으로 취하기도 한다. 화이트헤드는 이것을 개념적 역전(conceptual reversion)이라 부른다(Whitehead, 2013a: 93). 현실적 존재인 주체는 이런 저런 가능태로서의 '영원한 객체'를 중요한 것, 사소한 것, 또는 관계없는 것, 바람직하지 않은 것 등으로 느낀다. 여

(Whitehead, 2013a: 246).

기에는 정서, 평가, 목적, 역작용(adversion), 혐오(aversion), 의식 등과 같은 많은 종(species)이 있다. 이러한 느낌의 방식들을 주체적 형식(subjective form)이라고 한다. 그리고 주체적 형식은 '가치평가'이며 정서적이다(Whitehead, 2013a: 88). 이러한 관점은 뇌과학의 성과[14]에서도 밝혀지고 있다. 최근 도덕 심리학은 도덕판단에 미치는 감정의 역할에 대해 환기함으로써 전통적인 이성과 감정의 관계를 재 고려하고 있다(손경원, 2015: 113).

화이트헤드는 가치에는 심미적(審美的, aesthetic)·도덕적·실리적인 가치가 있으며, 이러한 가치에는 가치 판단이 필연적으로 수반된다고 보았다(Whitehead, 2004: 300). 그는 일상적인 정서나 느낌은 가치평가의 형태를 보여 주며, 정서적 색조(色調)를 띠고 있다고 한다. 현실적 존재인 주체가 가치평가를 할 때, 평가절상의 경우에는 '역작용(逆作用)'이 되고, 평가절하의 경우에는 '혐오(嫌惡)'가 생겨난다. 따라서 개념 평가의 결과에 따라 '영원한 객체'의 중요성은 후속하는 위상에서 고양되기도 하고 감소하기도 한다(Whitehead, 2013a: 477). 현실적 존재들이 경험하는 것에 대한 느낌은 그들이 지향하는 주체적 지향(목적 또는 욕구)과 유리될 수 없다(Whitehead, 2013a: 540－1).

또한 화이트헤드는 도덕성은 개념 평가와 매우 밀접한 관련을 가지고 있다고 주장하는데 이를 뒷받침하는 것이 도덕적 책임에 대한 개념이다. 인격적 경험의 주체인 현실적 존재는 '그것이 지금의 그것'이라고 느끼고 있기 때문에 책임이 유출되는 것이다(Whitehead, 2013a: 442－3). 예를 들어 위험에 처한 사람을 보고 지금 구하지 않으면, 그 사람이 미래에 더 큰 위험에 처할지도 모른다는 예감 때문에 내가 지금 구하지 않으면 안 된다는 도덕적 책임을 느끼게 되는 것이다. 따라서 현재의 주체가 미래에 대하여 느끼는 '예기적(豫期的, anticipatory) 느낌'의 강도에 따라 도덕성이 결정된다는 것이다(Whitehead, 2013a: 95). 주체는 자신의 느낌들로 말미암아 지금의 그것이 된 것이기 때문에, 주체는 오직 그 느낌들에 의해서만 자신을 넘어서는 초월

14) 헤이트(J. Haidt)는 인간은 동물과 마찬가지로 '좋고 싫음의 측정기'를 가지고 있으며, 그 경험을 인식하지는 못하더라도 자신이 경험하는 모든 것에 좋고 싫은 반응을 보인다고 주장한다. 눈과 귀를 통해 들어오는 모든 신경자극은 뇌의 중앙환승역에 해당하는 시상(視床)을 거쳐 편도체에 이른다. 편도체는 뇌간에 작용하여 위험에 대한 반응을 자극할 뿐 아니라 전두엽피질로 중계된 후 거기서 더 높은 수준의 다른 정신과정이나 의식의 흐름과 통합된다. 감정과 의식적인 사고는 서로 쌍무적 관계를 갖는다(Haidt, 2015: 61－70).

적인 창조성을 객체적으로 제약하게 된다(Whitehead, 2013a: 442). 이런 의미에서 현실적 계기는 일종의 자기 원인(causa sui)이다(Whitehead, 2013a: 202). 미래는 현재 속에 내재한다. 예를 들어 법률상의 계약, 모든 유형의 사회적 약정, 열차시간표, 야심, 불안 등은 현재가 미래와 관계가 있다는 사실을 예증해 준다(Whitehead, 2013b: 303-4). 우리는 일반적으로 미래를 몇 세기, 몇 년, 며칠이라는 시간대로 생각하는데, 화이트헤드는 과거나 미래를 고려할 때, 1초라든지 1초의 몇 분의 몇이라는 크기의 시간대로도 생각해 보아야 한다고 말한다. 경험의 각 순간은 직접적 과거와 직접적 미래라는 두 세계 간의 추이라고 생각하기 때문이다(Whitehead, 2013b: 303-4).

위에서 살펴본 화이트헤드의 영원한 객체에 대한 개념 평가, 개념적 역전, 주체적 지향, 주체적 형식 등은 가치 형성과정의 구성요소로 간주할 수 있다. 또한 이러한 과정의 수행을 통하여 인성교육의 덕목과 핵심역량이 형성될 것으로 기대한다. 화이트헤드의 관점은 최근 도덕 심리학의 연구 동향과도 관련지울 수 있다. 최근 도덕성 연구의 동향은 학문적 외연이 인지심리학, 성격심리학, 뇌과학이나 진화론 등으로 확대되면서 도덕 심리학의 패러다임이 도덕성으로부터 행위의 원천이 되는 인격의 연구로 전환되고 있다(손경원, 2015: 110-3).

다. 선택 · 결단 · 만족의 과정

합생에 있어서 결정이란 취사선택의 대상인 가능태로서의 '영원한 객체'의 미결정성을 제거하는 과정이다. 현실적 존재는 현존하는 자기의 성질을 지니기 위해서는 자기를 한정하는 영원한 객체를 취사선택하지 않으면 안 된다(Whitehead, 2013a: 87). 영원한 객체는 오직 선택적으로만 파악된다(Whitehead, 2013a: 438). 영원한 객체가 현실적 존재 속으로 진입하기 위해서는 영원한 객체에 대한 '느낌이라는 개념적 유혹'이 있어야 한다(Whitehead, 2013a: 202). 이 말은 부모나 교사가 훌륭한 가치를 지닌 덕목과 관련된 명제(命題)15)를 여건으로 제시할 때, 그것이 학생들 속으로 투입되려면 일종의 매력을 지니고 있어야 한다는 의미이기도 하다. 화이트헤드는 '느낌에의

15) 화이트헤드는 논리학자들은 주로 명제의 판단에만 관심이 있으나, 실재에서보다 중요한 것은 명제가 흥미를 끄는 것이라고 말한다(Whitehead, 2013a: 509). 명제의 일차적 기능은 느낌에로 유혹(lure for feeling)하는 것이다. 예를 들면, 어떤 명제는 농담의 즐김과 같은 느낌들의 주체적 형식을 가진 느낌들의 여건이다. 또 어떤 명제는 공포, 혐오, 분노 같은 주체적 형식을 갖고 있는 느낌으로 여겨지기도 한다(Whitehead, 2013a: 90).

유혹'의 구성 요소로서 '관련성'을 들고 있다(Whitehead, 2013a: 202). 학생들이 과거의 인격적 경험에 의해 형성된 현실태와 객체적 여건인 영원한 객체를 어떻게 관련짓는가에 따라 결정된다. 이 과정에서 도덕적 덕목 또는 가치들이 학생들의 인격적 경험의 실제 안으로 들어가기도 하고 배제되기도 한다(Whitehead, 2013a: 202). 이런 의미에서 현실적 계기는 일종의 자기 원인(causa sui)이며, 자기 결단의 과정을 거친다(Whitehead, 2013a: 202). 현실적 존재인 주체는 합생의 과정에 진입하는 명제적 느낌 등의 유혹에 대하여 결단을 내린 궁극적인 책임이 있다(Whitehead, 2013a: 206).

화이트헤드는 인간의 경우, 주체적 지향의 변형을 구성하는 자기초월적 주체(subject-superject)로서의 최종 결단은 책임, 시인(是認)이나 자책, 자유 등에 대한 경험의 기초가 되며 이 요소들은 인생의 색조(色調)를 좌우한다(Whitehead, 2013a: 134)고 한다. 그는 결단이란 본능과 지성의 합성 양태를 결정하는 것이라고 판단하고, 이것을 '지혜'라 부른다. 본능, 지성, 지혜는 각기 따로 떼어놓을 수 없는 것이며, 서로 통합적으로 반응하고, 용해되는 혼성적인 요인이다(Whitehead, 2013b: 108-9). 결단이란 자유와 책임과 관련되어 있으며, 자유의 본질은 목적의 실행 가능성에 있다(Whitehead, 2013b: 133). 따라서 그는 각각의 현실적 존재들은 합생에 있어서 내적으로는 결정되어 있으나, 외적으로는 자유롭다고 한다(Whitehead, 2013a: 95). 화이트헤드는 우리의 역사를 통해서 볼 때, 두뇌는 명석하면서도 시야가 좁은 지적인 사람들이 저질러온 어리석은 행위가 수많은 파국들을 몰고 왔다고 말한다(Whitehead, 2013a: 109-110). 그에게 있어 궁극적인 자유는 갈릴레오가 속삭였던 '그래도 지구는 움직인다'와 같은 자유이다(Whitehead, 2013a: 134). 주체적 지향을 향한 결단은 '만족'으로 이어진다. 최초의 사실은 원초적인 욕구이고, 최종적 사실은 '만족'을 창출하는 결단이다(Whitehead, 2013a: 135).

화이트헤드에 의하면, '만족'이란 말은 문제되는 존재에 있어 개체적인 것의 달성을 말한다(Whitehead, 2013a: 199). 그리고 '만족'을 느끼는 방식인 주체적 형식은 복합적인 정서이다(Whitehead, 2013a: 122). 인격적 경험의 주체인 현실적 존재는 이러한 선택과 결단의 과정을 통하여 주체적 지향에 의해 규정된 주체의 '만족'에 도달하기 위해 계속적으로 통합을 추구한다(Whitehead, 2013a: 79-80). 합생의 과정은 구성 요소인 가치들을 분석하고, 여러 위상을 거치면서 '만족'이 달성될 때까지 새로움의 요소를 추가해 가며, '만족'의 달성으로 종결된다(Whitehead, 2013a: 200, 463). 그리고 '만족'에 도달한 주체는 '자기초월적 주체'가 되어 그 존재를 넘어서서 자신을 객체화시키며, 새로운 합생을 위한 창조성을 지니게 된다(Whitehead, 2013a: 200−1).

화이트헤드의 합생의 과정에서 과거−현재−미래로 이어지는 영원한 객체의 관련성과 선택과 결단, 만족의 과정은 래스, 하민, 사이몬이 제시하는 가치명료화 이론과도 관련지을 수 있다. 그들이 제시하는 가치 형성의 과정은 '선택하기'와 '선택한 것을 소중히 여기기' 그리고 선택한 것을 '행동하기'의 세 가지 요소로 구성된다(남궁달화, 1996: 232). 또한 화이트헤드의 합생을 바탕으로 재구성한 인격의 형성과정은 최근 도덕 심리학과도 맥을 같이한다. 헤이트(J. Haidt)에 의하면, 우리는 개인 선택에 의해 자원, 쾌락, 존경을 얻으려 하며, 집단 선택에 의해 뭔가 더 큰 것을 위해 기꺼이 자신을 내어주는 존재이다. 인간에게는 사랑과 일, 그리고 자신보다 더 큰 어떤 것과의 접속이 필요하다. 나와 다른 사람, 나 자신과 나의 일, 그리고 나 자신과 나 자신보다 더 큰 어떤 것 사이에 올바른 관계를 정립하는 것이 행복의 조건이라는 것이다(Haidt, 2015: 402).

라. 창조적 과정

과정철학에 있어 창조성은 일(one), 다(many)와 함께 궁극자의 범주에 속한다. 이것은 궁극적인 사태를 특징짓는 보편자로서 다자(多者)를 일자(一者)로 통일시키는 원리이며, 새로움의 원리이다(Whitehead, 2013a: 83−4). 창조를 의미하는 라틴어 'creare'의 사전적 의미는 '낳다(bring forth)', '생기게 하다(beget)', '산출하다(produce)'를 뜻하는데, 이 세상에 생겨난 어떤 존재도 창조성의 개념에서 유리될 수 없다는 것이다(Whitehead, 2013a: 428). 현실적 존재(또는 결합체)들은 '파악'과 '합생'을 통하여 생겨나고 존속하고 사멸한다. 그리고 창조성은 이러한 생성과 변화의 과정에서 끊임없이 새로움을 추구하는 현실적 존재들의 본래적 속성을 설명하기 위한 용어이다(신춘호, 2014: 134).

합생의 과정에는 현실적 존재가 과거의 여건으로부터 탄생하고 과거의 제약에서 벗어나 새로움을 실현하는 창조의 과정들이 내재하고 있다(문창옥, 2002: 55). 합생의 과정에서 주어진 여건에 단순히 순응, 재연하는 것은 새로움을 창출하지 못한다(문창옥, 2002: 60). 창조성은 개념적 평가의 과정에서 잘 나타난다. 개념적 평가의 과정은 한정 특성인 영원한 객체를 '평가절상' 또는 '평가절하'하는 선택의 과정이다.

이때 영원한 객체는 기본적으로 명사나 형용사에 상응하는 기능을 하는 것이 아니라, 부사에 상응하는 기능을 한다(문창옥, 2002: 71). 명사나 형용사는 정태적 실체 철학에 부응하는 품사 형태들이다. 그것들은 무엇(또는 어떤; what)에 상응한다. 그러나 영원한 객체는 부사적 양태로서 어떻게(how)에 상응한다. 부사적 속성은 동태적이고 역동적인 생성의 과정을 보여준다. 그것은 언제나 '어떻게'이지 '어떤'이 아니다. 뜨거운 물체를 예로 들어보자. 우리는 뜨거운 물체의 뜨거움을 정태적인 성질로서 느끼는 것이 아니다. 뜨거움이 명사나 형용사에 상응하는 하나의 속성으로 분리되는 것은 개념적 추상의 결과이며, 개념적 가치평가의 결과이다. 우리는 그 대상을 '뜨겁게' 느낀다. 여기서 '뜨겁게'라는 영원한 객체는 뜨거운 물체와 우리의 손 양자 모두를 관계 지워 주는 '관계적' 기능을 한다. 영원한 객체의 이런 기능에 힘입어, 과거의 존재에 의해 향유된 느낌은 새로운 느낌의 여건으로서 새로운 존재 속에 현재하게 되는 것이다. 영원한 객체의 부사적 표현은 동태적이고 역동적인 과정적 존재를 말해준다(문창옥, 2002: 71-2). 이것은 인성교육의 덕목들을 명사, 형용사가 아니라 부사적으로 표현할 것을 시사해준다. 예를 들어 '배려'와 '협동'이라는 추상적 개념을 '서로~' 또는 '함께~' 등으로 표현할 때, 덕목들은 보다 역동적이며 관계적인 존재임을 알게 해줄 수 있다.

각 현실태는 본질적으로 물리적이며 정신적이라는 상반된 두 극(極, bipolar)을 가지고 있다. 현실적 존재들은 부분적으로는 '물리적 느낌'의 계승에 순응하기도 하며, 부분적으로는 적절한 새로운 대비를 이끌어 들여 가치, 평가, 목적을 추구하는 개념적 반작용을 동반하기도 한다(Whitehead, 2013a: 241). 화이트헤드는 후자를 개념적 역전이라 부르며, 주어진 여건들로부터 파생되는 가능태들과 상이한 접근을 할 수 있게 되는 것은 바로 이러한 개념적 역전의 작용에 의해서 가능하다고 본다(문창옥, 2002: 63-4). 현실적 존재는 개념적 역전에 의해 자신의 통일을 저해하는 요인을 배제하며, 대비를 통해 과거에 대한 단순한 순응을 멈추고 새로운 요인을 현실 속에 끌어들이게 된다. 이것이 과정철학에서 새로움의 출현을 기술하는 가장 기본적인 범주적 도식이다(문창옥, 2002: 60).

개념적 역전은 단순한 수용을 거부한다는 점에서 인간에게 상상(imagination)의 가능성을 설명해주기도 한다. 상상은 여건에 대한 단순한 수용적 재현을 넘어 창조적 변형을 추구하는 보다 고등한 정신 활동이다. 현실적 존재는 개념적 파악에서 그 여건을 선택할 자유를 구가할 수 있다. 또한 이런 선택의 자유는 현실적 존재가 과거와 달라질 수 있는 자유이다.

개념적 파악으로 이루어지는 정신성은 주체의 자율성과 주체의 새로움, 즉 창조성을 대변하는 특성이다(문창옥, 2002: 64). 화이트헤드는 주체에서 이루어지는 자율적 선택의 준거로 목적인(final cause)의 개념을 도입하고 있다. 현실적 존재는 목적인에 의해 개념적 위상을 거쳐, 비교적 위상으로 나아가면서 점차적으로 새로움을 폭넓게 구현하게 된다(문창옥, 2002: 76). 새로움은 개념적 위상에서 통합과 재통합의 과정에서 생겨난다(Whitehead, 2013a: 239). 합생하는 존재가 개념적 위상을 갖는다고 하는 것은 아무리 미약하더라도 과거의 인과적 힘에 저항하는 개념적 자율성과 정신성의 요소, 목적론적 요소를 가지고 있다는 것이다(문창옥, 2002: 78).

또한 합생의 셋째 위상인 비교적 위상은 호응적 위상과 개념적 위상에서 얻어진 느낌들을 대비시켜 통합해 가는 단계이다. 인간의 지성작용은 비교적 위상에서 복잡한 메커니즘으로 기술된다.

학생들이 현재 경험하고 있는 인격적 경험은 덕목이나 가치에 해당하는 '영원한 객체'들을 주어진 여건 그대로 선택하는 것이 아니다. 그들은 합생의 구성 요소들인 그 여건, 정서, 평가, 목적, 주체적 지향의 여러 위상을 결정함에 있어서, 자기 나름대로 자기 창조적 통일을 추구한다. 인격적 경험의 주체는 자기비판과 주체적 지향에 의해 자기 초월체로 나아가는 자율적인 주인이다(Whitehead, 2013a: 484-5). 또한 주체는 인습의 재연 또는 패턴에 단순히 순응하는 것이 아니다. 주체는 통합과 재통합이라는 복잡한 합생의 여러 과정에서 획득되는 그 중요성에 따라 자율적으로 상상력에 의해 주체적 형식들을 수정하고 자기 결정을 하면서 통합을 이끌어간다. 따라서 인격적 경험과 관련하여 학생들의 자율성과 창조성이 무시될 경우에는, 주체는 단지 물리적 느낌들을 받아들여 그 사회의 질서에 따라 가치 평가를 확증하고 계승·전달할 뿐이다(Whitehead, 2013a: 484-5).

3. 인격의 함양과 인격적 인간상

(1) 인격의 함양

가. 심미적 감성교육

화이트헤드에 의하면, 교육이란 삶의 기술(the art of life)을 터득하도록 개인을 지도하는 것이다(Whitehead, 2004: 110). 인간의 삶에는 3중의 충동, 즉 '산다', '잘 산다', '더 잘 산다'라는 충동이 자리 잡고 있다. 따라서 삶의 기술은 첫째, 생존하는 것이며, 둘째, 만족스러운 방식으로 생존하는 것이며, 셋째, 만족의 증가를 획득하는 것이다. 이성의 기능이란 바로 삶의 기술을 증진시키는 것이다(Whitehead, 2008: 49). 화이트헤드는 삶의 기술을 증진시키는 방법으로 심미적 감성의 계발을 강조한다. 그 이유는 그것이 가치에 대한 감각을 더욱 생생하게 이해하는 길을 터주며, 정신적 이해의 힘을 강하게 하기 때문이다(Whitehead, 2004: 112). 그는 교육 목표로서 무엇보다 요구되는 것은 다양한 가치를 이해하는 일이며, 이것을 위해 가장 필요한 것은 심미적 감성계발(aesthetic growth)이라고 한다(Whitehead, 1991: 287). 과학, 예술, 종교, 도덕 등은 인간 존재 내의 다양한 가치들에 대한 감각에 근원을 두고 있다(Whitehead, 2004: 109－110). 그는 교육의 요체는 관념의 효력, 관념의 아름다움, 관념의 구조에 대한 친근한 감각을 가르쳐주는 것이라고 한다(Whitehead, 2004: 58). 심미적 감성과 그것이 감지하는 심미적 가치야말로 여타의 모든 가치에 우선하는 지위를 가진다(신춘호, 2014: 136)

화이트헤드에 의하면, 도덕성이란 진공 속에서 이루어지는 것이 아니며, 사랑, 공감 등의 정감과 아름다움이나 지적 탁월성과 같은 경험이 필요한데, 지적 탁월성과 도덕적 탁월성도 아름다움의 범주에 해당된다(Whitehead, 2013b: 57).

화이트헤드는 '우주'의 목적을 '아름다움'을 산출하는 것으로 보고(Whitehead, 2013b: 405), '아름다움'을 '작은 형식'의 아름다움과 '큰 형식'의 아름다움으로 구분하였다(Whitehead, 2013b: 390). 이 두 가지 아름다움은 부분과 전체의 조화를 강조한다. 구성체의 세부적인 것들은 자신들의 개체성에 대한 권리를 내세우면서 동시에 전체에 공헌한다. 그리고 각각의 세부적인 것들은 전체에 힘입어 그 위대성이 증가한다. 이러한 예는 위대한 '예술'에서 발견된다. 예컨대 샤르트르 대성당의 조각과 장식들은 저마다 개체로서의 아름다움을 구비하고 있으며, 그 모두는 큰 형식의 아름다움이기도 한 전체적인 아름다움에 일조를 하고 있다(Whitehead, 2013b: 403).

화이트헤드는 과학, 문학, 도덕, 종교 등에 내재된 지적 가치와 심미적 감수성과 예술교육을 통해 질서와 조화, 그리고 새로움을 창조하는 경험을 할 수 있다고 보았다. 화이트헤드의 이러한 주장은 그가 지식의 인격적 측면에 주목하고 있다는 것을 보여주는 것이며(신춘호, 2014: 127), 각 교과 또는 체험 활동에 내재된 심미적 가치를 강조하는 것이라고 보아야 한다. 피터스(R. S. Peters)에 의하면, 도덕교육이란 단지 아이들에게 '좋은 인간관계' 또는 이기주의와 관련된 규칙을 가르치는 것이 아니다. 아이들이 화학 또는 공학과 같은 어떤 가치 있는 활동에 전념케 하는 것도 도덕교육의 한 부분(Peters, 1995: 95)이라고 한 피터스의 주장과 화이트헤드의 주장은 일맥상통하는 면이 있다.

나. 자유와 규율의 조화

화이트헤드는 인격(personality) 발달의 원리로서 자유(freedom)와 규율(discipline)의 조화를 강조한다. 그는 자유와 규율은 모순되는 것이 아니며, 인격 발달의 자연스러운 변화에 대응하도록 아동들의 일상 생활 속에서 조정되어야 한다고 주장한다(Whitehead, 2004: 94). 자유와 규율은 지혜에 이르는 길이며, 교육의 근본적인 두 요소이기도 하다(Whitehead, 2004: 93). 학생들의 정신 발달 리듬은 그 유형과 속도에 있어 제각기 다르며, 자유·규율·자유와 같은 반복적인 사이클로 이루어져 있다. 화이트헤드는 그 리듬의 사이클을 로맨스(romance)의 단계, 정밀화(precision)의 단계, 일반화(generalisation)의 단계라고 부른다(Whitehead, 2004: 94-5). 그는 교육의 전 기간을 3단계로 나누고, 일반적으로 열세 살 내지 열네 살까지를 로맨스 단계, 열네 살부터 열여덟 살까지를 정밀화단계, 열여덟 살부터 스물두 살까지를 일반화 단계로 구분한다(Whitehead, 2004: 107). 화이트헤드는 사회 혼란의 근원을 그 사회를 이루는 구성원들의 자기규율(self-discipline)의 부재라고 보고(Whitehead, 2008: 27), 인격 함양의 기본 원리는 내부에서 우러나오며, 본인이 스스로 발견해야 하고, 자기-규율과 주체적 노력에 의해 결실을 맺게 된다고 한다(Whitehead, 2004: 111). 이를 위해 초기 단계에서는 자유, 중간 단계에서는 과제의 착실한 학습, 마지막 단계에서 자기-규율, 즉 자율성을 획득할 수 있도록 해야 한다고 강조한다(Whitehead, 2004: 102).

그가 제시하는 인격교육의 방법은 첫째, 인격교육은 그것 자체가 즐겁고 자연스런 활동 방향으로 조정되어야 성과를 거둘 수 있기 때문에 흥미와 즐거움을 강조한다(Whitehead, 2004: 95). 둘째, 지나치게 엄격한 규율은 정신을 둔감하게 만들어 규율 본래의 목적을 좌절시킬 수 있기 때문에 학생들이 상처를 받지 않고 그들의 꿈을 생생하게 유지할 수 있는 자발성과 훈련의 조화가 이루어지도록 하는 것이다(Whitehead, 2004: 96-7). 셋째, 시 낭송의 아름다움, 수학에서 논증의 아름다움 등과 같은 심미적 감각과 지식을 통해 지혜와 원리를 자율적으로 터득할 수 있도록 해야 한다는 것이다(Whitehead, 2004: 106).

다. 인격적인 인간상: '스타일(style)'을 지닌 사람

화이트헤드는 인격교육을 위해 교양과 전문성을 겸비한 사람의 육성을 강조한다. 그는 교양이란 사고력의 활동이며, 아름다움과 인간적 감정(humane feeling)에 민감한 감수성이라고 정의한다. 교양은 인간을 철학의 깊이와 예술의 높이로까지 이끌어주는 역할을 수행하는 것이며(Whitehead, 2004: 37), 교양교육의 목적은 국면 전체를 내다보는 안목이라고 규정한다(Whitehead, 2004: 58). 또한 교양과정과 전문과정이 따로 있는 것이 아니라, 교양과정은 정신의 활동 능력을 기르도록 설계되어 있는 반면에 전문과정은 그 활동 능력을 실제적으로 활용하는 과정이다(Whitehead, 2004: 57). 화이트헤드는 교양과 전문성을 갖춘 인간상으로 '스타일(style)[16]을 지닌 사람'을 귀감으로 제시한다. 스타일을 지니고 있는 사람은 일을 수행함에 있어 심미적 특질, 즉 성취하고자 하는 노력(attainment)과 자제력(restraint)을 겸비하고 있다. 화이트헤드에 의하면 스타일은 궁극적인 도덕성이고. 스타일의 예로 예술의 스타일, 문학의 스타일, 과학의 스타일, 논리의 스타일 등을 들 수 있다(Whitehead, 2004: 59-60). 이러한 의미에서 스타일은 교육받은 정신의 최종적인 획득물이며, 가장 유용한 것이라

16) 오영환 역(2004: 59). 『교육의 목적』에서는 'style'을 '품격'으로 번역하고 있다. 이효현(2009: 300-310)도 화이트헤드의 '교육받은 사람의 모습'으로 지식 활용의 기예, 지적 모험, 통합적인 지적 안목, 품격을 제시하는 가운데 'style'을 '품격'으로 번역하고 있다. 본고에서는 'style'의 다양한 의미를 고려하여 '스타일'로 사용한다.

고 할 수 있다. 이와 관련하여 피터스도 '인격을 소유한 사람'은 규칙의 준수에 대하여 그 자신의 독특한 스타일, 일관성 그리고 통합성을 포함하고 있는 사람이라고 주장한 바 있다(Peters, 1974: 251－252).

화이트헤드는 신실재론의 대표적 인물의 하나이며, 철학과 미학에서 실재론적 기초를 부여했다는 점에서 그 학문적 의의를 찾을 수 있다(Basin, 1989: 98). 화이트헤드는 완전한 예술은 오직 한 가지 목표 즉 '참된 미(true beauty)'라는 목표를 가진다고 말한다. 그의 견해로는 미를 성취하기 위해서 진리가 중요한 요소이긴 하지만, 진리는 어디까지나 미를 생산해내기 위한 보조적 수단에 지나지 않는다(Basin, 1989: 105).

스톨니츠는 '미적 태도'에 대하여 다음과 같이 정의한다.

"미적 태도란 그것이 어떤 대상이든 간에 인지의 대상을 그 대상 자체를 위해서, 무관심적(disinterested)으로, 공감적(sympathetic)으로 주목하고 관조하는 것(contemplation)이다." 여기서 '무관심적'의 의미는 단지 그 대상을 경험 또는 관조하는 목적 이외에 다른 목적이 존재하지 않는다는 것을 의미한다. '공감적'이란 의미는 자신의 도덕적 또는 종교적 신념 때문에 작품에 대해 적대적으로 반응하는 것이 아니라, 나의 가치관과는 다르다 하더라도 그 인물의 입장에서 작품을 감상해야 한다는 것을 의미한다. 그리고 '주목'의 의미는 수동적으로 반응하는 주목이 아니라 적극적인 주목, 즉 우리의 상상력과 감정을 촉발시키며, 민감하고 활기찬 주목을 의미하는 것이다(미학대계간행회, 2013: 9－11).

화이트헤드는 본능이 개인을 억압하는 것과 달리, 구성원들 간의 규약(codes), 행위의 제규칙, 예술의 법칙들(canons)과 같은 사회적 상징은 공동선(common good)과 개성 둘다를 아우르는 자체의 능력 때문에 본능에 비해 훨씬 유용하다고 보고 있다(Basin, 1989: 114). 따라서 예술을 문명의 한 본질적 요소로 간주하고, 예술이 정서를 포함한다든지 행동을 조절하는 데에 매우 효과적이라고 주장한다.

이러한 관점에서 볼 때, 화이트헤드가 스타일과 심미적 특질을 강조한 것은 인간의 본성(human nature) 또는 인성을 본능, 지성, 지혜의 통합으로 보며(Whitehead, 2013b: 108), 지적 인격과 심미적 가치 속에 포함된 개체성의 존중과 전체와의 조화, 예술의 새로움의 창조성을 강조하기 위한 것이라고 본다.

4. 결어

본고의 목적은 화이트헤드가 전개한 과정철학의 관점에서 기존의 인격의 개념을 비판적으로 조명하면서 인격의 개념과 인격의 형성과정 그리고 인격 함양 방안을 제시하는 것이다. 화이트헤드에게 인격의 개념은 인격적 경험으로 구성된 '인격적 사회'로서 관계성, 자율성, 지속성, 통합성, 창조성을 포함하는 개념이다. 인간은 육체와 정신을 함께 가지고 있는 존재로서 타인, 사회, 자연, 우주와의 관계 속에서 인격적 경험을 한다. 그 사회의 구성원들은 사회의 공통요소를 자발적으로 계승하고 질서를 유지하며, 통합과 재통합의 과정을 통하여 새로운 질서를 창조하여 후행하는 계기들에게 물려준다. 이러한 인격의 개념은 개인적 측면과 사회적 측면뿐 아니라 창조적 과정이 고려된 과정적 개념의 정의로서 인격교육의 기본원리를 확충하는데 도움을 줄 것으로 보인다. 최근 도덕 심리학과 긍정심리학의 관점에 비추어볼 때, 행복의 조건이란 나와 다른 사람, 나 자신과 일, 그리고 나 자신과 더 큰 어떤 것 사이에 올바른 관계를 정립하는 것이다.

화이트헤드의 과정철학에 의하면, 존재하는 모든 것은 타자와 관계를 맺으며, 과거·현재·미래로 이행하는 자기 구성 또는 자기 형성의 과정, 합생의 과정, 자기실현의 과정을 경험한다. 화이트헤드는 사변철학을 통해 우리의 경험의 모든 요소를 해석해낼 수 있도록 하는 일반적인 관념들의 정합적이고 논리적이며 필연적인 체계를 구성하려고 시도하였다(Whitehead, 2013a: 51). 이러한 범주적 도식은 우리가 경험하는 현상을 간단하고 명료하게 체계적으로 재구성하여 설명하는 기능을 한다(서창원, 1996: 87).

화이트헤드의 과정철학의 핵심은 합생의 과정이다. 본고에서는 경험의 주체인 현실적 존재의 자기 형성과정으로서의 합생의 과정을 인격적 경험에 적용해 보았다. 인격의 형성과정은 현실적 존재가 과거의 인격적 경험을 수용하고, 타인과 느낌을 공감하며, '영원한 객체'를 '주체적 지향'과 목적에 따라 가치 평가하고, 선택·결정하며, 새로움을 창조해가는 자기 형성의 과정이라고 할 수 있다. 이 과정에서 인간은 자신의 인격을 변화·발전시켜 나아가는 인격체이다. 이것은 인격의 형성과정의 한 모형으로서 교육 현장에서 인격교육이 포함해야 할 절차와 과정을 전체적으로 조망해 줄 수 있다. 또한 인성교육에 있어서 우리가 유의해야 할 점을 시사해준다. 첫째, 학생들의 현재 인격의 모습은 가정, 친구, 학교, 사회, 자연 등의 과거로부터 수용·계승한 것이다. 둘째, 인간의 경험적 '느낌'은 처음에는 이성적이기보다 정서적이다. 그리고 최초의 느낌은 뚜렷한 감각이나 의식을 포함하지 않으며, 모호하고, 제어하기 어려운 인과적 효과성 또는 비감각적 지각에서부터 시작한다. 흔히 우리가 공감적인 대화에서 실패하는 주요 원인은 학생들이 명석하고 뚜렷하게 의식하고 있다고 전제하고 있기 때문이다. 셋째, 학생들은 덕목 등의 추상적인 관념을 자신의 주체적 지향(목적이나 욕구)에 비추어 개념적 평가(가치 평가)를 하며, 그 느끼는 방식(주체적 형식)은 정서적이다. 따라서 덕목이나 가치의 지도 방법은 학생들의 목적이나 욕구 그리고 정서 상태와 관련된 새로운 '느낌으로의 유혹'이 효과적이다. 넷째, 영원한 객체인 덕목들은 개념적 추상화의 결과인 명사나 형용사의 형태를 띤 '무엇 또는 어떤(what)'에 해당하는 정태적인 것이다. 이것을 동태적 또는 관계적으로 제시하기 위해 부사 형태 '어떻게(how)'로 표현하는 것이 효과적이다. 다섯째, 도덕성과 도덕적 책임감은 현재의 주체가 닥쳐올 일이나 미래에 대하여 미리 생각하고 느끼는 '예기적(豫期的, anticipatory) 느낌'의 강도에 따라 결정된다. 그리고 경험의 과거와 미래는 현재 속에 내재한다. 여섯째, 현실적 존재가 과거의 경험의 수용 또는 재연이나 인습 수준에서 벗어나 지성적 느낌 등 보다 고차적인 위상으로 나아가기 위해 대비, 대비의 대비, 조화와 강도, 통합과 재통합 등의 새로움을 창조하는 과정이 요구된다. 이상의 것들을 감안하여 학생들을 지도할 때에는 자율성과 상상력 그리고 창조성이 내재된 자유와 결단이 존중되어야 한다.

화이트헤드는 인간의 본성(human nature)은 본능, 지성, 지혜로 구성된다고 보고, 인격의 함양을 위해 심미적 감성의 계발이 필요하다고 강조한다. 그는 지성적 인격, 심미적 인격, 도덕적 인격을 모두 강조하는데 특히 심미적 감수성의 계발을 위해 과학, 문학, 도덕, 종교 등 다양한 지적 가치와 예술교육이 중요하다고 주장한다. 화이트헤드의 이러한 관점은 인성교육이 학교에서 교과와 활동 전반에 걸쳐 이루어져야함을 시사해주는 것이다.

화이트헤드는 인격 발달의 원리로서 자유와 규율의 조화를 강조한다. 그는 학생들의 정신적 발달을 대략 3단계, 즉 로맨스 단계, 정밀화 단계, 일반화 단계로 구분하고, 이 과정에서 인성교육의 방법으로 흥미와 즐거움, 자율과 훈련의 조화를 중요시한다. 앞으로 화이트헤드의 정신 발달의 리듬적 접근은 콜버그의 도덕적 추론 단계를 포함한 도덕적 주요 접근 이론과 비교 연구가 필요하다고 본다.

화이트헤드는 인격적 인간상의 귀감으로 '스타일'을 지닌 사람을 제시한다. 그는 스타일을 갖춘 사람을 교육받은 최고의 정신, 즉 교양과 전문성을 겸비한 사람으로 바라보았다. 그는 교양과 전문성 교육을 따로 구분하지 않고 있는데 이는 교양은 정신적 능력의 계발에, 전문성은 그것의 실제적 활용에 목적이 있기 때문이다. 또한 '스타일'의 개념에는 심미성, 성취에의 헌신, 자제력이 내포되어 있다고 본다. 화이트헤드가 스타일과 심미적 특질을 역설한 이유는 인간의 본성 또는 인성을 본능, 지성, 지혜의 통합 그리고 지적 인격과 심미적 인격, 도덕적 인격의 통합으로 보며, 개성과 사회의 조화, 전체와 부분의 조화, 새로움의 창조를 아우르는 개념이라고 보기 때문이다. '스타일'의 개념은 현대사회에서 주목받고 있는 개념으로서 앞으로 인성교육과 관련하여 좀더 연구할 필요가 있다고 본다. 앞으로 덕목 중심의 인격교육을 넘어 과정 중심의 인격교육을 정립하기 위한 구체적이고 체계적인 연구가 더욱 활성화되기를 기대한다.

참고문헌

강선보 외(2015). **인성교육**. 파주: 양서원.

구본만(2015). "인격주의 인성교육의 실천 방향". **종교교육학연구**. 49. 23−49.

금교영(2006). "인격의 교육학적 의미와 인격 교양". **철학논총**. 44(2). 3−29.

금교영(2007). "인격 존재에 대한 화이트헤드 존재론적 풀이". **철학논총**. 49. 51−73.

김문호(2014). "학교폭력의 최근 실태와 대응방안에 관한 연구". **한국경찰학회보**. 16(4). 27−51.

김재현·허선호(2014). "인격(Person) 개념에 대한 고찰: 피터 싱어와 화이트헤드의 대화를 중심으로". **화이트헤드연구**. 29. 7−29.

김정현 외(2014). "청소년의 학업스트레스가 학교생활적응에 미치는 영향: 스트레스 대처의 매개효과를 중심으로". **한국청소년연구**. 25(4). 241−269.

남궁달화(1996). **도덕교육론**. 서울: 철학과 현실사.

남순예(2012). "유기체철학에서 인격의 동일성에 관한 고찰". **철학논총**. 68. 201−220.

문창옥(1997). "화이트헤드의 과정철학에서 인격적 동일성의 문제". **철학**. 53. 209−235.

문창옥(2002). **화이트헤드과정철학의 이해**. 서울: 통나무.

문창옥(2013). "화이트헤드의 철학적 우주론과 '사회'의 범주". **철학연구**. 102. 59−85.

미학대계간행회(2013). **미학의 문제와 방법**. 서울: 서울대학교출판문화원.

박우현 외(2013). "청소년의 비행심각도에 영향을 미치는 범죄피해경험과 보호 및 위험요인에 관한 연구". **교정담론**. 7(2). 89−128.

서명석(2014). "인격교육 비판". **인격교육**. 8(2). 23−38.

서창원(1996). "사회적 도식에 대한 소고". **사회과학논총**. 7. 85−111.

손경원(2015). "도덕심리학 연구의 최근 동향과 도덕과 핵심 역량 개발". **윤리교육연구**. 37. 105−138.

신득렬(2003). **현대교육철학**. 서울: 학지사.

신춘호(2014). "화이트헤드의 교육목적론 연구: '과정 형이상학'의 시론적 탐색". **도덕교육연구**. 26(2). 121−140.

연합뉴스(2016. 5. 2.) http://www.yonhapnews.co.kr/bulletin

유병열(2015). "인성교육진흥법의 시행과 학교 도덕·인성교육의 실천 방향". **2015 한국초등**

도덕교육학회 학술대회. 3－15.
유병열·윤영돈(2014). “한국적 가치체계에 의거한 유덕한 인격함양의 인성교육”. 도덕윤리과교육. 45. 23－52.
이효현(2009). “현실적 존재와 교육받은 사람의 특성: Whitehead의 설명을 중심으로”. 학습자중심교과교육연구. 9(1). 293－313.
장시성(2016). “현대 효와 인성의 위기 및 대응 전략”. 문화교류연구. 5(1). 67－88.
장왕식(2016). 화이트헤드 읽기. 서울: 세창미디어.
정세구 외 옮김(2004). 인격교육과 덕교육. 서울: 배영사.
정창우(2015). 인성교육의 이해와 실천. 파주: 교육과학사.
조난심(2013). “학교 인성교육의 새음미”. 교육철학연구. 35(2). 93－117.
조난심(2015). “인성교육 강화와 도덕과의 역할”. 인성교육, 도덕 치유와 교육과정. 한국윤리교육학회 학술대회. 8. 3－15.

Basin, Y.(1979). *The Semantic Philosophy of Art*. 오병남, 윤자정 역(1989). 20세기 예술철학사조. 서울: 경문사.
Haidt, J.(2006). *The Happiness Hypothesis : Finding Modern Truth in Ancient Wisdom*. 권오열 역(2015). 행복의 가설. 안양: 물푸레.
Hosinski, T. E.(1993). *Stubborn Fact and Creative Advance: An Introduction to the Metaphysics of Alfred North Whitehead*. Rownman & Littlefield Publishers, Inc. 장왕식 외 역(2013). 화이트헤드철학 풀어 읽기. 서울: 이문출판사.
Lickona, T.(1991). *Educating for Character*. 박장호·추병완 역(1998). 인격교육론. 서울: 백의.
Peters, R. S.(1974). *Moral Education and The Psychology of Character. Psychology and Ethical Development*. London: Routledge and Kegan Paul. 247－263.
Peters, R. S.(1981). *Moral Development and Moral Education*. George Allen & Unwin Ltd. 남궁달화 역(1995). 도덕발달과 도덕교육. 서울: 문음사.
Shusterman, R. 이혜진 역(2013). 스타일의 미학. 성남: 북코리아.
Whitehead, A. N.(1929). *The Function of Reason*. 김용옥 역(2008). 이성의 기능. 서울: 통나무.
Whitehead, A. N.(1967). *Science and Modern World*. 1925. New York: The Free Press. 오영환 역(1991). 과학과 근대세계. 서울: 서광사.
Whitehead, A. N.(1978). *Process and Reality: An Essay in Cosmology*. New York: The Free Press. 오영환 역(2013a). 과정과 실재. 서울: 민음사.
Whitehead, A. N.(1967). *Adventures of Ideas*. New York: The Free Press. 오영환 역(2013b). 관념의 모험. 파주: 한길사.

Whitehead, A. N.(1951). *The Aims of Education and Other Essays*. 1929. New York: Mentor Book. 오영환 역(2004). **교육의 목적**. 파주: 궁리출판.

Whitehead, A. N.(1968). *Modes of Thought*. 1938. New York: The Free Press. 오영환·문창옥 역(2003). **사고의 양태**. 서울: 다산글방.

제14장

느낌의 과정과 그 인성교육적 함의 -화이트헤드의 철학을 중심으로*

박태환

1. 서언
2. 화이트헤드의 느낌의 과정
3. 인성교육에 주는 시사점
4. 결론

* 이 글은 『인격교육』 제11집 2호 29-54쪽에 게재되었던 "화이트헤드의 철학에 나타난 느낌의 과정과 그것의 인성교육적 함의"를 수정, 보완한 것이다.

1. 서언

윤리사상사의 흐름에 비추어 볼 때 정서와 이성의 지위는 항상 논제의 주제가 되어왔다. 플라톤(Platon, 429－347 B.C.)으로부터 데카르트(Descartes, 1596－1650)에 이르기까지 서구의 많은 철학자들은 영혼과 육체, 정신과 신체, 이성과 감성을 분리한 다음 정신과 이성에 우위를 부여하였다. 그들에게 몸은 기껏해야 영혼을 담고 있는 그릇, 영혼의 감옥, 정신의 집 정도로 인식되어 왔다(이병승, 2006: 18). 합리론의 창시자인 데카르트는 심신이원론(心身二元論)의 입장에 서서 양자 간의 상호작용을 부인했다. 그는 인생의 목적은 정념(情念)을 정복하는 데에 있으며, 이성에 의한 정신의 자유야말로 지고선(至高善)이라고 하였다(최재희, 1988: 123－124). 반면에 이성 능력의 한계를 지적했던 흄(David Hume, 1711－1776)은 이성만으로는 어떤 행동도 유발할 수 없고 어떤 의욕도 불러일으킬 수 없다고 주장하면서, "이성은 정념의 노예이고 또 노예여야만 한다. 이성은 정념에 봉사하고 복종하는 것 외에 결코 다른 직무를 탐낼 수 없다"라고 말한다(Hume, 2016: 452).

이처럼 정서와 이성의 관계는 주종관계로 인식되어 왔으나, 최근에는 정서가 이성과 동등한 입장에서 상호작용하는 것으로 논의되고 있다. 오늘날 현대 도덕심리학에서는 신경과학과 인지과학의 발전을 토대로 정서도 신체 지각과 인지 평가 둘다를 수행하는 뇌 영역들의 동적 상호작용으로 이해하고 있다(Thagard, 2011: 169).

이러한 정서와 이성의 상호작용은 어떻게 일어나는가? 화이트헤드는 그 과정을 '느낌(feeling)' 이론으로 설명한다. 그는 "유기체 철학은 데카르트주의에서 연유한 철학체계의 특성인 정신과 육체의 분리를 느낌의 학설을 통해서 극복하고자 한다"고 역설한다(Whitehead, 2013a: 487). 그의 과정철학에 의하면, 현실 세계란 '현실적 존재'[1]들의 생성(becoming)의 과정이며(Whitehead, 2013a: 86), 현실적 계기는 느낌의

1) '현실적 존재(現實的 存在, actual entity)'란 화이트헤드의 유기체 철학의 주요 개념으로서, 세계를 구성하고 있는 궁극적인 실재적 사물(real thing)이며 사물을 구성하는 기본 단위(unit)로서, 복합적이고 상호의존적인 '경험의 방울들'이다(Whitehead, 2013: 78). 여기서 '경험의 방울들'이란 표현 속에는 우리의 경험이란 점적인 순간에서 일어날 수 없고 최소한의 시간의 폭을 필요로 한다는 의미가 담겨 있다. 현실적 계기라는 개념도 윌리엄 제임스

과정에 의해서 이루어진다(Whitehead, 2013a: 425). 우리는 사실 일상 생활에서 행복이나 슬픔, 좌절감, 분노 등의 많은 느낌을 느끼면서도 느낌에 대하여 알고자 하는 노력을 기울이지 않고 있다. 일반적으로 느낌(feeling)[2]은 정서(emotion)의 한 영역으로 간주하는 경향이 있어서 그 중요성이 부각되지 않았다. 느낌에 관한 연구는 정신 현상 가운데서 가장 알려지지 않은 대상이지만, 인간 존재의 핵심 문제인 심신 문제에 대한 견해를 확립하는 데 도움을 준다(Damasio, 2016: 12).[3]

맥크리어리(J. K. McCreary)는 화이트헤드의 느낌을 연구하기 위해서는 그의 철학 저변에 있는 심리학적 이해와 해석이 필요하다고 한다. 또한 그는 화이트헤드가 데카르트의 이원론을 극복하는데 크게 기여했다고 평가한다(McCreary, 1949: 41, 77). 셔번(D. W. Sherburne)은 화이트헤드가 심리학적 생리학을 통해 전통적인 심신 문제를 해결하고자 했다고 한다(Sherburne, 2010: 149).

느낌은 신체의 특정 상태에 대한 일종의 지각인 동시에 사고의 특정 방식이며, 심적 절차의 양식에 대한 지각이다(Damasio, 2016: 104－105). 화이트헤드는 느낌의 대상을 무의식적인 물리적 느낌에서부터 의식적인 지성적 느낌에까지 확대하여 설명하고 있다. 느낌에 대한 연구는 인간의 존재론적 근거와 인간의 본성에 대한 이해를 바탕으로 바람직한 인성을 함양하는 데 도움을 줄 것이다.

화이트헤드는 "두뇌는 명석하면서도 시야가 좁은 지적인 사람들이 저질러온 어리석은 행위가 수많은 파국을 몰고 왔다"고 지적하면서(Whitehead, 2013b: 109－110), 지성의 작용은 인간 본성(human nature)의 요소인 본능, 지성, 지혜가 용해된 통합적 경험에서 성립한다고 한다(Whitehead, 2013b: 109). 그의 관점은 인성교육의 방향을 설정하는데 의미 있는 시사를 던져 준다. 왜냐하면 그의 유기체 철학은 지성과 감성의 대립, 인간 상호 간의 대립, 자연과 인간의 대립을 극복하고 새로운 관점과 세계

(William James, 1842－1910)의 경험의 단위사태를 범주화한 것이라고 할 수 있다(Whitehead, 2003: 127).

2) 영어에서 감정과 관련된 용어로는 feeling, emotion, affect, mood 등이 있다. 흔히 각각 느낌, 정서, 정동, 기분 등으로 번역되지만, 영어와 한글이 일대일로 대응하여 번역되지는 않는다. feeling은 느낌으로, mood는 기분으로 번역되는 것은 대부분 일치하지만, emotion과 affect는 서로 혼용하여 번역되고 있다. 한국심리학회는 emotion을 정서(情緖)로, affect를 감정(感情), 정서(情緖), 정동(情動) 등으로 번역하는 반면, 대한의사협회는 emotion을 감정으로, affect를 정동으로 번역한다(최현석, 2014: 68).

3) 느낌과 관련된 뇌의 주요 영역은 뇌섬엽, 대상 피질, 뇌간 핵, 시상하부 등이 포함된다. 느낌은 정서보다 약 2～20초가량 후에 일어나는 것으로 밝혀졌다(Damasio, 2016: 118, 134).

를 열기 위한 기본 구도로 이해될 수 있기 때문이다(Sherburne, 2010: 394–395).

이러한 그의 관점은 현재 우리의 인성교육 방향과도 일치한다. 인성교육진흥법[법률 제13004호, 2015.1.20. 제정, 2015.7.21. 시행]은 인성교육의 목적을 자신의 내면을 바르고 건전하게 가꾸며, 타인·공동체·자연과 더불어 살아가는 데 필요한 인간다운 성품과 역량을 기르는 것이라고 정의하고 있다. 또한 정창우[4]와 강선보 외[5]가 지적한 바와 같이 나와 다른 사람을 비롯한 자연, 우주와의 관계 형성이 무엇보다 중요하다. 따라서 화이트헤드의 '느낌의 과정'에 관한 연구는 감성과 지성, 나와 다른 사람, 공동체, 자연과의 관계적 측면에서 인성교육의 방향과 원리를 도출하는데 나름대로 의미 있는 시사를 던져줄 것으로 기대된다.

화이트헤드의 느낌이론은 주로 철학 분야에서 합생, 파악, 지각이론 등과 관련하여 설명되고 있으며(안형관, 1980; 정연홍, 2000, 2010; 문창옥, 2013), 그것이 교육과 어떤 관련을 가지는가를 밝힌 연구로는 정윤경(2014),[6] 최승일(2015),[7] 김대석(2016)[8] 등이 있다. 하지만 화이트헤드의 철학에 나타난 느낌의 과정이 인성교육에 어떤 시사를 던져주는지에 관한 구체적인 연구는 아직 이루어지지 않고 있다.

따라서 필자는 화이트헤드의 철학에 나타난 느낌의 개념과 과정적 특징 등을 살펴본 후 그것이 인성교육에 주는 시사점과 적용 가능성을 차례로 살펴보고자 한다.

---

4) 정창우는 인성교육의 핵심 인성역량을 개인적 차원과 관계적 차원으로 구분하고 있다. 개인적 차원은 도덕적 문제해결능력, 긍정적 태도, 도덕적 자기관리능력, 도덕적 자기성찰능력 등이다. 그리고 관계적 차원은 타인·공동체·자연과의 관계영역이다(정창우, 2015: 126).

5) 강선보 외는 21세기형 인성교육의 요소로서 나와 자기 자신, 타자, 자연, 지구 그리고 우주에 이르기까지 생물과 무생물 모두를 포함한 모든 관계성을 강조하고 있다(강선보 외, 2008: 16).

6) 정윤경은 화이트헤드의 유기체적 학습자관, 느낌의 전달과정과 정신의 발달과정, 물리적 극과 정신적 극의 유기적 통합, 비감각적 지각의 강조 등은 정서와 이성을 통합하는 전인교육에 시사하는 바가 크다고 한다. 그러나 그의 사상의 난해성은 그가 추상성을 극복하고 구체적인 실제를 보여주려고 했으나 제대로 성공하지 못하였다고 한다(정윤경, 2014: 67–92).

7) 최승일은 화이트헤드의 과정철학에서 추구하는 인간은 미적 느낌의 강도를 최대한 성취한 미학적 인간이라고 본다. 또한 미학적 인간은 다양성의 존중, 개인의 자유와 자율성, 권리 존중 등의 다양한 사회적 가치를 비판·검토·조명할 수 있는 사람이라고 한다(최승일, 2015: 73–98).

8) 김대석은 실재(實在)는 혼재되고 통합적으로 존재하기 때문에 이성과 감성 그리고 도덕성을 구분하는 것은 오류라고 지적한다. 느낌은 정서적 반응, 미적 감수성 등을 모두 포함하는 의미라고 한다(김대석, 2016: 25–44).

2. 화이트헤드의 느낌의 과정

(1) 느낌의 개념

화이트헤드의 '느낌(feeling)'이란 개념을 이해하기 위해서는 먼저, 그의 유기체 철학과 과정철학, 현실적 존재와 합생(合生, concrescence), 파악(把握, prehension)과 느낌 등의 전문용어들 간의 관계를 이해할 필요가 있다. 유기체철학은 세포 이론이다. 세포가 그 자신이 생겨난 우주의 다양한 요소들을 사유(私有)하는 것을 '파악'이라고 한다(Whitehead, 2013: 437). 파악에는 경험의 주체인 현실적 존재가 여건을 평가하여 수용하는 긍정적 파악과 여건을 배제하는 부정적 파악이 있다. 이 중 긍정적 파악을 '느낌'이라고 한다(Whitehead, 2013: 88). '느낌'과 '파악'이라는 두 용어는 약간의 차이가 있기는 하지만, '경험'이라는 일상 용어를 범주화한 표현이다. 그래서 주체가 여건으로 주어진 객체를 '경험'한다는 것은 주체가 객체를 '느낀다' 또는 '파악한다'라고 말할 수 있다. 주체는 객체를 파악 또는 느낌으로써 자신을 구성하는 가운데 존립하게 된다(Whitehead, 2003: 41). 느낌이란 용어는 알렉산더(S. Alexander)의 '향유(enjoyment)'라는 용어와 유사한 점이 있으며, 베르그송의 '직관(intuition)'이란 용어와도 공통성을 가진다(Whitehead, 2013a: 121). 또한 느낌은 물리학적 용어로 말하면 '벡터(vector)'이다. 왜냐하면 그것은 '저곳에' 있는 것을 느껴서, '이곳에' 있는 것으로 변형시키기 때문이다(Whitehead, 2013a: 204).

현실적 존재의 생성과정인 합생[9]의 과정은 많은 느낌들이 존재하는 최초의 위상과 보다 복합적인 느낌들이 존재하는 보완적 위상들로 구분된다. 따라서 합생은 느낌의 과정이라고 말할 수 있다(Whitehead, 2013a: 425). 현실적 존재의 합생은 많은 느낌들인 다자(多者, many)를 일자(一者, one)로 통일시키는 과정이다. 우주 내에 존재하는 많은 현실적 존재들은 임의의 현실적 존재에 대하여 객체화[10] 될 때 하나로 통

9) 과정철학에 의하면 유동하는 현실 세계에는 두 종류, 즉 미시적(微視的) 과정과 거시적(巨視的) 과정이 있다. 미시적 과정은 우주의 현실 세계를 구성하는 다수의 현실적 존재들의 생성 또는 자기 창출과정을 가리킨다. 이것은 '합생(合生 concrescence)'이라고 부른다. 합생은 과정철학의 핵심이다. 거시적 과정은 생성 또는 성취된 현실적 존재로부터 성취 중에 있는 현실적 존재에로의 이행(移行)을 의미한다(Whitehead, 2013a: 423).

일된다. 합생은 임의의 한 현실적 존재가 생성과정에서 '파악'을 통해 다른 현실적 존재를 객체화하고 정신적 측면인 '영원한 객체'[11]를 영입하는 자기 구성의 과정이다. 화이트헤드에 의하면 '느낌'의 구조는 (i) 느끼는 주체, (ii) 느낌에 선행하는 최초의 여건, (iii) 부정적 파악에 의한 제거, (iv) 느껴지는 객체적 여건, (v) 그 주체가 객체적 여건을 느끼는 방식인 주체적 형식[12]의 다섯 가지 복합적인 요인으로 분석될 수 있다(Whitehead, 2013a: 441).

화이트헤드의 '느낌'이론의 의도는 그의 저서들을 통해 추론한 바에 의하면 다음과 같다.

첫째, 유기체철학은 데카르트주의에서 연유한 철학체계의 특성인 심신이원론(心身二元論)을 물리적 극과 정신적 극이 통합된 혼성적인 물리적 느낌과 변환된 느낌의 학설을 통해서 극복하고자 한다(Whitehead, 2013a: 487). 신체는 우리 존재의 부분이며, 강, 산, 구름 등과 마찬가지로 자연의 부분이기도 하다. 우리는 우리 자신과 신체적 삶이 아주 긴밀하게 얽혀 있는 정신과 육체의 복합적인 통일체이다(Whitehead, 2003: 39).

둘째, 화이트헤드는 흄의 인식론이 색이나 소리, 감정, 열망, 공포, 애정, 증오, 의향, 기억 등의 선명한 감각적 지각에 의존하고 있다고 비판한다. 화이트헤드는 우리의 지각의 양태는 처음엔 무의식적이고 모호한 비감각적 지각인 '인과적 효과성'의 지각에서 시작하여 선명하고 뚜렷한 감각지각인 '현시적(표상적) 직접성'의 지각과 결합된 '상징적 연관'에 이른다고 주장한다(Whitehead, 2013a: 265－266).

셋째, 화이트헤드에 의하면 느낌이란 신체를 구성하고 있는 각 부분의 중추신경들의 생생한 표현이다. 느낌은 다양한 정서의 유형들을 하나로 통합하여 복잡한 통일체로 파악한다(Whitehead, 2003: 42). 또한 그는 느낌이란 용어를 인간을 포함한 동

10) 객체화(客體化, objectification)는 임의의 어떤 현실적 존재가 다른 현실적 존재의 여건이 되는 것을 의미한다(Whitehead, 2013a: 140). 이렇게 하여 현실적 존재들은 상호관계성을 갖게 된다(문창옥, 2002: 44).

11) 영원한 객체(eternal objects)는 로크가 『인간지성론』에서 설명하고 있는 사고의 대상으로서의 '관념'이다(Whitehead, 2013a: 143). 우리는 질서와 무질서, 존중과 배려, 관심과 공감 등 많은 관념들을 마음속에 품고 있다. 이것은 현실적 존재들의 성격을 규정지어 주는 '한정 형식(forms of definiteness)'이며, 가능태들이다(Whitehead, 2013a: 85).

12) 주체적 형식(subjective form)은 주체인 현실적 존재가 파악하는 여건을 느끼는 방식(how)이다. 주체적 형식에는 정서, 목적, 평가, 역작용(adversion), 혐오, 의식 등의 많은 종(種)들이 있다(Whitehead, 2013a: 88).

물 및 식물 등 모든 생명의 영역에로 지평을 넓히고 있다. 식물은 습기와 빛을 향해 느끼며, 해파리는 앞으로 나아가기도 하고 움츠리기도 한다(Whitehead, 2013a: 364). 애완견의 후각은 인간을 능가하며, 열등한 유형의 신체조직을 지니고 있는 생명체에서 조차 느낌이 희미하게나마 일어나고 있다고 추측해 볼 수 있다(Whitehead, 2003: 157). 또한 그는 느낌을 여건과 대상(객체)에 따라 정서와 관련된 '물리적 느낌'뿐 아니라 정신적 측면인 '개념적 느낌', 결합체에 대한 '변환된 느낌', '명제에 대한 느낌', '지성적 느낌'에로 확대하고 있다. 이와 같은 느낌의 역할은 그 느낌이 어떻게 성립되었는가를 표현해줄 뿐만 아니라 그것이 지향하는 목적 등을 설명해 준다(Whitehead, 2013a: 462).

(2) 느낌의 과정

화이트헤드는 합생을 통해 우리의 경험이 어떻게 발생하고, 자기 존재를 생성하는지를 분석하고 설명하려고 하였다. 합생의 과정은 느낌의 과정을 통해 이루어지는데, 느낌의 과정에는 세 가지 근원적 느낌과 보다 복합적인 느낌들이 있다. 근원적 느낌의 유형에는 (i) 단순한 물리적 느낌, (ii) 개념적 느낌, (iii) 변환된 느낌이 있다. 그리고 보다 복합적인 느낌에는 (iv) 명제적 느낌, (v) 지성적 느낌이 있다. 느낌의 유형을 (i) 순응적(호응적) 느낌, (ii) 개념적 느낌, (iii) 비교적 느낌(단순 비교적 느낌인 명제적 느낌과 복잡한 비교적 느낌인 지성적 느낌)으로 구분하기도 한다(Whitehead, 2013a: 342). 느낌의 과정은 최초의 위상인 순응적 느낌에서 보완적(supplemental) 위상의 후기 국면인 지성적 느낌으로 심화되어 간다(Whitehead, 2013a: 486). 일반적으로 느낌은 정서의 다차원적 구성요소, 즉 생물학적, 목적 지향적, 인지적, 사회적 측면을 포함하고 있다(정옥분 외, 2008: 13).

필자는 화이트헤드의 느낌의 과정을 구조화하여 [그림 14-1]과 같이 제시해보고자 한다.

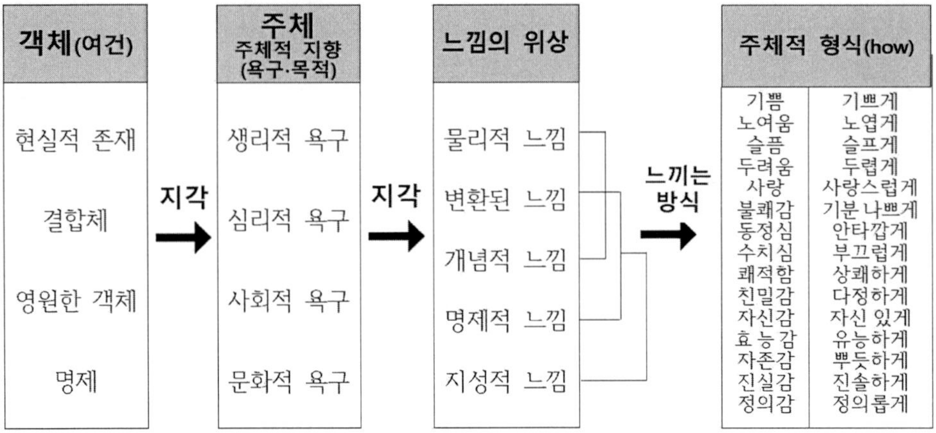

[그림 14-1] 화이트헤드의 느낌의 과정[13]

가. 최초의 위상과 물리적 느낌

화이트헤드는 '물리적 느낌'이란 다른 현실태에 대한 느낌이라고 정의한다(Whitehead, 2013a: 448). 그는 합생의 최초 위상에서 현실적 존재가 품고 있는 단순한 물리적 느낌을 강조한다. '단순한 물리적 느낌'은 결합체[14] 속의 다른 현실적 존재들에 대한 느낌들 가운데 하나를 그 객체적 여건으로 하는 느낌이다(Whitehead, 2013a: 469). 단순한 물리적 느낌은 원초적 느낌으로서 모든 느낌의 시원(始原)이며 지각 작용의 토대가 된다(Whitehead, 2013a: 469).

(가) 공감, 관계성 그리고 전인성(全人性)

화이트헤드에 의하면 물리적 느낌은 근원적으로 공감(sympathy)적 성격을 지닌다. 이것은 여건으로 주어진 타자(他者)가 느낀 느낌에 대하여 순응적으로 느끼는 것

13) 문창옥에 의하면, 명사나 형용사는 '무엇(what) 또는 어떤'에 상응한다. 느끼는 방식은 부사적 양태인 '어떻게(how)'에 상응한다. 그는 화이트헤드의 과정철학의 역동적인 생성과정의 파악은 동태적인 것이며, 이런 동태성을 규정하는 것은 형용사적 속성일 수 없고 부사적 속성이어야 한다고 말한다. 예를 들면, 우리는 어떤 물체를 '뜨거움' 또는 '뜨거운'이 아니라 '뜨겁게' 느끼는 것이다(문창옥, 2002: 71). 이와 같이 느낌을 부사적으로 표현하는 것은 느낌교육을 위한 하나의 방법을 시사해준다.

14) 결합체(結合體, nexus)란 우리가 일상적으로 경험하는 거시적(巨視的) 세계의 존재들, 즉 현실적 존재들의 집합체인 사람, 나무, 집 등을 일컬으며, 사회(society)라고도 한다(Whitehead, 2013a: 674).

이다(Whitehead, 2013a: 339). 공감은 '감정이입(empathy)'과 같은 것이다. 우리는 교통 사고 현장을 목격하면 자신이 사고를 당한 것 같은 두려움이나 부상자와 동일한 통증을 느끼기도 한다. 다마지오는 이러한 감정이입 현상을 '모방 신체 고리(as-if-body loop)'라고 한다(Damasio, 2016: 138). 상대의 감정에 대한 공감적 느낌은 복합적인 느낌인 존중·배려하는 마음으로 이어진다. 이 느낌은 긍정적 느낌의 전형으로서 선행하는 과거의 다른 현실적 존재들의 느낌을 수용하고, 그것을 재생 또는 재연(再演)하는 성격을 띠고 있다(Whitehead, 2013a: 426-427). 그러나 그 결과는 완전히 같은 것이 아니라 부분적으로 동일하게 전이(轉移)된다(Whitehead, 2013a: 471). 우리는 서로 간의 표현들을 통해 서로 다른 느낌들을 수용하고, 자신의 표현을 주변 환경 속으로 발산하여 새로운 느낌을 위한 여건들(data)을 부여한다. 모든 현실적 존재는 다른 현실적 존재들로부터 영향을 받고 이를 일부 수용하여 자신의 목적인 만족에 이른 후에 다른 현실적 존재의 여건이 되어 서로에게 영향을 미치는 관계를 가지게 된다. 화이트헤드는 이것을 상대성 원리라고 부른다(Whitehead, 2013a: 140).

화이트헤드는 이와 같은 상호 관련성을 '의미관련'으로 설명하고 있다. 의미관련이란 한마디로 사물들의 관계성을 드러내는 개념이다. 예를 들어 의자는 그것을 만든 직공의 경험들, 그것을 판 상인의 경험들, 그것을 사용해 본 경험 등의 다양한 경험이 상호 관련된 것이다. 이 모든 경험들이 공유하고 있는 느낌들이 결합된 패턴이 곧 '의자'라고 불리는 것이다(김영진, 2012: 156-157).

화이트헤드는 단순한 물리적 느낌을 '순수한 물리적 느낌'과 '혼성적인 물리적 느낌'으로 세분한다. 순수한 물리적 느낌은 현실적 존재의 물질성, 즉 물리적 극을 의미한다. 그리고 혼성적인 물리적 느낌은 그 주체에 선행하는 다른 현실적 존재가 지니고 있었던 정신성인 개념적 느낌을 여건으로 하는 느낌이다(Whitehead, 2013a: 487). 이렇게 해서 현실적 존재는 물질성과 정신성을 함께 지니게 된다. 우주에 있는 모든 현실태들은 정도의 차이가 있지만 본질적으로 물리적(physical)이며 정신적(mental)이라는 두 극(bipolar)을 가지고 있다. 경험의 주체인 현실적 존재가 물리적·정신적 측면을 통합하는 것이 바로 합생이며, 자기 형성 작용(self-formation)이다(Whitehead, 2013a: 108/241). 우리 인간은 우리의 내면과 신체적 삶이 아주 긴밀하게 얽혀 있는 육체와 정신의 복합적인 통일체이다(Whitehead, 2003: 39). 또한 각 동물의 신체 속에는 수백만 개의 생명의 신경 중추(中樞)가 들어 있다. 이들 각 세포는 상호 간에 통합적인 제어에 의해 통일된 경험과 행동을 하게 된다(Whitehead, 2013a: 241). 동물 신체의 각 부분들은 상호 간에 자신을 생생하게 표현하고, 그러한 상호 표현에 의해 그들 자신의 느낌을 획득하는 경험의 중추들이다(Whitehead, 2003: 41–42).

(나) 인과적 느낌과 인과적 효과성의 지각

화이트헤드는 인간 경험의 지각 양태를 '인과적 효과성(causal efficacy)'과 '현시적 직접성(presentational immediacy)'으로 구별한다. 최초의 여건인 타자(他者), 즉 다른 현실적 존재는 '원인'이며, 그것에 대한 단순한 물리적 느낌은 '결과'인 인과적(因果的) 느낌이다(Whitehead, 2013a: 470). 인과적 효과성의 지각은 어떤 사물에 대한 느낌이 과거로부터 계승되어 현실적 존재에게 정착되는 지각 양태를 의미한다(Whitehead, 2013a: 264). 이것은 모호하고 제어하기 어려우며, 정서를 수반하고 있다(Whitehead, 2013a: 367). 그는 이러한 지각을 비감각적 지각이라 한다(Whitehead, 2013b: 287–288).

화이트헤드에 따르면, 근대 인식론 철학에서는 명확한 감각 지각인 '현시적 직접성'의 지각이 주목을 받은 반면에, 인과적 효과성의 지각은 무시되어 왔다. 그 결과 흄을 비롯한 근대철학은 우리의 행동, 희망, 공감, 목적 등 우리가 표현하는 직접적인 경험을 왜곡시켰다(Whitehead, 2013a: 138–139). 그가 이렇게 주장하게 된 까닭은 경험된 세계란 있는 그대로의 세계 그 자체가 아니라 인과적 효과성으로부터 이끌어낸 파생적인 추상(抽象)의 세계라고 파악하기 때문이다(Whitehead, 2003: 104). 인간 경험의 탁월성은 단순히 감각 경험의 명석성에서 오는 것이 아니다. 예를 들어, 감각 경험이란 빨강, 하양, 파랑 등 추상적인 도식 이상의 것이 아니다. 우리의 경험적 지각은 모호하지만 근원적인 인과적 효과성과 명석 판명한 현시적 직접성의 상호작용의 결과이다. 화이트헤드는 이러한 혼합된 양태의 지각을 '상징적 연관'(symbolic reference)이라 부른다(Whitehead, 2013a: 265–266). 상징적 연관의 특징은 해석적 성격을 띠고 있기 때문에 오류 가능성을 지니고 있다(Whitehead, 2013a: 350). 특히 언어는 거의 전적으로 상징적 연관에 의해 복잡하게 통합된 해석의 결과이다(Whitehead, 2013a: 356–358).

우리의 경험은 처음에는 무의식적이고 모호한 상태로부터 시작하여 점차 명석 판명해지는 현시적 직접성으로 옮겨간다. 결론적으로 우리의 의식이나 판단은 보다 고차원적 위상인 합생의 후기 국면에 해당하는 '지성적 느낌'에서 생겨나는 것이다(Whitehead, 2013a: 470). 따라서 우리는 학생들을 지도할 때, 현재 그들의 느낌은 가정, 사회, 친구들로부터 경험한 과거의 경험을 계승하고 있다는 것을 염두에 두어야 한다. 또한 교사가 학생들에게 어떠한 덕목과 가치를 제시할 경우에 그들은 모호한 느낌으로부터 시작하여 그것을 자신의 과거 경험과 주체적 목적에 비추어 부분적으로 공감·수용한다는 것을 기억해 둘 필요가 있다.

나. 개념적 느낌과 가치평가

화이트헤드에 따르면, 느낌에는 원초적으로 개념적 느낌과 단순한 인과적 느낌의 두 종류가 있다. 이 중 단순한 인과적 느낌은 현실적 존재의 물리적 극(physical pole)이라 하고, 개념적 느낌은 정신적 극(mental pole)이라 부른다. 이 두 극은 무기물에서 신(神)에 이르기까지 현실적 존재에 따라 상대적인 중요성이 달라지긴 하지만 어떠한 현실적 존재도 이 양극 가운데 어느 하나를 결여하고는 존재할 수 없다(Whitehead, 2013a: 475). 개념적 느낌은 이상적 형상인 '영원한 객체'를 여건으로 하는 느낌으로서, 현실적 존재를 여건으로 하는 '물리적 느낌'과 대별된다(Whitehead, 2003: 46).

개념적 느낌의 방식, 즉 주체적 형식은 가치평가(valuation)라는 성격을 띠고 있다(Whitehead, 2013a: 476). 이상적 형상에 해당하는 영원한 객체의 중요성은 바로 가치 평가에 의해서 '평가 절상'되느냐, '평가 절하'되느냐에 따라 고양(高揚)되기도 하고 감소되기도 한다. 현실적 존재가 영원한 객체들 간의 대비(對比)를 통해서 가치평가를 할 때 그 근거는 주체의 이상(理想), 목적, 욕구라고 표현되는 주체적 지향에 따라 이루어진다. 모든 느낌은 본질적으로 그 주체가 지향하는 느낌이며, 그 지향에 의해 유발된 느낌들이다(Whitehead, 2013a: 463). 이러한 현실적 존재의 주체적 지향은 '만족'(satisfaction)을 최종 목표로 하고 있으며, 합생의 구성 요소들은 모두 '만족'에 기여하는 가치들이다. 그리고 상이한 존재들의 만족들 사이에는 다양한 등급의 강도를 포함하는 특수한 차이가 있다. 이 합생의 과정은 완전한 결정적 '만족'의 달성으로 종결된다. 그러나 완전한 만족의 실현이란 불가능하기에 이 과정은 계속된다(Whitehead, 2013a: 200).

화이트헤드는 만족을 네 가지 차원, 즉 '사소함(triviality)', '모호함(vagueness)', '협소함(narrowness)', '광범성(width)'으로 분류하여 고찰한다(Whitehead, 2013a: 247). 사소함은 욕구와 관련된 여건들 간에 조정이 결여되고, 느낌의 강도와 깊이를 이끌어 내지 못하여 사소한 만족을 주는 느낌이다(Whitehead, 2013a: 246－247). 또한 모호함은 다양하게 객체화된 여건들 사이에 대비가 희미하며, 관련성이 약해서 차별화가 부족한 경우에 생겨나는 느낌이다. 협소함은 대상에 집중하게 하여 강도를 높여주지만, 광범성의 부족으로 만족하지 못하게 된다. 그러나 조화(調和)를 위해서는 모호함, 협소함, 광범성의 적절한 조정이 필요하다. 조화란 광범성과 협소함의 결합이며, 만족의 강도는 적절한 질서를 통해서만 달성될 수 있다(Whitehead, 2013a: 246－248). 화이트헤드의 '만족'에 관한 이러한 분류는 독특하다고 할 수 있다. 그의 사소함에서 광범성에 이르는 모든 욕구들의 통합적이고 조화로운 느낌을 고려하는 관점은 인성교육에 시사해 주는 바가 매우 크다. 필자는 여기서 어느 선생님과 학생 간의 갈등 사례를 하나 소개하고자 한다.

> 최근에 점심시간의 외출과 관련하여 담임교사와 갈등하게 된 남학생이 교장실을 찾아 왔다. 학생은 어머니의 생일 선물을 사기 위해 외출을 허락해 줄 것을 요구했고, 담임은 방과 후에 사도 충분하다며 허락하지 않았다는 것이다. 어머니가 야간에 일을 하시는 학생의 입장에서는 저녁 시간에 잠깐 어머니 얼굴을 볼 때 선물을 드리고 싶었고 계속 외출을 요구하자 담임교사는 오후 수업에 지각하지 않아야 한다는 조건을 달아 외출을 허락했다. 그러나 학생은 5교시 수업에 늦게 들어가게 되었고, 담임교사는 무단 지각 처리를 하겠다고 선언을 한 것이다. 학생은 담임의 이런 행동이 지나치다고 생각하여 계속 불만을 표출했고, 결국 교장실에 찾아오게 되었다. 나는 학생의 심리적인 느낌의 과정을 긍정적으로 공감해 주었다. 그리고 담임교사의 방관하지 않으려는 열정을 지지해준 후 수업 시간의 근태는 '결과 처리'만 한다는 학교의 방침을 넌지시 일러주었다. 이후 담임교사는 학생의 상황과 감정을 배려하여 자연스럽게 갈등을 풀어나갔고, 그들은 현재 서로 존중하는 사제지간으로 잘 지내고 있다(2017).

위의 사례를 화이트헤드의 관점에서 본다면 상황을 고려하고 상대를 배려하여 갈등을 해결해가는 정신성의 작용과 관련된 것으로 볼 수 있다. 우리의 정서는 단순한 것이 아니라 해석되고 통합된 정서이다(Whitehead, 2013a: 341). 또한 우리는 보다 높은 위상의 개념적 느낌을 실현하기 위해 보다 광범한 복합적인 영원한 객체들에 대한 선택과 영입을 필요로 한다(Whitehead, 2013a: 252). 화이트헤드는 정신성의 기능이란 영원한 객체의 물리적 수용을 수정하는 일이라고 본다(Whitehead, 2013a: 621). 살아 있는 계기는 그 정신적 극의 욕구들이 지니는 참신성의 섬광(flash of novelty)에 의해 특징지어진다(Whitehead, 2013a: 377). 이때 요구되는 것이 창조성인데 이것은 느낌의 전 과정에 적용되는 것으로, 별도의 절에서 설명하고자 한다.

다. 변환된 느낌: 사회와 공동체 의식

우주를 구성하는 기본 요소는 현실적 존재이다. 그런데 현실적 존재는 소우주적인 것이지만, 우리는 결합체인 나무, 자동차, 집, 사람들과 같은 대우주의 세계에서 살고 있다. 소우주로부터 대우주로 통하는 다리에 해당하는 것이 변환(變換)이다. 변환이라는 것은 현실 세계가 그것에 편재(遍在)하는 질서에 힘입어 공동체로서 느껴지는 방식이다. 왜냐하면 그것은 파악된 결합체를 구성하고 있는 여러 성원들 간의 유사성에 근거하여 생겨나기 때문이다. 우리의 지성적 활동은 변환, 즉 유사성과 차이성에 근거하여 사물의 지배적인 특성을 파악할 수 있다(Whitehead, 2013a: 495). 우리들이 세계를 의식적으로 파악하는 방식은 보통 이러한 변환된 물리적 느낌을 통해서이다(Whitehead, 2013a: 498). 결합체는 인격적으로 질서를 갖춘 결합체인 사회를 구성한다. 그리고 변환된 느낌은 현실 세계에 존재하는 사회적 질서를 여건으로 하여 사회를 공동체로서 느끼는 방식이다(Whitehead, 2013a: 495). 따라서 변환된 느낌은 질서의 조화가 있고 역전이 우세할 때에 강화되는 강도를 갖는 개념적 느낌이 생기게 된다. 그리고 개념적 느낌들 사이에 부조화가 있게 될 경우에는 제거가 있게 되고, 일반적으로 아무런 변환도 일어나지 않을 것이다(Whitehead, 2013a: 497). 여기서 주목할 것은 역작용과 혐오 및 변환의 범주는 고등한 유기체의 경우에 창조성과 중요성을 가지게 된다는 점이다. 이것들은 지성적 정신성으로 나아가는 첫걸음이다(Whitehead, 2013a: 500).

라. 명제적 느낌과 느낌에의 유혹

명제적 느낌이란 그 객체적 여건이 명제인 느낌을 말한다. 명제는 사전적 의미로는 '고래는 포유류이다'와 같이 판단이나 의견 등을 언어 또는 기호로 진술한 것이다(표준국어대사전, 2000). 화이트헤드에 의하면, 명제는 물리적 느낌과 개념적 느낌과의 통합에서 생긴다(Whitehead, 2013a: 503). 이때 현실적 존재들은 명제의 논리적 주어가 되고, 영원한 객체는 명제의 술어적 패턴을 제공한다(Whitehead, 2013a: 506–507). 예를 들면 '고래는 포유류이다'라는 명제에서 현실적 존재들의 결합체인 '고래'는 논리적 주어이고, 영원한 객체인 '포유류'는 술어이다. 화이트헤드에 의하면, 명제 그 자체는 그것의 진리치와 관련하여 결정되는 것이 아니다. 비록 논리적 주어들이 사실로서 결정되어 있기 때문에, 현실 세계 속에 예증된 술어적 패턴이 참이나 거짓이 되기는 하지만 이것은 비결정적이다. 명제는 그것을 느낄 주체를 기다리고 있는 느낌의 여건이며, 가능태와 현실태를 포함하는 결합체의 양식이고, 새로운 유형의 존재이다(Whitehead, 2013a: 386). 순수한 개념적 느낌의 여건은 영원한 객체이며, 혼성적인 불순한 느낌의 여건은 명제인데, 후자는 물리적 느낌과 개념적 느낌의 통합에서 생겨난다(Whitehead, 2013a: 387). 명제적 느낌은 물리적 위상과 의식적인 지성적 위상 사이에 있는 것으로, 물리적 목적과 지성적 목적(의식적 목적) 사이에 위치하며, 아직 주체적 형식에 있어서 의식을 획득하지 못하고 있는 중간적인 존재이다(PWhitehead, 2013a: 544). 명제적 느낌은 베르그송(H. Bergson)이 말하는 순수한 본능적인 직관의 단계와 유사하다(Whitehead, 2013a: 545).

명제는 현실 세계에 대해서 순응적일 수도 있고, 비순응적[15]일 수도 있으며, 참일 수도 있고, 거짓일 수도 있다(Whitehead, 2013a: 382). 비순응적 명제가 느낌 속으로 수용될 때, 그 여건에 대한 반응은 사실과 또 다른 하나의 가능태로서 귀착된다. 그 결과 새로움이 창조되어 나타난다. 이 새로움은 질서를 증진할 수도 있고 파괴할 수도 있다. 그것은 선한 것일 수도 있고, 악한 것일 수도 있다. 하지만 그것은 새로운 것이고 새로운 유형의 개체로서 적어도 낡은 형식을 새로운 기능으로 이끌어 들인다(Whitehead, 2013a: 383).

15) 예를 들어 '나폴레옹은 워털루 전투에서 승리하였다'라는 명제는 역사적 사실과 상반되며, 따라서 현실 세계에 대하여 비순응적이라고 할 수 있다. 이러한 비순응적 명제에는 상상력이 작용하게 되고, 흥미 있는 것이 되기도 한다. 이러한 비순응적 명제는 현재는 타당하지 않더라도 세계가 참신성으로 전진하는 길을 터준다. 명제는 이런 의미에서 하나의 가능태이며, 그것이 느껴지는 방식에 여러 선택지가 있는 미결정된 것을 의미한다(Whitehead, 2013a: 382–384).

화이트헤드는 그의 개념의 사용이 모두 그렇듯이 명제라는 개념도 전통적인 논리학과 인식론에서 논의되어 온 것보다 훨씬 더 넓은 의미로 확대하여 사용하고 있다(문창옥, 2002: 250). 그의 학설에 의하면, 명제의 일차적 기능은 판단이나 의식보다도 '느낌에의 유혹(lure for feeling)'과 관련되어 있다(Whitehead, 2013a: 90). 명제는 참과 거짓의 판단에 관련된 것만은 아니다. 어떤 명제는 느낌들 자체가 농담과 관련된 정서를 즐기기 위한 것일 수도 있다. 그리고 어떤 명제는 두려움, 혐오, 분노와 같은 정서적 색조(色調, tone)를 띠고 있는 것으로 느껴지기도 한다(Whitehead, 2013a: 90). 화이트헤드에 따르면, 명제를 단순히 판단의 소재라고 생각하는 것은 우주 안에서의 명제의 역할을 이해하는 데 치명적이다. 단순히 논리적 측면에서만 볼 때, 비순응적 명제는 그릇된 것에 지나지 않으며, 그렇기 때문에 아무런 쓸모도 없는 것일지도 모른다. 그러나 그러한 명제의 기본적인 역할은 세계가 창조적으로 전진해 갈 수 있도록 길을 터주는 것이다. 그는 오류란 우리가 진보를 위해 치르는 대가라고 말한다(Whitehead, 2013a: 383). 그는 주지주의적 성향을 띤 논리학자들에 의해 명제의 주요 기능이 과도하게 제한되고 모호하게 되었다고 지적한다(Whitehead, 2013a: 382). 실제의 세계에서는 명제가 참이라는 주장보다는 명제가 흥미롭거나 흥미를 끈다는 주장이 더 중요하게 여겨진다(Whitehead, 2013a: 509). 그는 논리학자들이 햄릿의 '죽느냐, 사느냐…'란 대사를 읽는다면, 명제가 참이냐 거짓이냐를 판단하면서 읽기 시작한다고 할지라도 어떤 시점에서 미적인 기쁨으로 뒤덮일 것이라고 한다. 이 연극 대사는 극장의 관중들에게는 느낌을 위한 유혹이기 때문이다(Whitehead, 2013a: 378-379).

우리는 다른 사람과의 대화를 통해 느끼고, 그것을 통해 주체적 지향을 달성하며, 다른 사람에게 느낌을 주고 객체로서 영향을 미친다. 화이트헤드의 용어로 표현하면, 우리는 다른 현실적 존재의 명제적 느낌들을 계승하여 현실태를 실현하고, 물리적 느낌과 정신적 측면의 개념적 느낌의 통합으로 주체적 지향인 만족의 달성을 추구하고, 자기초월적 주체가 되어 다른 현실적 존재에게 여건, 즉 객체화가 되어가는 창조적인 자기실현의 과정을 계속하는 존재이다.

화이트헤드의 '명제적 느낌'은 우리의 일상 언어생활에도 시사하는 바가 많다. 요즈음 청소년들이 카톡이나 인터넷 세상에서 명제를 단축 또는 생략된 형태의 은어나 속어로 사용하는 것이 그들의 문화 패턴이 된지 오래이다. 이러한 은어나 속어에는 명제가 생략되거나 함축되어 있기 때문에, 명제적 느낌이 모호하여 파악하기 어려울 뿐만 아니라 의사소통의 문제를 야기하기도 한다. 다음은 필자가 근무하는 학교의 한 사례이다.

> 평소 소심하고 내성적이며 자존감이 부족한 A는 핸드폰을 빌려달라는 B의 부탁을 거절하자 B와 그의 친구들로부터 '극혐'이라는 말을 듣게 되었다. 이 말은 요즘 10대들이 쉽게 사용하는 은어 중 하나고 자신에게 부정적인 대상이나 상황에 대한 거부감의 표현인데 대수롭지 않게 던진 이 한 마디의 충격은 놀라운 것이었다. A는 그 날 이후 조퇴와 결석을 반복하기에 이르렀고, 급기야 자살 고위험군 학생이 되어 지속적으로 상담을 받고 있다(2017).

위의 사례에서 A와 B학생은 평소 서로에 대한 긍정적인 느낌을 주고받지 못하고 지냈으며, 이러한 인과적 느낌이 현재에도 지속되고 있는 관계이다. 다시 말하면 물리적 느낌에 머물러 있다고 볼 수 있다. 만약 이 경우 역작용이 있어서 정신적인 극에 해당하는 '우정'에 관한 개념적 느낌(영원한 객체)을 도입하였다면 그들의 관계는 사이좋게 발전했을 것이다. 그러나 서로 간에 부정적 파악으로 인해 혐오라는 느낌의 방식인 주체적 형식을 지니게 되었다. 역작용은 개념적 여건을 강화하고 평가 절상하게 하며, 주체인 자신을 초월하여 미래에로 영속해 가는 어떤 힘을 갖게 한다. 반면에 혐오가 있는 경우에 개념적 여건은 약화되고 평가 절하된다. 혐오는 내용의 배제와 사소함에로의 전이(轉移)를 조장한다(Whitehead, 2013a: 539). 위의 사례에서 A와 B의 관계는 그들의 물리적 느낌과 개념적 느낌의 통합이 이루어지지 않고, 단지 물리적 느낌의 실현인 물리적 목적에 그치고 말았다.

마. 지성적 느낌과 의식

화이트헤드는 비교하기 어려운 복잡한 느낌을 지성적 느낌(intellectual feeling)이라고 부른다. 지성적 느낌의 특징은 주체가 느끼는 방식인 주체적 형식이 '의식'이라는 것이다. 의식은 합생의 후기 위상인 지성적 느낌에서 현실적 존재들의 결합체와 명제와의 대비에서 생겨난다(Whitehead, 2013a: 522). 여기서 대비란 '긍정-부정의 대비'를 일컫는다. 이것은 현실 세계의 '사실'에 대한 긍정과 명제적 느낌을 '부정'하는 가능태 간의 대비이다. 다시 말하면, 그것은 현실 세계에서 '실재(in fact)'와 '~일 수도 있다(might be)'는 가능성 사이의 대비(對比)이다(Whitehead, 2013a: 523). 의식은 이러한 긍정-부정의 대비를 통한 '차이'에 근거하여 생겨난 느낌의 주체적 형식이다. 지성적 느낌, 즉 의식은 주체적 경험의 강도를 높여주고, 가장 중요한 것에 주의를 집중하게 한다. 그리고 명제를 비판하고 판단함으로써 경험 주체의 결정을 돕는다(Whitehead, 2013a: 532-533). 이때 의식적인 지성적 느낌에서 획득되는 인식은 인간이 대부분의 동물들과도 공유하고 있는 인식이다(Hosinski, 2013: 204-205). 따라서 화이트헤드는 의식적 지각은 가장 원초적 형태의 판단이라고 한다(Whitehead, 2013a: 309). 판단은 합생의 경험 순간에 그 자신을 어떻게 구성할 것인지에 관해 결정을 강화하거나 약화시키면서 수정하도록 한다. 명제적 느낌은 그 명제적 느낌을 영입하는 주체의 생성을 유혹한다. 반면에 지성적 느낌은 의식과 판단을 통해서 주체로 하여금 명제가 던지는 유혹을 비판하도록 한다(Whitehead, 2013a: 360). 또한 화이트헤드의 지각의 양태 중에서 인과적 효과성의 지각은 최초 물리적 파악에 상응하며, 현시적 직접성의 지각은 명제적 느낌을 의식적으로 파악하는 것에 상응한다. 그리고 상징적 연관은 지성적 느낌에 상응한다고 볼 수 있다(Hosinski, 2013: 209).

(3) 느낌의 창조적 원리

합생이란 주체인 현실적 존재가 다수의 사물들로 구성된 현실 세계의 경험을 자신의 것으로 사유화(私有化)하여 하나로 통합하는 과정이다. 이것은 '다자(多者, many)'가 '일자(一者, one)'로 통일되는 것이며, 다양성과 차이성 그리고 동일성을 의미한다(Whitehead, 2013a: 83). 우리는 단순히 선행하는 느낌들을 수용하고 재연(再演)하는 것이 아니라 스스로 돌아보며 판단하고 평가한다. 단순한 물리적 느낌에서부터 지성적 느낌에 이르는 느낌의 과정은 느낌의 깊이와 강도를 통해 자기를 실현하는 과정이다. 느낌의 과정이 최초의 위상에서 후속하는 위상들로 나아가는 과정에는 새로움의 원리인 창조성이 적용된다. 화이트헤드는 각각의 새로운 상황에 창조성을 적용하는 것을 '창조적 전진'이라고 한다(Whitehead, 2013a: 84). 그는 이러한 느낌의 창조성과 역동성을 형이상학적 범주의 '범주적 제약(categoreal obligation)'에서 범주적 조건들에 대하여 설명하고 있다. 필자는 화이트헤드의 범주적 조건을 중심으로 느낌의 깊이와 강도를 실현하기 위한 '창조적 원리'를 구성하여 제시하고자 한다.

가. 주체적 지향의 원리

합생하는 현실적 존재는 다양한 개념적 느낌들을 주체적 지향(subjective aims)에 비추어 가치 평가한다. 그리고 느끼는 방식인 주체적 형식은 주체적 지향과 유리되어 생각할 수 없다(Whitehead, 2013a: 94). 주체적 지향은 주체의 이상(理想), 목적, 욕구에 해당한다(Whitehead, 2013a: 446). 인간을 비롯한 모든 존재는 목적론적 존재이다. 이것은 화이트헤드의 '주체적 조화'의 범주에 속한다. 이 주체적 지향은 합생의 계속되는 여러 위상들, 즉 느끼는 과정을 거치는 가운데 단순화되거나 수정될 수도 있다(Whitehead, 2013a: 711). 주체적 지향의 최종 목표는 '만족'이다(Whitehead, 2013a: 322). 만족은 합생의 목적인(目的因)이며, 사적(私的)인 이상의 달성이라고 할 수 있다. 다양한 등급의 강도를 지니고 있는 상이한 존재들의 만족들 사이에는 개체에 따라 특수한 차이가 있다. 다양한 만족이란 욕구의 충족과 관련되며, 이것은 매슬로우(A. H. Maslow)의 욕구의 위계[16]와도 관련된다. 주체로서의 현실적 존재의 최종 목표인 만족은 합생의 과정에서 결정된다. 그 과정에서 최종적인 결단은 전체와 부분의 통일 속에서 자기를 넘어서는 자기초월적 주체(subject－superject)에 의해 이루어지는 정서, 이해, 목적에 대한 수정으로 이루어진다. 따라서 개체적인 현실적 존재의 합생은 내적으로 결정되어 있으되, 외적으로는 자유롭다고 할 수 있다(Whitehead, 2013a: 95).

나. 조화와 균형의 원리

화이트헤드에 의하면, 느낌의 과정의 최초 위상은 현실 세계에 대한 미적인 종합(aesthetic synthesis)을 위해 그것을 수용하는 것이다. 그리고 두 번째 위상은 개인적 이상에 의해 미적 평가(aesthetic appreciation)를 하게 된다. 화이트헤드는 도덕적 아름다움이나 지적인 아름다움도 심미적 아름다움의 범주에 포함한다(Whitehead, 2013b: 57). 그의 철학에서 심미적 감성과 심미적 가치는 여타의 모든 가치에 우선하는 지위를 가진다(신춘호, 2014: 136). 그는 우주의 목적은 아름다움을 산출하는 데 있

---

16) 매슬로우(A. H. Maslow)는 인간 욕구의 위계를 생리적 욕구, 안전의 욕구, 친애의 욕구, 자존의 욕구, 자아실현의 욕구로 나누고 있다. 인간은 하위의 욕구들이 충족되더라도 그것에 안주해서 만족하지 못하며, 욕구의 정점인 자아실현을 향해 나아간다(안귀덕, 2003: 20).

다고 보며(Whitehead, 2013b: 405), 아름다움을 '작은 형식의 아름다움'과 '큰 형식의 아름다움'으로 구분한다(Whitehead, 2013b: 390). 아름다움은 부분과 전체의 조화를 통해서 실현된다. 구성체의 요소들은 자신들의 개체성에 대한 권리를 내세우면서 동시에 전체에 공헌한다. 그리고 각각의 개체들은 전체에 힘입어 그 위대성이 증가하게 된다(Whitehead, 2013b: 403).

각각의 개체들이 조화를 이루어 만들어내는 느낌은 균형 잡힌 복합적인 느낌이다. 여기서 균형이란 서로를 대비를 도입하기 위해 동일성과 다양성을 조정하는 것이다(Whitehead, 2013a: 542). 그리고 복합성이란 대비를 통한 실현을 의미한다. 이러한 개념적 역전에 의해 생기는 새로운 느낌들은 균형잡힌 느낌의 강도와 고양에 기여한다.

다. 대비와 역전의 원리

화이트헤드는 강도 있는 경험이란 '미적인 사실들'(aesthetic facts)이라고 본다. 이러한 미적 사실에 대한 범주적 조건은 예술 분야에서 통용되고 있는 미적 법칙들을 일반화시킴으로써 추출할 수 있다(Whitehead, 2013a: 543). 모든 미적 경험은 동일성 아래에서 서로 대비의 실현으로부터 생겨나는 느낌이다(Whitehead, 2013a: 544).

대비(對比, contrast)[17]란 보다 높은 차원으로 끝없이 계속 나아가도록 무한한 진행을 가능하게 한다(Whitehead, 2013a: 85). 이것은 화이트헤드의 범주적 도식에서 '현존의 범주'에 속하는 '대비의 원리'이다(Howard, 1971: 167). 대비의 원리는 차이성(diversity)과 동일성을 구성하는 다(many)와 일(one)의 원리이다. 현실적 존재의 느낌은 제2의 위상인 개념적 느낌의 가치 평가에 의해 더욱 풍부해진다. 주체인 현실적 존재는 다수의 여건들인 영원한 객체들 사이의 '대비'를 통해서 차이성과 동일성을 발견하게 된다(Whitehead, 2013a: 491). 그런 후에 주체는 그것을 그대로 재연(再演)하는 것이 아니라, 부분적으로 긍정하고 부분적으로는 부정하는 '긍정－부정'의 적극적인 정신 활동을 전개한다. 영원한 객체들의 복합적인 대비는 특히 지성적인 느낌인

17) 대비(對比, contrast)란 사전적 의미로 1. 두 가지의 차이를 밝히기 위하여 서로 맞대어 비교함. 2. <미술> 회화(繪畫)에서, 어떤 요소의 특질을 강조하기 위하여 그와 상반되는 형태·색채·톤(tone)을 나란히 배치하는 일. 3. <심리> 서로 다른 성질의 것을 나란히 놓았을 때, 그 차이가 현저하게 드러나는 현상으로 빛깔이나 크기뿐만 아니라 감각, 감정 따위의 심적 활동이 시간적·공간적으로 접근하여 나타날 때에 볼 수 있다(네이버국어사전).

'긍정－부정의 대비'에서 일어난다. 이것은 이 현실 세계의 개별적 사례와 관련한 '실제(in fact)'와 '～일 수도 있다(might be)'는 가능성 간의 대비이다(Whitehead, 2013a: 523). 화이트헤드는 대비, 대비의 대비 등과 같은 느낌의 비교를 강조한다. 그는 특히 세 개 이상의 요소들의 대비로 이루어지는 대비를 '다원적 대비(multiple contrast)'라고 하며, 이것은 창발적(創發的, emergent) 진화의 토대가 된다. 가장 명백한 대비의 예는 영원한 객체인 '파랑'과 '빨강'의 대비를 들 수 있으며, 다른 어떤 빛깔은 그 대비로부터의 어떤 추상물(abstraction)이다. 흔히 '관계'라 불리는 것은 '대비'로부터의 추상물이다. 관계는 많은 대비들 속에서 발견할 수 있다(Whitehead, 2013a: 455－456). 이러한 대비는 개념적 가치 평가에서 느낌의 깊이와 강도(强度, intensity)를 고양시킨다.

우리의 일상 생활에는 질서와 영원한 객체들의 반복이 있는 반면 '개념적 역전'(conceptual reversion)이 일어날 수도 있다. 개념적 역전이란 합생의 과정에서 여건을 형성하고 있는 영원한 객체들을 부분적으로는 동일하고 부분적으로는 상이한 여건으로 파악하는 것이다(Whitehead, 2013a: 491). "우리는 흰색의 백조를 보고 '흰색'을 추상할 수 있고, 한 번도 본 적이 없는 검은 색의 백조를 상상할 수도 있다"(문창옥 외, 2005: 160). 우리가 가정, 사회, 대인관계에서 겪는 갈등들은 대부분 '～일 수도 있다'는 열린 생각을 하게 될 때 해소될 수 있다. 바로 이러한 과정을 거치면서 반복적인 질서의 패턴 또는 고정된 도덕적 관념에서 벗어나 새로운 영원한 객체를 선택할 수 있게 된다(Whitehead, 2013a: 492). 깊이와 강도가 있는 개념적 느낌은 영원한 객체들 간에 조화(調和)가 이루어지고, 개념적 역전이 우세할 때 생겨나게 된다(Whitehead, 2013a: 497).

라. 중요성의 원리

화이트헤드는 느낌의 깊이와 강도를 고양하기 위해 '중요성'과 미래에 대한 전망이라 할 수 있는 '예기적(豫期的) 느낌'(anticipatory feeling)을 강조한다. 이것은 주체적 조화와 강도의 범주적 조건에 해당된다(Whitehead, 2013a: 94－95). 화이트헤드에 의하면, '중요성'의 관념은 주로 강렬한 느낌을 수반하고 있는 효용성 또는 유용성과 관련된 개인의 관심이라고 정의하는데, 이것은 불충분한 정의다. 그 이유는 중요성이 다음과 같은 두 가지 측면에 기초하고 있기 때문이다. 하나는 세부적인 사실들의 개체성에 기초한 ‘관심’의 측면이고, 다른 하나는 우주의 ‘통일성’에 기초를 두고 있는 측면이다(Whitehead, 2003: 21). 중요성은 하나의 유(類)개념이며, 중요성에 대한 감각은 여러 가지 종(種)으로 그 모습을 드러낸다. 중요성은 도덕에 대한 감각, 종교에 대한 신비스러운 감각, 섬세한 조정이라 할 수 있는 미(美)에 대한 감각, 상호관계에 있어서의 필연성에 대한 감각, 의식적인 분별적 감각 등에 나타난다(Whitehead, 2003: 46). 이때 중요성은 미래에 대한 전망과도 관련을 맺게 된다(Whitehead, 2013a: 95). 미래는 현재 속에 내재하고 있다. 몇 초 후, 몇 분 후, 몇 시간 후 유효할 법률상의 계약, 모든 유형의 사회적 약정, 열차의 시간표, 야심, 불안 등은 이러한 사실을 증명해준다(Whitehead, 2013b: 303). 따라서 미래를 전망하거나 결정하는 일과 관련된 예기적 느낌은 모두 복합적인 느낌에 영향을 끼치는 요소이다. 도덕성은 대부분 이러한 미래와의 관련성(relevance)을 어떻게 결정하느냐에 달려 있다(Whitehead, 2013a: 95). 또한 주체적 가치 평가는 이것들의 통합과 재통합의 복잡한 여러 과정에서 획득되는 ‘중요성’에 따라 느낌의 범위 전체에 걸쳐 주체적 형식들을 수정하고, 이를 통해 통합을 이끌어 가는 것이다(Whitehead, 2013a: 485).

3. 인성교육에 주는 시사점

화이트헤드의 느낌이론이 인성교육에 주는 시사점을 다음 두 가지 측면에서 살펴보고자 한다. 하나는 느낌이 인성교육에서 어떠한 지위를 가지는가 하는 것이며, 다른 하나는 느낌이 학교 현장에 어떻게 적용될 수 있는가를 중심으로 살펴보고자 한다.

(1) 인성교육에서 느낌의 지위

인성(人性)[18]의 개념은 학자들에 따라 인간 본성(human nature), 품성, 사람됨,

18) 일반적 의미로 인성교육은 인성(人性)에 관한 교육 즉 personality 교육을 뜻한다. 그러나 영어권에서 말하는 성격인 personality가 심리학적 개념이라면 동양 문화권에서 인성(human nature)은 철학적 개념에 가깝다. 영어권의 personality는 가치중립적인 사실의 개념이라면

인격, 도덕성 등 다양하게 정의되고 있으며, 그에 따른 인성교육의 관점도 다양하게 해석되고 있다(구본만, 2015: 25). 인성교육은 가치명료화나 콜버그(L. Kohlberg)의 인지적 측면을 중시하던 경향에서, 호프만(M. Hoffman)과 길리건(C. Gilligan)의 도덕적 정서 중심 접근, 리코나(T. Lickona)의 인지·정서·행동의 통합적 모형, 가드너(H. Gardner)의 사회정서학습 등과 같이 정서와 인지의 상호작용을 중시하는 경향으로 옮겨가고 있다(정창우, 2015: 168-244). 그러나 정서와 인지 사이의 상호작용이 어떻게 이루어지는가에 대한 연구는 아직 부족한 것이 현실이다. 느낌은 정서와 이성을 연결하는 교량적 역할을 한다고 말할 수 있다. 신경 뇌과학의 최근 연구에 의하면, 정서는 어떤 사물이나 사건에 대한 자동적인 반응 체계이지만, 느낌은 지각의 일종으로서 정서의 반응 또는 그 결과를 지각하기 위한 뇌의 지도와 심상을 생성해 낸다. 또한 느낌은 과거에 대한 기억, 상상, 추론 등의 조합을 통해 궁극적으로 통찰을 낳으며 새롭고 독특한 반응을 만들어 낸다(Damasio, 2016: 98-99). 화이트헤드에 의하면 우리는 느끼는 과정을 통해 우주를 경험하게 된다. 그의 느낌이론의 특징과 시사점은 다음과 같다.

첫째, 우리 인간은 몸[19]을 지니고 있으며, 자연과 더불어 살아가는 존재이다. 그는 인간만이 느낄 수 있는 존재가 아니라 동물과 식물들도 정도의 차이는 있지만 느낌을 경험한다고 본다. 이렇게 볼 때 무엇보다도 인간 개개인의 심성, 다른 사람과의 관계 등에 초점이 맞추어져 있던 인성교육의 영역을 자연과 우주에까지 확대하는 교육이 중요하다. 이를 통해 전체를 보는 통찰적 안목을 높일 수 있고, 그 결과 사고

후자는 인간의 본래 품성을 의미하는 가치가 개입되어 있기 때문이다(강선보 외, 2015: 88). 정창우는 성격(personality), 인격(character), 도덕성(morality)의 순으로 도덕적 어조(moral tone)가 강해진다고 한다. 또한 그는 도덕교육(moral education), 인성교육(character education), 시민교육(citizenship education), 공민교육(civic education)의 관계는 왼쪽 방향으로 갈수록 '도덕적(moral)'인 특성이 보다 강해지고, 오른쪽 방향으로 갈수록 '정치적(political)' 특성이 보다 강해진다고 한다. 하지만 정도의 차이가 있을 뿐 이들 교육 모두 '도덕성과 시민성'이라는 두 가지 개념의 특성을 어느 정도 공유하고 있다고 볼 수 있다(정창우, 2015: 67-68, 78).

19) 정강길은 우리 말의 '몸'이 서양의 신체(body)와 동의어가 아니며, 영어의 'Mom'과 구별하기 위해 신체(body)와 마음(mind)이 결합된 통전적 개념으로서 '몸'(Momm)이라는 말을 사용하며, 관계와 과정을 중요시한 화이트헤드의 유기체철학을 '몸학'(Mommics)이라고 표현하고 있다. 그는 몸(Momm)을 구성하는 5가지 관계층을 (i) B층: 신체 형성의 관계들, (ii) L층: 생활 형성의 관계들, (iii) W층: 세계사회 형성의 관계들, (iv) M층: 형이상학 형성의 관계들, (v) G층: 신(God)과의 관계들로 구분하고 있다(정강길, 2013: 84).

의 확장이 일어나면 우리 사회가 겪고 있는 도덕, 사회, 환경 등의 많은 문제들이 해소될 수 있기 때문이다.

둘째, 그의 느낌이론은 정서에 국한되지 않는다. 그는 느낌의 대상(여건)을 관념(개념), 명제, 지성, 공동체 의식에까지 일반화하여 확대 적용하고 있다. 이것은 느낌을 지식의 습득과 별개의 것으로 간주하여 그동안 교육 현장에서 주목받지 못했던 느낌에 대한 인성교육적 인식의 전환이 필요함을 보여준다.

셋째, 화이트헤드의 느낌이론에서 '느낌의 과정'은 단순한 위계적 단계가 아니라 느낌의 깊이와 강도에 따라 보다 복합적이고 통합적인 느낌으로 심화되는 과정을 의미한다. '물리적 느낌'의 위상은 과거가 현재에 영향을 미치는 작용인(作用因)에 대한 설명이다. 그리고 '개념적 느낌'의 위상은 과거를 계승한 현실적 존재가 미래와 관련된 관념들인 '영원한 객체'를 영입하기 위해 가치평가를 하는 과정이다. 그 다음 위상인 '명제적 느낌'에서는 물리적 느낌과 개념적 느낌들의 통합이 이루어지고, '지성적 느낌'의 위상에서는 재통합이 이루어진다. 학교 현장이 교사와 학생, 학생과 학생들 간에 수많은 것을 느끼고 배우는 경험의 장(場)이라는 점을 감안할 때, 화이트헤드의 느낌이론은 앞으로 학교가 교학상장(敎學相長)의 공간이 되도록 하는 데에 많은 것을 시사해줄 것으로 본다.

(2) 학교 현실에의 적용

얼마 전 '옮는 병 걸려도 학교가는 한국'(동아일보, 2016. 12. 26.)이란 기사가 보도된 적이 있다. 우리나라는 교육열이 워낙 높아서 몸이 아파도 학교는 가야 하는 곳이라는 생각을 기성세대들은 하고 있다. 그러나 현실적으로 따져보면 아파서 책상에 엎드려 있거나 보건실에 누워있어야 할 처지에 공부가 제대로 될 리 없다. 아직도 우리 사회에서는 학교나 직장에 개근하는 것이 그 사람의 성실성을 평가하는 바로미터의 역할을 하고 있다. 우리 인간은 자기가 좋아하는 일은 몸이 조금 불편하거나 여건이 좋지 못해도 자발적으로 하는 특성이 있다. 아침에 늘 지각을 하던 학생이 체육대회나 체험학습 등 흥미를 끄는 일이 있을 때면 누구보다 먼저 학교에 오는 일이 그 예이다. 필자는 교직에 몸담고 있으면서 '학교는 가주는 곳이고, 학생은 와주는 존재'(엄기호, 2014: 18)라는 요즘의 학교 실태를 표현한 말에 공감이 간다. 화이트헤드의 관점에서 보면, 이런 현상의 원인은 교사와 학생의 관계가 의미 관계가 아니라 형식적인 관계로 변하고(엄기호, 2014: 34), 학교 활동이 학생들에게 깊이와 강도 있는 느낌을 주지 못하는 데 있다고 본다. 학생들의 학교 생활은 주로 교과 수업과 창의적 체험 활동으로 이루어진다. 화이트헤드의 느낌이론이 학생들의 활동에 적용될 경우에 인성교육의 실제에 시사하는 바가 클 것으로 본다.

첫째, 느낌이론에 의하면 우리는 선행하는 다양한 과거의 경험을 파악하고 계승·통합하여 주체적 지향에 따른 새로운 가치를 창출한다. 이 과정에서 만족을 느낀 후에 자기초월적 주체가 되어 다른 사람과 자연에 새로움을 창조하는 여건, 즉 대상이 된다. 이것은 경험의 주체인 학습자의 존재론적 특성에 대한 설명이기도 하다. 우리는 다른 사람이나 사물의 영향을 능동적으로 파악하는 '주체성', 자신의 목표를 향해 스스로 자기를 구성해가는 '목적 지향성'과 '자율성', 심미적 가치를 향유하고 새롭게 창조하는 '창조성', 다른 사람에게 여건으로서 새로운 가치를 부여하는 '이타성'의 존재이다. 따라서 바람직한 인성의 요소에는 주체성, 목적 지향성, 자율성, 심미성, 창조성, 이타성이 포함된다고 할 수 있다.

둘째, '물리적 느낌'에 대한 이해는 교사와 학생의 관계를 회복하고 교육적인 만남이 되도록 하는 데 도움이 된다. 학생의 현재 느낌은 그 학생의 선행하는 과거인 가정, 친구, 사회, 환경들로부터 계승하고 있는 인과적(因果的) 느낌이라는 것을 이해할 때, 느낌의 출발점인 '공감'과 '감정이입'이 가능해진다. 그리고 '인과적 효과성'의 지각에 대한 이해는 교사들이 학생들을 지도할 때 유의할 점을 시사해준다. 교사들은 수업하는 동안에 '알았어요?'라는 말을 많이 한다. 교사들은 조급함 때문에 학습자 개개인을 이해하고 받아들여 주는 데에 인색한 것 같다. 락우드(A. L. Lockwood)는 "교육자들은 청소년들에게 이러 이러한 덕목과 가치를 가르치기만 하면, 그들은 도덕적으로 칭찬할 만한 방식에 따라 행동할 것이라고 가정하고 있다"고 비판한다(정세구 외 역, 2004: 74). 학생들은 교사의 가르침을 처음부터 명확하게 지각하는 것이 아니라, 모호하고 무의식적인 인과적 느낌으로 지각하기 시작한다. 또한 그들은 자신의 욕구에 비추어 그것을 부분적으로 수용하고 나름대로 느끼고 해석해서 받아들인다.

셋째, '개념적 느낌'에 의하면, 정신적 형상이기도 한 '영원한 객체'는 다른 사람들과의 관계를 통해 사유화(私有化)된다. 파편화된 현대 가정은 학생들에게 자상한 도움과 후원하는 임무를 다하지 못하고 있다(Csikszentmihailyi, 2003: 35). 인성교육은 교사의 추상적인 훈화보다 동아리 활동 등을 통한 친구 또는 선배들의 조언이 효과적일 때가 많다. 이와 관련된 사례를 들어 보자.

> A라는 여학생은 어머니가 외국인이며, 아버지로부터 가정 폭력을 당하는 가정에서 생활하면서 자살 등의 심리적 갈등을 겪었던 여학생이다. 그녀는 다문화 동아리 활동을 하면서 비슷한 환경에 처한 친구들로부터 격려를 받고, 선배로부터 진로 등에 대한 조언을 구하며 긍정적인 자아 인식을 할 수 있게 되었다. 그녀는 점차 적극적인 학생으로 성장하여 고3 때에는 학급 반장을 하고 모범학생 표창과 시장상을 받기도 하였다. 그 학생은 사회복지학과에 진학하여 자신처럼 불우한 환경에 처한 사람들에게 희망을 주는 사회복지사의 꿈을 키우고 있다(2015).

학생들은 다른 사람들과의 관계 속에서 차이성과 동일성을 느끼며, 즐거움과 자부심을 느끼기도 한다. 인성은 이러한 느낌의 과정을 통해 발달한다고 말할 수 있다.

넷째, 배움의 매체는 다른 무엇보다 언어이며, 교실은 말을 하고 말을 듣는 공간이다. 교사는 학생들이 사용하는 일상 용어를 모르거나 그 말을 단지 비속어나 저질이라고 단정 지을 때가 많다. 그 결과 교사의 말과 학생들의 말은 서로 엇나가게 되고(엄기호, 2014: 52), 수업은 교사만의 일방적인 생동감이 결여된 죽은 수업이 될 수밖에 없다. 화이트헤드는 어린이의 사고력을 훈육함에 있어 무엇보다도 경계해야 할 것은 '생기 없는 관념'(inert idea)이라고 한다. 이것은 활용되지도 않고 검증되지도 않으며, 참신한 연관성으로 결합되지도 않은 채 단지 머릿속에 주입하는 것이다(Whitehead, 2004: 38).

교사의 규범적 언어가 학생들에게 '느낌에의 유혹'이 되기 위해서는 먼저 그들과 공감대가 형성되어야 한다. 이럴 때 비로소 학생들은 '선생님과 그의 말씀'은 규범적이라는 선입견을 버리고, 그들 자신과 거리감이 있다고 배제하지 않고 듣기 시작한다. 이때 교사와 학생 사이에 물리적 느낌과 개념적 느낌의 통합이 이루어지게 된다(Whitehead, 2013a: 383). 이것은 상호작용의 시작을 의미한다. 또한 교사와 학생 모두가 나의 말이 무조건 옳다는 독선을 버릴 때, 새로운 가능성과 새로운 관계가 형성되기 시작한다.

물리적 느낌은 명제적 느낌뿐 아니라 지성적 느낌에서도 통합적으로 작용한다. 물리적 느낌은 인성교육에서 학생들의 느낌은 늘 정서적이며, 그들의 과거로부터 선행하는 경험을 공감하는 것이 중요함을 시사해 준다.

다섯째, 학생들의 수업은 학교생활에서 대부분을 차지한다. 교사들의 고민은 학생들이 수업에 몰입하지 않고 의욕을 보이지 않는 데에 있다. 소위 공부에 관심 있는 학생들도 그들의 목표인 대학 진학이나 수능시험에 도움이 될 때에는 관심을 보이지만, 그렇지 않은 경우에는 배타적이다. 칙센트미하이(M. Csikszentmihailyi)는 강한 성취 의욕과 자부심, 열정과 몰입, 만족감과 행복감은 적극성과 창조성으로 연결된다고 한다(Csikszentmihalyi, 2003: 27－41). 이러한 몰입감, 성취감, 지적 희열은 화이트헤드의 복합적이고 깊이와 강도가 있는 느낌과 관련된다. 이를 위해서 우리는 지성적 느낌의 특징인 '긍정－부정의 대비'를 적용할 필요가 있다.

요즘 강조하고 있는 융합수업의 사례를 하나 살펴보자.

> 인문반에서 수능과 관련이 없는 '화학' 수업을 한다는 것은 교사에게 여간 고역이 아니다. 화학교사인 B는 원소들의 '공유결합'과 같은 결합 방식과 사람들의 결합 방식이란 토론 수업을 통해 학생들의 몰입도를 높였다고 한다(2015).

위의 사례는 화학시간이란 현실과 화학이 '～일 수도 있다'는 긍정과 부정의 대비의 예이다. '대비'와 '중요성'의 원리는 느낌의 깊이와 강도를 고양시키는 역할을 함으로써 호기심과 몰입을 도와준다. 또한 미래에 대한 전망과 심미적 가치의 체험은 가치 평가의 기준인 주체적 지향을 보다 높은 수준으로 끌어 올릴 수 있다. 미술시간에 흙을 직접 빚어 형상물을 만드는 도예 수업의 심미적 체험도 부분과 전체의 조화로움을 배우는 인성교육의 한 예이다.

화이트헤드에 의하면, 도덕성이란 진공 속에서 이루어지는 것이 아니며, 사랑·공감과 같은 정감(情感)과 아름다움이나 지적 탁월성의 경험이 필요하다. 그에 따르면, 지적 탁월성과 도덕적 탁월성도 아름다움의 범주에 해당된다(Whitehead, 2013b: 57). 그는 과학, 문학, 도덕, 종교 등에 내재된 지적 가치와 심미적 감수성과 예술교육을 통해 질서와 조화 그리고 새로움을 창조하는 경험을 할 수 있다고 한다. 화이트헤드는 심미적 감성과 그것이 감지하는 심미적 가치가 여타의 모든 가치에 우선하는 지위를 가지며, 심미적, 지적, 인격적 측면의 통합성을 중요하게 여긴다(신춘호, 2014: 136). 그는 인성(human nature)이란 본능, 지성, 지혜의 세 요소가 서로 통합되어 반응하고 용해되어 혼성적으로 작용하는 것이라고 한다(Whitehead, 2013b: 108-109). 또한 피터스(R. S. Peters)는 도덕교육이란 단지 아이들에게 좋은 인간관계 등과 관련된 규범을 가르치는 것만이 아니며, 화학이나 공학과 같은 어떤 가치 있는 활동에 전념케 하는 것도 도덕교육의 한 부분이라고 한다(Peters. 1995: 95).

이렇게 볼 때 인성교육은 각 교과 또는 체험 활동에 내재된 심미적 가치를 통해 심미적 느낌을 체험하는 것이라고 말할 수 있다. 실제로 수업에서 실패한 많은 학생들이 좌절감과 소외감을 느낀다는 사실은 그들의 학교생활에 비추어 볼 때 많은 것을 생각해 보게 한다. 학교 인성교육은 학생들에게 깊이와 강도가 있는 느낌의 수업과 체험활동을 통해서 그들에게 즐거움과 자존감 그리고 성취감 등을 느낄 수 있도록 하는 것이다.

4. 결론

본고의 목적은 화이트헤드의 느낌이론에 나타난 느낌의 과정을 이해하고, 그것이 인성교육에 주는 시사점과 적용 가능성을 탐구하는 데 있다. 화이트헤드는 인성이란 본능, 지성, 지혜의 세 요소가 서로 통합되어 반응하고 용해되면서 혼성적으로 작용하는 것이라고 한다. 학교에서 교사들은 많은 것을 가르치고, 학생들은 많은 것을 느끼고 배운다. 이러한 관점에서 보면 모든 교육 활동이 인성교육이라고 할 수 있다.

화이트헤드는 인성, 즉 심신의 문제를 느낌이론을 통해 해결하고자 했다. 느낌이란 유기체가 서로 상호작용하는 경험을 일반화하여 범주화한 용어다(김영진, 2012: 51). 그의 유기체철학은 '느낌'을 현실 세계의 도처에 있는 것으로 상정하고, 느낌이론을 인간을 포함한 동물 및 식물 등 모든 생명의 영역에로 확대하고 있다. 우주에 있는 각 현실태는 정도의 차이가 있지만 본질적으로 물리적 극과 정신적 극을 모두 가지고 있으며, 이것을 통해 자신의 목적을 실현해 가는 창조적 활동을 전개한다. 느낌의 과정은 합생이며, 이것은 경험의 주체인 현실적 존재자의 생성과정이다. 화이트헤드에 의하면, 느낌의 복합적인 요인은 (i) 주체적 지향에 따라 느끼는 주체, (ii) 선행하는 최초의 여건, (iii) 긍정적 파악에 의한 수용과 부정적 파악에 의한 제거, (iv) 여건인 영원한 객체에 대한 가치 평가, (v) 여건을 느끼는 방식인 주체적 형식이다. 정서, 평가, 목적, 역작용, 혐오, 의식 등은 모두 주체적 형식의 예이다. 경험의 주체인 현실적 존재는 이러한 느낌의 구성 요소들의 상호작용을 통해 다자(多者, many)를 일자(一者, one)로 통일시키는 창조적 활동을 전개한다. 느낌이론에 의하면, 주체인 현실적 존재는 선행하는 다양한 과거의 경험을 파악하고 계승·통합하여 주체적 지향에 따른 새로운 가치를 창출한다. 그리고 최종 만족에 도달한 후에 자기초월적 주체가 되어 객체화됨으로써 다른 사람과 우주가 새로운 가치를 창조하는 데 여건으로서 작용하게 된다. 따라서 느낌의 과정을 수행하는 현실적 존재의 본성은 주체성, 목적지향성, 자율성, 심미성, 창조성, 이타성이며, 이것은 인성교육의 핵심요소라고 할 수 있다.

화이트헤드는 느낌을 정서에 국한시키지 않고 물리적 느낌에서부터 지성적 느낌에까지 확대하고 있다. 느낌의 위상에는 단순한 물리적 느낌, 개념적 느낌, 변환된 느낌, 명제적 느낌, 지성적 느낌이 있다. 우리가 느끼는 방식은 그 느낌이 어떻게 성립되었는가를 알려준다(Whitehead, 2013a: 462). 느낌의 과정이 인성교육에 주는 시사점은 다음과 같다.

첫째, 학생들은 다양한 여건들을 자신의 주체적 지향에 비추어 가치평가하고 선택 · 결정한다. 학생들이 조화와 균형이 잡힌 복합적인 느낌을 갖도록 하기 위해서는 과학, 문학, 도덕, 사회 등의 교과에 내재된 관념의 효력, 관념의 아름다움, 관념의 구조에 대한 친근한 감각을 느끼고 이해할 수 있도록 가르쳐주는 것이다(Whitehead, 2004: 58). 이것은 교육의 요체이며 교양교육의 중요성을 의미한다.

둘째, 인성교육은 의미관련 교육이나 동아리 활동 등을 통해 인간, 사회, 공동체, 자연을 포함하여 타자(他者)와의 관계성을 파악 하고, 타자와 더불어 공감하고 동일성과 다양성을 경험할 수 있는 기회를 제공해야 한다.

셋째, 학생들의 현재 느낌은 과거 선행하는 경험과 관련된 인과적 느낌이라는 것을 이해할 때 그들과의 공감적 관계가 형성된다. 이를 위해서는 바로 이 자리에서 보이는 것만을 학생의 전부라고 인식하지 않고, 그들과 소통하며 친밀감과 유대감을 통해 자연스레 과거의 경험까지 수용하고 이해하려는 교사의 열린 자세가 필요하다.

넷째, 학생들은 모든 것을 몸을 통해 느낀다. 학생들은 교사가 제시하는 원리와 개념 등의 이론을 처음부터 선명하게 감각적으로 느끼지 않는다. 그들의 최초 느낌은 무의식적이고, 모호하며, 비감각적인 특성을 가진 인과적 효과성의 지각이다. 느낌의 후기 위상에서 인과적 효과성의 지각과 현시적 직접성의 지각이 결합하여 복합적이고 해석적인 성격을 지닌 상징적 연관이 된다. 따라서 학생들 스스로 추상적이고 당위적인 명제를 지성적 느낌으로 받아들일 수 있도록 기다려주는 느긋함이 교사들에게 필요하다.

다섯째, 명제가 '느낌에의 유혹'의 기능을 하고, 복합적인 지성적 느낌이 되기 위해서는 동일성과 다양성(상이성)에 대한 대비와 역전이 필요하다. 특히 '긍정－부정'의 대비는 현재의 '사실'과 '～일 수도 있다'는 '가능성'의 대비이다. 이것은 새로움을 창조하는 개연적(蓋然的) 사고이자 열린 마음이다. 학생들 스스로 체험하고 문제를 해결하며 사고를 확장할 수 있는 느낌의 기회를 다양하게 주면 물리적 느낌이 지성적 느낌으로 확대되는 바람직한 인성교육이 이루어질 수 있을 것으로 본다.

여섯째, 인성교육 활동은 느낌의 깊이와 강도를 고양시키기 위해서 '중요한 느낌'과 미래에 대한 전망인 '예기적 느낌'이 일어나도록 짜임새 있게 구성되어야 한다. 위와 같이 깊이와 강도가 있으며, 조화와 균형이 잡힌 복합적인 느낌이 되도록 하기 위한 느낌의 창조적 원리를 제시하면, 그것은 (i) 주체적 지향의 원리, (ii) 조화와 균형의 원리, (iii) 대비와 역전의 원리, (iv) 중요성의 원리라고 표현할 수 있다.

정서와 느낌의 관계는 많은 과학자와 철학자가 연구하였음에도 불구하고 아직 만족스러운 해답을 얻지 못했으며, 철학적 담론에 머물러 있다가 최근에 이르러서야 신경생물학 분야에서 연구되고 있다(Damasio, 2016: 212). 이런 관점에서 볼 때 화이트헤드가 비록 철학적이지만 느낌을 정서에 국한시키지 않고 확대 적용하였다는 것은 탁견이라 할 수 있다. 앞으로 느낌에 관한 철학, 교육학, 심리학, 사회학, 신경생물학 등의 통합적인 연구가 활발하게 이루어지길 기대해 본다.

참고문헌

강선보 외(2008). "21세기 인성교육의 방향 설정을 위한 이론적 기초 연구". **교육문제연구**. 30. 1-38.

강선보 외(2015). **인성교육**. 파주: 양서원.

구본만(2015). "인격주의 인성교육의 실천 방향". **종교교육학연구**. 49. 23-49.

김대석(2016). "학교 교육과정에서 감성교육의 필요성에 관한 연구: 이성과 감성 구분의 오류를 중심으로". **교육연구**. 30(2). 25-44.

김영진(2012). **화이트헤드의 유기체철학: 위상적 세계에서 펼쳐지는 미적 모험**. 서울: 그린비.

문창옥(2002). **화이트헤드과정철학의 이해**. 서울: 통나무.

문창옥·고인석·박상태(2005). **화이트헤드 철학 읽기**. 고양: 동과서.

문창옥(2013). "과정철학의 원자적 생성에서 과거와 현재의 관계". **철학**. 116. 75-100.

박태환·이병승(2016). "화이트헤드의 과정철학에 비추어 본 인격의 형성과정 연구". **교육사상연구**. 30(4), 69-94.

신춘호(2014). "화이트헤드의 교육목적론 연구". **도덕교육연구**. 26(2). 121-140.

안귀덕(2003). **교육환경과 자아실현**. 서울: 원미사.

안형관(1980). "A. N. Whitehead의 지각론에 관한 연구". **효대연구논문집**. 22(1). 987-1066.

엄기호(2014). **교사도 학교가 두렵다**. 서울: 따비.

이병승(2006). **교육에 관한 철학적 담론**. 서울: 원미사.

정강길(2013). "몸학, 화이트헤드 철학의 몸삶 적용 이론 탐구". **화이트헤드연구**. 26. 75-102.

정연홍(2000). "화이트헤드의 파악이론". **철학논총**. 22. 163-177.

정연홍(2010). "화이트헤드의 과정철학에서 존재와 지각". **철학논총**. 59. 313-330.

정옥분·정순화·임정하(2008). **정서발달과 정서지능**. 서울: 학지사.

정윤경(2014). "화이트헤드 과정철학과 교육적 시사점: 파악 개념을 중심으로". **교육사상연구**. 28(2). 67-92.

정창우(2015). **인성교육의 이해와 실천**. 파주: 교육과학사.

최승일(2015). "화이트헤드 과정철학에 나타난 인간상과 그 교육철학적 함의". **교육철학연구**. 37(4). 73-98.

최재희(1988). **서양윤리사상사**. 서울대학교출판부.

최현석(2014). 인간의 모든 감정. 파주: 서해문집.

Csikszentmihalyi, M. & Schneider, B.(2000). *Becoming Adult.* 이희재 역(2003). 어른이 된다는 것은. 서울: 해냄출판사.

Damasio, A.(2003). *Looking for Spinoza: Joy, Sorrow and the Feeling Brain.* 이지원 역(2016). 스피노자의 뇌: 기쁨, 슬픔, 느낌의 뇌과학. 서울: 사이언스북스.

Howard, P.(1971). Whitehead's ethic of feeling. *Ethics.* 81(2). University of Chicago Press. 161–168.

Hosinski, T. E.(1993). *Stubborn Fact & Creative Advance: An Introduction to the Metaphysics of Alfred North Whitehead.* Rownman & Littlefield Publishers, Inc. 장왕식, 이경호 역(2013). 화이트헤드철학 풀어 읽기. 서울: 이문출판사.

Hume, David(1739–40). *A Treatise of Human Nature.* 김성숙 역(2016). 인간이란 무엇인가–오성 · 정념 · 도덕. 서울: 동서문화사.

Lickona, T.(1991). *Educating for Character.* 박장호 · 추병완 역(1998). 인격교육론. 서울: 백의.

McCreary, J. K.(1949). A. N. Whitehead's Theory of Feeling. *The Journal of General Psychology.* 67–78.

Peters, R. S.(1981). *Moral Development and Moral Education.* George Allen & Unwin Ltd. 남궁달화 역(1995). 도덕발달과 도덕교육. 서울: 문음사.

Sherburne, D. W.(1966). *A Key to Whitehead's Process and Reality.* Macmillan Publishing Co., Inc. 오영환 · 박상태 역(2010). 화이트헤드의 『과정과 실재』 입문. 파주: 서광사.

Thagard, P.(2010). *The Brain and the Meaning of Life.* Princeton University Press. 김미선 역(2011). 뇌와 삶의 의미. 서울: 필로소픽.

Whitehead, A. N.(1951). *The Aims of Education and Other Essays.* 1929. New York: Mentor Book. 오영환 역(2004). 교육의 목적. 파주: 궁리출판.

Whitehead, A. N.(1967). *Adventures of Ideas.* 1933. New York: The Free Press. 오영환 역(2013b). 관념의 모험. 파주: 한길사.

Whitehead, A. N.(1968). *Modes of Thought.* 1938. New York: The Free Press. 오영환 · 문창옥 역(2003). 사고의 양태. 서울: 다산글방.

Whitehead, A. N.(1978). *Process and Reality: An Essay in Cosmology.* 1933. New York: The Free Press. 오영환 역(2013a). 과정과 실재. 서울: 민음사.

제15장

죽음의 현상학적 의미와 죽음교육
-하이데거의 존재론을 중심으로*

신교남

1. 죽음에 대한 철학적 논의
2. 죽음의 현상학적 의미
3. 죽음과 죽음교육
4. 금기를 넘어 통찰로

* 이 글은 『교육철학』 제50집 221-244쪽에 게재되었던 "하이데거의 존재론에 나타난 죽음의 현상학적 의미와 죽음교육"을 수정, 보완한 것이다.

1. 죽음에 대한 철학적 논의

인간은 자신의 죽음을 알 수 없다. 감정적으로 느끼고 인지적으로 아는 죽음은 나의 죽음이 아닌 타인의 죽음이다. 그러나 그렇게 깨달은 죽음은 타인의 것이지만 우리는 그 죽음을 통해 나의 죽음을 통찰할 수 있다.

생명체로서 인간 존재가 회피할 수 없는 사건이 죽음이다. 누구나 저마다의 삶을 살아가고 있지만, 인간은 언젠가는 죽을 수밖에 없는 존재이다. 하지만 우리는 삶과 죽음을 별개의 것으로 보거나 상반되는 것으로 보려는 성향을 가지고 있다. 그러나 어떻게 사느냐 하는 것은 곧 어떻게 죽느냐 하는 것을 포함하고 있다는 점에서 삶과 죽음은 결코 별개의 현상이라고 할 수 없다. 정재걸(2008: 132)이 지적한 바 있듯이, 죽음은 삶의 최고의 상태이며 죽음은 삶이 존재하도록 허락한다. 죽음은 삶의 전체적인 노력의 성취이고 죽음은 삶의 절정이고 결실이다. 그런데도 우리는 흔히 삶의 문제에만 집착하기 때문에 죽음이 삶 속에서 가지는 대체 불가능한 의미에 대해서 소홀히 하는 경우가 많다. 그러나 우리가 죽음에 대해 깊이 성찰하게 될 때, 비로소 삶의 의미가 새로운 모습으로 나타나며 이해의 지평이 넓어지기 시작한다.

동서양을 막론하고 여러 분야의 선학들은 죽음의 문제에 대해 비상한 관심을 보여 왔으며 죽음을 독특한 방식으로 이해하려고 노력해 왔다. 공자(孔子)를 비롯하여 에피쿠로스(Epicurus), 스피노자(B. Spinoza) 등은 죽음보다는 삶에 무게를 두었다. 공자는 제자 자로가 죽음에 관해 물었을 때 삶을 알지 못하거늘 어떻게 죽음을 알 수 있겠냐고 답하였으며, 에피쿠로스(Epicurus)는 인간이 살아있는 한 죽음은 존재하지 않으며, 우리가 죽으면 우리는 더 이상 살지 않기 때문에 죽음에 대한 논의는 무익한 것이라고 밝힌 바 있다.[1] 스피노자(B. Spinoza)는 철학의 지혜는 죽음에 대한 명상이 아니라 삶에 대한 명상에 있다고 주장한 바 있다(정동호 외, 2012: 21–23). 이들의 주장에서 죽음은 삶에 대한 논의에서 주변부로 밀려나 있다. 이에 비해 희랍철

---

1) 공자의 대답은 죽음을 불가지론으로 규정한다고 볼 수 있으며, 에피쿠로스도 『메네케오스에게 보내는 편지』(*Letters to Menoeceus*)를 통해 죽음의 불가지론에 대하여 논증한다(Epicurus. 오유석 역, 1998: 43–44).

학에서 죽음은 영혼 불멸의 방법으로 이해되기도 했다. 플라톤(Platon)은 『파이돈』[2]에서 삶은 육체 안에 갇힌 영혼의 감금 생활이요, 죽음은 육체로부터 영혼의 해방(풀려남)이자 분리라고 하면서 영혼의 불멸을 주장하였다. 이러한 플라톤의 사유방식은 중세의 교부 및 스콜라 철학자들에게 영향을 주었을 뿐만 아니라 데카르트(R. Descartes)와 칸트(I. Kant)를 비롯한 근대의 여러 철학자에게도 영향을 끼쳤다.

죽음이 철학의 본질적이고 심각한 주제로 다루어지게 된 것은 근대 말엽이라고 할 수 있다. 이 시기에 실존철학자들은 죽음을 개별적인 사건으로 바라보았다. 키에르케고르(S. A. Kierkegaard)는 죽음의 문제를 '인간의 죽음'이 아닌 개별자의 '실존적 죽음'(Choron, 1963: 222)으로 다루었으며, 야스퍼스(K. Jaspers)는 죽음을 한계상황으로 이해하고자 하였다. 사르트르(J. P. Sartre)는 죽음을 인간실재의 부조리로 규정하려고 하였다. 그는 "부조리는 '나'의 가능성이 아니라 오히려 '너'의 가능성이며, 이것은 내 주관성의 외적인 하나의 한계일 수밖에 없다"라고 했다(Sartre, 2012: 885). 하이데거(M. Heidegger) 역시 죽음을 개별적인 사건으로 다룬다는 점에서 다른 실존주의자들과 다를 바 없지만, 그는 자신의 주저 『존재와 시간』(*Sein und Zeit*)에서 인간은 '죽음을 향한 존재'(Sein zum Tode)(Heidegger, 2010: 314)라고 규정하면서 죽음에 대해 존재론적으로 사유를 전개하였다.

하이데거의 죽음 이해 방식은 실존론적이요, 존재론적이며, 나아가 현상학적이다. 죽음을 개별자의 본래성(Eigentlichkeit)[3] 회복과 관련된 주제로 사유한다는 점에서 그의 논의방식은 실존론적이다. 그는 죽음을 생물학적인 맥락에서가 아니라 실존적인 차원에서 파악하고, 죽음을 삶의 의미 깊은 부분으로 이해하였다(Barnes, 1967: 434). 죽음을 앎의 문제로 바라보기보다는 존재자의 고유한 존재 방식으로 읽어내고 있다는 점에서 존재론적이다. 죽음을 삶을 위협하는 요인이 아니라 오히려 삶을 건

2) 소크라테스의 죽음 이야기나 죽음에 대한 견해는 플라톤의 저서인 『변명』(*Apology*), 『크리톤』(*Criton*), 『파이돈』(*Phaedon*)에서 살펴볼 수 있다. 『파이돈』은 소크라테스의 죽음에 대해서 그의 친구였던 파이돈이 이야기해 주는 방식으로, 사형 집행 당일에 독배를 마시고 죽어가면서도 사후 세계와 철학적 담론을 하는 초연한 모습을 보여준다(platon, 2011: 300-301).

3) 본래성(authenticity)의 개념은 학자마다 약간의 차이를 두고 있지만, 이 논고에서는 서용석의 연구를 참고한다. "『존재와 시간』에 나타난 본래성 개념은 인간의 삶과 죽음을 아우르는 폭넓은 성찰을 수반하며, 여기에는 올바른 삶의 정의 문제와 그 실천 가능성의 문제라는 교육학의 핵심 문제가 동시에 취급되고 있다"(서용석, 2011: 51).

강하게 하는 중요한 계기로 해석하고 있다는 점에서 그의 논의방식은 현상학적이다. 이러한 점에서 그의 죽음에 대한 관점은 삶과 죽음을 이원론적으로 다룬 전통 철학의 관점과 구별되며, 나아가 실증주의를 기반으로 한 현대 과학적 관점과 구별된다. 그에게 죽음은 경험할 수 있는 대상이 아니며 따라서 논리적으로 검증할 수 있는 사건도 아니다. 즉 죽음은 앎의 대상이 아니라 선택과 결단의 대상이다.

하이데거의 죽음에 대한 관점이 가지는 독특한 측면은, 바로 그가 죽음을 부정적으로 인식하기보다는 긍정적으로 이해하려고 한다는 점이다. 즉 죽음을 회피의 대상이 아니라 가까이 다가가야 할 직면의 대상으로 바라본다는 점이다. 그의 존재의 현상학이 암시하듯이, 죽음은 삶의 대척점이 아니라 삶의 일부이며, 따라서 회피하거나 거부해야 할 사건이 아니다. 그에게 죽음에 대한 존재론적 혹은 현상학적 사유는 삶의 의미를 풍요롭게 하는 중요한 계기요 동기이다. 그동안 연구의 영역에서 소외를 당해 온 죽음의 문제를 철학적 담론의 중심부로 끌어들여 논의한 점, 그리고 개별과학들의 죽음에 대한 경험적이고 실증적 연구를 비판하면서 죽음이 삶의 일부임을 새롭게 해석하려고 한 점은 그의 죽음 연구가 가지는 특징이라고 할 수 있을 것이다.

1990년대 들어오면서 죽음이 개인적 차원의 문제를 넘어 사회적인 문제로 인식되면서 죽음에 대한 논의가 활발해지고 있다. 특히 죽음에 대해 깊이 있는 통찰을 보여준 하이데거의 관점에 관한 연구들이 국내외 연구자들에 의해 이루어지고 있다.[4] 이들 연구는 하이데거의 저작에 나타난 죽음의 실존적 혹은 존재론적 의미를 밝히는 데 크게 기여했다고 할 수 있다. 하지만 이들 연구는 죽음이 존재론적으로 중요한 의미가 있다는 하이데거의 외침을 충실하게 전달하기는 하였으나, 하이데거가 죽음교육에 던져 주는 메시지가 무엇인지에 대한 논의는 활발하지 않은 것으로 보인다.

오랫동안 죽음교육 프로그램을 진행해온 필자는 죽음에 대한 하이데거의 통찰이 죽음교육의 실제에 어떤 시사를 던져 주는지를 논의해 보고자 한다. 특히 죽음에

4) 예컨대, 죽음에 대한 하이데거의 관점을 소개한 국내 연구로는 이기상(1997, 2000, 2001, 2007), 박찬국(2006, 2008), 조형국(2001, 2005, 2006, 2008, 2009, 2011), 피터하(2003, 2004, 2006, 2011) 등이 있으며, 외국의 연구로는 Canan(1998), Thomson(2009), Cox (1999), Peters(2004), Burch(2010) 등이 있다. 특히 죽음교육 관련 연구로는 Wass(2004), Heuser(2000), Puolimatka and Solasaari(2006), Thornton and Krajewski(1993), Slump (1997) 등이 있다.

대한 그의 현상학적 통찰이 가장 잘 드러난 저작인 『존재와 시간』 안에 담긴 내용을 분석하고자 한다. 이 연구는 다음 두 단계로 이루어질 것이다. 하나는 『존재와 시간』에 담긴 하이데거의 죽음에 대한 현상학적 관점을 조명하고, 다른 하나는 이러한 관점이 오늘날 죽음교육의 의미 확장에 던져 주는 시사점을 논의하는 것이다.

2. 죽음의 현상학적 의미

하이데거의 주저인 『존재와 시간』은 존재론적 혹은 현상학적인 사유를 통해, 인간 존재에 대한 심오한 통찰을 기술한 역작이며, 그 주제는 두 가지로 요약할 수 있다. 첫째는, 인간은 시간적 존재이며, 둘째는, 인간은 죽음으로 다가가는 존재라는 것이다. 시간과 죽음이라는 삶의 필연성 때문에 세계 내 존재로서 인간은 늘 불안(Angst)하고 염려(念慮; Sorge)[5]스럽다. 그렇다면 이러한 상황을 극복하고 현존재의 본래성을 회복하기 위해서는 어떻게 해야 하는가? 이 물음에 대한 실마리를 그는 '죽음에 대한 사유와 성찰'에서 찾는다. 그의 죽음에 대한 사유는 독특하다. 죽음은 언젠가 한 번 우리에게 다가오는, 단순히 시간상으로 규정되는 하나의 우연한 사건이 아니라 처음부터 현존재에 밀접하게 관련하고 있는 존재 방식이다. 즉, 현존재는 죽음이 있어야만 삶이 하나의 전체성을 이룰 수 있다는 것이다. 이 장에서는 하이데거가 죽음을 어떻게 개념화하고 있는지, 그리고 죽음의 본래적인 특징을 어떻게 제시하고 있는지를 살펴보고자 한다.

(1) 죽음의 개념

모든 살아있는 생명체는 종말을 맞는다. 그러나 모든 살아있는 존재자들이 동일한 방식으로 종말을 맞는 것은 아니다. 하이데거는, 현존재는 존재하는 양식도 다른 존재자들과 다르지만, 종말을 맞이하는 방식 또한 다른 존재자들과 다르다고 보았다.

5) Sorge는 주위 세계에 관한 관심을 본질로 하는 것을 뜻하며 학자마다 번역을 다르게 하고 있다. 소광희(2011)는 Sorge를 마음 씀으로, 이기상(2011)은 염려로, 반면 박찬국(2004)은 Sorge를 우려로, 여기서는 이기상의 번역을 따라서 Sorge를 염려로 번역한다.

> 생명체의 끝남을 우리는 끝나버림(Verenden)이라고 이름했다. 현존재도 자신의 생리학적 생명체적 죽음을 '가지고' 있지만 존재적으로 고립되지 않고 그의 근원적인 존재 양식에 의해서 함께 규정되고 있는 한, 그러나 현존재가 본래적으로 사망하지 않으면서도 끝날 수 있는 한, 우리는 이러한 중간현상을 삶을 다함(Ableben)이라고 지칭한다. 그러나 사망(Sterben)은 현존재가 그 안에서 자기의 죽음을 향하여 존재하는 그런 존재 방식에 대한 명칭으로서 통용된다고 했다(Heidegger, 2010: 331).[6]

하이데거는 현존재의 죽음의 고유한 방식을 밝히기 위해 세 종류의 죽음을 소개한다. 첫째는 단순한 생물체의 죽음, 생리적 현상의 멈춤, '끝나버림(Verenden)'이며, 둘째는 현존재의 죽음, '삶을 다함(Ableben)'이다. 여기서 '끝나버림'은 생물학적 죽음을 의미하며, '삶을 다함'은 현존재에게 시간이 다했음을 의미한다. 하이데거는 이 두 가지 죽음과는 다른 또 다른 죽음이 있음을 밝힌다. '끝나버림'과 '삶을 다함'보다 더 근원적인 방식의 죽음, 즉 존재자가 스스로 맞이하는 '사망(Sterben)'이 있음을 제시한다. 이것이 세 번째 죽음이다. 그에 의하면, '사망'이란 삶의 종말을 기다리는 것이 아니라 죽음 앞으로 달려가 봄을 의미한다. '사망'은 현존재의 존재론적 토대이기 때문에 근원적인 현존재의 죽음을 지칭한다. 피터 하(2003: 168)는 하이데거가 '끝나버림', '삶을 다함'과 구별되는 이 '사망'의 개념에 현존재의 죽음을 실존론적-존재론적으로 분석하고 있다고 말한다.

세 가지 죽음 중 현존재에게 끝나버림과 삶을 다함은 '당하는 죽음'을 의미하며 사망은 '맞이하는 죽음'으로 해석할 수 있다. 이 사망은 의식적으로 죽음을 바라보는 것으로서 규범적 의미를 담고 있는 개념이다. 죽음을 맞이하는 인간 현존재는 삶을 다함처럼 기다리지 않고 '미리 달려가 봄(Vorlaufen)'[7]을 통해 실존을 드러내며 살고 있다(Heidegger, 2010: 350). 세상에 빠져서 죽음을 두려워하거나 회피하는 것이 아니

---

6) 하이데거의 *Sein und Zeit*에는 '끝나버림', '삶을 다함', '사망'이 각각 'Verenden', 'Ableben', 'Sterben'으로 되어 있으나(Heidegger, 2006: 247), 사전에는 'Verenden'을 '동물의 죽음'으로, 'Ableben'을 '죽다'로, 'Sterben'을 '영면하다'로 번역하고 있다. 영문 번역판에는 '끝나버림'을 'perishing', '삶을 다함'을 'demise', '사망'을 'dying'으로 표기하고 있다(Heidegger, 2008: 247).

7) 소광희(2004: 165-166)는 'Vorlaufen'을 선구(先驅)라고 번역하고 있으며 이것을 가능성 속으로 앞질러 간다는 의미를 담고 있는 말로 해석하고 있다.

라 죽음을 통찰하며 죽음을 성찰하는 것이다. 미리 달려가 본다는 것은 살아가는 일에만 집착해온 현존재에게 삶을 반성하고 인간 본래성을 회복하기 위한 선행 행위이다.

(2) 죽음의 특성들

하이데거는 죽음이 우리에게 어떻게 나타나는지 그 특성을 제시한다. 그에 의하면, 죽음을 향한 존재로서 죽음의 가능성은 죽음, 즉 삶의 끝에 머물러 있는 것이 아니다. 죽음이 아직 오지 않았다고 해서 그것이 곧 현존재가 죽음을 기다린다거나 혹은 죽음이 현존재에게 다가온다는 것을 뜻하진 않는다. 죽음은 가능성이다. 즉 죽음을 향한 존재는 곧 가능성을 향한 존재이다. 염려로 존재하는 현존재는 '자기를 앞질러' 존재하는 존재자이기에 곧 이 가능성으로서 죽음에 미리 달려가 봄이 가능하다. 하이데거는 죽음에 대해 다섯 가지 특성을 제시하고 있다.

첫째, 죽음은 현존재의 가장 고유한 존재 가능성이다.

> 죽음은 현존재 자신이 각기 그 때마다 떠맡아야 할 존재 가능성이다. 죽음과 더불어 현존재 자신이 그의 가장 고유한 존재 가능에서 자기 앞에 닥쳐 [서] 있는 것이다(Heidegger, 2010: 335).

하이데거에 의하면 죽음은 엄밀하게 말하자면 개별자에게 속하는 고유한 사건이며 개별 현존재에게 가장 고유하게 다가와 있는 것이다. 죽음은 나의 것으로서 오직 자신과 관련된 것이며, 다른 사람이 대리할 수 없다. 현존재가 자기 것으로 확신할 수 있는 것은 오직 죽음뿐이고 그것을 문제 삼는다는 것은 가장 고유하게 자신의 존재를 문제 삼는 것이다. 일상의 삶에 빠져있으므로 인해 현존재자는 자기 자신을 망각한 채 살아갈 수 있다. 그러나 죽음의 문제만큼은 망각하며 살 수 없다. 세인(世人, das Man, the They)들이 이해하고 있는 보편적인 죽음이란 없으며, 죽음에 있어서는 각자가 자기의 가장 고유한 존재 가능성에 직면하여 절박한 심정을 갖게 된다.

둘째, 현존재의 죽음에 나타나는 고유한 가능성은 무연관적이다.

> 현존재의 죽음은 곧 더 이상-거기에-존재하지-않는다[더 이상 현존재일 수 없

> 다]는 가능성이다. 현존재가 자기 자신의 이러한 가능성으로 자기 앞에 닥쳐 [서] 있다면, 그는 전적으로 그의 가장 고유한 존재 가능으로 지시되어 있는 셈이다. 그렇게 자기 앞에 닥쳐 [서] 있을 때 현존재에서는 다른 현존재에 대한 모든 연관들이 끊어진다(Heidegger, 2010: 335-336).

죽음은 각자가 인간으로서는 존재할 수 없게 되는 막다른 가능성이다. 각자는 이제 현존재로서는 존재할 수 없게 되는 가능성이 바로 자신의 운명이라고 절실히 느끼게 된다. 자기가 바로 죽을 수 있음을 직시하고 정면으로 받아들이는 절박한 심정에서는 다른 모든 외부적인 관계들이 현존재로부터 떨어져 나간다. 자기도 죽을 수 있다는 것이 자기 눈앞에 바싹 다가서는 순간에는 부모와 형제 및 가족도 그 현존재의 관심 밖으로 밀려날 수밖에 없다. "이 개별화는, 가장 고유한 존재 가능이 문제가 되면, 모든 배려(Besorgen)[8]되고 있는 것 곁에 있음과 모든 타인과 더불어 있음이 소용이 없다는 것을 분명히 해 준다"(Heidegger, 2010: 352). 죽음이 눈앞에 닥쳤을 때 재산이나 타인과의 모든 관계가 어느덧 쓸데없는 것이 된다는 것이다. 이처럼 가장 고유한 가능성으로서의 죽음은 바로 모든 다른 관계가 단절되는 가능성이다.

셋째, 현존재의 죽음에 나타나는 무연관적인 가능성은 뛰어넘을 수 없는 것이다.

> 이러한 가장 고유한, 무연관적 가능성은 동시에 극단적인 가능성이다. 현존재는 존재 가능성으로서 죽음의 가능성을 건너뛸 수는 없다(Heidegger, 2010: 336).

죽음을 건너뛸 수 없다는 것은 죽음이 가장 확실한 사건이며 죽음을 초월할 수 없다는 것이다. 이러한 이유로 일상 생활 속에서 그들이 죽음을 피하는 방식은 모두 부질없고 소용이 없어진다. 도리어 세인들이 그 부질없음을 일상성 안에서 느낀다는 것은 죽음에서 더 이상 도망칠 수 없다는 것을 알게 해주고, 건너뛸 수 없는 성격을 더욱 명확하게 증명할 뿐이다. 죽음이라는 극단적인 상황에 처해서 더 이상 죽음을 벗어나서 나아갈 수 없다는 사실은 현존재의 유한성을 적나라하게 보여준다. 현존재

8) 하이데거는 현존재 자신을 향한 자신과의 관계를 '염려(Sorge)'로, 현존재가 타인에 대해 관계하는 것을 '심려(Fürsorge)', 현존재의 '있음'이 사물 존재자들 '속에서 있음'의 성격을 갖는다는 것을 가리켜 '배려(Besorgen)'라고 개념 지었다(엄태동, 2011: 69).

인 우리 인간은 각자가 어디까지나 존재 가능으로서 살아갈 뿐이고 절대로 죽음을 앞지를 수 없고, 피할 수도 없다.

넷째, 현존재의 죽음의 가능성은 확실한 가능성이다.

> 현존재가 빠져 있는 일상성은 죽음의 확실성을 알고 있으면서도 그 확실함[확실존재]을 피해간다. 그러나 이 회피가 그것이 그것 앞에서 회피하는 바로 그것에서부터, 죽음의 가장 고유한, 무연관적, 건너뛸 수 없는 확실한 가능성으로 개념 파악되어야 함을 현상적으로 증거하고 있다(Heidegger, 2010: 345).

현존재가 죽음을 비본래적 혹은 본래적으로 이해하는 여부를 떠나, 죽음은 현존재가 부정할 수 없는 확실한 가능성이다. 죽음의 확실성은 현존재가 경험적으로 만나는 타인의 죽음 사건을 일일이 확인한 이후 인정하는 것이 아니다. 현존재는 확실한 죽음의 가능성을 알고 있다. 사람들은 죽음이 우리에게 다가온다는 것은 확실하다고 말한다. 사람들은 날마다 다른 사람들의 죽음을 접할 수 있기에 모두가 "죽음은 부인할 수 없는 '경험사실'이다"(Heidegger, 2010: 344)라고 확신한다.

다섯째, 현존재의 죽음은 무규정적이다.

> 그러나 무규정성의 은폐는 확실성도 함께 은폐한다. 이렇게 죽음의 가장 고유한 가능성의 성격이, 즉 죽음은 확실하기는 하지만 규정되어 있지 않다는 것, 다시 말해서 어느 순간엔 가능하다는 성격이 감추어진다. 죽음과 그 죽음이 현존재 안으로 들어서는 방식에 대한 '그들'의 일상적인 이야기에 대한 온전한 해석은 우리를 확실성과 무규정성의 성격으로 이끌고 왔다(Heidegger, 2010: 345-346).

사람들은 죽음이 필연적으로 온다는 것을 인정하지만 죽음이 오는 시기를 알 수 없기에 어떤 도피의 길을 찾아내려고 애쓴다. 아직 한동안 죽음이 오지 않는다고 규정함으로써 '죽음은 언제나 올 수 있다'라는 가능성을 은닉하려고 한다. 이에 따라 죽음의 확실성도 함께 숨겨진다. 죽음은 무규정성이라는 특성을 띠는 것으로 언제 도래할지 모른다.

> 현존재는 죽음을 자기 고유한, 무연관적이며 건너뛸 수 없는 가능성의 진리로

> 여기며 임박한 죽음으로서 확신하지만, 이 죽음은 '언제' 현존재에게 닥칠지는 규정되지 않았다. 사람들이 이렇게 말한다. "죽음은 확실히 온다. 하지만 아직 당장은 아니다." '하지만'이라는 이 말로 '그들'은 죽음에서 확실성을 부인한다. '당장은 아직 아니다'는 단순한 부정적 발언이 아니라, 오히려 일종의 '그들'의 자기 해석이다(Heidegger, 2010: 345).

위에서 살펴본 바와 같이 하이데거의 죽음의 개념 안에는 몇 가지의 독특한 특성들이 담겨 있는데, 하이데거의 죽음에 대한 그의 관점 중 두드러지는 측면은, 죽음은 개별자의 전체 삶과 분리될 수 없으며, 은닉되어야 할 것이 아니라 드러나야 하며, 회피해야 할 것이 아니라 직면해야 할 삶의 일부라는 것이다.

(3) 죽음과 본래성 회복

하이데거는 인간 현존재가 존재하는 방식을 크게 두 가지로 구별하였다. 비본래적인 실존과 본래적인 실존이다. 현존재는 자신이 태어날 때부터 존재했던, 그리고 사회가 추구하는 세상적인 가치를 당연한 것으로 간주하면서 그러한 가치를 문제 삼지 않는다. 현존재가 자신의 고유한 삶을 살지 않고 세상이 시키는 대로 살고 있다는 것을 의미한다. 이 경우 나의 삶의 주체는 나 자신이 아니라 사실은 익명의 보통사람(das Man)이라고 하이데거는 말한다.

죽음을 향한 존재에 대한 비본래적 이해는 죽음 앞에서의 회피라는 양태를 지니고 있다(Heidegger, 2010: 340-341). 그들이 죽음을 대하는 일상적인 태도에서 죽음에 대하여 생각하는 것은 미지의 영역에 대한 두려움, 현존재의 불확실성과 관련된다. 죽음을 향한 존재인 현존재가 언제나 이미 죽고 있다는 현사실(Faktum)[9]을 남에게 일어나는 사건으로 바꿈으로써, 죽음 앞에서 도피를 시도한다(윤선인, 2010: 42). 그들은 죽음을 애써 외면하고 터부시한다. 교육에 있어서는 더욱 그러하

9) 『존재와 시간』의 번역자인 이기상은 Faktum을 '현사실'로 번역하면서 주를 통해 다음과 같은 설명을 덧붙이고 있다. "사물이나 사건이 시공간 안에 놓여 있거나 그 안에서 일어나고 있는 것을 사실이라고 할 때, 하이데거는 특히 현존재의 세계 안에 있음이라는 '사실'을 구별하여 '현사실'이라고 하였다. 이 개념은 무엇보다도 인간의 내던져져 있음과 인간이 이 내던져져 있음을 떠맡는다는 것을 동시에 강조하고 있다"(Heidegger, 2010: 570).

다. 교육이 삶을 준비하도록 가르치는 일련의 행위라면, 교육의 역할은 삶이 죽음을 향해 진행하고 있다는 사실을 깨닫고 받아들이도록 가르치는 것에 있다(최옥선, 1996: 90). 그러나 현실적으로 교육현장에서 죽음을 교육하지 않는다. 다만 세상 사람들의 기준에 맞추어 삶의 방식만을 가르치고 있으며 잘 사는 것(웰빙)에만 관심을 끌고 있다.

이에 반해서 현존재가 이러한 세상의 가치관을 근본적으로 문제 삼으면서 자신의 가장 고유한 가능성을 구현하려고 할 때, 본래성을 회복할 수 있으며 본래적인 실존방식을 갖게 된다. 그러나 대체로 대부분의 사람들은 일상성 속에 매몰되어 있기 때문에 비본래적인 삶을 살아가고 있다. 그렇다면 현존재들은 이러한 비본래성으로부터 어떻게 벗어날 수 있는가? 죽음이라는 극단적인 한계상황을 통해서 우리는 비본래적인 삶에서 돌아설 수 있다고 하이데거는 주장한다. 지금까지 '그들'의 세계에 빠져있는 채로 살아온 현존재는 죽음에 미리 달려가 봄으로써 다시금 자기 자신을 돌아보게 되고, 지금까지 존재 방식을 전환할 수 있는 계기를 마련한다. 이러한 방식으로 죽음은 현존재의 가장 고유한 존재 가능성을 드러낸다. 우리가 회피하고 터부시하는 죽음이 오히려 우리를 본래적으로 살 수 있게 한다. 죽음을 생각하면서 자신의 삶을 되돌아보게 되고, 죽음 앞으로 달려가 봄으로써 자신의 근본적인 본래성을 회복하는 것이다. 죽음 앞에서 도피하지 않고 그것을 용기 있게 받아들이면서 일상적인 가능성들에 대한 집착에서 벗어나 자신의 본래적인 가능성을 선택하는 것을 하이데거는 '미리 달려가 봄'이라고 말하고 있다.

그러나 인간은, 자신의 넘어설 수 없는 한계인 죽음 앞으로 미리 달려가면서 그 죽음으로 인하여 '불안'(die Angst)[10]이라는 정서를 가지게 된다. 이 순간에는 우리가

---

10) 조형국(2008: 119)은 하이데거의 불안 개념에 대하여 다음과 같이 설명한 바 있다. "우리는 이 하이데거의 불안 개념을 단순히 생물학적·심리학적으로 받아들여서는 안 된다. 불안은 현존재의 근본적 처해 있음이다. 이러한 처해 있음의 현상은 이성적 추론이나 분석에 의한 것이 아닌 일상적인 기분에 의해, 기분에 젖어 있음으로부터 말해질 수 있다. 우리는 우리의 특정한 세계 안에 처해 있음을 어떻게 감지하는가? 동요되지 않은 침착함, 공포, 권태, 절망, 삶의 경쾌함 등의 기분을 통해서가 아닌가. 이 중 하이데거는 특히 『존재와 시간』에서 현존재의 근본 기분, 근본적 처해 있음을 불안이라고 표현하는 것이다. 죽음에로 향한 존재인 현존재가 가장 개별화될 수 있고 본래적인 실존을 회복할 수 있는 계기가 바로 죽음 앞에서의 불안을 통해서이기 때문일 것이다. 우리의 궁극적 관심인 죽음 그리고 그 죽음 앞에서의 불안을 통해 우리는 실존적 결단을 하게 되고, 양심의 부름을 들을 수 있게 되며 그래서 우리의 현사실성을 생경하게 볼 수 있다."

그동안 소중하게 생각해 온 모든 것들이 무가치하게 나타나고 그러한 것들에 집착해 온 삶 전체가 무의미하고 공허해진다. 불안 속에서 우리는 다른 누구에 의해서도 대체될 수 없는 나 자신의 유일무이한 존재와 만나게 되고, 불안이란 기분은 내가 진정 실존하도록, 자신의 존재를 자각하면서 그것에 책임지도록 몰아붙인다.

불안이란 궁극적으로는 '죽음에 대한' 불안이다. 현존재가 태어나자마자 죽음으로 던져진 존재이기에 불안은 늘 우리의 실존을 돌아보도록 한다. 그러나 우리는 보통 불안이 생겨나지 않도록 억누른다. 죽음으로부터의 도피는 불안이 출현하지 못하도록 억누르는 것을 의미한다. 사람들은 죽음이나 불안, 슬픔 등을 부정적인 것으로 간주하여 그것들을 드러내는 것을 꺼린다. 심리학자들은 그것을 내면 깊숙이 숨기고 관리해야 성숙한 인간이 될 수 있다고 주장한다. 하지만 하이데거는 이러한 사유방식이 본래성 회복에 도움을 주기보다는 본래성을 훼손하게 만든다고 진단한다. 그는 인간이 죽음의 공포와 불안으로부터 도피하지 말고 그것을 받아들일 때 자신의 본래적인 모습을 회복할 수 있다고 본다. 이러한 의미에서 죽음에 대한 성찰은 참된 삶을 살아가고자 하는 현존재에게 매우 중요한 과정이다.

죽음과 관련해 교육적 접근이 필요한 것은 우리 마음속에 해체되어 있는 양심을 찾기 위해서이기도 하다. 하이데거는 현존재의 본래성을 회복할 수 있는 가능성으로서 '양심'(良心, Gewissens)[11]을 제시한다. 즉 본래적 존재 가능성을 입증하는 것은 양심이라는 것이다. 양심은 현존재가 세인의 목소리에 대한 귀 기울임으로부터 벗어나도록 촉구하는 음성이다. 그러나 양심은 언제나 침묵의 형태로 말한다. 양심은 우리의 내면에서 조용히 울려 퍼지는 침묵의 소리이지만 또렷이 들을 수 있다. 현존재는 죽음 앞에서 자신을 성찰하고, 내면의 목소리에 귀를 기울임으로 본래성을 회복할 수 있다.

11) 하이데거의 양심은 현존재가 자기 고유성으로 복귀할 것을 권유하는 '현존재에서 발현하여 현존재 위로 덮쳐오는 부름'이며 결단성이다. 양심을 가지기를 원함을 의미하는 결단성은 특히 죽음에 미리 달려가 봄에서, 즉 자기 유한성을 자각하는데 비로소 본래적이 된다(Heidegger, 2010: 395－396).

3. 죽음과 죽음교육

앞 장에서는 하이데거가 죽음을 세 가지로 개념화하고 그 속성을 다섯 가지로 밝혔음을 살펴보았다. 하이데거는 죽음을 소극적으로 해석하기보다는 적극적으로 해석하고 있고, 의미 있는 죽음이란 생명이 다했거나 시간이 끝나버렸다는 의미의 죽음이 아니라 미리 다가가 직면함으로써 본래성의 회복을 가능하게 하는 '사망'임을 강조하였다. 이 장에서는 이러한 그의 독특한 죽음 개념이 죽음교육 연구 및 실제에 어떤 시사를 주는지를 논의해 보고자 한다.

(1) 죽음 이해의 지평

철학에서 논의된 바 있는, '무엇이 있다'라고 할 때, 이 '무엇'은 본질(essentia)을 가리키고, '있음'은 실재(existentia)를 가리킨다. 전통 철학에서는 만물의 '있음'은 우연적 성질을 지닌 것으로 이해되었기에 본질은 실존의 문제보다 월등히 중시되었다(이기상, 2011: 173-178). 하이데거는 '무엇이 있다'라고 할 때 이 '있음'의 문제에서 존재의 의미를 찾아야 한다고 주장하였다. 본질 이전에 놓인 실존의 문제를 철학적 주제로 삼을 때에 비로소 인간의 실존적 측면, 개별 인간의 삶이 파악된다고 할 수 있는 것이다.

인간 실존의 문제에 부딪히게 될 때 인간은 이성적 혹은 전인적 존재로 이해되기보다는 시간성과 인간의 실존적 유한성에서 조망된다. 하이데거는 바로 여기 있는 현존재인 나의 죽음은 내가 더 이상 세계를 체험하고 이해하는 존재로 있을 수 없다는 가능성, 이를테면, '불가능성의 가능성'(Heidegger, 2010: 350)이라고 주장한다. 하이데거에게서 죽음은 내 존재의 삶의 의미를 구성하는 한계를 말하는 것이다. 시간성은 바로 의미 지평의 구조와 다르지 않다. 인간의 본질에 대한 문제에 선행하는 인간의 실존은 죽음을 향한 존재에서 발견된다. 죽음은 실존의 문제 중 인간 삶의 어두운 면을 알려주는 데에 국한되지 않고, 실존론적으로 인간 이해의 측면에서 현존재의 유한성을 드러낸다. 이 유한성이 입증하는 것은 자기 자신으로 존재함이 가능하다는 것이다. 시간성을 제시하면서 죽음이야 말로 인간의 전체성을 확보한다고 하였다.

하이데거의 죽음 개념에 대해 비판적 관점에서 논의를 전개한 정기철(2007: 205)은 하이데거가 죽음을 지나치게 개별적인 사건으로만 부각한 점에 대해 이의를 제기하였다. 하이데거는 죽음의 본질을 '나'의 고유한 죽음에 기초해서 세워나갔지만, 레비나스는 하이데거가 '타자'의 죽음을 배제하고 '나'의 죽음의 우위성을 내세웠다고 비판한다. 정기철은, 하이데거가 죽음은 타인을 통해서 인지되는 것이라고 부분적으로 주장한 바도 있지만 결국 죽음을 내가 감당해야 할 개인적 차원의 문제로 환원시켰다고 비판하였다.

이러한 지적에도 불구하고, 하이데거는 『존재와 시간』에서 현존재의 진실한 삶이 무엇인지를 깊이 있게 사유하였다. 사유과정에서 삶과 죽음은 하나이며, 때로는 죽음이 진실한 삶을 가능하게 하는 원천이라고 천명한 점은 기존의 철학자들이나 과학자들에게서 발견할 수 없는 죽음 통찰이라고 할 수 있을 것이며, 이러한 그의 통찰은 죽음에 대한 사유의 지평을 넓히는데 크게 기여한 것으로 생각한다.

하이데거의 죽음 개념이 탁월한 통찰이지만, 우리의 죽음교육은 레비나스의 비판에도 귀를 기울여야 할 것이다. 죽음교육을 레비나스의 관점까지 확장해 본다면 죽음을 세계적 관점에서 보아야 한다는 요구를 지속해서 제기해야 한다는 것은 타당하다. 실존적인 사람은 기아, 질병, 전쟁, 재난 등 무작위의 죽음에 대해 고뇌하게 될 것이다. 비록 죽음 및 임종과 관련한 개인적 경험이 죽음교육의 핵심적 관심사인 것은 사실이지만, 세계적 차원에서의 죽음—전쟁, 폭력, 환경 재앙—역시 그 못지않게 중요하다. 죽음교육은 죽음과 마주치는 개인들을 도와주는 것에 그치는 것이 아니라, 인간에 의해 저질러지는 불필요한 대규모의 죽음을 일으키는 원인을 개선하는데 도움이 되어야 할 것이다.

죽음교육은 나의 죽음에서 시작하여 나의 죽음과 무관한 사람들의 죽음까지도 생각할 수 있어야 한다. 대량살상으로 지구의 곳곳에서 고통을 당하는 사람들의 죽음을 모른 척해서는 안 되는 것이다. 그들의 죽음을 생각하고 관심을 가져야 한다. 죽음교육은 이러한 끔찍한 죽음에 대해 의식하는 교육도 포함되어야 할 것이다. 나의 죽음부터 시작해서 폭넓은 시야를 갖게 하는 죽음교육은 우리의 인식을 확장시키고 지평을 넓혀 줄 것이다.

(2) 삶교육의 선구로서 죽음교육

죽음과 관련된 교육 내용이 교육현장에서 다루어지지 못하고 있는 것은 죽음학 자체가 학문적인 역사가 짧고 연구 업적이 적은 탓도 있지만, 무엇보다 죽음에 대한 현대 교육의 부정적인 시각이 크게 작용한 결과라고 할 수 있다. 교육학자와 교육실천가들은 대부분 삶과 죽음의 관계를 이원론적으로 이해하고 있으며, 대척적 관계를 맺는 것으로 파악하고 있다. 교육이론 분야에서 죽음은 논의의 대상에서 배제되어 왔으며, 교육실천의 장면에서도 죽음교육은 제대로 다루어지지 않았다. 죽음과 죽음교육은 '과학적이지 않은 것' 혹은 '보이지 않은 세계'에 관한 것으로 교육 영역에서 배제되어 왔다(노상우, 2010: 22).

하이데거가 주장한 죽음의 현상학적 개념은 삶의 목적과 내용과 방법에 초점을 맞춘 삶의 교육을 성찰하는 중요한 계기를 마련해 줄 것이다. 하이데거 주장의 요체는 죽음이란 삶의 일부이며, 죽음에 대한 통찰은 진실한 삶의 선행 조건이라는 것이다. 하이데거 통찰의 타당성은, 죽음교육이 삶 교육의 기초이며 토대로 부족함이 없다는 근거가 될 수 있다. Kneller(1964: 79－82)가 죽음은 은닉하고 터부시할 대상이 아니라 죽음을 드러내고 나아가 죽음을 교육 내용으로 끌어들여야 한다고 한 주장은 나름대로 의미 있는 언명이라고 할 수 있다.

죽음교육은 죽음의 극단성을 극복하도록 돕고 죽음을 삶의 자연스러운 과정으로 인식시키는 데 목적을 두고 있다. 죽음교육은 죽음이 순간의 절망과 감성의 나락에서 선택할 수 있는 극단이 아니라, 삶 언저리에 늘 존재하는 삶의 일부로 인식할 수 있는 계기를 제공한다. 죽음에 관한 올바른 인식이 없다면, 건전한 삶의 가치관이 정립될 수 없다. 죽음교육은 인간들로 하여금 자신의 삶을 다시 성찰하고 새롭고 긍정적인 삶의 철학과 태도를 함양하는데 크게 기여할 수 있다. 결국, 죽음교육은 가치관의 정립, 삶의 철학과 태도의 토대를 이루는 기초가 되는 교육이라고 할 수 있다. 따라서 죽음교육은 생명의 소중함, 타인의 소중함, 살아가는 고통과 기쁨, 보다 잘 사는 것의 의미, 삶과 죽음의 의미, 인간의 태어남과 사라짐 등을 통찰하고 느끼고 공감하도록 하는 데 초점을 맞추고 있다.

비본래적인 삶에서 본래적인 삶으로 회복하는 것은 죽음의 사유를 통하여, 마음 속 심연에 자리 잡고 있었던 불안이 자신을 불러 세우게 함으로 가능하다. 그것은 세상에 침잠(沈潛)되어 살 것이 아니라 자신의 주체적 삶을 찾아가면서 존재의 물음에 답하는 것이라는 사실을 깨닫고, 다른 존재자들의 존재를 온전하게 드러낼 수 있도록 애쓰는 것이다. 그리하여 모든 존재자가 각기 고유한 존재를 발(發)하며 상생(相生)하며 존재할 수 있도록 하는 것이다.

(3) 죽음교육 연구의 반성

하이데거는 『존재와 시간』에서 과학의 논리가 뿌리를 내리고 있는 삶의 문법을 탐구한다. 하이데거는 언제부터인가 과학의 논리가 삶의 문법을 지배하며 과학이 생활세계를 식민지화하고 있음을 꿰뚫어 보고 그 전도된 관계를 밝혀 바로 잡으려고 노력한다. 과학 중심적 태도는 과학을 통해서 보는 시야만을 유일하게 타당한 시각으로 간주한다. 하이데거의 『존재와 시간』은 한마디로 삶의 문법을 과학의 논리로부터 해방시키기 위한 노력의 일환이다. 삶을 과학의 족쇄에서부터 해방시켜 삶이 간직하고 있는 다양한 차원과 그 풍부한 논리를 되살려주자는 것이 하이데거의 생각이다(이기상, 2007: 35).

하이데거는 죽음의 문제를 다루는데 있어서도 과학의 족쇄에서 벗어나 이것을 존재론적으로 다루기 시작하였다. 그는 실증주의에 기반을 두고 있는 개별과학들의 죽음 연구를 거부한 것은 아니지만 실증주의 연구결과들을 당연한 것으로 받아들여지고 있는 현실, 심지어 연구결과가 하나의 상식으로 받아들여지고 있다는 점에 대해 강한 거부감을 가졌다. 심리학을 비롯해 법학, 의학, 사회학, 사회복지학 등이 죽음에 관해 연구해왔지만, 결과물은 생물학적 죽음에 대한 것이요, 기껏해야 죽음의 사건을 기술(記述)하는 것에 지나지 않는다고 하이데거는 지적한다. 훗설(E. Husserl)의 제자로서, 그는 드러난 죽음 현상에 대한 단순한 기술을 넘어 죽음 이면에 놓인 본질적인 모습을 선명하게 보기 위해서는 편견에 사로잡힌 우리들의 의식을 보다 투명하게 해야 할 것을 강조했다.

과학비판의 철학으로서 현상학이 가지는 두드러진 점 중 하나는 체험의 직접성과 확실성에서 출발한다는 것이다. 물론 죽음과 종말 그 자체는 의식될 수도, 체험될 수도 없다. 죽음에 대한 의식이나 느낌 역시 하나의 현상이다. 우리는 현상 밖을 지시하는 죽음을 이렇게 현상을 통하지 않고서는 문제 삼을 수 없다는 한계를 가지고 있다. 그러나 바로 이 점이 우리로 하여금 현상과 현상적 삶의 특징을 깨닫게 해 준다. 그것이 시사하는 바는 현상 및 현상적 삶의 제한성 또는 유한성이다. 현상학적 관점에서 죽음이라는 주제는 우리 삶의 유한성과 현상의 유한성에 주목하게 한다. 우리의 삶이 끝없이 이어진다고 생각하면 당장의 절박함이 빛이 바래는 것과 같은 이치다. 거꾸로, 그 연속이 한정되어 있다는 깨달음은 매 순간의 유한성에 눈을 돌리게 한다. 죽음의 임박함을 느낄 때 우리는 나날의 삶을 새삼 돌아보게 되지 않는가(문성원, 2011: 77).

죽음에 대한 하이데거의 현상학적 연구 관심에 비추어 볼 때, 죽음교육에 대한 실증적 연구방법 및 연구결과에 대한 비판적 작업이 끊임없이 이루어져야 할 것으로 보인다. 죽음에 관한 연구가 피상적이고 표피적인 차원을 넘어서기 위해서는 존재론적이고 현상학적 연구가 선행되어야 하기 때문이다.

4. 금기를 넘어 통찰로

죽음은 금기의 단어이다. 두렵고 불편한 사건인 죽음에 대한 편견을 제거할 필요가 있다. 현상학적인 시각으로 죽음을 바라보면 새로운 의미를 찾을 수 있다.

하이데거의 존재론에 나타난 죽음의 현상학적 의미는 결국 현존재의 본래성을 회복하는 것이며, 죽음 앞으로 달려가 나의 존재를 확인하는 것은 본래성 회복이라는 먼 여정의 첫걸음이 될 것이다. 결단의 첫걸음은 현존재가 죽음을 자기 가능성으로서 고스란히 받아들인다는 것, 자기의 가능성으로서의 죽음으로부터 조금도 도피하지 않는다는 것이다. 자기 자신의 죽음에 대한 이러한 성실한 태도를 하이데거는 특히 "가능성으로 미리 달려가봄"(Vorlaufen in die Möglichkeit)(Heidegger, 2010: 350)이라고 했다. 이것은 현존재가 존재 전체로서 자각적으로 살 수 있는 길도 열리게 된다는 본래적 이해이기도 하다. 하이데거의 죽음이해는 죽음을 극복하려는데 있는 것이 아니고, 죽음을 거부하지 않고 죽음 앞에서 어떤 존재로 살 것인가를 기획하려고 할 때 그 특징이 드러난다. 죽음에 대한 불안 속에서 각자의 본래적 자아를 회복하는 것은 짧은 순간이지만, 이러한 실존적 순간이 우리의 일상을 의미 있게 만든다는 것을 우리는 알아야 할 것이다.

하이데거의 죽음에 대한 현상학적 논의는 타인의 실존적이고 존재론적인 죽음이 자기 자신의 존재 방식을 깨닫도록 하는 계기를 마련해 준다는 점에서 교육적으로도 중요한 의의를 가진다. 하이데거의 존재론적 죽음 분석에서 확보한 인간의 유한성과 본래성의 측면은 교육에서 논의되어야 할 인간 이해의 방식을 확장하는 데 도움을 줄 것으로 기대된다. 특히 죽음교육은 교육이 본래 지향하는 '본래성 회복' 내면화를 가능하도록 해 준다는 점에서 교육에 대한 기존의 관점을 비판적으로 재고하도록 이끌어줄 수 있을 것이다. 이러한 맥락에서 죽음교육은 필요하며 절박하다. Lockard(1986)는, 죽음에 관해 가르치는 것은 곧 산다는 것을 가르치는 것이라고 주장하였다. 이원호(2008: 13)는 한 걸음 더 나아가, 이제 죽음교육의 목적, 대상, 시기, 방법 등을 구체적으로 논의할 때가 되었으며, 나아가 이를 제도권 안에서 실천할 때가 되었다고 주장하였다. 죽음은 우리에게서 삶의 전부라고 할 수 있는 생명을 빼앗아간다. 죽음은 생명을 파괴하지만 죽음에 대한 사유는 우리의 삶을 성숙시키는 것임이 틀림없다. 죽음교육은 단순히 죽음의 문제가 아니라 삶과 교육의 전반적인 문제를 다루는 교육이다. 가치 있는 삶을 위한 죽음교육, 성찰하는 삶을 위한 죽음교육, 자신의 삶을 완성하기 위한 죽음교육이 필요한 시점이다.

참고문헌

강선보(2003). "실존주의 철학에서 본 죽음과 교육". **교육문제연구**. 19. 1−23.

노상우(2010). "청소년 자살문제와 죽음준비교육". **論文集** 26(1). 5−26.

문성원(2011). "안과 밖, 그리고 시간성: 현상에서 윤리로". **시대와 철학**. 22(2). 75−101.

박찬국(2004). **들길의 사상사, 하이데거**. 서울: 동녘.

서용석(2011). "'Authenticity' 개념에 관한 교육학적 일고찰: 하이데거의 '죽음과 탄생'의 교육론". **교육철학연구**. 33(3). 49−72.

소광희(2011). **하이데거 『존재와 시간』 강의**. 서울: 문예출판사.

엄태동(2011). "하이데거의 눈에 비친 현대인의 삶과 교육: 경이의 떠남과 교육의 퇴락". **교육철학연구**. 33(2). 53−78.

윤선인(2010). 하이데거의 존재론에서 죽음의 의미와 교육학적 함의. 석사학위논문. 고려대학교.

이기상(2007). "존재사건과 존재지평: 한국어의 존재(있음)에서 읽어내는 존재사건". **존재론 연구**. 15. 25−59.

이기상(2011). **존재와 시간: 인간은 죽음을 향한 존재**. 파주: 살림.

이원호(2008). "죽음학·죽음준비교육". **한국교육사상연구회 학술논문집**. 1−16.

정기철(2007), "하이데거가 말한 죽음에 대한 비판적 고찰". **汎韓哲學**. 47. 205−227.

정동호 외(2012). **철학, 죽음을 말하다**. 경기: 산해.

정재걸(2008). "불교와 죽음 그리고 죽음교육". **東洋哲學硏究**. 55. 105−136.

조형국(2008). "삶과 현존재 그리고 본래성: 하이데거의 불안, 양심, 죽음에 대한 생각을 중심으로". **가톨릭 신학과 사상**. 62. 115−142.

최옥선(1996). "현대교육의 과제로서 죽음의 문제". **教育哲學**. 14(2). 90−114.

피터하(2003). "하이데거 사유에서 죽음의 존재론적 구조". **해석학연구**. 11. 160−183.

Barnes, H. E.(1967). *An Existentialist* Ethics. N.Y.: Random House.

Burch, M.(2010). "Death and Deliberation: Overcoming the Decisionism Critique of Heidegger's Practical Philosophy". *Inquiry*, 53(3). 211−234.

Canan, A. C.(1998). "Considering Die and Death: Heidegger's Reinterpretation of Husserl's Concept of Truth as the Concept of 'Care'". *Analecta Husserliana*, 53. 155−180.

Choron, J.(1963). *Death and Western Thought*. N.Y.: Collier Books.

Cox, G.(1999). "Heidegger and Sartre on Death". *Cogito*, 13(3). 171－176.

Epikuros(1998). 오유석 편역. **쾌락**. 서울: 문학과지성사.

Heidegger, M.(2006). *Sein und Zeit*. Max Tübingen: Niemeyer.

Heidegger, M.(2008). *Being and Time*. N.Y.: Harper－Collins Pub.

Heidegger, M.(2010). *Sein und Zeit*. 이기상 역. **존재와 시간**. 서울: 까치.

Heuser, L.(2000). "Death Education: A Model of Student－Participatory Learning". *Death Studies*, 19(6). 583.

Kneller, G. F.(1964). *Introduction to the Philosophy of Education*. N.Y.: John Wiley & Sons Inc.

Lockard, B. E.(1986). "How to Deal with the Subject of Death with students in Grade K－12". *Paper presented at the Annual Meeting of the Mid－South Educational Research Association*, Memphis, Nov. 20: 1－33.

Peters, G.(2004). "The Fear of Fear The Phenomenology of Death and Dying in Heidegger and Levinas". *Contemporary Philosophy*, 26(3). 3－4, 44－49.

Platon(2011). 박종현 역. **플라톤의 네 대화 편**. 서울: 서광사.

Puolimatka, T. and Solasaari, U.(2006). "Education for Death". *Educational philosophy and theory*, 38(2). Blackwell Publishing Ltd., 201－213.

Sartre, J. P.(2012). *L'être et le nêant*. 정소성 역. **존재 와 무**. 서울: 동서문화사.

Slump, E.(1997). "Education about Death and Dying". *Canadian home economics journal*, 47(1). Canadian Home Economics Association. 26－27.

Thomson, I.(2009). "Levinas and Heidegger on Death". *Harvard Review Of Philosophy*. 16. 23－43.

Thornton, C. and Krajewski, J.(1993). "Death Education for Teachers". *Intervention In School And Clinic*. 29(1). 31－35.

Wass, H.(2004). "A Perspective on the Current State of Death Education". *Death Studies*. 28(4). 289－308.

찾아보기

주제색인

(ㄱ)
가치관 233
가치지향적 22
가치평가 331
감각 266
감정 268
감정이입 329, 344
강한 자율성 148
개념의 그물 22
개념의 실체 6
개념적 느낌 327
개인의 선 143
경험 101
경험의 통일성 251
공감 301
공동체 183
공동체 의식 333
공학적 예술가 23
과정모형 296
과정적 자율성 146
과정철학 296, 308
과학이론 36
과학적 교수 83
관련성 307
관조 257
교과목의 권위 56
교사교육의 배너나임 78
교사교육자 76
교사를 위한 교수 77
교사에 관한 과학적 연구 79
교사에 관한 연구 77
교사에 관한 철학적 연구 79, 80
교사의 권위 118
교사의 자질 76
교수방법의 권위 56
교양 197
교양교육 169, 203
교양교육론 154
교육과학 40
교육관 4
교육력 28
교육목적의 권위 56, 60
교육사상 38
교육실천학 40
교육을 철학하는 교사 85
교육의 3요소 20
교육의 개념 4, 6
교육의 목적 47
교육의 장인 28
교육의 질 20

교육이론 41
교육자적인 인격 24
교육적 낭비 103
교육적 모델 68
교육적 상황 99
교육적 실천 254
교육적 책임 253
교육적 통합 253
교육학 36
교학상장 343
군맹평상 16
권위 130
권위의 개념 122
권위의 패러독스 129
귀납주의 46
규율 312
균형 271
균형성 259
기계화 98
기투 226
까마귀 모형 12, 13, 14

(ㄴ)
내면화 284
넓은 의미의 학교 104
논의 공동체 82
느낌 322
느낌의 과정 324, 327

(ㄷ)
다자 308, 325
닮음 241
대교수학 248
대비 339
도덕교육 312
도덕적인 사람 187
독사 179, 180, 182
동심원 14
동일성 299, 337, 345
들음의 구조 228

(ㄹ)
로고스 193
로고스 폴리티코스 194
로맨스 312
리듬 312
리터러시 157

(ㅁ)
만족 307, 331, 332
명제적 느낌 333
모방 68, 196
목적 지향성 344
목적의 교사 78
목적인 310
무규정성 361
물리적 느낌 309, 327
민주적인 학교 103

(ㅂ)
반성적 사고 127
반성적 태도 155
방법론 증후군 31
범주적 제약 337
변증적 조화 133
본래성 145, 218

본래적인 삶 232
본래적인 실존 362
부름 228
비본래적인 실존 362
비판적 리터러시 162
비판적 사고력 169

(ㅅ)
사람다운 삶 164
사용기준 10
사원의 두 기둥 178
사유화 344
사회개혁 103
사회의 모범 184
사회화 14, 152
삶의 맥락 100
삼중의 거처 272
상상 309
상징적 연관 326
상징화 97
상호연결성 240
상호연관성 260
상호작용 101
생활지도 62
성년식 10
세계관 240
세계도회 252, 273, 274
세인 359
소피스트 162, 177, 195, 209
수사학 교육 189, 199
수사학교 198
수용 301
스타일 313
시각 281
시민의 덕 184
신실재론 314
실사구시 25, 27
실제적 이론 37
실존주의 231, 232
실질적 권위 54
실질적인 권위 66
실천 250, 251, 258
실천전통 163
실천지 256
실체적 연결고리 243
심미적 305
심미적 감성계발 311
심미적 경험 154
씨줄과 날줄 15
3중의 충동 311

(ㅇ)
안티도시스 176
애매성 223
약한 자율성 148
양심 227, 364
양심의 목소리 228
언텍트(untact) 109
에피스테메 180, 182, 201
여건(data) 303
연결고리 244
연설교육 189, 199
연속성 101
영원한 객체 304, 306
우주 사회 298
원심력 15

유기적 관계성 258
유기체 학설 298
유기체철학 325, 326
의미관련 329
이론실천 247
이론형성 245
인간성 완성 199
인격교육 295
인격적 동일성 297
인과적 효과성 301, 326
인문교양교육 142, 150, 152, 156, 197
인문교육 197, 242
인문학 리터러시 159
인문학 텍스트 159
인성 341
인성교육 207, 229, 294
인성교육진흥법 294, 304, 324
인지심리학 306
일반화 312
일자 308, 325

(ㅈ)
자기교육 233
자기규율 312
자기이해 226
자기초월적 307
자기화 223
자유 312
자유교육 150, 197, 201
자유와 권위 125
자유의 개념 120
자유의 패러독스 131
자율성 142, 143, 344
자제력 313
전이 329
전인 208
전체 구조 246
전체성 240
전통교육 97
정밀화 312
정서적 민감성 154
정신과학적 방법론 39
정의의 역설 10, 12
제일성 45
존재와 시간 357
존재이해 226
종합적 윤곽 10
주체적 지향 303, 338
죽음 359
죽음교육 219, 356, 365
중요성 340
즐김 250
지각 266
지성 121
지성적 느낌 302, 327, 336
지성체 124
지적 권위 56
지혜의 삼각형' 246

(ㅊ)
차이성 345
창조성 308
철학적 교수 83, 85
청각 283
촉각 285
추동력 120, 122

충동 121

(ㅌ)
타율적 교육 155
탈학교론 95
탐구공동체 82
통제적 권위 56
통찰 250
통합교육이론 295
통합의 중요성 98
통합적 교양교육 208
통합적 교육과정 251
통합적 삶 154
퇴락 221

(ㅋ)
카이로스 179, 192

(ㅍ)
파이데이아 198
판소피아 271
페르소나 297
포스트모더니즘 145
포스트모더니즘적 자율성 147
플라톤 서설 196

(ㅎ)
학교 부적응 94
학교개혁 101
학교개혁론 105, 107
학교붕괴 94
학교체제 98
학문적 체계 39
학생의 자유 118
학습 공간 102
학습자의 흥미 269
합리적 자율성 146
합생 296, 300, 325
헬라스 공동체 184
현대교육 229
현시적 직접성 301
현실적 존재 300, 308, 322, 325
현존재 220
형식적 권위 54
형이상학 282
호기심 221, 222
호의적인 구속 143
회복 232
후마니타스 242
훌륭한 교사 54, 64, 76

인명색인

(ㄱ)
고든 135
고르기아스 195
공자 37, 354
그래프 159
김태오 27

(ㄴ)
넬러 37, 55, 57
니일 54, 273
니체 231, 232

(ㄷ)
데카르트 254, 268, 322
뒤르케임 13
듀이 5, 13, 54, 96, 119, 121, 123, 132
드 조오지 65
드니콜라 202
디어든 142, 144

(ㄹ)
라이프니츠 243, 254, 288
락우드 302, 344
로스 208
로크 278
로티 156
루소 37, 120
리이드 54, 85, 87
리코나 295, 302, 342

(ㅁ)
매슬로우 338
매킨타이어 163
맥크리어리 323
맬더스 44
맹자 37
멈퍼드 242
메이클레이존 127
무어 43, 45
문창옥 328
뮤어 202

(ㅂ)
벌린 120
베너 54
베르그송 325, 334
베버 123
베이컨 242, 267
봄 240
블롱델 243

(ㅅ)
샬러 249
셔번 323
소크라테스 160, 161, 177, 355
솔티스 85
수스만 284
슈타이너 286
스톤 147
스톨니츠 314

스피노자 354
시지프스 11
신득렬 142, 201

(ㅇ)
아렌트 64
아리스토텔레스 44, 177, 200, 222, 256, 257, 266, 267
알렉산더 325
야스퍼스 355
에피쿠로스 354
오닐 159
오우크쇼트 149, 150, 153, 163
오인탁 202
오코너 36, 41
오크쇼트 68, 110
웨스트부르크 134
윈치 147, 155, 251
유재봉 142
율곡 37
이규호 39
이소크라테스 176, 178, 200
이홍우 10, 16, 30
일리치 95

(ㅈ)
장상호 40
전인성 328
정범모 4, 13, 21, 22
지 160

(ㅊ)
칙센트미하이 346

(ㅌ)
퇴계 37

(ㅋ)
카우프만 154
칸트 85, 146, 275
코메니우스 240, 244, 269
코졸 95
콜버그 342
쿠피 232
퀸틸리아누스 204, 205
크리텐든 142, 144, 146
클레이프 56
키에르케고르 355
키케로 204
킴볼 204, 205

(ㅍ)
파이드로스 160, 161
파필론 185
팔머 240
페트라르카 242
포퍼 46, 132
뽈라니 269
푸코 241, 255
프라우시스 198
프레이리 95
프뢰벨 44
플라톤 44, 160, 161, 162, 177, 178, 196, 200, 322, 355
피터스 9, 11, 13, 57, 62, 65, 69, 86, 132, 150, 312, 347

(ㅎ)

하이데거 218, 355, 357, 359
함린 66
해더스 198
해브록 196
허스트 36, 41, 202
헤라클레이토스 300
헤이트 305, 308
헬렌 켈러 286
호프만 342
홀트 95
홉스 121
홍은숙 163
화이트헤드 150, 151, 154, 208, 251, 295, 297, 299, 322, 330
훗설 368
흄 326

저자 소개

이달우

현재 공주대학교 사범대학 교육학과 교수로 재직하고 있다. 주요 저서로는 『잡초교육론』, 『일본근대의 교실 가고시마를 찾아서』, 『교육적 사유와 안목을 넓히기 위한 교육학개론』(공저) 등이 있으며, 번역서로는 『교육의 철학과 사상』(공역), 『초려정훈』 등이 있다. 주요 논문으로는 백산 안희제의 구국 교육활동과 사상, 오륜모형의 교육관, 주자의 소학교육론 소고, 입암 민제인의 교육사상, 유관순 열사 애국사상의 기저와 교육적 의의, 지구촌 만들기와 교육의 역할 외 다수가 있다.

이병승

현재 공주대학교 사범대학 교육학과 교수로 재직하고 있다. 주요 저서로는 『교육에 관한 철학적 담론』, 『쉽게 풀어쓴 교육학』(공저), 『쉽게 풀어쓴 교육철학 및 교육사』(공저) 등이 있으며, 번역서로는 『교육의 의미와 논리』, 『도덕교육의 철학』, 『인간학습의 철학』(공역), 『피터스의 교육사상』 외 다수가 있다. 주요 논문으로는 Nietzsche의 초기 저작에 나타난 교육사상 탐구, 듀이 의식이론의 교육적 의미 탐색, Merleau－Ponty 몸 담론의 교육적 의미 탐구, 『월든』에 나타난 소로우의 실존적 삶과 자기교육, 피터스의 교사교육의 철학 외 다수가 있다.

나현규

공주대학교 대학원에서 "코메니우스의 판소피아 구조에 나타난 교육적 함의 연구"로 교육학 박사학위를 받았으며, 현재 공주대학교 대학원에서 강의하고 있다. 저서로는 『판소피아와 교육』, 『코메니우스와 연결고리』가 있으며, 번역서로는 『교육, 자율성 그리고 비판적 사고』(공역)가 있다. 주요 논문으로는 『팜패디아』(Pampaedia)의 구조를 통해 본 코메니우스의 교육목적론 탐구, 판소피아(Pansophia) 특성의 교육적 의미 연구, 지식의 특성을 통해 본 교육적 의미 연구 등이 있다.

최현주

공주대학교 대학원에서 "존 듀이 학교론 연구"로 교육학 박사학위를 받았으며, 현재 공주교육대학교 글로벌인재교육센터 전임연구원으로 있으면서 공주대학교에서 강의하고 있다. 역서로는 『교육, 자율성, 그리고 비판적 사고』(공역)가 있고, 주요 논문으로는 자유와 권위에 대한 듀이의 관점과 그 교육적 의의 탐구, 듀이의 '반성적 사고'와 화이트헤드의 '리듬' 단계에 함의된 교육인식론 연구, 존 듀이의 철학에 비추어 본 평생교육의 과제와 전망, 니체와 듀이의 삶 철학과 그 교육적 의미 외 다수가 있다.

김우영

공주대학교 대학원에서 "이소크라테스의 수사학 교육 연구"로 교육학 박사학위를 받았으며, 현재 안양여자고등학교에 재직 중이다. 저서로 『행복한 인성독서』(공저)가 있으며, 번역서로는 『인간학습의 철학』(공역), 『교육, 자율성 그리고 비판적 사고』(공역)가 있다. 주요 논문으로는 인문교양교육의 관점에서 고찰한 자율성의 개념, 인문학적 리터러시의 의미와 교육적 함의 등이 있다.

신교남

공주대학교 대학원에서 "실존주의 철학에서의 죽음 이해와 죽음교육"으로 교육학 박사학위를 받았으며, 현재 공주대학교에서 강의하고 있다. 저서로는 『교육복지의 이해』(공저)가 있고, 역서로는 『교육, 자율성 그리고 비판적 사고』(공역)가 있다. 주요 논문으로는 하이데거의 존재론에 나타난 죽음의 현상학적 의미와 죽음교육, 실존철학의 죽음이해와 죽음교육의 의의 등이 있다.

박태환

공주대학교 대학원에서 "화이트헤드의 느낌의 철학과 교육"으로 교육학 박사학위를 받았다. 경기도교육청 장학사와 광명북고등학교, 송호고등학교 교장 등을 역임하였으며 현재 공주대학교에서 강의하고 있다. 주요 논문으로는 A. N. Whitehead의 느낌의 철학과 느낌교육 등이 있다.

교육을 성찰하다

초판발행 2021년 1월 15일
중판발행 2023년 1월 15일

지은이 이달우 · 이병승 · 나현규 · 최현주 · 김우영 · 신교남 · 박태환
펴낸이 노 현

편 집 우석진
기획/마케팅 이영조
표지디자인 벤스토리
제 작 고철민 · 조영환

펴낸곳 ㈜ 피와이메이트
서울특별시 금천구 가산디지털2로 53, 한라시그마밸리 210호(가산동)
등록 2014. 2. 12. 제2018-000080호
전 화 02)733-6771
f a x 02)736-4818
e-mail pys@pybook.co.kr
homepage www.pybook.co.kr
ISBN 979-11-6519-129-0 93370

정 가 25,000원

박영스토리는 박영사와 함께하는 브랜드입니다.